예산을 철학하다

신 해 룡

세명서관

머리글

가슴으로 썼으니
가슴에 가 닿으리라
(베토벤 '장엄미사' 헌시)

예산을 철학하다

예산의 중요성에 대한 논의는 인류 역사 전반에 걸쳐 면면히 이어져 왔다. 영국의 철학자이자 정치가인 프랜시스 베이컨은 '정부를 떠받치는 네 개의 기둥은 종교, 정의, 협의 그리고 재정'이라고 말했다. 재정은 국가의 원동력을 떠받치는 기둥이다. 따라서 국가의 운명은 재정의 운명과 같이한다. 모든 강물이 바다로 흘러가듯이 나라살림은 국민의 삶 곳곳에 스며들어 우리 사회를 변화시킨다. 나라살림이 넉넉하면 국가가 융성해지고, 나라살림이 쪼들리면 썩은 물이 가득한 것처럼 병들어 쓰러진다. 건전한 재정 없이 건전한 정부는 있을 수 없고, 건전한 정부 없이 건전한 국가는 존재할 수 없다.

예산은 외견상으로 나타나는 숫자와 정책우선순위라는 내면의 속성을 가지고 있다. 따라서 재정지출의 규모도 중요하지만 그 내용과 구성은 더욱 긴요하다. 지금까지 우리나라는 21세기 선두주자로 나아갔다. 많은 사람이 교육에 투자했고, 사회를 떠받치는 중산층 규모는 확대되고 있었으며, 새로운 서비스 경제가 곳곳에서 확산되었다. 하지만 우리 경제는 역동성 저하로 허덕이고, 사회는 양극화, 인구는 저출산과 고령화, 일자리는 청년실업 등 쉽게 풀리지 않는 구조적 문제가 여전히 숙제로 남아 있다. 와튼 스쿨의 마우로 기옌 교수는 묻는다.

철학하다 (자동사) 자기 자신의 경험 등에서 얻어진 세계관이나 인생관의 궁극적인 근본 원리를 추구하고 탐구하다.

"코로나19의 세계적 대유행으로 중심축이 이동하고 세계의 질서가 재편되는 완전히 새롭고 낯선 상황에서 우리는 무엇을 해야 할까. 4차 산업혁명 다음 혁명은 어떤 모습이고 어느 나라가 주도할까. 출생률 감소와 인구고령화는 코로나19와 맞물려 어떤 양상으로 진행될까. 디지털 시대에 태어난 밀레니얼 세대와 세계에서 가장 큰 소비자 집단인 실버세대 사이에는 어떤 기회가 숨겨져 있을까. 규모와 수가 빠르게 늘고 있는 도시들은 기후변화와 양극화를 어떻게 극복할 수 있을까?" 나라살림의 방향성은 국민이 살아가는 삶의 방향성이 된다. 시간은 도도히 흐르고, 시대는 계속해서 변한다. 언제 어떤 상황에서든 나라살림의 우선순위를 큰 그림 속에 담고 태산 같은 믿음으로 굳게 밀고 나가기 위해서 필요한 것이 바로 예산을 탐구하고 익혀서 얻은 예산철학이다.

예산을 본격적으로 학습하게 된 기폭제는 1981년부터 국회상임위원회의 예산안 및 결산 예비심사권을 폐지하기로 한 국회법 개정이었다. 국회를 해산하고 과도입법기구로 설치된 국가보위입법회의에서는 제11대 국회부터 시행되는 국회법을 개정하면서 '지금까지 상임위원회에서 예산심사 시에 노정된 바 있는 소관부처의 이해에 얽힌 미시적 심사관을 탈피하고 예산심의의 철저를 기할 수 있게 보완한다는' 미명 하에 상임위원회의 예산안 및 결산 예비심사권을 폐지하였다. 예산은 국가의 세입세출의 예정준칙으로 헌법상 조세법률주의 및 납세 의무와 직결되므로 일반 법률안 심의와 같이 소관 상임위원회에 1차적인 심사권을 부여함이 타당하거늘 '상임위 예비심사 제도를 채택함으로써 파생할 수 있는 여러 가지 부작용이라든가 문제점이 더 큰 것을 고려해서 두지 아니하기로' 결정한 것이다. 이러한 일련의 상황을 목도하면서 형언할 수 없는 분노가 치솟았다. 상식적으로 생각해도 상임위원회는 상설기관으로 2년의 임기동안 소관부처 예산이나 결산과 관련해서 연중 연구와 검토가 가능하여 당연히 문제의 핵심에 접근한 토론과 심사가 가능하지 않겠는가. 이후 국회법 22차 개정(1983.11.17. 공포)을 통해 상임위 예비심사권이 부활되었으나, 이를 계기로 재정민주주의의 본질에 다가가기 위한 지난(至難)한 학습이 시작되었다.

예산을 이해하는 요체(要諦)는 예산을 다루는 책략에서 찾을 수 있다. 책략은 얕은 수작이 아니라 거대한 전략 차원에서 공부할 때 얻어진다. 예산을 다루는 자는 명석한 두뇌와 통찰력을 필요로 하며 수많은 정보를 취합하여 요점을 파악하는 능력과 지루하고도 단조로운 업무를 잘 견뎌낼 수 있는 인내심 그리고 언제나 따스한 가슴으로 세상을 바라보는 지혜가 요구된다. 예산을 깊게 넓게 탐구하고 싶은 갈망으로 나라살림체계의 골격과 줄기와 마디를 해부하고 나라살림의 속살을 파헤치는데 혼신의 힘을 쏟아 부었다. 그야말로 예산을 명징(明澄)하게 철학하는 시간이었다.

나라살림은 어떤 원리로 편성되고 집행되는 것일까, 세금은 어떻게 쓰이며 어떻게 쓰면 국민이 잘 살고, 국가가 풍요로워 질 수 있을까, 내 아이들에게 어떤 세상을 물려주어야 할까, 어떻게 하면 재정건전성과 높은 성장률을 함께 누릴 수 있을까? 이런 근본적인 질문을 끊임없이 던졌다. 그러한 탐구과정에서 한 가지 일을 겪으면 한 가지 지혜가 자라났고(經一事 長一智), 때로는 '번개에 맞은 것처럼' 나라살림 전반을 조망하는 깨달음을 얻었다. 수많은 부처 공무원과 예산협의를 하면서 얻어진 체험적 사례는 그 후 필자가 나름 축적한 통찰의 산물이 되었고 나라살림에 대한 학문적 지평을 열게 된 단초가 되었으며, 사업의 선후경중(先後輕重)에 대한 감식안을 키울 수 있는 자양분이 되었다.

국회도서관을 사상의 보고(寶庫)라 여기고 시간 날 때마다 숨겨진 보물을 찾듯이 재정과 관련한 국내외의 책과 논문 등 구할 수 있는 예산관련 참고자료를 샅샅이 읽고 들춰보고 해석하고 요약해나갔다. 거경궁리(居敬窮理)의 자세로 나라살림의 이치와 원리를 깨우치는 학습에 진력했다. 하루 24시간이 부족했다. 핵심을 간파하고 문제의 해법을 찾기 위한 각고의 탐색이 차곡차곡 쌓이다보니 어느 순간 나라살림에 대한 궁금증과 의문이 해소되면서 안목과 식견이 확장되고 심화되었다. 격물치지(格物致知)의 시간이 흐를수록 차원 높은 '득의의 영역'을 구축하고 싶었고, 한계를 넘어서고자 치열하게 고민하며 분발했던 것들에 대한 반추를 통해 결국 나 자신만의 예산철학을 고구(考究)할 수 있었다.

당시 30대였던 나를 지배했던 말은 철학자 버트런드 러셀의 자서전 첫머리에 나온 말이었다. "단순하지만 거역할 수 없는 세 가지 열정이 내 삶을 지배했다. 사랑에 대한 그리움과 지식에 대한 탐구 그리고 인류의 고통에 대한 참을 수 없는 연민이 그것이다." 필자는 러셀의 세 가지 다짐에 빗댄 나만의 비전을 만들어 열정적으로 미션을 수행해 나갔다. "공직수행에서 얻는 보람과 나라살림에 관한 끊임없는 탐구 그리고 재정적 각성을 통한 국고 지키기"가 바로 그것이다. "국가 없이 예산 없고, 예산 없이 국가 없다."는 생각이 필자를 지배했다.

나라살림에 대한 이론적 천착이 깊어지고 실무적 경험이 쌓이면서 재정에 대한 철학이 정립되어갔고 이를 바탕으로 저서를 쓰기 시작했다. 추사는 가슴속에 만권의 책이 있어야 그것이 넘쳐흘러서 그림과 글씨가 된다고 했다. 필자는 국회도서관 서가에서 만난 수많은 거인의 어깨위에서 관찰하고 연구하고 질문하면서 지득하였던 나라살림의 진면목을 풀어쓰고 로드맵을 설정하는데 몰입하였다. 가혹한 세금과 폭정은 호랑이보다 무섭다는 고사를 염두에 두고 "나라를 다스리는 길의 핵심은 국민을 잘 살게 하는데 있다(治國之道 必先富民)"는 관자의 시선으로 부국의 지략을 살펴보았다.

맹자는 "산 속의 작은 길도 많이 다녀야 큰길이 되고, 잠시만 다니지 않으면 금방 풀이 우거져 버린다."고 설파했다. 필자는 재정적 각성의 고취를 통해 생활 속의 작은 예산낭비도 소홀히 보지 않겠다는 '국고지기'의 길을 개척하고 확장하는데 쉼 없이 역투(力鬪)해왔다. 국고를 수호한다는 것은 나라살림의 크고 작은 길목에서 예산편성과 집행, 예산심사과정에 참여하는 주역들이 어떤 시스템에서 어떤 방식으로 그들만의 정치적 시장과 예산시장 그리고 정책실시 시장을 구축하는지 궁금해 하고 이에 대한 질문을 끊임없이 던져서 한 푼의 예산도 허투루 쓰이지 못하게 하는 것이다.

이러한 논의의 저변확대를 위한 발걸음은 대학과 대학원 수업에서 시작했다. 1986년 건국대 상경대학 출강 이후 1993년부터 한양대 지방자치연구소와 지방자치대학원, 중앙대 사회개발대학원에서 「예산결산심사기법」을 주제로 강의를 하고, 1995년부터 고려대 정책대학원에서 「예산론」을, 2011년부터 호서대(서울캠퍼스) 벤처대학원에서 「정부예산론」과 「예산정책론」을, 2017년부터 중부대 고양캠퍼스에서 「나라살림 이해하기」라는 교과목을 모두 처음 개설하여 강의를 해왔다. 현재는 2019년부터 중앙대 행정대학원에서 「현대사회와 조세」, 「예산정책론」을 강의하고 있다. 실제 예산편성을 총괄하는 기획재정부 예산실 직원을 위시하여 공무원뿐만 아니라 예산심사의 주역인 국회의원 및 지방의회의원, 예산감시활동을 벌이고 있는 시민단체 활동가에 이르기까지 예산 전반에 대한 착안점과 검토사항을 전달하는데 주력했다. 언론재단에서는 수년 동안 중앙지 및 방송사 수습기자와 경력직 기자, 지방지 기자들을 대상으로 「예산관련기사 작성 및 취재를 위한 예산분석기법」이라는 주제로 강의해왔다. 미래세대의 주인공인 대학생들을 대상으로 하는 「건전재정 가디언즈」 프로그램에는 2013년 제1기부터 2020년 8기까지 멘토와 심사위원으로 활동하며 미래세대들에게 나라살림에 대한 인식을 확산시키려 했다. 강의 시 만났던 다양한 분들이 그들의 '체험적 상황논리'에 바탕을 두고 실제적으로 맞닥뜨렸던 문제에 대해 폭넓게 질문했던 사항은 필자의 예산철학을 구축하는데 큰 도움이 되었다.

경제학 박사 과정을 이수하면서 시작한 학회활동(한국경제학회, 한국국제경제학회, 한국재정학회 이사 · 편집위원, 한국재정 · 공공경제학회 이사, 한국지방재정학회 이사, 한국재정정책학회 이사) 또한 필자의 예산철학 형성에 지대한 영향을 미쳤다. 재정경제 분야에서 이정표를 세워온 선구적 학자들과의 지적교류는 필자의 지적 한계를 깨우치고 분발하는 계기가 되었다. 학술대회에서 촌철살인의 코멘트와 함께 상대방의 연구를 북돋거나 돋보이게 하는 호각지세의 토론을 지켜보면서 드높은 지혜의 경지를 배울 수 있었다.

제1부 예산을 탐구하다, 익히다, 쓰다

1990년도에 『지방재정학』을 시작으로 『예산개혁론』에 이르기까지 출간한 11권의 책은 '공직자로서의 그때의 시간'과 '교수로서의 지금의 시간' 동안 축적한 예산

철학적 학습의 산물이다. 제1부는 각 책의 머리말과 서평, 그 책을 대표하는 한 꼭지(또는 두 꼭지)의 내용으로 이루어져 있다. 지금 시점에서 보면 미진한 부분이 있지만 나라살림을 화두로 삼고 참구(參究)했던 결과물인 만큼 가급적 집필당시의 내용대로 실었다.

- 『지방재정학』(1990, 개정판 : 1995)은 지방자치시대를 겨냥해 '지방재정학'이라는 이름으로 국내에서 첫 출간된 지방재정지침서로서 지방재정을 독자적인 학문적 위치 · 체계로 구성하고자 하였다.
- 『효율과 공정의 경제학』(1991)은 국내외 논문을 통해 효율과 공정의 이론적 의의와 정책적 함의, 그리고 효율과 공정의 상관관계를 규명하고자 하였다.
- 『공공선택의 재정경제학』(1994)은 민주주의 하에서 정치적 의사결정 체제 및 기구에 관한 경제학적 연구결과를 담았다.
- 『예산결산심사-이론과 실제』(1997)는 나라살림살이에 대한 올바른 이해를 통해 국민들의 삶을 향상시키고 21세기 우리나라 국가재정의 틀을 바로잡는 길잡이가 되기를 바라는 마음에서 집필하였다.
- 『민주주의의 경제학』(2000)은 '경제학과 정치학을 통합하여 그것을 민주주의적인 의사결정 방법에 응용하고자' 집필한 한스 반덴 도엘의 *Democracy and Welfare Economics*(1979)를 번역한 것이다.
- 『지방예산결산심시론』(2001, 개정판 : 2007)은 지방의원이 예산서와 결산서를 제대로 해독(解讀)하여 지방의회의 예산결산심사능력을 제고함으로써 주민자치를 명실 공히 실현하도록 돕고자 집필하였다.
- 『예산정책론 - 예산결산과 재정정책』(2005, 개정판 : 2012)은 예산을 통해 재정정책이 검토돼야 하고, 예산결산과 관련한 광범위한 주제가 재정정책 수립의 바탕을 제공함으로써 현실적인 문제해결에 공헌하는 실천적인 측면을 강조한 것으로, '예산정책론'이 '이론의 학문'이라기보다는 '정책의 학문'으로 자리매김했으면 하는 바람을 가지고 있다. 이 책은 제18대 국회의원이 가장 많이 읽은 도서 4위에 선정되었다.

- 『예산개혁론-21세기 나라살림 개혁의 청사진』(2011)은 글로벌 경제가 재정적자 숙취로 고통스러워하는 상황에서 언제 다가올지 모를 '부채 쓰나미'를 미리 예방하고, 정치, 경제, 사회, 문화 각 분야에 현안이 있을 때마다 모두 재정을 통해 해결하려는 재정중독증(fiscal alcoholism)에서 벗어나기 위한 즉각적이고 대대적인 나라살림 개혁을 권고하고 있다.

제2부 예산현안을 진단하다

재정준칙도입을 위한 국회 예산심사 시스템 개혁방안

필자는 국가재정의 건전성을 지키고, 경제의 버팀목으로서 재정 본연의 역할을 재정립하기 위해 민간 차원에서 국가재정의 안정적 관리와 효율적 집행을 감시·요구하는 공론화 활동을 전개하고자 2012년 설립한 '건전재정포럼'의 운영위원으로 지금까지 활동하고 있다. '건전재정포럼'은 2013년 11월 20일 『국가 부도위기 막으려면 엄격한 재정준칙 빨리 법제화하라』는 주제로 특별 정책토론회를 개최했는데, 이날 토론회에서는 대통령 임기 동안의 국가부채 증가한도 법제화 등을 비롯한 실제적이고 포괄적인 재정준칙 5계명을 제시한 바 있고, 필자는 이 같은 재정준칙 운영이 실제로 작동할 수 있도록 국회 예산결산 심의절차 개혁을 위한 5대 방안을 제시하였다.

제20대 국회의 재정개혁 과제

2016년 6월 20일 『20대 국회, 어떻게 변해야 하나?』라는 주제로 개최된 '건전재정포럼' 정책토론회에서 현행 상임위 예비심사와 예결위 종합심사로 이어지는 2단계 상향식(Bottom-up) 심의절차를 예결위의 총량심사, 상임위의 총량 내 자율심사, 예결위의 종합심사로 이어지는 3단계 하향식(Top-down) 심사체계로의 개편방안과 의무지출이 포함된 법안을 발의할 때 재원조달방안 첨부를 의무화하는 페이고(Paygo)의 확대 필요성을 제시하였다.

예산현안, 언론 속으로 들어가다

언론을 통해 재정현안에 대해 진단하고 처방한 내용을 실었다. 키워드는 두 가지다. 하나는 재정건전성이다. 예산은 공공경제의 중추신경이다. 사람 몸에서 중추신경이 손상되면 뇌사에 빠질 수 있듯이 국가가 '재정질환'에 걸리게 되면 종국에는 재정파탄을 불러올 수 있다. 따라서 재정건전성은 국가경제의 최후의 보루로서 반드시 수호해야 할 재정규율이다. 둘은 예산정치다. 예산은 정치과정의 산물이다. 예산정치는 예산과정 속에서 재정규모의 적절성 등 예산논쟁과 재정개혁 방향에 대해 의견을 수렴하고 결론을 도출하는 실체이다. 따라서 예산정치과정을 통한 재정적 의사결정이 우리 후손들에게 얼마나 많은 재정적 부담을 물려줄 것인지, 미래 국가발전에 어떤 영향을 미치게 될 것인지 신중하게 고민할 필요가 있다. 지금 이 순간에도 대한민국 부채시계의 숫자는 늘어나고 있다. 국회는 여의도 의사당을 24시간 밝히면서 납세자의 피 같은 세금이 올바로, 똑바로 쓰이는지 조목조목 살펴 국민의 시름과 걱정을 덜어주는 예산정치의 진수를 보여줘야 한다. 예산은 치국의 기틀이며, 흥국의 도구이고, 부국의 거울이며, 강국의 버팀목이기 때문이다.

제3부 NABO의 길을 닦고 거닐다

NABO의 과거와 현재 그리고 미래

'국고를 수호하는 것'을 공직생활의 미션으로 삼고 국회 예산정책분야의 독자성을 확립하는 데 일관된 의지로 추진한 꿈은 어느 날 현실로 다가왔다. 1994년 국회 내에 처음으로 예산정책을 연구·분석하는 부서인 법제예산실을 탄생시키고, 2000년도에 국회 사상 최초로 예산정책과 관련한 독립부서인 예산정책국을 발족시킨 일, 그리고 이것이 밑거름이 되어 결국은 꿈에도 그리던 국회예산정책처라는 독립기관을 기어이 출범시킨 일… 아무도 크게 관심을 가져주지 않았던 일에 매달려 성사시켜 온 지난날을 돌이켜보면 보람과 회한이 교차한다.

2008년 9월 1일 제3대 국회예산정책처장으로 취임한 시기는 제헌 60주년과 국회개원 60주년을 맞아 예산에 관한 국회의 주도권 확보와 국회 위상 제고에 힘을 쏟았던 매우 중차대한 시기였다. 국회예산정책처의 모태인 법제예산실 예산정책심의관, 예산정책국 초대 국장, 예산정책처 초대 예산분석실장 그리고 예결위 수석전문위원으로 평생 예산분야의 일가를 이루기 위해 혼신의 힘을 쏟아왔기에 처장이라는 중책을 맡으면서 크게 두 가지를 다짐하였다. 우선, '국회 시각에서의 독자적 정보생산과 예산 분석, 행정부 독주의 견제와 감시'를 통해 국회 본연의 예산심사기능을 확보하여 진정한 의미에 있어서 재정규율과 재정 민주주의를 확립하겠다는 것이고, 다음은 "건전한 재정 없이 건전한 정부는 있을 수 없고, 건전한 정부 없이 건전한 국가는 존재할 수 없다"는 예산철학을 바탕으로 국가경쟁력 향상과 국가번영의 기틀을 잡는 데 조직의 역량을 결집하여 명실 공히 '대한민국 최고의 예산정책전문기관'으로 도약시키겠다는 것이었다.

취임해서 이임 때까지 NABO의 근성과 기개를 키우고자 애썼던 발자취를 담았다. 필자는 처장 취임하기 하루 전날 이렇게 다짐한 바 있다. "임기동안 과다한 욕심도 과분한 평가도 원하지 않습니다. 다만 NABO의 위상을 제고하기 위해 노력했던, 애썼던 그런 처장으로 기억될 수 있다면 더 이상 행복할 수 없을 것입니다. 사심 없이 최선을 다하겠습니다."

세계가 주목하는 NABO로 우뚝 서다

2009년 2월 26일과 27일 양일간 이태리 의회(로마)에서는 미국, 이태리, 캐나다 등 15개국의 《OECD 회원국 제1차 의회예산 기관장 회의》(The 1st Meeting of OECD Parliamentary Budget Officials)가 개최되었다. 최초의 OECD 의회예산관련 기관장 회의라는데 역사적 의미가 컸다. 참석자들은 국민의 소중한 세금으로 운용되는 나라살림을 효율적이고 건전하게 운용하는 데는 국민의 대표기관인 의회의 역할이 중요하며, 이런 역할을 충실히 수행하기 위해서는 의회를 지원하는 재정전문기관이 필수적이라는데 공통된 인식을 가지고 있었다.

회의 참가국들은 대한민국의 국회예산정책처가 5년이라는 짧은 역사 속에서 세계가 주목하는 '의회예산처 롤 모델'(role model)로서의 위상을 갖추게 된 배경과 성장 동력에 큰 관심을 표명하였다.

《제2차 OECD 의회예산 기관장 회의》는 2010년 2월 11일과 12일 스위스 베른에서 개최되었다. 'OECD 의회예산기관장 회의'는 OECD 국가들이 의회 차원에서 예산 전반에 대하여 현안을 논의하고 정보를 공유하는 연례 회의로 자리 잡았다. 세계적으로 예산과 정책들에 대해 보다 능동적이고 독자적인 입법부의 역할이 강화되고 있는 추세에 발맞춰 각국 의회는 예산조정 권한의 확대를 추구하고 있으며, 행정부에 대한 의존으로부터 자유로운 예산 전문조직을 갖추어 가고 있다. 의회예산기구를 발전시키는데 어려움을 겪고 있는 각국은 "2003년에 설립된 이후 NABO의 발전상은 놀라운 것"이라는 반응을 보이며 많은 관심을 기울여주었다. 최초와 두 번째 회의에 참석한 필자는 OECD 국가들이 의회역할 확대를 위해 의회예산전문조직을 강화하고 있음을 확인할 수 있었으며, NABO 출범을 위해 그동안 쏟았던 시간이 보람으로 다가왔다.

2009년 8월 20일부터 23일까지 4일간 도미니카 공화국 푼타카나에서 개최된 5차 중남미 의회포럼은 재정 및 예산에 대한 의회의 역량을 강화하는 것이 이 지역의 발전에 중대한 영향을 가져온다는 인식하에 각국 의회의 지도자 중심으로 구성된 것이며, 역내 최대 규모의 자금지원 기관인 IDB(The Inter-American Development Bank, 미주개발은행)에서 이번 포럼을 주관할 만큼 의회차원의 중요한 교류의 장이었다. 한국은 성공적인 의회예산지원기구를 운영하고 있다는 점에서 역할모델로서 주목의 대상이 되었다. 특히, 미국 의회예산처(CBO)를 벤치마킹하기보다는 설립배경과 운영과정의 경험이 생생하게 남아있는 NABO 모델을 도입하기 위해 지대한 관심을 나타냈다. 이번 참석을 계기로 국회예산정책처가 세계적인 재정전문기관으로 도약할 수 있는 가능성을 확인할 수 있었다. 또한 신흥 민주국가들에게 우리의 경험을 전수함으로써 글로벌 재정의 건전성과 발전을 촉매 하는 역할을 담당할 수 있다는 자신감을 갖는 계기가 되었다.

제4부 언론이 말하는 '30년 예산통'과 '미스터 예산'

예산을 탐구하면서 언젠가는 미국 CBO와 같은 의회예산지원기구를 탄생시키겠다는 공직 목표를 설정하고, 기틀 마련을 위한 설계도를 치밀하게 준비하기 시작했다. 언론과의 인터뷰는 결국 NABO 설립의 꿈을 이루고 3대 처장이 되어 NABO 출범을 가능하게 했던 원동력이 무엇인지 그 시발점을 뒤돌아보는 계기가 되었다. 영화 〈링컨〉에서 링컨은 '나침반은 방향을 가리켜주지만 그 길에 있는 사막과 협곡, 늪이 있다는 것은 알려주지 않는다. 장애물에 주의하지 않고 목적지에 내달리다 늪에 빠져버리면 정확한 방향을 안들 소용없다"고 말했다. NABO 설립의 꿈을 현실화하기까지 숱한 저항과 예상 밖의 난관으로 멈춰야 했던 시절이 어제 일처럼 스쳐간다. 그때마다 혼자 꾸는 꿈은 단지 꿈일 뿐이지만 뜻을 같이 하는 사람과 함께 꾸는 꿈은 현실이 될 것이라는 것을 굳건하게 믿고 긴 호흡으로 로드맵을 향해 정진했다. 이 세상에는 무엇을 만들려고 생각만 하는 사람들보다 실제 그 무엇을 만들어내는 사람들이 더 많지 않은가. 존 스튜어트 밀도 믿음을 지닌 한 사람은 단지 관심만 가진 아흔아홉 명과 맞먹는다고 갈파한 바 있다.

언론에서는 '30년 예산통(豫算通)'이라고 불러줬고, '미스터 예산'이라는 과분한 호칭을 붙여줬다. '미스터 예산'이 필자에게 부여된 명예로운 역할이라면 그 기대에 부응하는 발걸음을 내딛고자 재정현안을 그 어느 때보다 세밀하게 살피게 되었다. 재정현안의 본질을 명민하게 꿰뚫어서 현실과 괴리돼 국민이 고통스럽게 치러야 하는 온갖 사회적 비용이 얼마나 되는지 여실히 보여주고자 했다. 우리 재정의 현주소를 확인하고, 그 시대가 해결해 나가야 할 과제가 무엇인지 찾아가는 일은 앞으로도 여전히 현재진행형이다. 지혜란 우리가 죽기 전까지 계속 커지는 보물이라는 사실을 믿기 때문이다.

제5부 NABO의 역사에 한 획을 그은 언제나 나보다 큰 두 사람

1929년 1월 비트겐슈타인이 케임브리지에 도착했을 때, 케인즈는 부인에게 다음과 같은 편지를 쓴다. “드디어 신이 왔소. 5시 15분에 도착한 기차에서 신을 만났다오.” 유명한 경제학자의 간결한 말에는 아이러니 이상의 것이 담겨있다. 기차에서든 수도원에서든 혹은 전쟁터에서든 세계사를 움직인 인물들의 만남은 계속되었다. 이들의 만남은 열정으로 가득 찼고 좌절과 희망이 교차했다.

지난 세월을 돌이켜보면 적당한 때에 적당한 자원을 가진 적당한 사람이 필자의 인생 속으로 들어왔다. 매번 뜻밖의 인물이 나타나 재능과 지식, 관계, 경험을 내게 빌려주었다. 만남이 인생을 바꾸고 사람을 변화시킨다. 그 만남 이후로 나는 더 이상의 나일수가 없다. 오늘날 NABO의 위상과 역사에 한 획을 긋는 만남은 제18대 국회 전반기 김형오 의장님과 국회예산정책처 초대 처장 최광 교수님과의 만남이다. 필자의 일생에 잊을 수 없는 그 두 사람은 언제나 나보다 컸다.

국회의장 임기를 일주일 남긴 시점인 2010년 5월 24일, 김형오 의장님은 60회째 마지막 정례 기관장 회의를 주재하셨다. 처음부터 회의에 참여했던 처장으로서 그 시간은 한사람의 일생을 관통하는 열정과 상상력이 얼마나 놀라운 기적을 일으키는가를 확인할 수 있었던 소중한 시간이었다. 기관장 회의와 대면보고를 위한 만남이 축적되면서 국회예산정책처가 가지고 있는 생각의 폭과 깊이가 확장되었고 전기로 배터리를 충전하는 것처럼 항상 새로운 에너지를 보충할 수 있었다. 이를 통해 NABO는 국가발전의 저수지이자 발전소 역할을 성실히 수행할 수 있었다. 김형오 의장님께서 NABO의 방파제 역할을 자임하고 독립성과 중립성, 전문성을 보장해주셨기에 국회예산정책처가 지향하는 ‘나라살림 지킴이, 나라정책 길잡이’로서의 면모를 조기에 확립할 수 있었고, 재정전문기관으로 도약할 수 있었다. 김형오 의장님과의 만남은 결국 NABO를 단숨에 업그레이드시켰던 만남으로 역사에 기록될 것이다.

1982년 4월 사무관 시절 필자는 국회경제과학위원회 입법조사관으로 경제기획원 소관을 담당하고 있었는데 국가경제와 재정을 이끌어가는 엘리트들과의 정책토론은 늘 새로운 정책분야에 대한 학습이 필요하다는 지적호기심을 불러일으켰다. 경제학 박사 과정을 준비하던 중 당시 만 35세로 재정분야의 최고권위자로 평가받던 최광 박사(한국개발연구원 연구위원)를 연구실에서 만났다. 그날 그가 건네준 D. C. 뮬러(Mueller)의 《공공선택(*Public Choice*)》은 '공공선택'을 바탕으로 한 직무접근이 나라살림 현안을 풀어나가는데 필요한 지혜임을 깨닫게 해주었다. 그리고 우리는 2003년 10월 20일에 출범한 국회예산정책처(NABO)에서 처장과 예산분석실장으로 함께 일했다. 그는 짧은 기간 동안 NABO가 명실상부하게 국가기관으로 착근하는데 놀라운 리더십을 발휘했다. 참으로 도전적이면서도 획기적인 전대미문의 역사가 창조되는 나날이었다. 레벨과 단계(stage)에 따라 사무실 마련부터 인력채용까지 빈틈없이 준비했다. 아울러 철저한 업무개발, 직무에 대한 뜨거운 열정, 직원들과 소통하는 열린 사고 그리고 '반듯함'에 대한 강조 등 기관 설립 초창기에 느슨해지고 구심점 없이 세월만 낚을 수 있는 조직에 펄떡거리는 역동성을 심어주었던 것이다. 국회예산정책처 정신(NABO spirit)은 그렇게 충전되어 갔다. 국회예산정책처 영문명을 NABO로 정한 일, 지금은 모든 보고서와 브로슈어, 명함에 박혀 있는 심벌마크와 워드마크를 공모로 탄생시키고, 지금 발간되고 있는 보고서의 형식과 편집 틀까지 정교하게 다듬었던 일 등을 돌이켜보면 모든 것이 기적같이 느껴질 때가 있다. OECD 국가의 의회예산 지원조직 중에서 NABO가 으뜸으로 각광받고 있는 것은 그때 뿌린 씨앗 때문일 것이다.

예산철학 그리고 나라살림의 품격

예산은 국가의 존립에 필요한 재화와 서비스를 둘러싼 활동으로 국가의 운명을 좌우한다. 따라서 국가는 나라살림에 대한 시계(視界)와 철학을 확고히 해야 한다. 예산을 뜻하는 영어단어 BUDGET에 담긴 예산철학적 함의를 도출해보면 다음과 같다. 이는 필자가 예산의 궁극적인 근본원리를 추구하고 탐구하면서 정립한 것으로 이에 대한 학문적 논의가 뒤따르기를 바란다.

먼저 B는 balance이다. 예산에 대한 첫 번째 접근은 국가의 재원범주(framework)내에서 절약과 균형에 초점을 맞춰야 한다는 것이다. 정부와 민간, 중앙정부와 지방정부 간의 기능분담원칙을 합의하고 이를 지켜야 한다. 또한 유사한 사업을 상호 비교하는 균형과 비례의 감각을 통해 예산한도액을 억제하려고 노력해야 한다. 또한 의무지출과 재량지출의 비중, 국세와 지방세의 비중, 국가안보(national security)와 사회보장(social security) 비중을 적정하게 정해야 한다.

두 번째 U는 usability이다. 예산의 사용처와 우선순위 문제다. 예산을 다루는 자는 공공성에 관한 정보의 조정자(coordinator)로서 매년도 재정지출이 국민생활, 그 중에서 납세자의 생활에 어떤 영향을 미치는 가에 대한 분석에 기초하여 '정책이 있는 예산'과 '노선이 분명한 예산'을 만들어야 한다. 소탐대실(penny wise, pound foolish) 사업은 규모와 상관없이 싹을 잘라내야 한다.

세 번째 D는 debt(부채)와 deficit(적자) 문제다. 부채를 둘러싼 논쟁은 적어도 5천년 이상 이어지고 있다. 금융사의 대가이면서 제국론에도 일가견이 있는 하버드대 니얼 퍼거슨 교수는 그 전까지 통념으로 여겨진 제국의 흥망성쇠론은 역사가들의 스토리텔링일 뿐 실상 제국의 몰락은 '한 밤의 도둑처럼' 갑자기 찾아온다고 주장하면서, 역대제국의 몰락이 재정위기와 유관하다는 점에 유의해야 한다고 강조했다. 재정수입·지출간 심한 불균형이 번번이 제국을 벼랑으로 내몰았다는 것이다.

네 번째 G는 generational accounting, 세대 간 회계 문제다. 「세대충돌」의 저자 코틀리코프 보스턴대 교수는 "고령인구가 급격히 늘어나고 있는 미국의 현실을 고려할 때 정책변화가 시급한데도 미국정치인들은 표를 의식해 기성세대를 건드리지 못하고 있다"고 지적했다. 비트겐슈타인은 「만일 누군가가

“다음 세대가 이 문제에 손을 대고 해결해 줄 것이다.”라고 말한다면 그것은 대개의 경우 일종의 이상에 지나지 않는다. 이상으로서 그들은 자신이 이루지 못하였던 데에 대한 변명을 하고 있는데 지나지 않는다」고 말했다. 한국의 과거와 현재의 재정정책은 조세부담을 노년층으로부터 청년층으로 그리고 현재세대로부터 미래세대로 전가되는 것으로 나타났다.

다섯 번째 E는 재정지출의 가치(value for money), 돈 값을 하는 재정관행을 확고히 자리 잡아야 한다는 것이다. 소위 3E(Efficiency, Effectiveness, Economy)를 감안해서 재정누수를 방지해야 한다. 이미 경영구루인 피터 드러커는 기업경영과 관련한 중요한 문제점으로 효과성(Doing the right thing, 올바른 일을 하는 것)과 효율성(Doing things right, 일을 제대로 하는 것)의 혼동을 지적한 바 있다. 드러커는 최악의 경우를 유효하지 못한 일을 가장 효율적으로 실시하는 것, 다시 말해 처음부터 하지 말았어야 할 일을 일사분란하게 해치우는 일이라고 지적하였다. 기업경영을 국가경영에 대입하여 해석해보면 납세자의 세금으로 편성된 예산사업 중 애초에 시도하지 않았어야 할 사업을 감행함으로써 얼마나 많은 예산낭비가 있었는지를 그동안의 값비싼 경험과 사례를 통해 우리는 어렵지 않게 기억해낼 수 있다.

여섯 번째 T는 timing이다. 그야말로 한정된 예산을 적재적소에 적시에 투입할 수 있어야 한다. 한 전쟁학자가 세계패전의 역사를 딱 두 단어로 된 공통적 패인을 찾아냈는데 그것은 바로 ‘too late’였다고 한다. 예산은 원칙적으로 1년 단위이지만 경기변동은 통상적으로 회계연도와는 전혀 상관없이 발생하여 그 대응에 수반하는 시차(時差, time lag)를 해소하는 것이 관건이다. 예산정책 수립이 필요하다고 인식하는 것으로부터 실제 실행안을 마련하고 집행해서 그 효과를 볼 때까지 일련의 시차가 작용한다는 점을 감안해서 예산투입의 골든타임을 놓치지 않아야 한다.

미국의 초대 재무장관 알렉산더 해밀턴은 일찍이 독립전쟁의 경험을 통하여

건전한 재정과 국가의 신용이 국가안보와 불가분의 관계라는 점을 뼈저리게 느꼈다. 그는 독립전쟁을 치르는 과정에서 발생한 정부부채를 '자유의 대가(The Price of Liberty)'라 불렀고, 그 부채를 상환하기 위하여 자신에게 불리한 정치적 타협도 마다하지 않았다. 그 후 200여년에 걸쳐 미국의 지도자들은 전쟁 중에도 건전한 재정과 국가의 신용을 유지하기 위하여 모든 노력을 경주하였다. 그것이 곧 미국의 가장 소중한 가치인 자유를 수호하는 길이라고 믿었기 때문이다.

국가 예산 600조원, 국가부채 1,000조원 시대에 나라살림의 품격을 생각하는 재정운영을 기대해본다. 모든 국민이 인간으로서 최소한의 품위를 누릴 수 있게 해주는 것은 나라살림이 지향하는 품격이자 국격이다. 나라살림의 품격은 하루아침에 달성할 수 있는 것이 아니고, 시장에서 살 수 있는 것도 아니다. 시대정신을 관통하는 나라살림의 비전을 국민 앞에 소상히 밝히고 설득하는 정치력이 나라살림의 품격을 좌우하는 결정적 변수가 될 것이다. 정치는 부국강병을 위해 존재한다. 이를 망각한 모든 이데올로기는 국민과 국가에 비극을 초래할 뿐이다.

에필로그

눈이 할 일은 다 끝났다.
이제 가서 가슴의 일을 하라.
(라이너 마리아 릴케)

사마천은 '지난 일을 기술하여 다가올 일을 안다(述往事 知來者)'라고 갈파했다. 역사의 미래 예견력에 대한 통찰이다. 그는 또 '앞일을 잊지 않는 것은 뒷일의 스승이 된다(前事之不忘 後事之師也)'라고 말했다. 본서는 43년간 '스스로 돌이켜 바로 세우겠다(反求諸己)'는 마음가짐으로 나라살림에 대한 화두를 붙잡고 끈질기게 사유하고 통찰한 지적 자서전이다. 세상의 흐름에 흔들리지 않는 부동심(不動心)으로 나라살림 탐구라는 내가 가야할 길을 일관되게 걸어온(吾道一以貫之) 삶의 보고서다. 예산에 관한 한결같은 참구와 천착은 지금 당장이 아니라 '뒤에 오는 사람들'에게 지적 유산으로 남겨주고 싶은 소망에서 비롯된다. 미완에 그치고 모자라더라도 나라살림에 내재된 철학을 탐구해온 일은 그 의미가 클 것이라 믿는다. 과거를 돌이켜보고 현재와 미래에 대처한다고 하는 것은 모든 일반적인 사안의 처리에 있어 동일하게 적용 가능한 이치이지만 특히 나라살림에 대한 일관된 학습은 매우 중요한 가치를 갖는다. 역사는 현재를 비추는 거울이고, 미래의 길을 제시하는 나침반이기 때문이다.

"우리의 몸은 정원이고 마음은 정원사다. 게을러서 불모지가 되든 부지런히 거름을 주어 가꾸든, 그것에 대한 권한은 모두 우리의 마음에 달려 있다." 셰익스피어의 '오셀로' 한 구절이다. 촌음을 아끼며 부단히 예산을 학습하고자 했던 당시의 마음은 '언제나 첫 날의 마음가짐을 잊지 않겠다'는 아마존의 데이원(Day1) 철학으로 연결된다. 데이투(Day2)는 정체상태이고, 그 다음에는 서서히 퇴보하기 때문에 항상 '데이원'에 있어야 한다는 '데이원 정신'은 필자의 나라살림에 대한 초발심(初發心)을 다독이는 마음의 북소리다. 배움에는 끝이 없다(活到老 學到老). 필자는 앞으로도 43년 전 다짐했던 초심으로 나라살림에 대한 공부를 한층 더 심화하면서 경제현안을 해결할 수 있는 국가재정의 계책(計策)을 마련하는 일에 더욱 전념할 것이다. 시대와 함께 호흡하면서 예산과 재정분야를 관찰하며 집필한 졸저들이 누군가에게 학문적으로 전환의 계기를 마련해 줄 수 있다면 망외(望外)의 보람으로 남을 것이다.

우리는 탐구를 멈추지 않으리라.
모든 탐험의 끝은 우리가 시작하였던 곳에 도착하는 것.
그리하여 그 첫 시점을 알게 되는 것.
(토머스 엘리엇)

본서를 마무리하는 과정에서 처음부터 끝까지 격려와 지원을 아끼지 않은 사랑하는 가족들에게 마음깊이 고마운 마음을 전한다. 싱가포르국립대(NUS) 교수인 아들과 미국 댈러스 칼리지(Dallas College)에서 근무하는 딸의 조력은 큰 도움이 되었다. 니체는 '아침놀'을 통해 칠흑 같은 어둠을 벗 삼아 끝을 알 수 없는 밑바닥에서 홀로 보낸 뒤 아침이 밝아오면서 깨달은 진리를 밝힌 바 있다. 본서의 구상단계에서부터 퇴고할 때까지 새벽 4시에 집을 나서 150여분 동안 걸었다. 새벽에 마주하는 심경(心鏡)을 통해 나라살림의 화두에 대한 소중한 깨달음을 얻었으며, 새벽걷기의 성찰은 예산철학의 진수를 정치(精緻)하게 확립하는 밑거름이 되었다. 동이 틀 때쯤이면 나라살림을 바라보는 관점이 선명해지고, 품격 있는 나라살림에 대한 희망이 아침 햇살처럼 피어올랐다. 새벽걷기 내내 든든한 동행을 해준 사유의 동반자들에게 감사드린다. 끝으로 첫 저서부터 이번 열두 번째 저서까지 출간을 도맡아주신 세명서관의 오영환 사장님께 특별한 감사를 드린다.

> 우리의 가장 중요한 사명은 개인적 완성을 향해 가는 것이다.
> (마르크스 아우렐리우스)

2021년 10월
신해룡

차 례

제1부
예산을 탐구하다, 익히다, 쓰다

제2부
예산 현안을 진단하다

제3부

NABO의 길을 닦고 거닐다

제4부
언론이 말하는 '30년 예산통'과 '미스터 예산'

제5부
NABO의 역사에 한 획을 그은 언제나 나보다 큰 두 사람

제1부

예산을 탐구하다, 익히다, 쓰다

제 1 장 지방재정학

1. 초판 머리말

『지방재정학(초판)』
(1990년 11월)

우리나라 지방재정의 현상과 역할 그리고 정부전체의 재정활동에서 지방재정이 차지하는 위치를 개관해 보면 지방재정이 국가재정과 거의 같은 정도의 중요도를 지니고 있음을 알 수 있다. 지방재정제도가 확립된 이래 중앙과 지방의 관계는 대폭적인 변화를 겪어왔으며 그 경향은 현재에도 계속되고 있다. 따라서 그 시스템과 기능은 어떠한 것이며, 합리적인 우리나라 지방재정의 모습은 어떠한 것인가에 대한 문제를 분명히 해야 한다.

이를 위해서는 지방재정의 양적 확대뿐만 아니라 그 질적 변화를 살펴볼 필요가 있는 바, 질적 변화는 지방자치단체가 제공하는 서비스의 수요 면과 그것을 유지하는 공급 면 쌍방에서 고찰할 수 있다.

우선 수요 면에서 살펴보면 지방의 재정수요 증대와 변화를 가져온 것은 도시화에 따른 다면적인 니즈의 확대이다. 도시에의 인구집중과 산업의 도시에로의 집적 · 집중을 배경으로 하여 교육, 보건, 환경에 대한 행정니즈는 물론 도로, 교통, 주택, 상 · 하수도 등의 분야에서 주민의 기초적인 수요를 만족시키고 그 사업을 촉진하기 위한 공적수요가 증대하였다. 반면에 지방권에서는 제1차 산업의 구조변화와 과소(過疏)에 따른 특정의 행정니즈가 발생하였다.

한편 지방의 재정공급 면에서는 특히 최근에 현저한 두 가지 변화가 있다. 하나는 공공서비스의 공급에 대해서 중앙과의 책임분담을 정착시키면서 지방의 책임이 상대적으로 확대되고 있다는 것이다. 다음은 지방에도 혼합경제가 침투한 결과로서 공공서비스의 효율적인 공급에 대해서 지방공공부문과 민간부문과의 합리적인 균형을 지방의 단계에서 고려되어야 한다는 것이다.

우리나라의 지방재정은 현재 중요한 기로에 서 있다. 우선 무엇보다도 민주주의의 뿌리라고 불리는 지방자치제 실시를 앞두고 있으며 여기에다 국제화, 정보화, 탈공업화의 경제구조 변화 속에서 각 지방자치단체는 그 지역특성에 따른 지역의 발전과 그것을 위한 행정수준의 확보를 도모해야 할 것이다. 더욱이 인구구성의 변화의 압력과 그 지역적 배분도 점차 현재화(懸在化) 하고 있으며 이 때문에 주로 지방이 분담하는 복지정책면에서는 특히 각 지방자치단체에 대한 상당한 고찰이 필요하다고 할 것이다. 이러한 의미에서 이 시점에서 국가의 공공정책과 병행해서 지방을 주체로 하는 재정정책, 즉 지방공공정책을 연구하고자 하는 의의는 충분하다고 할 수 있다.

우리나라의 지방자치단체는 일면 국가권력의 하부기구라는 성격을 가지며 또 다른 측면에서는 주민의 생활과 권리를 지키기 위한 국민의 자치조직이라는 성격을 가지고 있다. 이와 같은 지방자치단체의 특성이 어떻게 지방예산이나 지방재정제도상에 나타나고 그것이 또 국민경제나 생활에 어떻게 작용하고 있는가를 분석함으로써 지방자치단체경제활동의 정치행정적 기능을 밝히는 것이 지방재정학의 중심과제가 된다.

지방재정학은 정치경제학의 한 분야이며 하나의 정책과학이라고 생각되기 때문에 재정수지, 지방정부의 회계 및 지출통제의 기술적 측면과 아울러 지방재정운영과 관련된 제도의 연구와 지방재정정책의 경제적 기능에 대한 고찰과 함께 그 정책의 이념과 형성의 문제에 대한 폭넓은 이해가 요구된다. 그것은 지방재정의 이념과 과학적 정책을 결부시킬 때에야 비로소 지방자치의 이상을 구체화 할 수 있다고 보기 때문이다.

본서는 다기(多岐)에 걸친 지방재정의 문제를 분석한 개론서로서 지방재정에 관한 국내외의 연구 성과를 적절한 범위에서 정리하여 이 분야에 관심이 있는 대학생과 대학원생 그리고 정부관계자 및 일반 독자들의 이해를 도모하고자 하는 데 그 목적을 두고 있다. 지방재정이 무엇인가 하는 문제에 대해서는 아직까지 제대로 천착하지 못한 형편에 감히 본서를 펴내게 된 동기는 무엇보다도 지방재정학을 독립된 학문으로서 체계적이고 이론적으로 구축해 보고 싶었고 이를 계기로 이에 대한 논의가 활발해 지기를 바라는 기대에서 비롯되었다.

따라서 본서는 우선 총론적으로 지방재정학의 의의와 방법을 비롯하여 지방재정의 기초이론을 설명하고 지방자치와 관련된 이론 및 지방공공재의 이론에 대한 논점을 정리하고 있다. 그리고 각론에 들어가서는 지방재정의 각 분야에 대한 이론, 제도, 정책을 검토하게 된다. 즉 지방경비론, 지방세론, 국고보조금론, 지방재정조정제도론, 지방채론, 지방공기업수입을 포함한 세외수입론과 도시재정론의 순서로 본서를 구성하여 전개해 나가기로 한다.

본서를 집필하는 과정에서 많은 이론은 국내외 선학들의 업적에 전적으로 의존하고 있다. 그들로부터 너무나 넓고 큰 지식을 얻었으나 일일이 감사드릴 수 있는 기회를 갖지 못하였다. 다만 서술하고 있는 주제를 더 깊게 연구하고자 하는 이들을 위해 참고문헌을 일일이 밝혀주고 많은 주석을 실어서 저자가 지고 있는 지적 부채를 다소나마 갚고자 한다. 그러나 본서에서 지적되는 이론상의 오류는 오로지 저자의 무지에서 비롯되었음을 고백하며 모든 비판을 감수하고자 한다.

끝으로 본서를 구상하여 세상에 나오기까지 5년이라는 긴 세월이 흘렀음을 말하지 않을 수 없다. 그 오랜 기간 동안 긴 인내로서 기다려주면서 끊임없는 협조와 격려를 아끼지 않은 사랑하는 가족들과 출판을 맡아주신 세명서관의 오영환 사장님께 감사드린다.

2. 개정판 머리말

『지방재정학(개정판)』
(1995년 4월)

우리나라의 지방자치제도에 있어서 획기적인 선을 긋게 될 지방자치단체장의 선거가 금년 6월 27일에 실시되어 본격적인 지방자치의 시대가 열리게 되면 우리는 국가 사회 모든 분야에 걸쳐 새로운 변화와 도전에 직면하게 된다.

즉 국제적으로나 국내적으로 무한경쟁의 시대로 들어가는데 그 내용은 이른바 국경개념이 허물어지는 세계화(Globalization)와 지방이 경제활동의 중심으로 되는 지방화(Localization)로 특정 지을 수 있다. 여기에다 오늘날은 세계화와 지방화가 동시에 진행되는 것을 의미하는 글로칼라이제이션(Glocalization) 시대로의 진입을 앞두고 있다.

따라서 지방재정이론도 이러한 지방자치시대의 시대적 동향에 부응해서 새롭게 정리되고 보강해야 할 필요성이 강력하게 제기되기에 이르렀다.

처음 본서를 집필할 당시에는 지방재정을 공부하고 이해하는 데 필요한 기본적 이론과 제도를 대부분 망라했다고 생각했으나, 시간이 흐를수록 반드시 정리했어야 할 분야가 누락되거나, 우리나라 지방재정 특유의 현상을 감안하여 보다 상세히 설명되어야 했던 부분이 오히려 소홀히 다루어져 있음을 확인할 수 있었다. 이와 같은 결점을 고쳐 쓰고 다듬기 위하여 새로이 보완하고 구축해야 할 부분에 대한 자료를 틈틈이 읽고 정리하게 되었다.

특히 개정작업을 하는 데 있어서는 졸저를 대학에서 교재로 사용하면서 높은 학문적 안목으로 적절한 비판과 귀중한 조언을 해주신 여러 교수님의 탁견과 재정경제원이나 내무부 등에서 지방재정정책을 입안하거나, 광역·기초자치단체에서 지방재정관련 업무에 종사하는 공직자들이 실무서로 활용하는 과정에서 실제적으로 맞닥뜨렸던 문제에 대해 제시해 준 소중한 의견, 그리고 저자가 대학(원)이나 서울시를 비롯한 지방의회에서 직접 강의를 하면서 학생들이나 의원들과 나눈 토론에 힘입은 바가 크다.

오늘날 지방재정학에 포함되는 내용들이 매우 광범위하고 점점 더 다기화·전문화되고 있기 때문에 개정판에서 이러한 점을 각별히 염두에 두고 초판(1990)의 각 장의 내용을 대폭 개선하고 책 전체의 논의를 보다 일관성 있게 체계화 하였다. 또한 지방재정의 시대적 흐름에 발맞추어 주요 독자층인 학부 학생이나 대학원생, 그리고 공직자와 고등고시를 준비하는 수험생을 비롯한 일반 독자들이 꼭 숙지해야 될 것으로 보이는 것들을 가급적 모두 포함시키려 하였다.

비록 개정판이라고는 하나 여전히 미흡한 내용과 미숙한 전개로 인해서 처음 초판을 냈을 때처럼 한없는 부끄러움을 감출 길 없다. 앞으로도 동학제현의 비판과 지도·편달을 바탕으로 개정과정에서 나타난 불비한 점을 꾸준히 수정·보완해 나감으로써 보다 알찬 내용으로 독자의 요구에 부응할 수 있게 되기를 바란다.

개정판을 발간함에 있어서도 많은 분들로부터 여러 가지 도움과 격려를 받았다. 무엇보다 본서의 출간에 각별한 이해와 자원을 아끼지 않으신 한승인님의 끊임없는 배려는 저자에게 늘 큰 자극이 되었다. 또한 일상생활에서 평정심을 잃지 않고 집필에 전념할 수 있도록 해준 가족들과 친구들에게 남다른 깊은 감사의 정을 가지고 있다. 끝으로 초판 이후 5년 동안 끈기 있게 개정판원고를 기다려주고 더 좋은 책으로 출판해 주신 세명서관의 오영환 사장님과 편집부 여러분께 감사드린다.

3. 서 평

『지방재정학』
이필우(건국대 교수 · 경제학)
중앙일보(1990년 11월 25일)

민주주의의 실체인 지방자치는 사실상 그 재정의 뒷받침 없이는 불가능한 것이다.

따라서 지방자치를 눈앞에 두고 있는 우리의 실정에서 지방재정의 문제는 중요한 정치 · 경제적 관심사로 등장하고 있다.

앞으로 지방자치제가 도입돼 본격적으로 시행된다면 재정적 관심은 중앙에서 지방으로 집중될 것이 분명하다.

때맞춰 국회 김철 입법차장과 신해룡 박사가 『지방재정학』을 세상에 내놓았다. 이 책은 향후 전개될 지방화시대를 겨냥해 지방재정의 문제에 이론적 · 실제적 접근을 꾀하고 있는 이 분야의 큰 수확이다. 이 책이 지닌 몇 가지 특성을 지적해 본다.

첫째, 종래의 「지방재정론」을 「지방재정학」으로 이름붙임으로써 지방재정의 학문적 성격을 격상시키고 있다. 이는 지방재정론을 중앙정부의 재정학에 종속시키지 않고 독자적인 학문적 위치 · 체계로 구성하고자 하는 의도로 볼 수 있다.

둘째, 이 책은 지방재정의 기초이론 · 지방자치의 재정이론 · 지방공공재의 이론 등 3장을 총론으로, 지방경비론 · 지방세론 등 6개장을 다시 각론으로 다루는 방대한 체계로 짜여져 있음에도 불구하고 내용면에서는 개설적인 차원을 넘어서 분석적이고 실증적인 접근에 충실하고 있음이 돋보인다.

셋째, 특히 각론에서는 먼저 이론이나 모형을 소개한 후 우리나라의 사례를 소개하고 그 문제점을 다루고 있으며 한편 외국의 지방재정제도를 소상하게 소개함으로써 지방재정에 관한 국제비교의 안목을 높여주고 있다.

넷째, 우리나라에 지방자치가 사행될 경우 지방세원의 확충문제도 중요하겠지만 그에 앞서 어떤 사업을 어떻게 수행 · 집행할 것인가가 더욱 중요한 과제로 등장할 것이다. 이 책이 지방예산편성 문제 · 지방재정계획 문제 등을 다루고 있음은 자치단체들이 재정을 운용해 나가는데 적절한 지침을 제공하리라 생각된다.

다섯째, 지방재정의 조정형식은 그 나라가 연방국가형이냐, 단일국가형이냐에 따라 다르게 나타나게 마련이다. 지은이들은 우리나라와 같이 중앙집권적인 단일국가형에는 프랑스형이 적당한 것으로 권장하고 있는데 이는 정책선택에 있어 시사하는 바가 매우 크다고 생각한다. 지역적으로 작은 단일국가가 지나친 분권화를 추구하면 오히려 비용만 상승시킬 것이기 때문이다.

여섯째, 지방경비의 대부분이 산업경제와 직결되고 있으며 또한 지방준공공재와 관련된 투자적인 자상적(自償的) 경비임을 고려할 때 우리나라에서도 지방채의 발행기회는 더욱 증대될 것으로 기대된나. 그러나 지방체의 과다한 발행으로 지방채누적이 발생할 때 또 하나의 재정위기에 몰릴 수도 있음을 걱정하지 않을 수 없다. 따라서 지은이들이 자방채의 기채요건에 합리성 · 생산성을 강조하고 그 선별성을 지적하고 있음은 매우 바람직한 것으로 평가된다.

끝으로 도시집중으로 인한 환경파괴문제를 도시재정의 측면에서 다루고 있다는 점 또한 이 책의 특징이 아닐 수 없다. 선진국에서는 이미 대도시가 슬럼화 되어 죽어간다고 한다. 그리하여 도시는 재정의 궁핍화 속에서 기능상실에 처하게 된다. 도시재정위기의 극복책에 대한 논의는 이제 뉴욕이나 동경뿐만이 아니라 우리 서울의 얘기가 될 수도 있는 것이다.

아무튼 이 책은 지방재정에 관심이 있는 학생 · 행정관리 · 정치가에게 필수적인 지침서가 될 것이며, 특히 지방화시대를 맞아 이 책이 지니는 의미는 매우 큰 것이라고 생각한다.

책속으로 지방재정학의 의의와 방법

1 지방재정학의 의의

지방재정이라 함은 지방자치단체가 공적 니즈(needs)를 만족시키는 데 필요한 자금을 조달하고 관리하며 또 정책목적에 합치하도록 지출하는 경제활동의 총칭이다. 지방재정은 일국의 재정을 단적으로 제도상에서 분할하는 것만으로는 해명할 수 없다는 특성을 가지고 있다.1)

그 하나는 개방성이다. 한 지방자치단체는 고립하여 존재하는 것이 아니고 일국의 국민경제 안에서 국가 및 기타 지방자치단체와 공존한다. 그 관계는 마치 한 국가가 국제경제 안에서 활동하는 것과 같다. 따라서 지방재정에서는 국내의 개방경제 하에서 과세 또는 지출, 기채, 기타의 운영, 또는 「상하의 정부 간의 관계」가 문제로 된다. 이러한 국내개방경제 하에서 우선 국가와의 관계가 있다.

재정의 역할과 기능은 일반적으로 세 가지가 있으며 그것은 공공재의 공급, 소득의 재분배, 자원의 효율적 배분이나 지방은 그들의 역할을 국가와 협조해서 기능을 적절히 분담해야만 한다. 공공재나 서비스의 공급에서는 행정사무를 어떻게 배분하는가가 문제가 된다. 또한 과세에 있어서는 일국규모의 효과를 고려하면서 세원배분을 결정할 필요가 생긴다. 특히 기채시장에는 반드시 지역성이 필요한 것은 아니기 때문에 지방채의 발행에서는 개방성이 특히 고려되어야 한다.

지방재정의 개방성의 또 다른 일면은 「다른 지방자치단체와의 관계」이다. 지방자치단체 내의 일반적인 행정은 별도로 하고 수많은 활동이 소위 다른 지방자치단체에 편익확산효과(spill-over effect)를 갖는 점이 특징이다. 교육, 보건, 교통, 환경 등의 서비스를 취해도 지방자체단체 간에 그 편익의 상호유출 · 유입효과가 있다. 때문에 다른 자치단체와의 협조에 의해서 가장 적절한 자원의 이용을 도모하는 것이 과제가 된다.

지방재정의 두 번째 특성은 당연한 것이지만 그 지역성에 있다. 지방재정의 목적은 당해지역 내의 주민의 주권과 후생을 극대로 하고 또 그것을 위한 비용과 비효율을 최소로 하는 것에 있다. 각 지방자치단체마다 이와 같은 지방의 주권보전(主權保全)이 지방재정을 일관하는 이념이 되어야 한다.

---

1) 能勢哲也 · 丸山高満 編, 『現代地方財政學』, (東京 : 有斐閣, 1987), pp.4-11. ; 佐藤 進, 『地方財政總論』, (東京 : 稅務經理協會, 1985), pp.3-11.

이 지역성에도 두 가지 면이 있는데 그 하나는 지방자치단체 자신이 선택하여 실행할 수 있는 재정활동의 국면이다. 각 지역경제의 경제구조와 경제력의 다양함을 반영하여 각 지방자치단체의 재정에도, 공공니즈에도 다양성이 있다. 그 상황 하에서 각 자치단체가 독자적으로 선택할 수 있는 정책목표와 정책수단은 다를 수밖에 없다. 대도시권과 지방권에서는 지출에 관한 니즈가 대폭적으로 다르다. 또 과세 면에서는 지역에의 정착성으로부터 고정자산세나 사업세 등이 적당한 세원이라고 생각되지만, 지역특성에 따라서 재원을 생각하는 것이 보다 합리적이다.

지역성의 다른 측면은 민간지역경제와의 관계이다. 지방의 단계에서 일반적인 정책목표뿐만 아니라 지방 독자의 행정목적을 실현하기 위해서는 지방단계에서의 특정의 혼합경제구조를 고려해야만 한다. 이 점은 지역 내의 공공, 민간에의 유효한 자원배분과 관련된다. 특히 기업회계 또는 공기업이 제공하는 서비스의 비용부담배분이나 운영 등의 문제에서는 이 점이 중요하다. 복지관련 서비스의 수급에 대해서도 공 · 사의 자원투입방법에는 지역적 선택의 여지가 충분히 있다.

이와 같이 지방자치단체가 한편으로는 중앙과의 연계를 유지하면서 또 다른 한편으로는 지역의 민간부문과의 사회적 균형(balance)을 도모하면서 행하는 경제활동이 지방재정이다. 그렇다면 지방재정을 고찰하는 경우에 어느 범위를 취급하고, 따라서 지방재정학은 무엇을 대상으로 하는 것일까.

근원적으로 재정이라고 하는 용어가 무엇을 의미하는가에 대해서는 역사적으로 대단한 변천을 거쳐 왔으나 그것이 하나의 조직으로서의 정부의 경제를 지칭하는 것임에는 변함이 없다. 다만 전전(戰前)의 재정학의 주류는 대상범위를 국가와 지방에 한정하여 그들의 모든 제도와 활동원리를 분석하는 데 주안을 두었다. 지방재정의 분석에서는 이 경향이 한층 강하다. 이는 분명히 당시의 정부활동의 범위를 반영한 것이다.

그러나 현재의 지방정부의 활동은 국가와의 관계뿐 아니라 넓게는 공기업 기타 이에 준하는 공적조직에까지 미치고 있기 때문에 지방재정을 생각하는 경우에도 그 취급대상에 지방공기업도 포함한 소위 「지방공공부문」에까지 확대하는 것이 현실적이다. 왜냐하면 현대국가에서는 국가경제와 병행하여 지방자치단체의 경제활동이 한 나라의 국민경제와 국민생활에 밀접한 관련을 가지는 것으로서 기능하고 있기 때문이다.

그러나 활동 면에서는 지방공공부문 전반에 걸치지만 지방재정은 재정자금으로서의 지방자치단체의 예산수지를 취급한다는 점에는 변함이 없다. 지방자치단체는 국가적 통치기구의 일환으로 공권력의 한 주체로서 현대국가의 정치제도 · 경제제도 속에 포함되어 있어 이것은 당연히 재정학의 주제가 된다. 결국 재정이란 국가 및 지방자치단체의 경제,

즉 공경제이며 재정학은 이 공경제의 성립 · 발전 · 변천과정을 명확히 하고 또 이 공경제의 계획과 운영법칙을 명확히 하는 것을 제1차적인 과제로 한다. 그리하여 지방재정학은 지방공공부문 전반의 활동에 관련된 지방자치단체의 예산과 수지를 연구대상으로 하는 것이다.

이처럼 지방재정학은 지방자치단체의 재정문제의 해명을 그 주제로 하고 지방자치단체의 경제활동을 연구대상으로 하지만 지방자치단체에는 공공단체로서의 특수성이 있기 때문에[2] 이것은 지방재정의 특성이라는 형태로 거론되고 있다.

지방자치단체와 그 경제활동의 특성은,

① 국방, 사법, 외교, 경기조정과 같은 전국통일을 필요로 하는 사무를 행하지 않고, 주로 산업조성, 사회사업, 교육 기타 문화방면의 사무를 행한다(행정사무분담의 특수성).

② 지역이 협소하거나 인구가 적다는 등의 관계로 행정당국과 주민과의 접촉이 밀접하다. 따라서 그 행정도 주민의 일상생활에 직결되어 그 지구, 주민의 특성에 응할 수 있는 치밀함이 많다(행정의 질에 관한 특수성, 주민에 직결된 행정).

③ 지방자치단체는 국가와 민간 사이에 있는 단체로서 국가라고 하는 전체에 대한 부분인 동시에 그 내부에는 주민에 대한 행정을 하고 있다(공권력체로서의 지방자치단체의 특수성).

더욱이 지방재정이 국가재정과는 다른 성질을 갖는 예시로서,

④ 지방경비에 관해서는 산업 · 문화관계의 행정 등 효과가 마치는 범위가 좁으므로 주민의 편익을 결정할 수 있는 경우가 비교적 많다(이익원칙 적용범위의 상대적 크기).

⑤ 지방자치단체의 자치체로서의 특성으로 행 · 재정에 관한 자주독립이 요망되어 여기에서 경기조정 목적에 의한 전국통일적인 재정정책(fiscal policy)을 채용할 여지는 별로 없고, 오히려 수지적합원칙을 중심으로 운영된다(지방자치단체의 재정운영의 특성).

⑥ 전국 수백 개 규모로 존재하는 지방자치단체 간에는 경제사정 · 재정사정에 큰 차이가 있으므로 지방자치단체 상호간의 재정 및 지방과 중앙과의 재정에 관한 균형조정을 저울질할 필요가 발생하는 것(재정조정의 필요성) 등이 거론된다.[3]

---

2) 지방단체본질론은 공법학자 · 행정학자가 주로 발전시켜온 논의이나 지방재정을 연구할 경우 이 이론을 소화하고 도입해 나갈 필요가 있다. 이에 대한 자세한 내용은 본서[「지방재정학(개정판)」] 제2장 제2절 지방자치권에 관한 학설 참조

〈표 1-1〉 지방공공부문의 구성과 수지의 구조

[지방수입]		일반정부			공기업	[지방지출]	
(기능)	(제도)	지방정부 일반회계	지방정부 특별회계	기금	지방공기업	(제도)	(기능)
조세	지방세 지방교부세					일반행정지출 교육지출	정부소비
보조금	지방양여금 국고보조금					복지지출 산업경제지출	이전지출 공공투자
공채	지방채					기타	
기타	부담금 요금 등						

국가재정과 지방재정의 차이는 회계구분상의 차이[국가의 경우는 일반회계와 기업특별회계 · 재정투융자특별회계, 기타 특별회계, 지방의 경우는 자치단체별(시 · 도, 시 · 군 · 구별) 일반회계와 자치단체별 지방공기업특별회계 · 교육비특별회계, 기타 특별회계라는 구별이 있다], 수입구조상의 차이(세수 및 세외수입, 그리고 기채 절차 · 조건에 따르는 차이), 지방재정에서 차지하는 의존재원의 크기(국고보조금 · 지방교부세 · 지방양여금에의 의존도) 등 재정의 각 방면에서 지적된다. 이러한 재정활동에서의 지방자치단체의 특성연구가 지방재정학의 한 과제이다.

이 점을 구체적으로 밝히고 또한 지방재정의 문제를 정립시키기 위해서는 〈표 1-1〉의 틀을 사용하면 편리하다.

현재 공공부문은 「일반정부」(정부서비스의 생산자)와 「공기업」(정부관리 하의 기업)으로 나누어지나, 이것을 지방공공부문에 적용하면 일반정부에는 지방정부의 일반회계 및 특별회계가 포함된다. 이에 대해서 공기업에는 지방공기업, 공사, 공단 등이 포함된다. 이러한 분류 하에 각 내부섹터마다 수입과 지출이 대응되는데 일반적으로는 그것을 총괄하여 표와 같은 항목 하에 지방수입과 지방지출을 계정하는 형태로 표시한다.

지금까지의 지방재정학에서는 일반회계, 특별회계만의 협의의 지방정부의 분류에 따라서 제도분석에 중점이 두어진 경향이 있었다. 그러나 〈표 1-1〉과 같은 지방공공부문의 분류에 의한 분석을 하게 되면 현재의 폭넓은 지방재정활동을 전반적으로 포착할 수가

---

3) 井藤半彌, 「財政學(13訂版)」, 1980年, 第10章의 2 참조

있다. 지방자치단체가 그 예산을 통해서 이들 부문의 활동에 필요한 자금을 어떻게 조달하고 관리하며, 또 정책목적에 합치하도록 그것을 지출하고 있는가, 또한 그 경제효과는 어떠한가를 고찰하게 되기 때문에 지방재정학은 지방정부의 공공부문에 관한 예산의 과학이라고 할 수 있으며, 지방공공정책을 위한 정부의 수지를 연구하는 분야라고 할 수 있다.

2 지방재정학의 연구영역

영국의 Dalton이라는 재정학자는 재정학의 대상인 재정활동을 정치와 경제와의 사이에 개재하는 현상으로서 정확하게 파악한 바 있다. 그것은 지방재정에 대해서도 적합하다. 즉 지방재정은 재정학의 한 분야로서 다음과 같은 연구대상과 연구영역을 가지는 것이다. 지방재정은 지방자치단체의 정치, 행정의 동향을 직접 살펴보는 것이 아니라 예컨대 재정현상이라는 돈의 흐름을 통해서 또 경제와의 관련에 있어서 지방자치단체의 정치행정적 기능을 살펴본다는 점에서 순수한 지방재정론이나 행정론과는 다르다.[4)]

다시 말하면 지방재정은 지방자치단체의 예산에 관한 정책문제이며 그 정책학으로서의 체계가 지방재정학이기 때문에 자연히 그 연구영역이 정해진다. 우선 재정제도에 포함된 지방의 정책수단이 되는 예산, 재정지출, 지방세 및 지방채가 그 기본적 주제가 됨은 물론이다. 그러나 정책론의 일관된 체계로서 지방재정을 생각함에 있어서는 모든 항목에 대해 세 가지 측면에서 고찰할 필요가 있다. 이 세 가지 측면은 실제로 상호 연관되어 있으며 현실의 재정현상은 이들 관점을 종합함으로써 비로소 그 전모를 명백히 할 수 있기 때문이다.

첫째는 제도적 측면에서 보는 것이다. 중앙과의 관계를 포함해서 현재의 지방재정제도의 구조, 통치기구로서의 행재정(行財政)조직, 또한 지방의 의사결정의 형태 등을 고려한 정치 · 행정적 측면에서의 고찰이다. 재정제도나 정치사상에는 몇 가지 유형이 있으나 우리나라의 경우 국가와 지방, 자치단체와 주민의 관계에 대한 특유의 사상을 배경으로 지방재정제도가 성립되었다고 할 수 있다.

둘째는 기능적 측면에서의 고찰로서 재정지출이나 지방세, 지방채발행의 지역경제에의 영향 또는 예산에의 반작용 등을 분석하는 모든 분야가 포함된다. 여기에서는 경제 분석의 방법이 문제가 되나, 필요에 따라서 순수경제학 또는 기타의 방법을 원용해서 지방재정정책의 체계를 생각하게 된다.

---

4) 吉岡健次, 「新版 地方財政のはなは」(東京 : 新日本出版社, 1989), p.11.

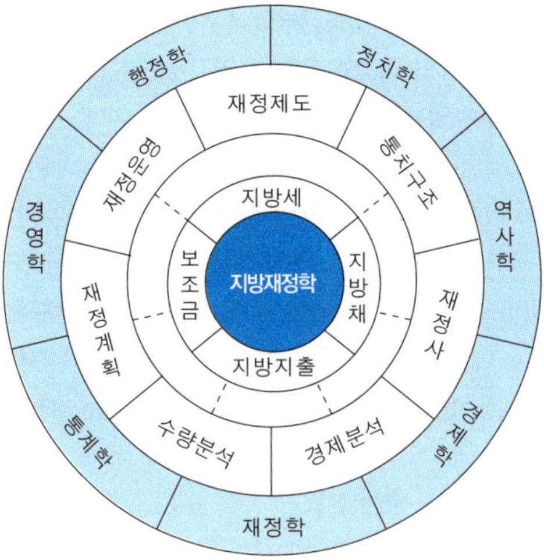

[그림 1-1] 지방재정학의 분야

제3의 측면은 역사적 배경으로부터의 검토이다. 지방재정제도 또는 그 기초가 되는 조세 · 지출의 예측 등의 특정명제가 현대로 이어지는 배경에는 특정한 역사적 경과가 있다. 지방재정학에서 역사적 연구가 중시되어온 것은 그 자체로서 의의는 있지만 역사적 연구가 그대로 지방재정학이 될 수는 없다. 우리가 연구대상으로 하는 것은 현재의 한국의 지방재정이며, 이것을 명확히 하기 위해 과거의 일정한 역사적 단계하에서의 우리나라 고유의 지방재정의 특징을 살펴보아야 하며 또한 외국의 지방재정을 문제로 삼게 되는 것이다.[5] 그리하여 제도, 기능, 역사의 세 가지 측면을 고찰하여 「정치경제학」으로서의

---

5) 외국의 지방재정이론서의 대표적인 것으로서는 미국의 경우 J. A. Maxwell & J. R. Aronson, *Financing State and Local Government*, 3rd ed., 1977. 영국에서는 N. P. Hepworth, *The Finance of Local Government*, 7th ed., 1984(1st ed., 1970.)가 있다.
둘 다 제도론이 중심이나 「지방정부의 재정」이라는 표제임에 특징이 있다. 지방정부의 계획 · 경비 · 수입(조세, 공채, 보조금) 예산 등을 다루고 있음은 같다. 독일에는 H. Elsner, Gemeindefinanzsystem, 1979가 있다. 독일에서는 *Kommunale Finanzen* 또는 *Gemeinde Finanzen*의 이름으로 시 · 읍 · 면 재정을 주로한 지방재정론이 전개되어 *Kommunale Wissenschaft*(자치체학)의 일부로 시 · 읍 · 면 재정이 다루어져 중앙과 지방의 재정관계는 *Finanzausgleich*이라는 명칭으로 논의되고 있다. 이렇게 지방재정론은 각각의 국가전통에 기초한 각국 지방재정론의 형태로 전개되고 있으며 이것을 포괄한 지방재정의 일반이론의 전개는 W. E. Oates, *Fiscal Federalism*, 1972. 등을 제외하고는 거의 없는 실정이다.

지방재정학의 체계를 가질 수 있다.

지방재정에서 취급하는 문제는 지방정부의 수지, 채무관리 기타 이에 관련된 거래로서, 또한 특정의 역사적 단계의 정치와 경제의 연결로서 포착하는 것이 바람직하다고 한다면 지방재정학의 분야는 몇 개의 영역으로 구분할 수 있다. 또 이들은 인접의 영역과 복선적인 관계를 가지고 있다는 것을 인식해야 한다. Colm이 재정학의 「경계선적 성격」을 지적한 것이 바로 이것이며 그 발상에 따라서 지방재정학의 영역을 나타내면 [그림 1-1]과 같다.

여기서 바깥쪽 원의 모든 과학은 안쪽 원의 각 분야를 고찰함에 있어서 불가결한 관련 영역을 표시하고 있다. 예를 들면 재정제도는 행정학, 정치학의 지식을 원용하여 생각할 수 있다. 재정계획에 대해서는 수량적인 뒷받침을 가지고 있는 효율적인 운용계획의 방법을 발견할 필요가 있다.

또한 안쪽 원의 모든 분야는 중심에 있는 여러 문제를 생각할 경우의 접근방법을 표시하고 있다. 이중 불가결한 것은 재정제도와 경제 분석의 분야이다. 그러나 필요에 따라서 또한 제도와 기능의 기초적인 영역을 보완하기 위하여 다른 모든 분야의 지식은 극히 유용하다. 예를 들면 통치구조론에서는 지방자치의 의미, 공공적 의사결정, 기타 정치과정 등의 행재정의 기초가 되는 주제가 논의된다. 이것과 거의 대조적인 재정운영론에서는 재정질서, 재정수지의 균형 또는 자금관리 · 운용 등의 재정운영상의 룰(rule)이나 기술적 방법이 논의의 대상이 된다. 그리하여 제도분석과 경제 분석을 자동차의 양 바퀴로 하여 다른 모든 분야에서 보강됨에 따라 사회과학으로서의 지방재정학이 형성된다. 중요한 점은 안쪽 원의 여섯 가지 분야가 각 영역에서의 관심과 문제의 여하에 따라서 상호접촉과 피드백(feedback)을 요한다는 것이다. 지방세의 논의에 한하더라도 조세체계, 경제적 영향, 과세의 수량분석, 징수계획과 수지의 운영 등은 이느 깃이나 상내석으로 독립된 문제이면서 상호연관이 있으며, 이것이 일체가 되어 과세문제를 명백히 하는 것이다.

3 지방재정학의 연구방법

지방재정에 대한 학문적 연구는 어떠한 방법으로 행해져야 하는가. 이것이 지방재정연구의 방법에 관한 문제이다. 학문연구에 있어서 방법론은 나침반의 역할을 하므로 방법론 없는 학문연구는 나침반 없이 항해하는 것과 같다. 종래의 지방재정연구는 대부분 방법론 없이 행해졌는데 그것은 이 분야가 미개척의 분야임을 말해 주는 것이다.[6)]

---

6) 佐藤 進 교수는 재정학이 「學」의 이름을 가진데 대해서 지방재정론이 「論」으로 되어 있는 것은

그러나 재정학이 국가재정위기의 심화와 재정에 대한 기대의 증대를 배경으로 큰 관심을 불러일으키고 있는 것과 마찬가지로 지방재정의 역할이 증대해감에 따라 지방재정에 대한 관심도 커져가고 있다. 지방재정에 관한 연구도 어느 시대와 비교해 보아도 한층 활기를 보이고 있고 참고할 수 있는 문헌도 상당히 많이 늘어났다. 이러한 단계에서 지방재정에 대한 연구를 어떠한 방법에 근거를 두고 추진할 것인가를 생각하게 되는 것은 매우 소망스러운 사항이라고 할 수 있다.

지방재정에 대한 연구를 어떻게 할 것인가에 대해서는 지방재정도 재정현상의 일부이므로 재정학연구의 한 분야로서 존재할 수 있음은 말할 것도 없다. 지방재정학은 재정학 체계의 한 구성요소가 되므로 재정학의 기본적 연구방법이 지방재정에도 적용되는 것은 물론이다.

재정학연구에는 여러 가지 접근방법이 있는바[7] 지방재정의 연구현상에 입각하여 몇 가지 흐름을 구별해 보면 다음과 같다.

첫째, 지방재정에는 국가재정과 구별되는 독자의 영역이 있음을 인정하고 이것을 처음부터 본래의 연구주제로 하고 있는 사람들이다(지방재정전문가 그룹). 이 중에서도 지방재정일반을 연구하는 그룹과 도시문제의 재정적 측면을 중심으로 연구하는 그룹으로 나누어진다.

둘째, 국가재정을 주된 연구과제로 하면서 지방재정에는 특수한 연구영역이 있다고 해서 이것을 재정학의 특수영역연구의 형태로 추진하려는 사람들이다. 이중에는 재정학의 큰 흐름으로서의 전통적 재정학, 근대경제학적 재정학, 그리고 주로 마르크스주의에 입각한 비판적 재정학이라는 세 가지 조류를 반영하므로 연구방법에 각각 차이가 있다.

지방재정의 전문적 연구자로서 업적이 많은 일본의 岩元和秋 교수는 학문적인 지방재정론 구축을 위한 서론적 작업으로서는 ① 국가와 지방자치단체의 행재정 관계에서의 후자의 위치부여, ② 국가와 지방자치단체의 권력체로서의 이른바 「총괄」기능에 대한 시각, ③ 지방재정의 어떤 방법을 규제하는 것으로서의 지역경제의 불균등발전의 변용과 이에 대응하는 지방재정조정제도의 역할 변화에 관한 평가가 중요하다[8]고 지적한다.

학문분야로서 불충분하게 확립되어 있음을 나타낸다고 주장하고 있다. 米原淳七郎의 저서 「地方財政學」에 대한 佐藤 進 교수의 書評(東京大, 經濟學論集 第44卷 1號, 1978.4.)과 이에 대한 米原淳七郎 교수의 反論(地方財政の研究方法についこ, 東京大 『經濟學論集』 第45卷 1號, 1979.4., pp.85-87) 참조.

7) 재정학의 방법론에 대해서는 李弼佑, 『財政學概論(全訂版)』(서울 : 법문사, 1984), pp.49-79.에 자세히 설명되어 있다.

8) 岩原和秋, 「地方財政論の方法論に關する試論」, 九州大學 『經濟學研究』 第45卷, 4 · 5 · 6號, 1981., p.19. 이에 대한 佐藤 進 教授의 논평은 佐藤 進, 前揭書, pp.7-8. 참조.

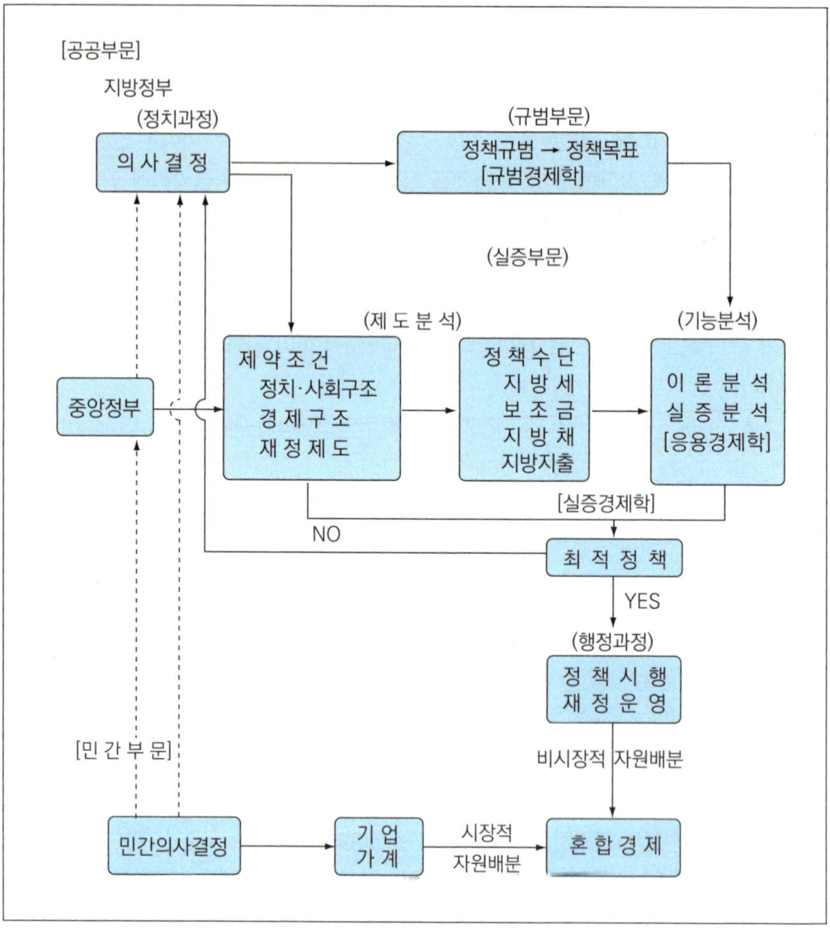

[그림 1-2] 지방재정분석의 영역과 방법

현대의 지방재정학은 지방정부의 수지에 의한 공공정책의 과학적 체계로서 일관된 논리정합성을 가져야 한다. 정책학으로서의 그 체계라 함은 수학에서 말하는 조건부 극대문제의 답을 구하는 것과 같은 일련의 시스템이어야 한다. 즉 재정제도 기타의 제약조건하에서 정부수지 등의 정책수단을 사용하여 설정된 정책목표의 극대화를 달성할 수 있는 최적정책을 도출하여 실시하는 일련의 과정을 연구하는 것이다. 그 체계를 표시하면 [그림 1-2]와 같다.

먼저 최초로 재정활동의 규범과 제도를 정하여 실시 가능한 정책을 선택하는 집합적 의사결정의 메커니즘을 명백히 하여야 한다. 지방자치단체의 의사결정은 간접민주제하에서, 또한 중앙의 의사결정기구와의 관련에서 특징적이며, 거기서 주민의 의사를 여하히 합리적으로 집계할 수 있는가라는 정치과정에서의 지역적 공공선택의 문제이다.

이에 계속하여 「규범부문」과 「실증부문」의 두 가지 영역이 있다. 규범부문은 정책이 준거해야 할 기준과 정책목적을 연구하는 것이다. 지방에 있어서는 일국이 목적으로 해야 하는 공공재 공급, 소득의 공정한 분배(공평), 자원의 최적배분(효율)의 일반적인 기준의 달성을 어떠한 형태로 분담하고 정책목표에 집어넣을 것인가 하는 짜임새 하에 지역특성에 따른 특정 또는 하위의 구체적인 목적(목표)을 설정하는 것이다. 또는 대체적 목표에 대한 선택도 과제가 된다.

실증부문의 임무는 객관적인 제도와 지역경제기구를 서술하고 지방재정정책이 실제적으로 어떠한 효과를 가져 오는가를 객관적으로 추적하는 것이다. 그리하여 정책목표에 비추어서 어떤 정책수단에 의해서 가장 정확하게 목표를 달성할 수 있는가 하는 최적정책을 도출하게 된다.

끝으로 이렇게 하여 도출된 최적정책을 특정제도 하에서 실시하는 행정과정의 연구가 있다. 행정기술론으로서의 재정운영의 모든 문제가 검토의 중심이 된다. 논리적으로 최적이라 할지라도 행정상의 실시기준에 합치하지 않는 정책은 다시 의사결정과정에 피드백 되어 재검토되는 과정이 필요하게 된다.

이와 같이 하여 최종적으로 총체로서의 민간부문의 시장적 자원배분과는 달리 지방정부의 비시장적 자원배분의 체계가 완결된다. 여기에서 지방의 단계의 혼합경제하에서 공공생산과 민간생산의 사회적 균형이 성립되어야 한다는 것이 요구된다. 그리하여 지방재정의 모든 문제는 규범과 실증, 이론과 정책의 연관성이 일관적인 체계 하에 고찰되어야 하며, 이렇게 될 때 지방재정학은 비로소 정합성을 가진 정책과학이 될 수 있다.

제 2 장 효율과 공정의 경제학

1. 서 문

『효율과 공정의 경제학』
(1991년 10월)

1970년대 이후 효율과 공정에 관한 논의가 경제학자간에 활발히 전개되어 이 문제에 대한 관심이 급속도로 높아졌다. 그 경향은 1960년대의 고도성장을 배경으로 풍요로운 사회를 지향하는 선진제국에서 특히 현저하게 나타났다.

이러한 경향이 강하게 표출된 이유로는 몇 가지를 들 수 있는데 우선 거대한 경제력에 의하여 확대된 파이의 분배가 현실적으로는 참된 사회적 풍요로움을 실현하지 못하고, 성장과 국민복지간에 심각한 갭을 초래한데 대한 반성에서 이다.

또 하나의 현실적 이유는 1973년 석유파동 이후 산유국의 공급제한과 원유가상승으로 선진공업제국에서 저성장과 물가상승추세가 정착되어, 파이의 확대에 따른 분배의 개선이나 복지의 충실을 가져오지 못했을 뿐 아니라, 효율우선의 경제정책과 공정우선의 경제정책 간에 엄격한 대립관계를 보이게 된 것이다.

마지막으로 Rawls의 「정의론」(A Theory of Justice, 1971)의 출간을 계기로 분배의 정의 내지 공정의 내용에 관한 철학적 논의가 재연되면서 공정한 분배의 문제에 대한 경제학자의 강한 관심을 야기하게 되었던 것이다. Arrow나

Sen 등의 효율과 공정에 관한 적극적인 논의의 전개는 하나의 좋은 예이다.

그러나 무엇보다도 효율과 공정이라는 본질적인 논제가 택해진 이유는 현대사회가 바로 경제학에 이 테마에 대한 어떤 종류의 해답을 요구하고 있기 때문이다.

현재 우리 경제가 안고 있는 가장 큰 문제 중의 하나가 효율과 공정을 어떻게 조화시키며, 또한 어떻게 하면 양자를 동시에 추구할 수 있느냐 하는 점에 있음을 부인할 사람은 아무도 없을 것이다.

따라서 이 시점에서 효율과 공정의 경제정책적 문제의 이론적 · 실천적 해명을 구하려고 하는 것은 경제효율의 향상과 분배의 공정이 강하게 요청되고 있는 우리나라 경제사회의 현상을 감안할 때 특히 그 의의가 크다고 할 것이다.

편저자가 효율과 공정이라는 문제에 관심을 가지고 연구하기 시작한 것은 1986년 박사학위부논문으로 이 논제를 택하게 되면서 부터였다. 논문이 발표된 이후 주위의 많은 분들이 같은 주제를 가지고 있는 논문을 한데 모아보는 게 어떻겠는가 하는 권유가 있어 본격적으로 자료를 수집하고 분석하기에 이르렀다.

그러나 안타깝게도 문헌을 정리하고 우리말로 옮기는 과정에서 적지 않은 능력 부족을 느끼게 되어 지지부진하던 중 평소 학문적으로 많은 가르침을 주고 있는 한국외국어대의 최광 교수께서 마지막 편집구성과정에서 논문 선정 및 배열에 결정적인 조언과 격려를 해주셔서 감히 용기를 갖고 마무리를 짓게 되었다.

더욱이 경제학도인 편저자에게는 언제나 스승이신 조 순 전부총리께서 귀한 논문을 게재할 수 있도록 학은(學恩)을 베풀어 주셨으며, 이 시대의 가장 탁월한 분배분야의 권위자이신 한국개발연구원의 주학중 박사께서는 ADB경제개발센터 소장직을 마치고 필리핀에서 귀국한지 얼마 되지 않은 시점에서 옥고를 재작성하여 주는 배려를 아끼지 않으셨다. 아울러 곽승영 교수(미 Howard大), 서광조 교수(세종대), 이영선 교수(연세대)께서 논문전재를 흔쾌히 허락해 주셔서 그 후의에 더 큰 기쁨이 없었다.

본서는 모두 4부로 구성되어 있다. 제1부에서는 편저자가 이 책에 소개되는 논문들을 중심으로 해서 효율과 공정에 관한 전반적인 논의들을 정리하였으며, 제2부와 제3부는 각각 일본문헌과 구미문헌 가운데서 이 분야의 대표적인 전문 학자들의 논문을 발췌하여 번역한 것이다. 제4부는 우리나라 경제학자들의 논문을 수록한 것이다.

본서에 소개된 일부 논문 중에는 작성시점이 오래되어 현재의 경제 상태를 제대로 반영하지 못한다는 한계가 있고, 더구나 일관된 목적을 가지고 서로 몫을 나누어 분담 집필한 것이 아니라 편저자 개인의 주관에 따라 선정된 관계로 논리의 엄밀성을 반드시 기대하기는 어려우나 전편에 흐르는 내용은 본 주제에서 크게 벗어나지 않는다고 보아 우리 경제의 효율과 공정문제를 이해하는데 유용한 안목을 제공해 주리라고 생각한다.

다만, 편저자의 무지로 해서 내용상의 전개나, 용어상 · 번역 상에 있어 오류가 적지 않게 발견될 것으로 생각되어 두려움이 앞서나, 본서를 펴내게 된 동기가 무엇보다도 뜨거운 가슴으로 이 나라 경제의 제1과제인 효율과 공정의 조화를 통한 경제발전문제를 체계적으로 고구(考究)해보고 싶었던데 있었던 만큼, 앞으로 여러 질정을 바탕으로 계속 천착해 가는 과정에서 부족한 점을 보완해 나가도록 하겠다.

끝으로 본서를 구상하여 빛을 보기까지 항상 넉넉한 마음으로 지켜보시고 힘을 주신 한승인님과 주말 한번 제대로 함께 지내지 못했지만 긴 인내로 참아주며 격려하여 준 사랑하는 가족들, 그리고 세명서관의 오영환 사장님과 편집팀에게 감사드린다.

2. 서 평

『효율과 공정의 경제학』
崔洸(한국외국어대 교수 · 경제학)
중앙일보(1991년 10월 24일) · 중앙경제신문(1992년 1월 6일)

이론적 연구와 정책적 연구를 통틀어 경제학에 있어서 가장 중요한 두 가지 개념은 효율과 공평이다. 물론 효율은 자원의 효율적 배분과 관련한 것이고 공평은 소득과 부의 공평한 분배와 관련한 것이다.

경제학의 전개 및 발전과정을 살펴보면 효율과 공정이 같은 비중으로 취급되어 온 경우는 거의 없다. 많은 경우 공평이 정책적 관점에서 매우 중요한 과제임에도 불구하고 적어도 주류경제학은 자원배분의 효율성만 중시하고 소득 및 부의 분배의 공평성을 등한시하여 왔다.

현재 우리경제가 안고 있는 문제는 외형적 표현상 나양하게 진단되고 있으나 그 본질을 직시해보면 그 기본적 과제는 결국 효율과 공정을 어떻게 조화시키느냐 하는 것으로 요약된다. 이를 위해서는 효율과 공정의 이론적 의의와 정책적 함의, 그리고 효율과 공정의 상관관계를 정확히 규명하는 것이 필요하다.

이러한 현실적 필요성은 관심 있는 식자(識者) 모두에 의해 인지되어 오던 터인데 금번 신해룡 박사가 『효율과 공정의 경제학』(세명서관, 1991)을 엮어 내놓음으로써 갈증이 상당히 해소되는 계기가 마련되었다.

현직 공무원(국회예결위)으로 있는 경제학자가 대학의 연구실에 있는 학자들에 앞서 중요한 작업을 생각해내고 마무리 지은 데 대하여 그 노고에 우선 박수를 보낸다.

공정과 효율을 직접적으로 다루고 있는 많은 국내외 문헌 중 본서에 수록된 논문 15편은 모두 각 분야의 대표적인 것으로서 신박사의 이 분야에서의 오랫동안의 관심을 반영하는 것으로 판단된다.

본서는 모두 4부로 구성되어 있다. 제1부는 편저자인 신해룡 박사가 직접 쓴 서론 겸 총론으로 효율과 공정의 개념, 그리고 효율과 공정의 상관관계를 설명하고 있다. 제2부 · 3부 · 4부는 각기 일본논문, 구미논문, 그리고 국내학자의 논문을 4~5편씩 선정, 번역하여 수록했다.

일본논문의 경우 그 선정이 돋보이는데 경제정책기준으로서의 효율과 공정, 정책권고에 있어서의 효율과 공정, 경제정책목표로서의 효율과 공정, 경제성장에 있어서의 효율과 공정, 공공지출에 있어서의 효율과 공정 등 선정된 논문들은 개별적으로는 물론이고 전체적으로도 지적 호기심을 자극하는 것들이다.

제3부 구미 논문들도 매우 흥미로운 것들인데 애로 · 블라인더 · 뮬러 · 오쿤 등 세계 정상급 경제학자들의 대표작이 선정되어 있다. 제4부 국내 논문들도 대표적 학자들에 의해 집필된 매우 흥미롭고 권위 있는 내용들이다.

우리나라 경제학계와 경제정책의 장래는 매우 밝다고 낙관한다. 그 이유는 두 가지인데 첫째는 경제학자 층이 넓어짐에 따라 학자들이 종전의 백화점 운영식에서 탈피해 이제 전문점 운영식으로 전환하고 있다는 것이다. 『효율과 공정의 경제학』의 의의는 경제학로(經濟學路)에 새로 개설된 전문점이라는 데 있다.

두 번째 이유는 신해룡 박사와 같이 현업에 종사하는 분들이 바쁜 일과 속에서도 현실의 경험을 반추하면서 이론적 탐구에 열중해 상아탑에 있는 학자들과 지적 교류를 시도하는데서, 그리고 그 시도가 성공하는데서 찾을 수 있다.

효율과 공평의 조화가 경제정책의 주요 정책과제로 대두된 이 시점에서 본 책자가 경제이론가와 정책결정자에게 좋은 지침서가 될 것으로 확신하며 일독을 권장하는 바다.

_책속으로 효율과 공정에 관한 논의

1 서 론

고전파 이래의 경제학은 몇 가지의 단계에 걸쳐서 시대의 상징적인 문제에 직면하고 그 해결을 위하여 노력해 왔다. 20세기 전반의 2대 경제 문제는 「실업과 독점」이었고 제2차세계대전후에는 「성장과 계획」의 2대 문제가 경제학자의 관심을 끌어왔다. 그렇지만 '60년대 말부터 '70년대에 걸쳐서 경제학은 「인플레와 공공경제」라는 새로운 2대 문제에 직면하게 되었다.

경제의 2대 문제의 이러한 역사적인 추이와 경제학의 조류가 의미하고 있는 것은 지금까지의 경제운용의 주요한 가치기준인 경제의 성장과 안정, 자원배분의 효율성이라는 기준에 대해서 공정과 복지라는 기준이 갖는 무게가 새로운 인플레문제, 공공경제문제라고 하는 구체적인 논점을 동반하고 명백하게 비중을 높인 것이라고 할 수 있다. 따라서 여기에서의 주요논점은 결국은 효율기준과 공정기준의 관계를 어떻게 받아들이고 양자의 위치를 어떻게 부여하는가에 있다고 하겠나.[1]

본래 효율과 공정이라는 장대한 문제는 경제학이 지금까지 효율의 분석에 시종하고 공정에 대한 발언을 배제하여 온 것에 대한 비판으로서 제기되었다.

신고전파경제학이 보이는 바와 같이 정책인식에 있어서 「과학적 객관성」을 유지하지 않으면 안 되고, 이를 위해서는 분배적 정의에 대한 발언은 배제되지 않으면 안 된다고 하는 것이 1930년대 이후의 경제학의 지배적인 사고방식이었다. 거기에는 생산과 분배, 효율과 공정을 이분(二分)하여 생산에 관한 효율성의 연구에 한정한다고 하는 엄한 자기규제가 이루어진 것이다.[2]

그러나 신고전파경제학의 가치체계는 지나치게 효율성에 집착함으로써 공정성의 문제에 대한 고려가 결여되었다는 점에 비판의 여지가 있으며, 특히 J. Robinson 여사가 지적한 「경제이론의 제2위기」(second crisis of economic theory)[3]는 바로 이러한 신고전파경제학에 있어서의 소득분배문제의 추방현상 혹은 소득분배에 있어서의 공정성기준의

---

1) 宮澤健一, 現代經濟の制度的機構, (東京 : 岩波書店, 1978), pp.218-219.
2) 신고전파의 생산과 분배에 관한 이론체계는, C. E. Ferguson, *The Neoclassical Theory of Production and Distribution*, (New York : Cambridge University Press, 1975) 참조.
3) Joan Robinson, “The Second Crisis of Economic Theory”, *American Economic Review*, Vol.62. No.2. May. 1972. pp.1-10.

배제현상을 두고 말하는 것이다.

본래 신고전파경제학은 서구의 자유민주주의사상의 발전과 더불어 분배적 정의를 실현하면서 성립되었기 때문에 비록 그것이 효율성에 집착한다고 할지라도 그 이면에는 정치적으로 분배적 정의를 암묵적으로 고려하고 있는 것이다. 그러나 이러한 신고전파이론이 후진국에 도입될 경우 분배적 정의에 대한 고려 없이 효율성만을 강조하는 데에서 공정성의 왜곡을 초래할 수도 있는 것이다.

때문에 사회체계의 '순환적 인과관계'의 관점에서 볼 때 효율성에만 관심을 집중시키는 경제학연구나 성장이 모든 것을 해결해 줄 것이라는 정책적 태도는 매우 위험한 것으로 지적되고 있다. 즉 현재 한국에서의 경제학연구의 방향 그리고 지난 30여 년간의 경험을 살펴볼 때 공정성에 대한 정책결정자와 일반국민들의 태도가 과거의 안일한 태도에서 벗어나지 않는다면 경제효율과 경제성장의 기반자체가 흔들릴 가능성이 매우 크다는 것이다.4)

본고는 이러한 문제인식에서 출발하여 한국경제정책의 현상을 올바르게 판단하는 데 필요한 경제정책기준을 효율과 공정을 중심으로 살펴보기 위해서 본서에 소개되는 논문을 위시한 국내외의 문헌을 중심으로 그 중점 논의사항들을 폭넓게 정리하고자 한다. 먼저 제2장에서는 효율기준으로서 배분효율과 X-효율을 검토한다. 제3장에서는 정책기준으로서의 공정개념을 능력주의적 · 공리주의적 · 헌법적인 공정기준으로 구분하여 정립해 본다. 제4장에서는 효율기준과 공정기준의 상호관계를 여러 가지 측면에서 조감하여 규명해 보고, 제5장에서는 효율과 공정의 정책적인 적용례로서 재정지출이 소득분배에 미치는 효과를 비용-편익분석(Cost-Benefit Analysis)방법을 이용하여 모색해 보고자 한다. 마지막 제6장은 이상의 논의를 종합하여 결론을 맺는다.

2 경제적 효율의 범위

1. 효율의 조건

효율(efficiency)이란 일반적으로 투입(input) 대 산출(output)의 관계이고, 투입에 대한 산출의 비율(산출/투입)의 상승을 효율의 상승이라 한다. 이 경우 투입은 일정한데 산출이 높아져도 효율의 상승이고, 산출량은 일정한데 투입이 절약되더라도 효율의 상승이다.

---

4) 정운찬, 「한국에서의 경제학연구에 관하여」, 김경동 · 안청시(공편), 한국사회과학방법론의 모색, (서울 : 서울대출판부, 1986), pp.74-79.

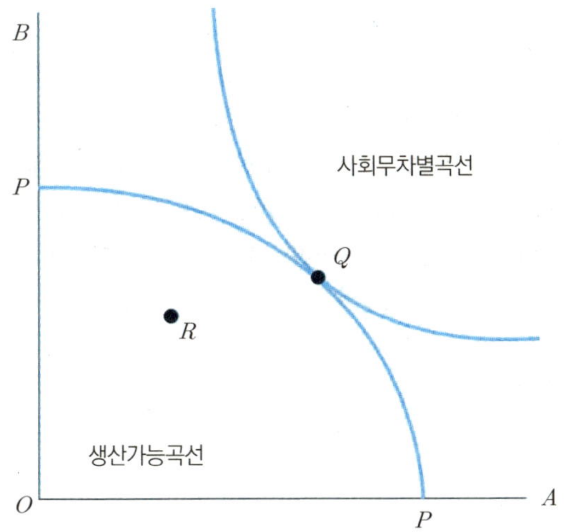

[그림 2-1] 효율의 조건

물론 산출량의 증가와 투입의 감소가 동시에 일어나 효율이 오르는 수도 있다. 이런 의미의 효율은 경제학에 있어서의 내재적인 기본기준이다.[5)]

이와 같은 효율이란 기준에서 자원의 효율적 배분이라고 하는 기준은 경제정책론 내지 후생경제학의 기준으로서 특별한 지위를 차지하고 있다. 주지하는 바와 같이, 후생경제학의 발전과정에서 다른 기준(안정 · 평등기준)은 가치판단을 내포하고 있다하여 과학이라는 이름하에 추방되었을 때도 마지막까지 남은 것이 자원배분의 효율성 내지 최적성이라는 기준이었다. 효율이라고 하는 기준에 있어서도 그것이 소망스러운 것이라고 상정하는 것은 하나의 가치판단이나, 그럼에도 불구하고 후생경제학의 가치판단 추방과정에서 마지막까지 남은 것은 그것이 경제본래의 내재적 목적이라고 판단되었기 때문이다. R. Wilbrant는 결핍의 방지라고 하는 것은 경제의 내재적 요청이라 하여 경제학의 기준 내지 목적으로 이용되는 것은 정당한 것이라고 논술하고 있다.[6)] 따라서 효율이란 목적도 경제학에서는 본래부터 내재적 목적이라 말할 수 있고 후생경제학의 가치판단 추방의 발단을 선도하였던 L. Robbins도 경제학을 희소한 수단에 의한 목적달성이라고 말하고 있다.[7)] 이에 따라 이

5) 김윤환, 경제정책론 – 전환기 한국경제정책의 논리, (제2수정증보), (서울 : 박영사, 1986), p.43.
6) 長 守善, 經濟政策 : 福祉國家へのみち, (東京 : 東洋經濟新報社, 1964), pp.29-35

효율성이란 기준을 경제학의 내재적 기준으로 보고 분배의 공정이라는 기준과는 별개의 것으로 보게 된 것이다.

효율은 생산요소를 각 생산목적에 가장 효율적으로 배분하는 문제와 소비자가 가장 극대의 만족을 얻을 수 있도록 배분하는 문제로 나누어서 생각해 볼 수 있다.[8] 이 두 가지를 동시적으로 충족시켜주는 조건은 두 개의 생산목적 간에 대한 생산요소의 배분이라고 하는 소위 생산가능곡선(Production Possibility Curve)과 사회무차별곡선(Social Indifference Curve)[9]이 접하는 점[두 재화간의 한계변형율(MRT)=한계대체율(MRS)]으로 나타난다.

[그림 2-1]의 Q점이 바로 그것을 말해주고 있다. 이 생산가능곡선 PP는 두 개의 생산요소의 등량곡선(isoquant)의 접점의 궤적이며[10] 이 선상에서는 모든 생산요소가 완전고용이 된다. 따라서 곡선상의 점들은 이와 같은 조건을 충족시키지 못하는 R 점보다는 효율적이라 말할 수 있으며, 熊谷尙夫교수는 이 상태를 정태적 효율(static efficiency)이 달성된 상태로 보고 이 생산가능곡선이 우상방으로 이동하는 것을 동태적 효율(dynamic efficiency)이라 정의를 내리고 있다.[11]

현실의 경제성장은 정태적 효율과 동태적 효율의 개선을 통하여 이루어지는 바 이 쌍방의 효율을 높임으로써 사회의 실질소득을 높이려는 것이 경제정책의 목적의 하나가 된다.

2. 배분효율

효율기준에 있어서 근대경제학 또는 후생경제학이 중요시 해온 것은 자원의 최적배분(optimum allocation of resources)이란 기준이다. 자원의 최적배분이란 각 생산요소의 한계투입비용당 한계생산물이 각종 생산 분야에서 같도록 배분되고, 각자의 소득의 한계단위당의 한계효용이 모든 사용용도에서 균등하도록 배분되어 있는 상태이다. 자본 · 노동

7) Lionel Robbins, *An Essay on the Nature and Significance of Economic Science*, 2nd ed., (London : Macmillan, 1952), Chap.2. 참조.

8) 丸尾直美, 福祉の經濟政策, (東京 : 東洋經濟新報社, 1977), pp.46-47.

9) 사회무차별곡선은 같은 크기의 사회후생 $W=W_0$를 얻게 되는 개별경제단위의 효용(U_1, U_2, ..., U_I)의 집합(궤적)을 의미한다. 이에 대한 보다 자세한 내용은 P.A. Samuelson, "Social Indifference Curves", *Quarterly Journal of Economics*, Vol.70. No.1. Feb. 1956. pp.1-22. 참조.

10) 두 개의 생산요소 등량곡선의 접선궤적은 Edgeworth가 말하는 Box Diagram의 접선궤적이다. 따라서 두 개의 생산요소간의 한계대체율은 동일하기 때문에 한계생산력균등의 원칙이 실현되어 있는 것이다. 또한 이 점은 사회무차별곡선의 접선(한계대체율)과 생산가능곡선의 접선(한계변형률)의 기울기가 동일한 점으로 Pareto 최적점을 나타내고 있는 것이다.

11) 熊谷尙夫, 「經濟政策の目標としての效率と公正」, 熊谷尙夫(編), 經濟政策の目標, (東京 : 日本經濟新聞社, 1972), pp.11-15.

력 · 원재료와 같은 생산요소가 가장 효율적으로 배분되고 각자가 자기의 소득을 가장 효용이 커지도록 사용하는 상태를 가리킨다. 이런 의미의 자원의 최적배분과 관련하여 후생경제학에서 주로 사용되어 온 것이 바로 배분효율(allocative efficiency)이라는 개념이다.12)

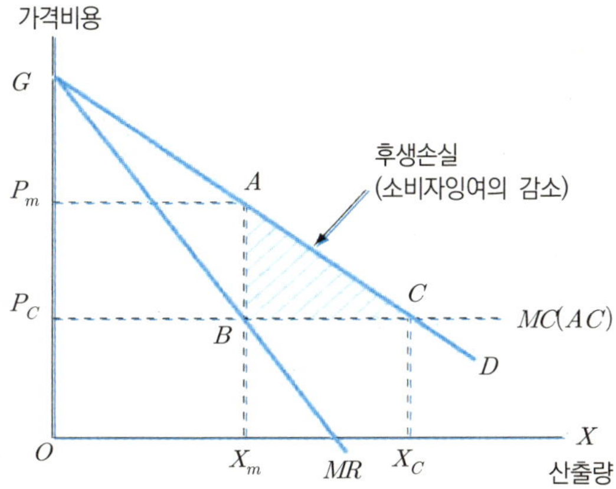

[그림 2-2] 배분적 비효율성

그러면 여기서 자원의 최적배분을 완전경쟁과 독점이라는 시장구조의 차이에 의한 효율문제로 도시화(圖示化)하여 살펴보자.13) 경쟁을 제한함으로써 발생하는 비효율은 독점 및 관세에 의해 이루어진다. 보통 독점의 비효율은 [그림 2-2]의 사선부분을 뜻한다. DD를 수요곡선으로 하면 경쟁 하에서는 경쟁가격 Pc와 한계비용 및 평균비용(투자된 자본에 대한 정상적인 이자지불을 포함)이 균등한 점에서 균형을 이룬다. 한편 독점이 되면 독점가격 Pm이 설정되어 생산량도 OXc에서 OXm으로 감소한다. 완전경쟁 하에서는 $\triangle PcCG$는 소비자가 지불하지 않아도 되는 부분으로 소비자잉여(consumer surplus)가 된다. 화폐의 한계효용이 일정하고 화폐로서 효용이 계측된다면 이 이익은 화폐액으로 나타낼 수 있다. 이에 대하여 독점 하에서는 소비자가 지불하지 않아도 되는 잉여는 $\triangle PmAG$로

12) 김윤환, 전게서, p.44.

13) Harvey J. Leibenstein, "Allocative Efficiency vs. 'X-Efficiency'", *American Economic Review*, Vol.56. No.3. 1966. pp.395-396. : Bruno S. Frey, *Democratic Economic Policy*, (New York : St. Martin's Press, 1983), pp.63-65. ; 丸尾直美(編), 質の經濟學, (東京 : 同文舘, 1980), pp.95-96.

〈표 2-1〉 독점화에 의한 후생손실

연구자	연구대상	원인	규모(GNP의 비율) (%)
Harberger(1)	1929년 미국	독점	0.07
Schwartzman(1)	1954년 미국	독점	0.1
Kamerschen(1)	1956-61년 미국	독점	1.8
Posner(1)	-미국	독점	1.8-3.4
Cowling &	1963-66년 미국	독점	13
Mueller(1)	1968-69년 영국	독점	7.2
Shepherd(2)	1960-69년	독점	2.0-3.0
Scherer(2)	-	독점	1.09
Sawyer(2)	1963년	독점	0.18-4.0
최근표(3)	1984년 한국	독점	0.06-3.94
Scitovsky(4)	유럽공동시장	관세	0.05
Wemelsfelder(4)	1958년 독일	관세	0.18
Janssen(4)	1960년 이탈리아	관세	최대치, 0.1
Johnson(4)	1970년 영국	관세	최대치, 1.0
Singh(4)	몬테비데오 조약국가	관세	최대치, 0.0075

자료 : (1) Bruno S. Frey.. *op.cit.,* p.66.
(2) William G. Shepherd, *op.cit.,* p.137.
(3) 최정표(1986). pp.199-203.
(4) H. Leibenstein, *op.cit.,* p.393.

감소되며 이중 $\square Pc-BAPm$ 이 기업의 독점이윤으로 된다. 그러나 $\triangle ABC$ 는 사회적으로 손실이 되는데 이 부분을 독점에 의한 사중적 후생손실(dead weight welfare loss)이라고 한다.14)

특히 개인주의적 공리주의를 신봉하는 전통적 후생이론에서는 정태적 제조건 하에서 자원의 배분 및 이용을 가장 효율적으로 달성하여 후생의 극대화를 안겨주는 시스템을 완전경쟁시장이라고 보고 있다.15)

그러면 여기에서 독점과 관세에 의해 자유시장이 제한된 것에 의해 어느 정도의 배분적 비효율성이 존재하는가를 알아보자.16)

14) Bruno S. Frey. *op. cit.*, p.15. ; 丸尾直美(編), 전게서, p.96.
15) 丸尾直美, 「經濟政策の基準としての效率 · 公正 · 福祉」, 經濟學論纂 第21券 第3號, 日本中央大, 1980.5. pp.51-52.
16) H. J. Leibenstein, *op. cit.*, pp.372-397, ; Bruno S. Frey, *op. cit.*, pp.65-67, ; Wiliiam

독점에 의한 후생상의 손실을 최초로 측정하려는 시도는 Harberger에 의해서 행해졌는데 그는 1920년 후반기의 미국자료를 이용하여 미국 제조업부문의 독점력으로 인한 후생손실이 GNP의 0.07% 정도라고 측정하였다. 그 후 Schwartzman과 Kamerschen도 Harberger와 마찬가지로 미국에서 독점력으로 인한 후생손실은 우려할 정도로 큰 수치는 아니라고 측정하였다.

그러나 Cowling과 Mueller 등은 Harberger 방법을 수정하여 측정한 결과 1968-69년 영국의 경우 GNP의 7.2%, 1963-66년 미국의 경우 13%가 후생손실이 되는 것을 보여주었다. Cowling과 Mueller의 평가는 Harberger 또는 Schwartzman의 약 100배 (GNP의 0.1%에 대해서 약 10%)나 되어 독점에 따른 후생상의 손실의 경제적 평가는 점차 그 규모가 커짐을 알 수 있다. Harberger의 모형을 기본으로 하여 우리나라에서의 독점력으로 인한 후생손실을 측정한 결과에 따르면 GNP의 0.06%에서 3.94% 사이로 GNP의 1% 이상이 되는 것으로 추정하고 있다.[17)]

한편 관세부과에 의한 후생손실은 Johnson만이 GNP의 1%정도일 것으로 평가하고 Scitovsky 등은 1% 이하로 추정하고 있어 정부의 보호정책에 의해 초래된 배분적 비효율성이 현실적으로는 그다지 문제가 되지 않는 것으로 평가되고 있다.[18)]

3. X-효율

X-효율(X-Efficiency) 문제를 가장 중심적으로 연구해온 사람은 Leibenstein이다.[19)] 그는 X-효율의 후생경제학적 의미에 대해서 언급하면서 기업들은 그들의 생산가능곡선표

G. Shepherd, *The Economic of Industrial Organization*, 2nd ed., (Englewood Cliffs : Prentice-Hall Inc., 1985), pp.134-137, ; Malcolm C. Sawyer, *The Economics of Industries and Firms : Theories, Evidence and Policy*, (New York ; St. Martin's Press, 1981), Chap.14. ; F.M. Scherer, *Industrial Market Structure and Economic Performance*, 2nd ed., (Boston : Houghton Mifflin Co., 1980), Chap.17.

17) 최정표, 「독점력과 후생손실」, 제18차 학술대회논문집, 1986.12.13. 한국국제경제학회, pp.199-203.

18) H. J. Leibenstein, *op. cit.*, p.394.

19) H. J. Leibenstein, *op. cit.*, ; "On the Basic Proposition of X-Efficiency Theory", *American Economic Review*, Vol.68. No. 2. May. 19788, ; *Beyond Economic Man*, (Cambridge, Mass : Harvard University Press, 1976) ; *General X-Efficiency Theory and Economic Development,* (New York : Oxford University Press, 1978) ; *Inflation, Income Distribution and X-Efficiency Theory*, (London : Croom Helm, 1980) ; Roger S. Frantz, *X-Efficiency : Theory, Evidence and Applications*, (Boston : Kluwer Academic Publishers, 1990).

면의 외부경계선(frontier)상에서 생산하는 것이 아니라 그 내부에서 생산한다고 한다. 즉 기업은 주어진 조건하에서 일정한 투입으로 극대산출량보다 적게 생산하고 있으므로, 여러 가지 기회가 주어지면 투입을 증가시키지 않고서도 그 산출량을 증대시킬 수 있다.

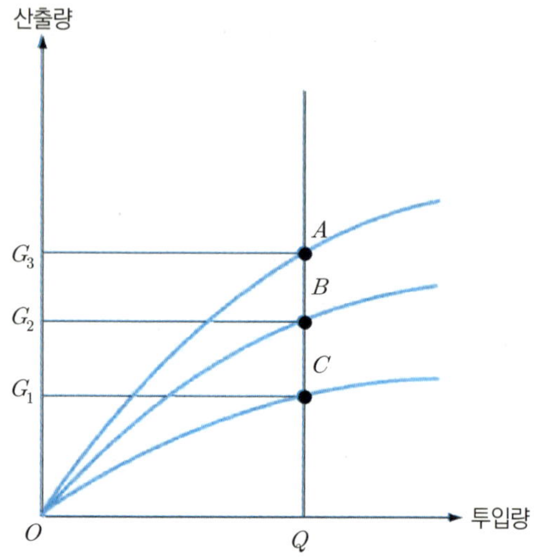

[그림 2-3] X-효율의 도해

실제의 산출량이 극대산출량보다 밑돌고 있는 정도를 X-비효율(X-Inefficiency)의 정도라 하고, 또 동일한 투입으로 생산량이 증가하는 것을 X-효율의 증가라고 말한다.[20]

이것은 생산함수에 의해 [그림 2-3]처럼 도시(圖示)할 수 있다.[21] 횡축에 투입을, 종축에 산출을 표시하면 그 대응관계는 1대 1이 아니다. [그림 2-3]에 있어서 투입은 OQ로 일정해도 산출은 OG_1에서 OG_3 까지의 가능성이 있다. 예를 들어 기업의 사활이 달려 있는 상태에 있으면 기업성원이 필사적인 노력을 함으로써 OG_3 의 산출을 얻을 수 있다. 반면에 완전히 안정된 상태에서는 노력하고자 하는 유인이 약하게 되어 산출량은 OG_2로 떨어진다.

20) H. J. Leibenstein, "Organizational or Frictional Equilibria, X-Efficiency and the Rate of Innovation", *Quarterly Journal of Economics,* Vol. 83. No. 4. Nov. 1969. p.600.
21) 丸尾直美(編), 전게서, pp.98-99.

OG_3를 극대라고 한다면 현실적으로 산출은 통상 그 이하이며, 기업의 존립을 위험하게 할 정도의 최저의 능률을 나타내는 산출을 OG_1으로 한다면 그 이상이다. 따라서 G_2 와 G_3 의 격차가 X-비효율에 해당되는 것이다.

또, 같은 것을 비용 및 이윤에 대해서도 고찰할 수 있다.[22] 효율적인 기업의 총비용함수 TC_1과 동기와 유인의 결여에 주로 의존하는 비효율적인 비용함수 TC_2, 총수입곡선 TR, X-효율적 순수입곡선 TP_1, X-비효율적 순수입곡선 TP_2 를 나타내면 [그림 2-4]와 같다.

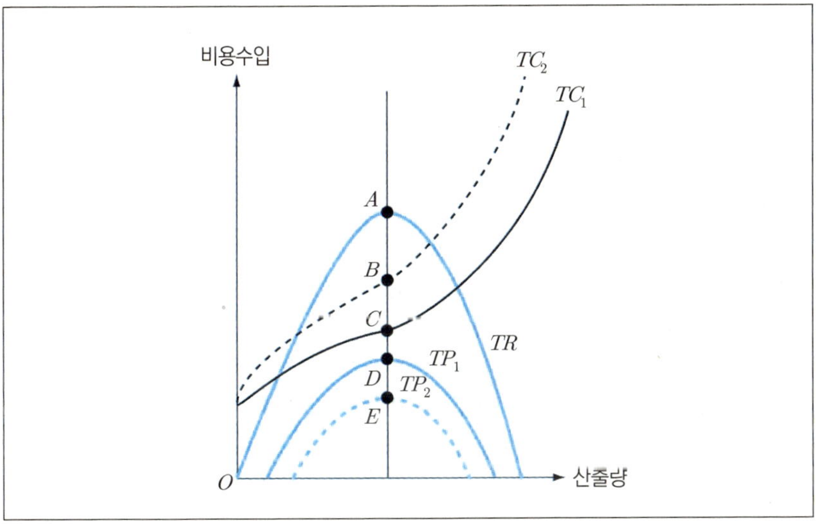

[그림 2-4] X-효율의 비용면에서의 도해

[그림 2-4]에서 동일산출수준 OQ에 있어서 비용면의 X-비효율은 BC이고, 이윤면에 있어서의 X-비효율은 DE이다. 비용은 증대하고 이윤은 감소하는 것이다. 이리하여 기업에 있어서는 기업조직, 성원의 동기, 외부환경, 경영자 및 주주의 의향 등의 제요소에 의하여 X-비효율이 발생하는데 이것을 사회조직 전체에 관해서도 똑같이 생각할 수 있다. 따라서 사회조직의 X-효율을 높이기 위한 조직효율 및 사회효율의 의의는 크다고 하겠으며, 이것은 사회적 통합(integration)으로 촉진된다고 하겠다.[23]

---

22) 상게서, pp.98-99.
23) 상게서, pp.246-251.

3 정책기준으로서의 공정개념

1. 능력주의적인 공정기준

시장기구는 몇 가지의 전제가 채워지기만 하면 효율적인 자원배분을 달성한다. 동시에 직업선택의 자유 · 이동의 자유 및 교육에 있어서의 기회균등의 3조건이 법적으로 인정받고 있으면, 경쟁적 시장은 소득격차를 축소시킨다. M. Friedman의 사고방식으로 대표되는 능력주의적인 공정개념은 이러한 사실에 기초를 두고 제안되었다.[24] 즉 개인의 능력은 과거부터 이어받은 자산의 다과(多寡)에 의존해버리는 측면이 강하다는 것이다. 그럼에도 불구하고 능력제고(up)에 관한 자산의 한계생산성이 체감적이면 능력분포는 장기적으로 균등화할 가능성이 있다. 특히 고율의 상속세에 의하여 자산분포의 불평등이 시정되면, 이 균등화작용은 한층 강하게 작용할 것이다. 그런데도 계속 능력격차가 남는다면, 그것은 천성적이라고 밖에 말할 수 없다. 천성적인 능력격차에 따른 소득격차는 개인이 땀흘려 일한 노력을 나타내는 것이며, 그것은 공정한 것으로 인정해 주어야 한다는 것이다.

이러한 능력주의적 공정개념에는 주요한 세 가지 문제점이 있다.[25]

첫째, 그것은 어디까지나 기회의 균등을 실현하는 것에 최대의 중점을 두고 있다고 생각한다. 그러나 레이스의 시발점(start line)이 동일하더라도 결승점(goal)에서는 차이가 반드시 생긴다고 본다. 레이스 도중에 탈락자가 나올지도 알 수 없는 것이다. 이렇게 해서 생긴 사이가 어떤 형태로 다음 레이스로 넘어가 버리면 기회는 균등이 되지 않고 마는 것이다. 즉 기회의 균등이라는 생각은 역설적인 결과를 가져오며, 그것만으로 충분하다고는 도저히 말할 수 없다. 레이스 결과에 대하여도 어떠한 형태로든 보수(報酬)가 약속되지 않으면 안 된다. 탈락자의 존재를 평균치만의 평준화경향에 의하여 용인할 수는 없는 것이다.

둘째, 능력주의적인 공정기준은 경쟁적 시장이 효율적인 자원배분을 달성하는 것을 전제로 하고 있다.[26] 그러나 앞서 기술한 바와 같이 경쟁적 시장이 그 달성에 실패하는 예는 매거(枚擧) 할 수 없을 정도로 많다. 이 경우 효율기준을 충족하기 위하여 여러 가지 규제를 시장에 가할 필요가 생긴다. 그러나 규제를 어떻게 할 것인가에 대해서는 능력주의

---

24) Milton Friedman, *Capitalism and Freedom*, (Chicago : University of Chicago Press, 1960), pp.10-12. 참조.

25) 高山 憲之,「分配の公平と 福祉」, 大塚勇一郎外 4人(共著), 經濟政策入門(1) 總論, (東京 : 有斐閣, 1979), pp.125-126.

26) Richard A. Musgrave and Peggy B. Musgrave, *Public Finance in Theory and Practice*, 4th ed., (New York : McGraw-Hill Co., 1984), p.87.

적인 공정개념은 아무런 설명도 해주지 못한다. 따라서 그것은 환경파괴로 대표되는 시장활동의 결과에 대해서도 언급이 없다(다만, 모든 거래 - 외부불경제로 말미암은 거래도 포함 - 를 시장의 대상으로 하라는 주장이 있을 수 있다. 다만 그것이 공정한 것이라고는 결코 말할 수 없다).

셋째, 개인의 능력은 그가 발휘하는 한계생산성에 의하여 표출된다고 가정되고 있다. 그러나 이 가정은 비현실적인 것이다. 어느 개인이 가지고 있는 여러 가지 생산요소의 한계생산성은 생산과정에 있어서 그것과 협동하는 다른 모든 생산요소(도로, 항만, 통신설비 등 사회간접자본을 포함)의 양 및 질과 독립하여 정해지지는 않는다. 또한 그 가치는 생산물가격에도 의존하고 있다. 생산물가격은 수요면 특히 소득의 분배상황(그것은 공정하다는 보장은 없다)에도 크게 좌우된다. 즉 개인의 생산적 공헌이라고 하여도 그것은 결코 고립한 개인의 공헌은 아니다.

2. 공리주의적인 공정기준

개인 간에 비교 가능한 기수적 효용함수(Cardinal Utility Funtion)의 존재를 가정하고 그 사회적 총화(總和)를 극대로 하는 제도 · 룰을 공정한 것으로 보는 것이 J. Bentham으로부터 시작되어 A.C. Pigou에 의하여 집대성된 공리주의자(Utilitarian)의 사고방식이다. 전체로서의 효용을 극대로 한다는 의미로 이 기준은 자원배분의 효율을 높인다는 것과 공정한 분배를 달성한다는 것을 동등한 가치로 보고 있다.

(1) 균등분배

먼저 다음과 같은 특수한 가정하에서 이 기준은 균등분배를 의미한다는 것이 판명되었다. 즉 모든 개인이 동일한 효용함수를 가지고 또한 한계효용이 체감한다고 가정하면 효용화(效用和)를 극대로 하는 것은 균등분배라는 것이 도출된다.[27)]

이것은 [그림 2-5]에서 예시된다.[28)] 횡축에는 A와 B의 소득을 표시하고 종축에는 각자의 소득에 대한 한계효용(marginal utility of income), 즉 소득이 한 단위 증가함으로써 발생하는 총효용의 증가분을 나타내고 있다. 한계효용곡선 밑의 면적은 여러 소득수준에서 도출되는 총효용을 나타내고 있다. 최초의 소득이 무한대의 효용을 가질 수 있는

27) *Ibid.*, p.87.
28) *Ibid.*, pp.87-89. : 김동건, 현대재정학-공공경제의 이론과 정책, (서울 : 박영사, 1984), pp.194-196.

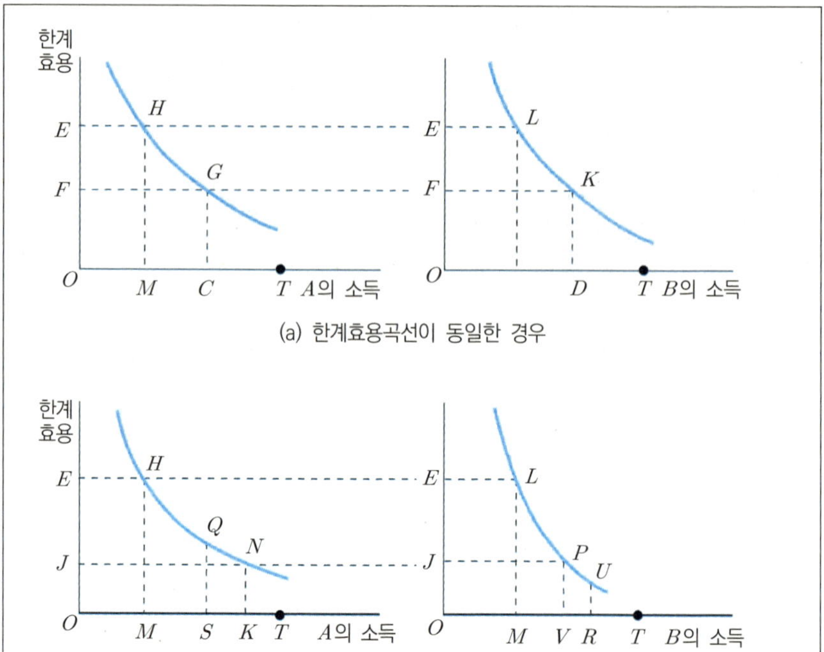

(a) 한계효용곡선이 동일한 경우

(b) 한계효용곡선이 상이한 경우

[그림 2-5] 공리주의기준에 따른 소득분배의 형태

그런 가능성을 회피하기 위하여 소득분배가 최저수준인 OM을 일단 상회한다고 상정한다. 또한 각자에게 OM에 상당하는 소득을 분배한 후 추가적으로 할당할 수 있는 소득의 총액은 MT에 고정되어 있다고 가정한다. 따라서 A와 B가 서로 나누어 가질 소득의 총규모는 MT이다.

[그림 2-5](a)는 A와 B가 동일한 한계효용곡선(marginal utility schedules)을 가지고 있을 경우이다. A와 B는 최저소득 OM씩은 각각 확보하였고 나머지 MT를 가지고 서로 분배하려고 한다. 이때 총효용을 극대로 하기 위하여는 MT를 균등하게 분배하여 A는 MC를, B는 MD를 받아 $MC+MD=MT$가 되도록 하는 것이다. 이들의 한계효용은 OF에서 결정되며, A의 총효용은 $MCGH$이고 B의 총효용은 $MDKL$로서 양자의 총효용의 크기도 동일하게 된다.

[그림 2-5](b)는 A와 B의 한계효용곡선이 서로 다른 경우이다. 즉 A의 한계효용곡선은 최저소득 OM을 넘어서부터 B의 한계효용곡선보다 높게 위치하고 있다. A는 OM

이상부터는 추가적인 효용을 도출할 수 있는 능력이 B보다 크다는 뜻이다. 따라서 A는 상대적으로 높은 효용수준 때문에 B보다 더 많은 소득을 분배받아야 하며, 이렇게 하는 것이 사회전체의 총효용을 높일 수 있는 것이다. 총효용을 극대화시키기 위하여 A에게 MK가, B에게 MV가 돌아가도록 분배하여 $MK+MV=MT$가 되도록 하여야 한다. 이들의 한계효용은 $MKNH$이고, B의 총효용은 $MVPL$로 나타난다. A에게 분배된 소득(MK)은 B의 소득(MV)보다 크며, A의 총효용($MKNH$)도 B의 총효용($MVPL$)보다 크다.

그러나 기수적 효용함수의 존재 및 개인 간에 전혀 달라지는 일이 없는 효용함수라는 가정에 대하여 많은 비판이 가해졌다. 또한 이러한 함수를 누가 상정하는가라는 점에 관하여 구체성을 가지려 한다면 그것은 정책주체인 정부가 될 수밖에 없다. 여러 개인과의 관계를 단절해버리는 이러한 상정은 공정의 요건을 충족시킬 수 없는 것이다.

더욱이 균등분배는 주지하는 바와 같이 경제효율을 크게 저해할 염려가 있다. 이러한 사실을 감안, 급진적인 분배상의 처방전을 성급하게 요구하는 것은 공리주의자가 선택하는 바가 되지 않는다, 오히려 현실의 분배상태가 공정하다고 결코 말할 수 없는 것임을 깊이 통찰하고, 한계적으로 조금이라도 평등화를 추진하기 위한 논거를 제출한 것에 지나지 않는 것이다.[29)]

(2) Pareto 최적재분배

H. M. Hochman과 J. D. Rodgers에 의하여 제창된 Pareto 최적재분배라는 생각은 어디까지나 개인의 선호에 기초를 두고 있다.[30)]

부자가 빈자의 존재를 스스로의 효용을 낮게 하는 것으로서 판단하는 한 자발적인 소득이전(자선기부 · 증여)이 이루어질 것이다. 이러한 자발적 이전은 누구의 효용도 낮게 할 수 없다. 따라서 그러한 행위는 Pareto 최적점(자원배분의 효율기준)이 달성될 때까지 계속될 것이다. 즉 Pareto의 의미로 효율을 높이는 것이 실은 공정의 확보에도 직접 연결되는 것이다.

여기 예로서 부자 M과 빈자 J가 있다고 하자. [그림 2-6]에서 종축에 M과 J와의 소득격차 $Y_M - Y_J$를 표시하고 횡축에 M이 J에게 주는 이전소득 Y^T를 표시하자. 원점 0에서 소득격차는 없으므로 $Y^O{}_M = Y^O{}_J$이며, 따라서 여기에서는 이전소득 Y^T도 0이다, M이 J의 소득을 증가시키기 위해 자기소득의 일부를 J에게 이전할 수 있는 가능성을

29) 高山 憲之, 전게논문. pp.126-127.

30) Harold M. Hochman and James D. Rodgers, "Pareto Optimal Redistribution", *American Economic Review*, Vol.59. No.4. Sep. 1969. pp.54-557.

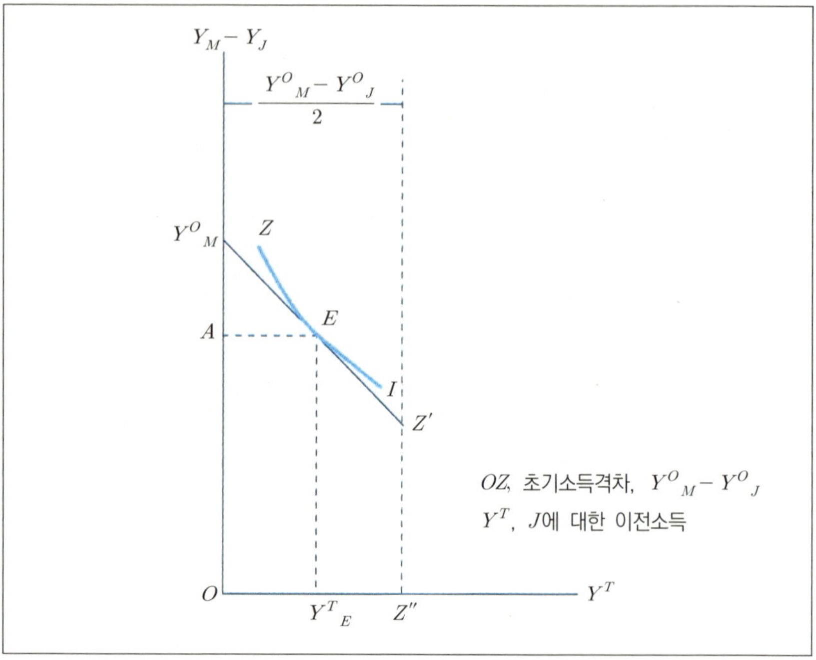

[그림 2-6] Pareto 최적재분배모형

예산선 $ZZ'Z''$ 로 표시하자. Z' 에서 예산선은 횡축에 대해 수직적으로 내려오고 있으며, 그 이유는 소득이전의 한계로서 타방(他方)의 소득수준이 이전을 통해 이전자의 소득수준을 상회해서는 안되기 때문이다. ZZ' 의 예산선의 경사도 -1의 값을 지닌다. 왜냐하면 J에게 이전되는 소득이 크면 클수록 M이 가지고 있는 소득의 크기는 작아질 것이기 때문이다. I는 M의 무차별곡선으로서 이는 M이 J의 소득증대를 위해 자신의 소비와 교환하려는 선호를 표명해주고 있다. M의 효용이 극대화되는 균형점은 무차별곡선 I와 예산선 ZZ' 가 접한 E점에서 결정되고 있다. 초기의 소득격차는 OZ이며, 이때 M으로부터 J에게 이전되는 소득의 크기는 $OY^T{}_E$이다. E 균형점은 M의 자기소비를 위해 지출하는 1달러의 한계효용이 J의 1달러의 소득증대의 한계효용과 같다는 것을 의미함으로써 이는 Pareto 최적과 일치한다고 할 수 있다.[31]

그런데 이러한 공정기준은 그것이 부자의 동정이라는 순 개인적인 심성에 의존하고

31) *Ibid.*, p.546. ; 이필우, 재정학개론(전정판), (서울 : 법문사, 1984), pp.670-676.

있다는 것, 그리고 당초의 분배상태를 사실상 옹호하고 있다는 점에 그 한계가 있다.[32)]

(3) Rawls 기준

공리주의자 중에서 가장 급진적인 주장을 전개하고 있는 사람은 J. Rawls라고 할 수 있다.[33)] 개인의 효용화를 얻고자 할 때 각 개인에게 도대체 얼마만큼의 어떠한 가중치(weight)를 부여하는가가 중대한 문제이다. Rawls는 이 문제를 다음과 같이 생각하였다. 즉 공정한 분배란 가장 혜택을 받지 못한 최소수혜자(the least advantaged)의 효용을 극대로 하는 것이라는 것이다.[34)]

따라서 맥시민 원리(maximin principle)[35)]라고 불리우고 있는 기준이야말로 공정이라고 함에 알맞다. 즉 가장 혜택을 받지 못한 사람들에게 무한대의 가중치를 부여한다는 것이 Rawls의 답인 것이다.

그러면 어떤 소득분배기준이 사회적 합의를 얻을 수 있는 것인지를 사회계약론적 추론에 의해 고찰해 보기로 하자.[36)]

A, B 두 사람이 있고 A의 소득분배분을 횡축에, B의 소득분배분을 종축에 표시한다.

① A, B 양자가 무정부 · 무계약상태에서 협력하지 않고 생산하는 경우에는 분배를 둘러싼 투쟁과 분쟁「코스트」로 분배분 총액을 크게 할 수 없어 양자의 소득은 T점의 크기가 되는 것으로 한다.

---

32) 高山 憲之, 전게논문, p.128.

33) 다만, Rawls 자신은 자기생각이 공리주의의 그것과 근본적으로는 다르다고 강조하고 있다.

34) Rawls가 도출한 정의의 2원칙은 다음과 같다.
제1원칙은 "각 개인은 모든 사람의 유사한 가치체계와 양립가능한 평등한 기본적 자유의 가장 광범위한 체계에 대하여 평등한 권리를 가져야 한다."(평등한 자유의 원칙)로 표현되며, 제2원칙은 "사회적 · 경제적 불평등은 (a) 그것이 정의로운 저축원칙에 일관해서 최소수혜자에게 이익이 되고,(격차원리) (b) 공정한 기회균등의 조건하에서 모든 사람에게 개방된 직책과 직위에 결부되도록(공정한 기회균등의 원칙) 배정되어야 한다."로 표현된다. 또한 이 원칙에는 서열이 있어서 제1원칙이 최우선적으로 적용되고 제2원칙에서도 공정한 기회균등의 원칙이 우선적으로 적용되어 자유〉기회〉소득(부)이라는 엄격한 가치적 서열이 존재한다. John Rawls, *A Theory of Justice,* (Cambridge : The Belknap Press of Harvard University Press, 1971), pp.302-303.

35) John Rawls, "Some Reasons for Maximin Criterion", *American Economic Review*, Vol.64. No.2. May. 1974. pp.141-146, ; "Distributive Justice", in E. S. Phelps (ed), *Economic Justice*, (Baltimore : Penguin Books Inc., 1973), pp.319-362.

36) 도해(圖解)는 John Rawls, *A Theory of Justice*, pp.76-81, 및 J. M. Buchanan, "A Hobbesian Interpretation of the Rawlsian Difference Principle", *Kyklos*, Vol.29. 1976. pp.5-25.에 의함.

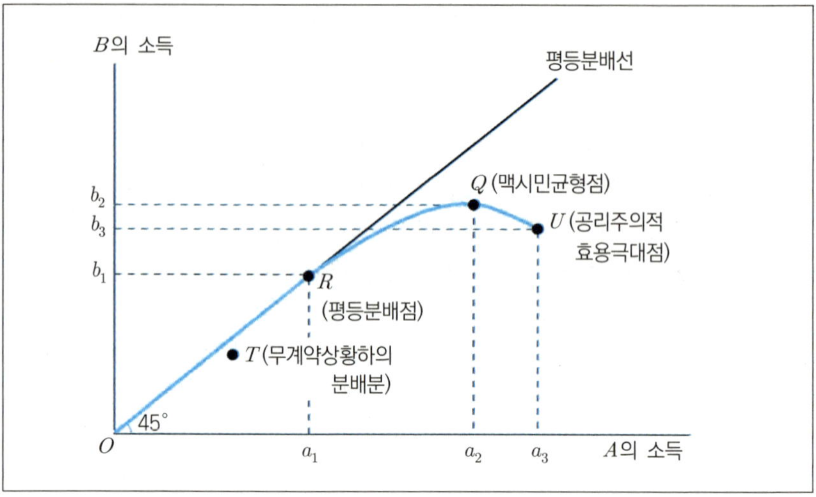

[그림 2-7]

② 양자가 사회계약을 맺어 협력하여 생산하면 두 사람의 생산량의 합계가 늘고(R점), 평등분배한다면 A의 분배분은 O_{a1}, B의 분배분은 O_{b1}으로 증가된다. 이것은 사회계약으로 쌍방이 이익을 보고 있음을 나타낸다.

③ 보다 많이 일하여 생산에 공헌한 자에게 보다 많은 보수를 준다는 계약을 하여 공리주의적 효율우선분배를 하면 이것이 자극이 되어 A가 특히 노력하여 생산이 증가되었을 때 A가 B보다 많은 분배분을 얻으면서 B도 평등분배의 경우(R점)보다 많은 소득을 얻을 수 있다. 즉 U점의 소득의 크기에서 A는 O_{a3}, B는 O_{b3}의 소득을 얻는다.

요컨대 소득격차가 있음에도 불구하고 분배상 불리한 입장에서 선 B도 도리어 평등분배시보다 소득의 절대액에서 유리하게 되었다. 따라서 이러한 격차는 격차원리(difference principle)에 의해 정당화된다. 그러나 U점 이상으로 양자의 격차를 크게 하면 A의 소득은 증가되나 B의 소득은 줄어 R점 또는 그 이하로 줄어든다. 만일 기계적인 공리주의 계산으로 사회소득이나 효용의 집계의 극대화를 목적으로 한다면 B의 소득이 Q점 또는 그 이하로 되는 점까지 선택할 수 있는 것이다. 격차원리로 선택되는 한 격차는 Q점이 타당하고 이 Q점이 맥시민(Maximin)균형점이다. 획일적 평등주의에 입각한 사회에서는 R점에 가까운 분배방식이, 효율 제일주의사회에서는 U점 이하의 분배방식이,

효율과 공정의 종합화를 구하는 사회에서는 Q점에 가까운 분배방식이 채택될 것이다.

그러나 Rawls 기준과 관련해서는 다음과 같은 문제점이 지적되고 있다.[37] 먼저 가장 불리한 조건에 놓여 있는 사람들의 분배분을 증대시킬 때 그것을 어느 정도까지(극대란 어느 정도의 수준을 의미하고 있는가 하는 문제) 또한 어떠한 부담방법으로 할 것인가 하는 문제가 여전히 남아 있다. 또한 경제성장은 가장 혜택을 받지 못한 세대의 희생(저축)에 의하여 시동(始動)하는 성격을 가지는 것이지만, Rawls 기준에 따르면 저축은 모두 다 그만 두는 것이 공정하다고 한다. 더욱이 이 기준은 Rawls 자신이 미리 알리고 있는 것처럼 마이크로적 상황에는 적용되지 않는다. 예컨대 시험의 채점을 공정하게 행하고자 할 경우 Rawls 기준은 성적이 나쁜 자에게 만점을 주라는 것과 마찬가지인 것이기 때문이다.

3. 헌법적인 공정기준

공정이라는 개념은 사회의 모든 구성원에게 있어서 공평하며 정당하다는 의미의 내용을 가져야 할 것이다. 공정개념은 아무래도 공적 성격에서 벗어날 수 없기 때문이다. 이 경우 의거될 수 있는 것을 찾아보면 최종적으로는 헌법[38]에 다다르지 않을 수 없게 된다. 특히 기본적 인권 · 생활권이라는 생각에는 주목할 만한 것이 있다. 즉 건강하며 문화적인 생활을 영위하는데 필요한 최저수준의 소득이 보장되고 또한 그것에 필요한 각종 서비스를 어느 수준까지 누구라도 계속적으로 이용할 수 있다는 것은 국민의 기본적 인권 · 생활권의 일부를 구성하고 있다. 따라서 개인 간에 발생하는 여러 가지 이해의 충돌을 조정하려고 할 경우, 생존권 · 생활권에 관한 기본적인 사항에 대하여는 그 최저수준을 모든 국민에게 무차별적이며 계속적으로 보장하는 것을 최우선으로 해야 한다.

이러한 생각은 공공부문의 쟁의권을 둘러싼 논의 중에서 小宮隆太郎에 의해 제창되었다.[39] 비록 많은 사람에게 이익을 가져다주는 일이 있다하더라도 소수자의 생존권 · 생활권을 침해해서는 안된다.

이 경우 최저수준 이하로 떨어지는 희생을 소수자에게 강요하는 것은 절대로 허용될 수

37) 高山 憲之, 전게논문, pp.128-129.

38) 헌법은 종래에는 사회철학 또는 법학의 독점적인 인식대상이었지만 최근에 와서는 경제학의 인식대상이기도 하다. J. M. Buchanan은 헌법개념을 법학에서 사용하는 개념보다 훨씬 넓은 개념으로 사용하여 국가기구의 규정뿐만 아니라 행동규율 및 소유권까지도 포함하고 있다. 이에 대한 보다 자세한 내용은, James M. Buchanan and Gordon Tullock, *The Calculus of Consent : Logical Foundations of Constitutional Democracy*, (Ann Arbor : The University of Michigan Press, 1962) 참조.

39) 小宮隆太郎, 「公共部門の ストライキ—その社會科學的 考察」, 週刊 東洋經濟, 1975年 11月 1日 ; 小宮隆太朗外 5人(共編), 公共部門の 爭議權, (東京 : 東京大學出版會, 1977).

없다. 이것이 헌법적 기준으로서의 공정개념이다. 따라서 이 기준은 최저보장원리라는 성격을 가진다.

한편, 헌법적인 공정기준은 西部 邁가 말하는 의미에서 참가원리라는 성격을 동시에 갖추고 있다.[40] 즉 인간은 혼자만으로 살아가는 것이 아니고, 그 생존은 다른 성원과의 상호의존에 지탱되고 있는 것이다. 이 상호의존의 네트워크는 모든 성원을 참가시키기 위한 조건정비라는 기능을 최저보장원리가 가지고 있기 때문이다.

또한 최저보장원리의 근저에는 다음과 같은 생각이 숨겨져 있다. 즉 개인을 최저수준 이하로 떨어뜨리는 여러 가지 재앙 · 곤란의 대부분이 실은 당해 개인의 책임으로 전혀 돌릴 수 없는 부조리한 사정(예컨대, 출산시의 이상 · 생활환경 · 우연한 사태 등)으로부터 발생하고 있는 점을 예리하게 간주하여 그러한 재앙 · 곤란을 당해 개인만의 부담에 귀착시키지 않도록 배려하려는 것이 그것이다. 즉 그러한 재앙 · 곤란에 의하여 생기는 부담을 어느 수준까지는 어떠한 공공적인 제도에 의하여 해결하고 또한 그 수준을 초과하는 부분에 대하여도 개인의 부담을 가급적 완화하려는 것이다. 헌법적 공정이념은 바로 이러한 의미에서 市井三郎이 말한 「역사의 진보」라는 개념[41]과도 부합하는 부분이 적지 않다고 하겠다.

4 효율과 공정의 상호관계

1. 「제도」와 「상태」에 있어서의 효율과 공정

효율과 공정(정의)의 관계에 대해서 이제까지의 제논의(諸論議)를 분류하여 유형화하면 다음과 같다.[42] 이하의 설명에서 「제도」는 사회의 기초적인 틀이나 룰을, 「상태」는 「제도」가 부여된 위에서 여러 사람의 거래활동을 통하여 실현하는 자원배분의 상태를 말한다.

① 효율을 최대로 하는 「제도」나 「상태」가 분배적 정의를 실현하고 있다(규칙공리주의 및 행위공리주의).

② 효율을 최대로 하는 일조(一組)의 「상태」(효용 Frontier) 중에서 정의의 「상태」(사회후생함수를 최대로 하는 것이라고 하는 무내용의 규정에 의한)가 선택된다(통속적 신후생경제학).

40) 西部 邁, 「ソシオ · エコノミツクス」, 中央公論社, 1975.
41) 市井三郎, 歴史の進歩とはなにか, (東京 : 岩波書店, 1978).
42) 塩野谷祐一, 「政策基準としての效率と公正」, 日本經濟政策學會(編), 效率と公正の經濟政策, (東京 : 勁草書房, 1980), p.8.

③ 효율과 정의는 상충(trade-off)관계에 있으며 적당한 타협을 꾀하지 않으면 안된다. (상식적 견해. Okun의 물새는 양동이(leaky bucket)론[43])

④ 정의의 「제도」를 우선적으로 정하고 그 밑에서 효율적인 「제도」 및 「상태」를 달성한다(Rawls의 정의론).

따라서 '①'은 정의에 관한 목적론의 입장에서 효율을 최대로 하는 것을 정의로 보고 있으며(효율의 우선), '④'는 정의에 대한 의무론의 입장에서 효율과는 무관하게 정의가 우선적으로 규정된다(정의의 우선). 또한 '②'와 '③'은 정의의 기준을 설명하지 않는 직각주의(直覺主義)라고 분류하여, '②'는 효율과 정의를 분할 가능한 것으로 보고 효율 「상태」의 집합까지는 경제학에 의해서 도출되지만 그 가운데에서 정의의 「상태」를 찾는 것은 정치적 결정에 맡기려고 한다. 그리고 '③'은 효율과 정의를 분리불가능한 것으로 보고 양자를 상충관계에 있다고 본다.

이러한 주장은 일면 그 나름대로의 설득력을 가지고 있다고 보나 문제점도 없지 않다고 하겠다.[44] 그것은 정의를 목적론에 따라서 파악하든 의무론에 따라서 파악하든 제각기 효율의 문제가 발생하고 있다는 것이다.

우연히 목적론에 따른 경우에는 합리성이 전면에 나타나기 쉬운 것이며, 의무론에 따른 경우에도 불가피하게 효율론과 공정(정의)론이 발생하고 있는 것이다. 공정의 문제가 분배문제와 분리되지 않고 고찰되어 있는 점에 문제의 뿌리가 있는 것이 아닌가 생각한다. 대개의 경우 제도가 복잡화 · 다양화하면 할수록 기능론의 역할이 커지고 있으며, 결국 효율과 공정은 불가분의 개념으로서 취급되지 않으면 의미가 없어질 것이다. 공정이라는 제도로서의 공공재가 우리들의 생활 구석구석까지 침투하고 그 재화의 효율적 공급을 요청하고 있는 사태에 대해서 어떻게 대응해야 할 것인가가 현대의 주된 문제라고 생각되며, 이 점에 대해서는 '①'~'④'의 전면(全面)에 관련되어 있는 것으로 본다.

이상과 같은 효율 대 공정(정의)이라고 하는 대비는 문제제기의 형식으로서 불가피한

---

43) Arthur M. Okun, Equality and Efficiency : *The Big Tradeoff,* (Washington, D. C. : The Brookings Institution, 1975), pp.91-95, ; "Further Thoughts on Equality and Efficiency", in Joseph A. Pechman (ed), *Economics for Policymaking : Selected Essays of Arthur M. Okun*, (Cambridge, Mass : M. I. T. Press, 1983), pp.606-631. Okun의 물새는 양동이론과 관련한 논의내용은 Alan S. Blinder "On Making the Tradeoff between Equality and Efficiency Operational", in Geroge R. Feiwel (ed), *Samuelson and Neoclassical Economics*, (Boston : Kluwer · Nijhoff Publishing, 1982), pp.317-328. 참조

44) 塩野谷祐一, 前揭論文, p.9. ; 黑川和美, 「效率と公正に關する論議」, 日本經濟政策學會(編), 전게서, p.164.

것이기는 하지만 실은 매우 단조로운 것이다. 경제체제, 즉 「제도」의 비교나 선택에 있어서는 효율 및 정의의 개념은 제각기 복잡한 문제를 지니고 있으며 이들을 고려에 넣지 않으면 안 된다. 먼저 효율에 있어서는 시장의 방법에 의할 것인가, 계획(정치)의 방법에 의할 것인가 라는 관리수단상의 대립이 있고, 정의에 있어서는 자유 대 평등이라고 하는 이념상의 대립이 있다.

이들 이중(二重)의 대립을 [그림 2-8]과 같이 도식화하여 고려해 보면 다음과 같다.[45]

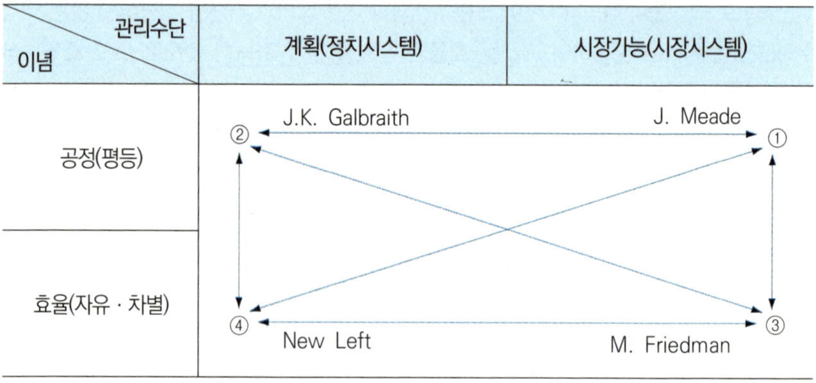

[그림 2-8]

자료 : 塩野谷祐一, 「政策基準としての效率と公正」, p.10.과 石村暢五郎, 經濟政策の新展開, p.34.에서 재작성

'①'과 '②'는 공정을 중시하는 입장이며, '①'은 방법론적으로는 시장적 효율성에 의거하는 「이성적 급진주의」(radical conservatory)라고 말하고 있는 J. E. Meade의 입장[46]이 그것이다. 반대로 '②'는 시장부문까지도 계획화의 대상으로 삼으려고 하는 Galbraith의 입장[47]이다. '③'과 '④'는 다 같이 공정보다는 효율, 자유를 지향하고 국가의 간섭보다는 자유, 작은 정부(Small Government)를 선호하는 입장이다. '③'은 특히 시장기구를 통해서 효율 · 자유를 지향하고 있는데 대해서 '④'는 오히려 정치시스템을 통

45) 塩野谷祐一, 前揭論文, p.9-12. ; 石村暢五郎, 經濟政策の新展開, (東京 : 評論社, 1982), pp.34-35.

46) J. E. Meade, *The Just Economy*, (London : George Allen & Unwin, 1976), : 紫田裕 · 植松忠博(譯), 公正な經濟, (東京 : ダイヤモソド社, 1980).

47) John Kenneth Galbraith, *Economics and the Public Purpose*, (Boston : Houghton Mifflin Co., 1973).

하여 이를 수행하려고 한다. '③'은 M. Friedman[48] '④'는 New Left[49]의 입장이다. '④'는 '②'의 전면적 국가지배, 권위주의적 중앙집권을 배제하고 민주적 참가와 분권화를 강조하며 때로는 무정부주의(anarchism)가 된다. '③'의 자유시장경쟁에 대한 신뢰에 대하여 '①'은 관리된 시장을 주장한다. 오늘날까지 많은 경제학이 이 「계획」과 「시장경제」의 주장에 속하고 있는 것으로 보이며 또 다른 많은 경제학의 주장도 '①'~'④'의 범위 내에 있다고 생각한다.

2. 정책권고에 있어서의 효율과 공정

효율과 공정이라는 이분법(dichotomy)에 의거한 정책권고는 권고기준으로서의 후생기준에 관해서는 우선 주로 효율기준에만 의존하려고 하는 Kaldor[50], Hicks[51], Scitovsky[52], Samuelson[53]에 이르는 보상기준론의 주장에 의하여 그 이론적 근거가 부여되었다. 그러나 그 전개가 보여주듯이 효율기준만의 적용은 Pareto기준에서 생산효율기준으로의 후퇴를 의미하기 때문에 I.M.D. Little[54]은 정책권고의 기준으로서의 후생기준에는 Pareto 기준에다 분배에 관한 공정기준이 명시적으로 도입되지 않으면 안 된다고 한다. 그는 효율기준과 공정기준이 병용됨으로써 당해정책의 실시여부가 결정된다는 것이다.[55] 이리하여 정책권고에 있어서의 효율과 공정이라는 이분법이 권고기준에 있어서의

---

48) Milton Friedman, *op.cit.*, ; Milton Friedman and Rose Friedman, *Free to Choose : A Personal Statement,* (New York : Harcourt Brace Jovanovich, 1980).

49) Assar Lindbeck, *The Political Economy of the New Left : An Outsider's View,* (New York : Harper & Row Publishers Co., 1977). : 이영선(역), 신좌파의 정치경제학, (서울 : 현상과 인식, 1985).

50) Nicholas Kaldor, "Welfare Propositions of Economics and Interpersonal Comparisons of Utility", *Economic Journal*, Vol.49. No.195. Sep. 1939. pp.549-552.

51) J. R. Hicks, "The Foundations of Welfare Economics", *Economic Journal*, Vol.49. No.196. Dec. 1939. pp.696-712, ; *Wealth and Welfare : Collected Essays on Economic Theory*, Vol. I. (Oxford : Basil Blackwell, 1981).

52) T. Scitovsky "A Note on Welfare Propositions in Economics", *Review of Economics Studies*, Vol.9. No.1. Nov. 1941. ; *Papers on Welfare and Growth*, (Standford, California : Standford Unversity Press, 1964), Chap.7.10. 참조.

53) P. A. Samuelson, "Evaluation of Real National Income", *Oxford Economic Papers*, Vol.2. Jan. 1950. pp.1-40. ; "Constancy of the Marginal Utility of Income"(1942), in Joseph E. Stiglitz (ed), *The Collected Scientific Papers of Paul A. Samuelson*, Vol. I. (Cambridge : M.I.T. Press, 1970), pp.37-53.

54) Ian M. D. Little, "The Foundation of Welfare Economics", *Oxford Economic Papers*, 1949. pp.227-246, ; *A Critique of Welfare Economics*, (London : Oxford at the Clarendon Press, 1950), ; 이만우, 후생경제학, (서울 : 법문사, 1985), pp.69-72.

Pareto 효율기준과 분배공정기준이라는 이분법의 형태로 확립되었다. Little의 주장은 다시 田村泰夫교수에 의하여[56] 정책만의 실시, 보상조건부 정책의 실행, 당해정책에 갈음하는 재분배, 현상유지라는 네 개의 권고내용으로 확대된다.

이런 경우에 있어서 주의해야 할 것은 효율기준과 공정기준이라는 이질적인 기준을 병용해서 당해정책이 관여하는 소비배분상황에 관하여 순서를 정할 때에 양 기준의 적용에 있어서 「이행성의 조건」(condition of transitivity)[57]이 요청된다는 것이다. 그렇지만 효율과 공정이라는 이질적인 기준의 병용에는 그 실천적 유용성이 충분히 인정된다고 하더라도 C. M. Kennedy[58] 등에 의하여 비판된 바처럼 그런 연유로 존재하는 비논리성은 부정될 수 없으며 또한 이원화의 기준의 적용에 있어서 요청된 「이행성의 조건」은 그 배후에 「분배상 무차별」이라는 가정을 필요로 하며, 이 가정이 형식적으로나 내용적으로도 공정기준을 제약하는 것이 된다.[59]

이리하여 Little의 후생기준에 대해서 Pareto기준이 적용될 수 없는 소비배분상의 변화에 대해서도 무차별판단을 포함하는 보다 완전한 분배기준을 제시하려고 한 것이 Mishan이다.[60] Mishan의 후생기준은 Pareto기준보다도 공정기준에 대하여 정책권고기준으로서의 적용상에 우위를 주고 있는 점에 그 특징을 찾을 수 있다. 이러한 특징은 평등화정책으로 하여금 반드시 언제나 소비배분의 효율화를 초래하는 것은 아니라고 하는 패러독스(paradox)를 낳게 되는데 그것은 Mishan의 분배기준이 무차별판단을 내포한데다가 Pareto기준보다도 우위하다는 것의 당연한 귀결인 것이다.[61] 다만, 여기서 주목해야 할 것은 Pareto기준에 대한 공정기준의 우위는 Graaff[62], 熊谷尙夫교수[63]에 의

---

55) I. M. D. Little, *A Critique of Welfare Economics,* Chap.4.5. 참조.

56) 田村泰夫, 「厚生判斷의 基準」(Ⅰ)(Ⅱ), 政策論叢, 1971年 4月 · 6月號.

57) 소비가능한 임의의 상품 묶음 $x \cdot y$ 및 z에 대하여 $x \geq y$이고 $y \geq z$이면 $x \geq z$이라는 조건이다.

58) C. M Kennedy, "The Economic Welfare Function and Dr. Little's Criterion", *Review of Economic Studies,* Vol.20. 1953. pp.137-142. ; "Welfare Criteria-A Further Note", "Economic Journal, Vol.73. June. 1963. pp.338-341.

59) 夏目 隆, 「政策勸告における效率と公正」, 日本經濟政策學會(編), 전게서, pp.17-19.

60) E. J. Mishan. "A Survey of Welfare Economics, 1939-1959", *Economic Journal.* Vol.70. June. 1960. pp.197-265. ; "The Recent Debate on Welfare Criteria", *Oxford Economic Papers*, Vol.17. 1965. pp.219-236, ; "Welfare Criteria : Resolution of a Paradox", *Economic Joural*, Vol.83. No.331. Sep. 1973. pp.747-767. ; *Introduction to Normative Economics*, (New York : Oxford University Press, 1981). : *Economic Efficiency and Social Welfare : Selected Essays on Fundamental Aspects of the Economic Theory of Social Welfare*, (London ; George Allen & Unwin, 1981), Chap.3.4.5. 참조.

61) 夏目 隆, 전게논문, p.18.

해서도 이미 일찍부터 주장되어 왔다는 것이다. 다만 Graaff, 熊谷 기준에 있어서는 분배상 무차별이라는 판단의 형성도 당연히 상정됨으로 이 경우에는 Scitovsky 기준의 채용이 필요하게 될 것이다. 이러한 Graaff, 熊谷 기준에 대해서는 분배판단이 직접 당해정책이 관여하는 후생분배의 변화에 돌려져 있기 때문에 보상기준의 선택에 의한 채용이 쓸데없는 것이 되지 않을까 하는 지적이 있는데 그것은 정책권고기준으로서의 후생기준에 있어서 「효율」과 「공정」이라고 하는 이분법의 의의가 공정기준의 우선화에 의해서 애매한 것으로 되어가는 것을 지적하는 것이라고 하겠다.

이러한 곤란을 해결하는 길은 효율기준과 공정기준을 불가분의 형태로 통일하는 방법밖에 없다고 할 것이다. 여기서 효율판단과 공정판단을 처음부터 하나의 후생판단으로 통합한 형식으로서의 Bergson-Samuelson의 사회후생함수(엄밀하게는 Pareto형 경제적 후생함수)[64]의 존재가 상기된다. 사회후생함수는 본래 그 일반적 형태에 있어서 정책권고기준으로서의 후생기준에 있어서 논리적 정합성을 음미하고 동시에 그 제약조건부 극대화에 의하여 경제적 최선상황을 기술하기 위한 논리적 도구(tool)로서 유용성을 발휘하는 것이며, 정책권고에 있어서의 효율기준과 공정기준의 통합이 논리적 관점보다도 오히려 실천적 관점에서 찾아지는 것이라고 하면 그것은 그러한 함수표시에 의하지 않는 사회적 순서부여(social ranking)에 있어서 시도되지 않으면 안 된다.[65]

3. 효율과 공정의 조화를 위한 논거

지금까지 살펴본 바처럼 효율의 문제나 공정의 문제는 본질적으로 분리될 수 없는 것이다. 왜냐하면 이론적으로 효율의 문제와 공정의 문제는 총효용가능곡선(grand utility possibility frontier)[66]과 사회후생곡선(social welfare curve)이 서로 접하는 점으로부

---

62) J. de V. Graaff, *Theoretical Welfare Economics,* (London : Cambridge University Press, 1975)

63) 熊谷尙夫, 厚生經濟學の 基礎理論, (東京 : 東洋經濟新報社, 1957), p.261. 이하 참조. ; 經濟政策原理, (東京 : 岩波書店, 1964)

64) Abram Bergson, “A Reformulation of Certain Aspects of Welfare Economics”, in Kenneth J. Arrow and Tibor Scitovsky, *Readings in Welfare Economics*, (London : George Allen & Unwin, 1969), pp.7-38, ; Paul A. Samuelson, *Foundations of Economic Analysis*, (New York : Atheneum, 1972). ; “Reaffirming the Existence of ‘Reasonable’ Bergson-Samuelson Social Welfare Functions”, *Economica*, Vol.44. No.173. Feb. 1977. pp.81-88, ; Robert A. Pollak, “Bergson-Samuelson Social Welfare Functions and the Theory of Social Choice”, *Quarterly Journal of Economics*, Vol.93. No.1. Feb. 1979. pp.73-90.

65) 夏目 隆, 전게논문, pp.19.

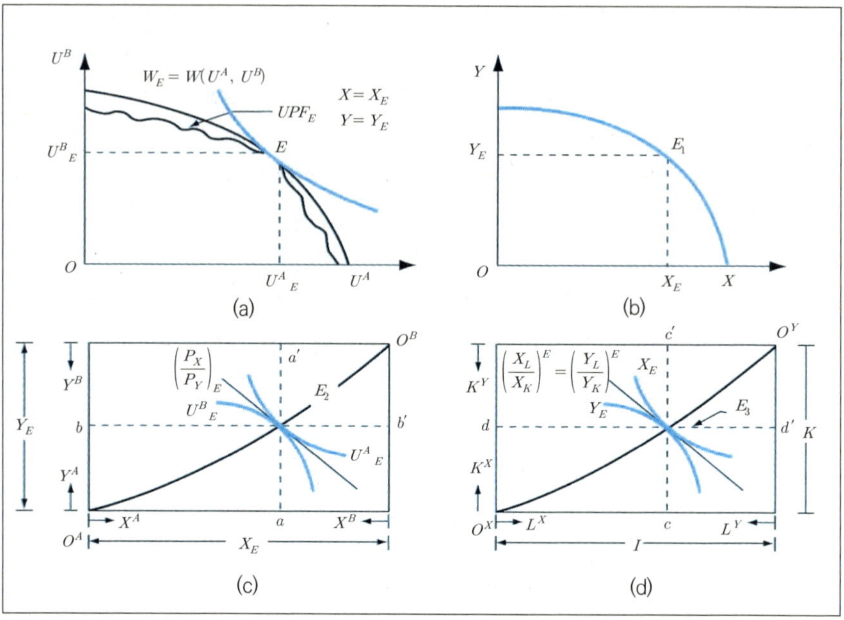

[그림 2-9] 효율과 공정의 관계

터 동시적으로 해결될 수 있기 때문이다. 따라서 효율과 공정이 어떻게 동시적으로 해결될 수 있는가를 그림을 통하여 고찰함으로써 효율적인 자원배분과 공정한 소득분배가 공존 및 조화될 수 있는 기본적인 근거를 살펴보고자 한다.67)

[그림 2-9]의 (a), (b), (c) 그리고 (d)는 효율과 공정의 상호관련성을 나타내고 있다. 그림 (a)에서와 같이 총효용가능곡선과 사회후생곡선에 의하여 최적점인 E가 결정되었다고 하자. 이에 따라 두 소비자 A와 B에 대한 효용배분상태($U^A{}_E$, $U^B{}_E$)가 결정되며, 동시에 점 E에 접하는 개별효용가능곡선 UPF_E가 결정되고, 효용가능곡선 UPF_E에 해당하는 효율적 생산물조합(X_E, Y_E)과 이 그림(b)의 생산가능곡선상에서 결정된다. 또한 효율적 생산물조합(X_E, Y_E)과 두 소비자 A와 B 사이의 효용배분상태($U^A{}_E$, $U^B{}_E$)가 결정되었으므로 그림 (c)에서 점 E_2가 자동적으로 결정된다.

---

66) A. Koutsoyiannis, *Modern Microeconomics*, 2nd ed., (London and Basingstoke : Macmillan, 1979), pp.530-534. 참조.

67) 임양택, 미시경제학, (서울 : 대영사, 1984), pp.833-835.

두 무차별곡선의 접점에서의 기울기는 두 생산물 X와 Y의 상대가격을 나타내므로 사회적 최적상태를 만족시키는 두 생산물의 상대가격$(P_X/P_Y)_E$도 동시에 결정된다. 또한 점 E_2는 두 소비자 A와 B 사이의 생산물의 분배를 결정한다. 즉 A는 생산물 X를 ${O^A}_a$만큼, 생산물 Y를 $O^A b$만큼씩 각각 소비하는 반면에 B는 생산물 X를 $O^B a'$만큼, 생산물 Y를 $O^B b'$만큼씩 각각 소비하게 된다.

한편 그림 (b)의 점 E_1으로부터 효율적 생산을 나타내는 점 E_3가 그림 (d)에서 결정된다. 여기서 두 등량곡선 $X_0^E = X(K, L)$와 $Y_0^E = Y(K, L)$의 접점에서의 기울기는 두 요소 K와 L의 상대가격을 나타내므로 사회적 최적상태를 만족시키는 두 요소의 상대가격 $(\partial X/\partial L^X)/(\partial X/\partial K^X)$ 혹은 $(\partial Y/\partial L^Y)/(\partial Y/\partial K^Y)$도 동시에 결정된다. 이 경우 X의 생산과정에 자본 K는 ${O^X}_c$만큼, 노동 L은 ${O^X}_d$만큼 각각 투입되는 반면에 Y의 생산과정에 자본 K는 ${O^Y}_c$만큼, 노동 L은 ${O^Y}_d$만큼 각각 투입된다.

상기와 같이 일단 사회적 최적점이 결정되면 이에 따라 두 생산물 X와 Y의 조합 상태, 두 소비자 A와 B의 소비수준, 두 생산물 X와 Y의 상대가격, 두 요소 K와 L의 상대가격이 모두 동시적으로 결정되는 것이다.

그러나 여기서 중요한 점은 그림 (a)에서 점 E가 사회적 최적점이 되기 위해서는 최초에 주어진 요소의 지원배분에 의한 소득분배상태가 사회적 최적상태에서의 소비수준과 일치해야 한다는 것이다. 만약 최초에 주어진 요소의 자원배분에 의한 소득분배상태가 사회적 최적상태에서의 소비수준과 일치하지 않는다면, 다시 말해서 A와 B의 소득이 그림 (c)의 점 E_2에 의하여 결정되는 두 생산물 X와 Y에 대한 소비지출과 일치하지 않는다면 사회적 최적(social optimum)은 달성될 수 없게 된다.

상기의 분석은 경제정책적 입장에서 매우 중요한 의미를 갖는다고 말할 수 있다. 즉 성장이라는 효율문제와 분배라는 공정의 문제는 결코 분리되어 결정될 수 없는 것이며 따라서 성장과 분배의 조화 없이는 사회후생을 극대화 할 수 있는 자원배분, 즉 사회적 최적은 결코 달성될 수 없다는 것이다.

5 재정지출의 효율과 분배의 공정

1. 재정지출의 효율과 비용 – 편익분석

재정지출은 경제학적으로 보면 공공재, 비용체감산업, 외부효과, 불확실성, 소득분배 등에 대한 사회적 대처에 따른 비용이라고 간주할 수 있다. 이러한 공적 정책이 사회적 후생의 개선을 가져오는지의 여부는 자원배분의 효율성의 기준과 소득분배의 공정성의 기준에서 평가된다. 이것은 사회적으로 가장 바람직한 재정지출은 효율성과 공정성의 양 기준의 동시충족을 필요로 하고, 소득분배의 이상적인 상태와 독립적으로 결정될 수 없는 것을 의미하는 것이다.

그러나 재정지출의 경제효율의 평가는 꼭 용이하지만은 않다. 왜냐하면 공공재에 대하여는 시장기구(market mechanism)가 작동할 수 없으므로 민간부문의 지출과 같은 경제계산이 행해지기 어렵기 때문이다. 그러나 이러한 이유로 해서 재정지출의 경제효율을 불가지(不可知)한 것으로 간주하고, 모든 것을 정치의 세계로 맡기려는 것은 극단적인 생각이다. 재정지출이라고 불리는 것 중에는 공공재보다 오히려 사적재에 가까운 것이 존재한다. 예를 들면 철도는 공공부문이 운영하고 있지만 이것은 사기업에 의해서도 운영이 가능한 것이다. 따라서 민간의 경제계산에 유사하게 재정지출의 경제효율을 평가할 수 있는 비용-편익분석(Cost-Benefit Analysis)방법을 이용하여 재정지출과 소득재분배의 관계를 논의해 보겠다.[68]

비용-편익분석은 특정한 프로젝트의 장래에 걸쳐 발생하는 편익(benefit)과 비용(cost)을 산정하고 경제계산을 행하려고 하는 것이다.[69] 이 경우의 편익이란 재정지출이 제공하는 서비스가 가령 시장에 있어서도 제공된다면 이에 대하여 소비자가 지불하려는 대가(willingness to pay)[70]를 나타내는 것이다. 한편 비용은 공공지출을 제공함에 있어

---

68) 具塚啓明, 「財政の效率と分配の公正」, 熊谷尙夫(編), 전게서, pp.40-50. ; 財政支出の經濟分析(增補版), (東京 : 創文社, 1981), 제2부 참조.

69) 비용-편익분석에 대해서는 다음을 참조할 것.

① E. J. Mishan, *Cost-Benefit Analysis*, new and expanded ed., (New York : Prager Publishers, 1976).

② Richard Layard (ed)., *Cost-Benefit Analysis : Selected Readings*, (Penguin Books, 1980).

③ Peter G. Sassone and William A. Schaffer, *Cost-Benefit Analysis : A Handbook*, (Academic Press, 1978).

④ G. H. Peters, *Cost-Benefit Analysis and Public Expenditure*, 2nd ed., (London : The Institute of Economic Affairs, 1970).

⑤ Ian M. D. Little and James A. Mirrlees, *Manual of Industrial Project Analysis in Developing Countries, Vol. II : Social Cost-Benefit Analysis*, (Paris : OECD Publications, 1968).

⑥ A. K. Dasgupta and D. W. Perce, *Cost-Benefit Analysis : Theory and Practice*, (London : Macmillan, 1972).

⑦ Partha Dasgupta, Amartya Sen and Stephen Marglin, *Guidelines for Project Evaluation*, (New York : United Nations, 1972).

⑧ 경제기획원, 공공부문 투자사업의 경제성평가지침, 1982.

70) Richard E. Just, Darrel L. Hueth and Andrew Schmitz, *Applied Welfare Economics and Public Policy*, (Englewood Cliffs : Pretice-Hall Inc., 1981), Chap.6. pp.84-115. 참조.

필요한 코스트를 시장가격으로 평가한 것이다. 재정지출이 제공하는 편익을 소비자가 지불하려는 대가로 보는 것은 시장기구가 성립되지 않으므로 용이한 일은 아니다. 예컨대, 군사비지출의 편익을 평가하는 것은 매우 곤란하다. 한편에는 재군비(再軍備)에 적극적으로 찬성하는 사람이 있고, 다른 한편에는 재군비 반대의 사람이 있어 이 양자에게 공통되는 편익을 시장가격으로 추정하는 것은 불가능하다. 즉 공공재적인 요소를 내포하면 할수록 그 편익의 산정은 곤란해지고 반대로 재정지출이 사적재에 가까운 성질을 보이면 보일수록 그 편익의 평가는 용이해진다.

그런데 편익과 비용이 장래의 기간에 걸쳐 추정될 때는 공공지출의 경제계산은 민간기업의 투자결정에 관한 경제계산과 같은 절차에 따를 수 있다. 주지하는 바와 같이 기업의 투자결정은 현재가치법(Present Value Method)에 따르고 있다. 이제 투자프로젝트가 장래의 제t기에 얻어지는 수입을 Rt, 비용은 Ct, 자본코스트를 i, 당초의 투하비용을 K로 하면, 각 기의 이익$(Rt-Ct)$의 현재가치(PV)는

$$PV=\frac{R1-C1}{(1+i)}+\frac{R2-C2}{(1+i)^2}+\cdots\cdots+\frac{RT-CT}{(1+i)^T} \qquad \text{식 (1)}$$

가 된다(다만, T는 내용연수).

이 투자프로젝트는

$$PV-K\geq 0 \qquad \text{식 (2)}$$

이면 채택되고,

$$PV-K<0 \qquad \text{식 (3)}$$

이면 채택되지 아니한다.

공공투자의 프로젝트에 대하여는 식 (1)의 Rt를 편익(Bt)으로 바꾸고 정부에 있어서의 자본코스트를 r로 하면

$$PV=\frac{B_1-C_1}{(1+r)}+\frac{B_2-C_2}{(1+r)^2}+\cdots\cdots+\frac{B_T-C_T}{(1+r)^T} \qquad \text{식 (4)}$$

가 현재가치를 나타낸다. 그리고 이 프로젝트를 채택할 것인지의 기준은 민간기업의 경

우와 마찬가지로 $(PV-K)$의 정(正) · 부(負)에 의하여 정해진다.[71]

2. 비용 – 편익분석과 소득재분배효과

효율측면을 강조하는 비용 – 편익분석에 있어서 반드시 고려해야 할 문제는 프로젝트가 가지는 실질소득의 재분배효과, 즉 누가 얼마만큼 편익을 얻고, 누가 얼마만큼 비용을 부담하는 가를 프로젝트의 적격성의 판정 내지는 선택에 있어서 고려해야 할 것인가의 여부이다.[72]

분배의 문제를 생각하는 경우 사회후생함수를 상정하여 논의하면 편리하다. 이제 다음과 같은 사회후생함수를 상정하여 고찰해보자.

$$W=f(Yi, \cdot \cdot \cdot, Yn) \qquad \text{식 (5)}$$

여기에서 사회는 n人의 개인으로 구성되며, Yi는 i번째$(i=1,2,\cdots,n)$의 개인의 실질소득을 나타내고 있다. 이 함수는 다음과 같이 변형된다.

$$\Delta W=\frac{\partial W}{\partial Y_1}\Delta Y_1+\frac{\partial W}{\partial Y_2}\Delta Y_2+\cdots+\frac{\partial W}{\partial Y_n}\Delta Y_n \qquad \text{식 (6)}$$

식 (6)에 있어서 ΔYn에 대한 가중치 $\partial W/\partial Y_n$는 i번째 개인의 실질소득변화의 사회적 중요도를 나타내고 있다.[73] 이 수치는 일반적으로 빈곤자일수록 크고, 부유자일수록 작다고 생각되어 진다.

---

71) Kenneth D. George and John Shorey, *The Allocation of Resources : Theory and Policy*, (London : George Allen & Unwin, 1978), pp.229-236. ; Corry F. Azzi and James C. Cox, "Equity and Efficiency in Evaluation of Public Programs", *Quarterly Journal of Economics*, Vol.87. No.3. Aug. 1973. pp.495-502. 한편 사업계획의 평가와 순위 결정에 대한 자세한 내용은 Richard A. Musgrave & Peggy B. Musgrave, *op. cit.*, Chap.8. 참조

72) Richard W. Tresch, *Public Finance : A Normative Theory*, (Plano : Business Publications, Inc., 1985), Chap.27. pp.541-555. 참조.

73) 이필우, 투자사업의 우선순위-효율성과 공평성을 중심으로, 지방재정, 1983년 9월호, p.39. 분배적 가중치에 대해서는 Richard E. Wagner, *Public Finance : Revenues and Expenditures in a Democratic Society*, (Boston : Little, Brown and Company, 1983), pp.371-373. ; Arnold Harberger, "On the Use of Distributional Weight in Social Cost-Benefit Analysis", *Journal of Political Economy*, Vol.86. No.2. pt.2. April. 1978. pp.s87-s120.

Musgrave 등과 같이 효율적인 자원배분과 공정한 소득분배를 분리해서 생각하는 논자는 프로젝트의 평가에 있어서 그것이 가지는 분배효과는 무시되어야 한다고 주장한다. 즉 처음에 자원의 효율적 배분을 달성하고 그 후 공정한 분배를 위하여 조정조치(調整措置)를 강구한다고 하는 것이다.[74) 이와 같은 입장에서는 사회후생함수를

$$W = Y_1 + Y_2 + \cdots + Y_n = \sum Y_i \qquad \text{식 (7)}$$

로서 나타내고, 프로젝트는

$$\Delta W = \sum \Delta Y_i > 0 \qquad \text{식 (8)}$$

일 때에만 적격성을 갖는다고 생각하고 있다. 이와 같은 생각은 비용-편익분석의 이론적 기초를 Kaldor-Hicks에 의해 해석된 Pareto 최적의 개념에 의거하고 있으며,[75) Mishan은 비용-편익분석의 이론적 기초는 「잠재적 Pareto 개선」(a potential Pareto improvement)에 있다고 명확하게 말하고 있다.[76)

이리하여 O. Eckstein과 같이 효율과 공정을 구별해서 생각하는 논자는 사회후생함수를 식 (7)처럼 각 개인의 실질소득의 단순한 가산식이라는 형태로 보고 보상원리를 통해 이 형태의 함수에 강한 규범적 중요성을 부여하고 있다.[77) 그런데 정부의 프로젝트에 관한 의사결정자는 통상 분배정책을 좌우하는 권한을 갖고 있지 않으나, 효율적인 자원배분과 공정한 실질소득의 분배를 동시에 추구할 권리는 가지고 있다고 생각할 수 있다. Weisbrod는 이 점을 기초로 하여 재분배효과도 효율과 공정을 고려한 총합효율(grand efficiency)을 문제 삼아야 한다고 주장하고 있다.[78)

---

74) R. A. Musgrave. "Cost-Benefit Analysis and the Theory of Public Finance", *Journal of Economic Literature*, Vol.7. No.3. 1969. pp.803-804. ; E. J. Mishan, *Element of Cost-Benefit Analysis*, (London : George Allen & Unwin, 1972), pp.21-23. ; Corry F. Azzi and James C. Cox. *op. cit.*, pp.495-500.

75) B. Smith and F. H. Stephen,"Cost-Benefit Analysis and Compensation Criteria : A Note", *Economic Journal*, Vol.85. 1975. pp.902-905.

76) E. J. Mishan, *Element of Cost-Benefit Analysis*, pp.14-17.

77) O. Eckstein, "A Survey of the Theory of Public Expenditure Criteria", in J. M. Buchanan (ed), *Public Finances : Needs, Sources and Utilization*, (Princeton, N. J : Princeton Unversity Press, 1961), p.446. ; *Water Resource Development : The Economics of Project Evaluation*, (Cambridge, Mass : Harvard University Press, 1968). ; Corry F. Azzi and James C. Cox. *op. cit.*, 495-496.

78) Burton A. Weisbrod, "Income Redistribution Effects and Benefit-Cost Analysis", in

그러면 이제 구체적으로 재정지출이 소득분배에 미치는 영향을 검토해 보자.[79)]

개개의 프로젝트의 경제효과는 경제전체에 있어서는 무시할 수 있는 크기지만 한계적으로는 기존의 소득분배를 변화시키는 것이다. 예컨대, 수자원개발 프로젝트의 경우에는 그것이 어느 지역에서 이루어지는가에 따라 편익이 귀속되는 주체가 당연히 달라진다. 어떤 지역의 주민은 평균적으로 보아 국민경제전체보다 소득이 낮다면 이 지역이 프로젝트의 대상으로서 선택되는 것은 한계적으로는 소득재분배에 관하여 배려가 되는 것을 의미하고 있는 것이다. 지역 간의 소득격차보다 더욱 세세하게 소득계층별의 편익귀속이 상위(相違)함을 볼 수 있다. 조세부담의 계층별 분포를 밝히는 것과 마찬가지로 공공투자프로젝트의 편익의 귀속을 밝히는 것이다.

여기서 미국의 수자원개발의 프로젝트를 예로 들어 보겠다.[80)] 1960년에 알려진 150개의 프로젝트 중 실제로 실행된 것은 29개의 프로젝트였으나 만약 비용-편익비율에 따라 순서를 정하면 29개의 프로젝트 중 11개의 프로젝트는 실격되어야 마땅하다.[81)] 그런데도 왜 11개의 프로젝트가 특별히 채용(採用)되었는지에 대해서는 분명하지는 않지만 적어도 소득분배(또는 지역격차)에의 배려가 하나의 요인이 되어 있는 것을 부정할 수는 없을 것이다.[82)]

그런데 공공투자와는 성격을 달리하지만 원래 재분배를 목표로 하는 정책이 있다. 즉 보조금정책이라든가 가격지지정책이 바로 그것이다. 이러한 정책은 그 목표가 원래 소득재분배에 있으므로 그 정책의 효과는 직접적으로 소득재분배에 관하여 평가되어야 한다.

이제 흥미 있는 예로서 J. T. Bonnen에 의하여 이루어진 면(綿)의 가격지지정책의 재분배효과를 살펴보기로 하자.[83)]

미국의 면화생산자는 세계시장에서 성립되는 가격으로 면화를 수출한다면 매우 비참한 생활수준을 면치 못하기 때문에 정부가 높은 가격을 시시하여 수출가격과의 차액을 면화의

Samuel B. Chase, Jr., (ed), *Problems in Public Expenditure Analysis*, (Washington, D. C. : The Brookings Institution, 1968), pp.177-185., 만약 재분배효과를 고려해야 할 것 같으면 금전적 외부효과도 당연히 고려해야 한다.

79) 貝塚啓明, 「財政の效率と分配の公正」, pp.47-50.

80) 우리나라 농용수개발사업의 평가분석결과는, 문팔용, 「농업투자사업의 편익 · 비용분석」, 한국개발연구 제1권 제2호, 1979.6. pp.81-102. 참조

81) 이것은 Haveman이 검토한 예로서 이에 대해서는 R. H. Havemam, *Water Resource Investment and the Public Interest,* (Vanderbuilt University Press, 1965) 참조.

82) 현실적으로 정부의 의사결정은 경제효율을 나타내는 순위에 따르지 않고 있기 때문에 역으로 소득재분배에 대한 정부의 선호를 밝히려는 Weisbrod의 시도가 있다. Weisbrod, *op. cit.*

83) 현실적으로 정부의 의사결정은 경제효율을 나타내는 순위에 따르지 않고 있기 때문에 역으로 소득재분배에 대한 정부의 선호를 밝히려는 Weisbrod의 시도가 있다. Weisbrod, *op. cit.*

생산자에게 원조하는 형식을 취하고 있다. 이와 같은 면화가격지지에 의하여 생기는 편익은 당연히 지지가격과 수출가격과의 차액에 상산량을 곱하는 것이 된다. 미국전체로서 본다면 1964년 면화 1톤당 국내가격은 대략 31센트였으며, 수출가격은 16센트였으므로 거의 반액인 15센트가 보조되었으며 편익액은 전체로서 107억달러에 달하는 것이었다. 그런데 이 편익의 지역적인 배분을 보면 미국남동부(소위 남부)보다 서부 쪽이 2배반이나 큰 것이었다. 또한 남동부와 서부는 농장의 경지면적의 넓이가 현저히 다른 것이다. 즉 남부 쪽에 영세한 생산자가 많은 것이다. 그 결과로 미국전체로서는 편익의 50%는 100에어커 이상의 농장에 귀속되지만 서부에 있어서는 200에이커 이상의 농장에 귀속하게 된다.

이와 같은 가격지지를 소득지지로 환산하면 평균적으로 면화생산자 소득의 반액을 보증하고 있는 것이 된다. 이러한 소득의 지지방법은 미국전체의 농업생산자의 소득분포에서 본다면 현저히 고소득층을 우대하는 것으로 되어 있다. 즉 대규모 생산자의 소득을 매우 상대적으로 높이도록 되어 있는 것이다.

이러한 관점에서 본다면 생활보조적인 성격을 가진 면화가격지지는 저소득층에 대하여 충분하지 않으므로 본래의 역할을 다하고 있지 않은 것처럼 보인다. 더구나 서부의 면화생산자의 수준이 남부에 비하여 2배 정도 높은 것을 간안하면 소득재분배를 목표로 하는 가격지지가 결과적으로는 효율이 높은 생산자에게 이익을 주게 된다는 것을 알 수 있다.

6 결 론

지금까지 우리는 경제정책을 판단하는데 있어서 반드시 고려해야 할 기본적인 기준으로서의 효율과 공정에 대하여 살펴보았다.

무릇 제약된 자원으로 사회를 구성하는 모든 성원의 후생수준을 최대한으로 높인다고 하는 「최대다수의 최대행복」(the greatest good for the greatest number)은 우리들 인간의 궁극적 목적임과 동시에 그 실현에의 전제 및 루트를 밝히는 것은 오랜 사회과학의 과제였고 지금도 역시 그것은 변하지 않는다. 그 경우 경제학적 접근방법(approch)에 있어서는 이 목표를 실현하기 위해 효율과 공정이라고 하는 두 가지의 조건을 제시하여 왔다. 물론 효율은 제약된 자원의 효율적 이용을 의미하고 공정은 자원의 효율적 이용에 의해 주어진 산출(output)의 사회구성원에 대한 공평한 분배를 의미한다.

그러나 과거 200여년의 역사를 가진 경제학의 전개과정에서 항상 효율과 공정의 조건이 같은 비중으로 취급되어온 경우는 드물었다. 어떤 경우는 효율과 공정의 문제가 거의 구별되지 않고 논의되어 왔고 또 어떤 시기에서는 효율을 중심으로 경제학이 구축되고 또 어떤 시기에서는 공정의 문제가 효율에 선행하여 논의되는 일도 있었다. 그러나 「최대다수의 최대행복」이라고 하는 궁극적 목표를 실현하는 데 있어서 효율과 공정이 필수조건인 한 양자의 통합을 꾀하는 것은 필연적이라고 하겠다. 그렇다고 해서 효율적인 자원배분에 의하여 우선 생산물의 사회적 가치를 극대화한 후에 공정한 생산물의 분배를 통하여 공정한 소득분배를 달성할 수 있다는 식의 단계적인 경제문제의 해결방법은 근본적으로 바람직스럽지 않다고 본다. 이것은 우리 경제가 그동안 「선성장 후분배」라는 정책기조 하에 경제효율 · 경제성장에만 중점을 둔 경제운영결과로 인하여 계층간 소득분배의 불균등, 중소기업의 상대적 낙후, 도시와 농촌 사이의 불균형을 유발시킴으로써 공정성을 저해했을 뿐만 아니라 효율성과 성장잠재력(growth potentiality)마저도 잠식해 온 데서 충분히 입증되는 것이다.

G. Myrdal은 분배문제를 효율문제와 분리하여 효율문제를 논의한 후에 도입한다는 이분법은 빵을 굽고 나서 이스트균을 넣는 것과 유사한 방법이라고 비판한 바 있으며, L. Thurow 교수도 효율과 공정의 양자를 항상 상충하는 것으로 보는 전통적인 경제이론이 국민들의 사기(士氣), 협동심 혹은 팀워크(teamwork)와 같은 측면들을 무시함으로 말미암아 그와 같은 결론을 내리게 되었다고 지적한 바 있다. 이는 결국 자원배분의 효율성과 소득분배의 공정성은 결코 분리될 수 없는 문제이며 따라서 이들 양극단사이의 어느 점에서 실현적 타협점을 찾을 수밖에 없음을 말한다고 하겠다.

따라서 이러한 논의를 종합해 볼 때 이 시점에서 가장 중요한 것은 공정성을 향상시키는 정책이 효율성과 상충되는 것이 아니며 오히려 공정성을 유지하는 것은 경제효율 내지 경제성장을 달성하기 위한 필요조건이 된다는 점을 깊이 인식하고, 이러한 인식에 따라 개별정책이 기본방향을 각각의 경우에 알맞게 설정하는 일이라고 믿는다. 그로해서 상충적(negative-sum) 효과를 주는 정책은 그 방향을 설정할 때 우선 효율과 공정사이의 타협점을 찾아야 할 것이며, 보완적(positive-sum) 효과를 주는 정책은 효율과 공정을 더욱 더 개선시키는 방향으로 추진되어야 할 것이다.

결론적으로 현대경제학이 반드시 해결해야 될 자원배분의 효율성과 소득분배의 공정성이라는 숙명적 과제의 조화방안을 마련하기 위해서는 사회과학 전반에 걸친 종합학문적(interdisciplinary) 입장에서 이 문제를 꾸준히 연구하고 논의해야 할 것으로 생각하는 것이다.

그리고 이러한 과정을 통해서만이 경제정책기준의 양대 지주인 효율과 공정이라는 문제가 보다 선명하게 인식될 수 있을 것으로 확신하는 것이다.

제 3 장 공공선택의 재정경제학

1. 머리말

『공공선택의 재정경제학』
(1994년 12월)

공공선택이론(Theory of Public Choice)은 1950년대 말 J. M. Buchanan, G. Tullock을 중심으로 한 버지니아학파에 의해 구축, 전개되어 온 새로운 분야이다. 그것은 불완전한(또는 현실적인) 시장기구와 완전한(또는 이상적인) 정부기구를 비교해서 정부활동의 정당화를 꾀하는 것으로 소위 「시장의 실패」론의 비판에서 생긴 것이다. 그 논점은 두 가지이다. 하나는 비교되어야 하는 것은 불완전한 시장과 완전한 정부가 아니고, 불완전한 시장과 불완전한 정부라는 것이며, 또 하나는 사람들은 효용극대화라고 하는 일관된 행동목적을 갖는 것이고 시장에서는 이기심에, 정치의 장에서는 이타심(또는 공공심)이라고 하는 각각의 동기에 따라 행동하는 것은 아니라는 것이다.

다시 말하면 공공선택론은 후생경제학의 전통적 정부관을 부정하고 시장과 똑같이 정치에 있어서도 개인이 이기적이고 합리적으로 자기이익 혹은 후생의 극대화를 도모하는 경제학적 접근방법을 채택한다. 그래서 이러한 행동을 취하는 각종의 행동주체가 정치과정에서 어떠한 선택행동을 취하는가, 또 그 결과 어떤 집합적 의사결정이 이루어지는가를 분석한다. 이리하여 공공선택론은 각 개인이 하나의 주체로서 다루어지는 민주주의사회에서 그 성원 모두에게 관련된 비시장적 의사결정과정, 즉 정치과정을 분석하는 경제학이 된다.

대의제 민주주의제도의 정치과정에서 의사결정에 참여하는 그룹에는 유권자(이익집단), 정치가(정당), 관료, 기업(산업)이 있고 그들은 자기들의 사적이익이 최대가 되도록 행동한다. 유권자는 경합하는 정치가의 공약을 비교해서 기대효용(만족)이 최대가 되도록 투표한다. 정치가는 당선 가능한 확률이 최대가 되도록, 또 관료는 소속기관의 예산규모나 권한이 최대가 되도록, 기업도 이윤이나 매상고가 최대가 되도록 행동한다.

이와 같은 행동가설에 의거해 공공선택론은 정치과정에서 결정되는 집합적 의사결정 혹은 공공정책을 정치적 시장에서의 유권자나 기업의 수요행동과 정치가나 관료의 공급행동의 상호결과로서 이해하고, 다양한 정치 · 경제제도 하에서 각각의 행동을 연역하여 현실의 집합적 의사결정을 설명하고자 하는 「정치의 경제학」 또는 「민주주의의 경제학」인 것이다.

재정학의 학문적 지류인 공공선택론이 경제학에서 독자적인 영역을 차지하고 있는 것은 정치와 경제의 상호관계에 대한 분석적 결과가 정치적 시장, 예산시장, 정책실시시장 등의 재정적 결정과정에 미치는 영향이 지대하기 때문이라고 할 수 있다.

본서는 이러한 새로운 패러다임으로서의 공공선택론을 체계적으로 분석하여 소개하고자 하는 의도에서 시작된 것이다. 평소 '재정을 알고 판독할 수 있는 사람은 국가의 운명을 좌우할 수 있다'는 J. A. Schumpeter의 지견(智見)을 마음 속 깊이 간직하고 재정에 관한 공부를 하고 있던 저자가 공공선택 분야에 눈을 뜨게 된 것은 13년 전의 일이다. 1982년 4월 당시 한국개발연구원(KDI)의 연구위원으로 재직 중이셨던 최광 교수(한국외대)로부터 D. C. Mueller의 *Public Choice*를 소개받고 밤을 새워 읽으면서 가슴속 깊은 곳으로부터 솟구쳐 오르던 벅찬 희열과 신선한 충격을 잊을 수 없다. 그 후 공공선택에 관한 지적 호기심을 가지고 새벽을 밝히며 이론적 천착을 거듭해 오다 일련의 연구결과를 박사학위논문(한국재정지출의 공공선택론적 분석, 1989)으로 완성하게 되었으며, 한국재정학회 1990년도 정기학술발표회(1990. 4. 7.)에서 요약된 논문을 발표하기에 이르렀다.

내세울 게 없는 미흡한 논문이었음에도 불구하고 많은 분들께서 대학(원)교과서로 발전시켰으면 하는 격려가 있어서, 학위논문을 골격으로 여기에 그동안 축적한 공공선택 관련 문헌들을 간추려 대학에서 경제학이나 재정학 또는 인접 사회과학인 정치학, 정책학, 행정학을 공부하고자 하는 학생들에게 학문적 시야를 보다 넓혀주기 위한 입문서로서, 대학과 연구소의 전문연구자에게는 상아탑이 아닌 외야석에서 제공하는 문제제기서로서, 정치가나 관료에게는 재정에 관한 정책실무지침서로서 활용되었으면 하는 목적을 가지고 집필하게 된 것이다.

본서는 모두 11개의 장으로 구성되어 있다.

먼저 제1장에서는 공공선택이론의 등장배경과 연구영역, 방법론, 그리고 공공선택론의 성과와 과제 등의 검토를 통해서 공공선택이라는 용어 자체가 아직 생소한 독자에게 공공선택이 무엇인지에 대한 이해를 돕고자 하였다.

제2장은 공공재를 공공선택론적 측면에서 분석하고 있다.

제3장은 의사결정이론에 대해서 고찰하고 있는데, 다수결 룰을 비롯한 각종 투표 룰과 Arrow의 일반불가능성정리 및 정책결정프로세스 등을 중심으로 전개하고 있다.

제4장과 제5장은 관료의 예산획득극대화가설과 정치가(정당)의 득표극대화가설 등이 자세히 소개되어 있다.

제6장과 제7장은 재정지출의 공공선택과 관련하여 큰 정부와 작은 정부, 예산편성에 있어서 정부의 의사결정, 정부예산결정의 정치성과 경제성, 재정규모의 최적수준 및 예산과정과 예산정치를 체계적으로 조명하고 있다.

제8장은 조세를 공공선택론적으로 분석한 것으로 최적조세이론, 세제의 공공선택, 입헌적 조세원칙, 조세지출예산제도, 세제개혁 등에 대한 분석이

중심을 이루고 있다.

제9장은 정치적 경기순환에 대한 이론적 · 실증적 분석결과가 제시되어 있다.

제10장은 지대추구이론으로서 지대추구행위와 이익집단이론 그리고 규제이론을 고찰하고 있다.

제11장은 헌법경제학의 이론과 헌법혁명, 재정민주주의, 헌법에 의한 과세 · 지출제한조치를 검토하고 있다.

공공선택이론의 제반분야 중에 중요하다고 생각되는 연구결과들을 나름대로는 대부분 검토하고 정리하였으나 당초 생각했던 의도대로 마무리 되었다고는 생각하지 않으며, 또한 저자의 능력과 시간부족으로 소홀히 다루어진 부분도 많으리라고 생각한다. 다만 본서가 우리나라에서 공공선택이론이 정착하고 발전해 나가는데 일조가 되었으면 하는 소박한 학문적 열정과 본서로부터 제시되는 이론이 우리나라 재정문제를 올바르게 비판하고 해결하는데 하나의 좋은 길잡이가 되었으면 하는 간절한 소망에서 비롯된 것인 만큼 앞으로 부족한 점과 잘못된 점은 훌륭한 동학으로부터의 질책을 겸허히 받아들여 계속 보완해 나가도록 하겠다.

끝으로 본서가 세상에 태어나기까지 너무나 많은 분들로부터 여러 가지 도움을 빌었다. 시번관계상 일일이 다 밝힐 수 없으나 처음 공공선택의 장에 발을 디디게 해주시고 출간을 독려해 주신 최 광 교수와 공공선택에 대한 사고의 틀을 잡아주신 곽태원 교수(서강대), 김동건 교수(서울대), 문팔용 교수(건국대), 유한성 교수(고려대), 이필우 교수(건국대)의 학은에 깊이 감사드린다. 또한 본서를 구상하여 탈고할 때까지 저술에 필요한 관련서적을 구입해 주시는 등 끊임없는 지원과 따뜻한 격려를 아끼지 않으신 한승인님과 세 번째 저서를 낼 때까지 수년간 묵묵히 참아주며 내조해 준 사랑하는 아내와 아들, 딸 그리고 어려운 출판여건에도 불구하고 좋은 책으로 만들어 주신 세명서관의 오영환 사장님께 감사드린다.

2. 서 평

『공공선택의 재정경제학』
최 광(한국외국어대 교수 · 경제학)
한국경제신문(1995년 5월 17일)

공공선택론이란 이름의 학문분야자체가 우리에게는 아직껏 상당히 생소하다. 공공선택이론은 한마디로 말하여 민주주의 하에서 정치적 의사결정체제 및 기구에 관한 경제학적 연구이다. 공공선택론은 시장중심의 경제학을 정치현상에 적용한 것으로 정의되는데 이는 공공선택의 분석대상이 정치적 과정 또는 현상이고 방법론적으로 경제학적 분석의 기법이 활용되는 것을 의미한다.

시장기구에 대한 학문적 축적은 200년이 넘었으나 정치적 과정에 대한 경제적 분석은 50여년의 역사에 불과하다. 공공선택론은 1940년대 후반에 시작하여 오늘날에는 경제학과 정치학에서 하나의 독립적 연구영역으로 확고한 지위를 확보하고 있지만 우리나라에서는 그 중요성이 인식되지 못하여 논의가 활발히 전개되지 못하고 있다.

이러한 현실에 큰 전환을 가져오는 전문서가 작년 연말에 출간되었다. 국회법제예산실의 예산정책과장으로 있는 신해룡 박사가 저술한「공공선택의 재정경제학」은 새로운 패러다임인 공공선택론을 체계적으로 분석한 것으로 우리나라 최근의 사회과학전반에 걸친 수많은 저서들 중 최고의 역작중 하나인 것으로 평가하고 싶다.

본서는 모두 11개의 장으로 구성되어 있으며 공공선택과 관련한 모든 영역을 세밀하게 논의하고 있다. 공공선택이론의 등장배경과 연구방법론, 공공재 이론, 의사결정이론, 관료 및 정당행위론, 정부예산결정이론, 세제의 공공선택 및 세제개혁론, 정치적 경기순환론, 지대추구이론, 이익집단이론, 규제이론, 헌법혁명론, 재정민주주의론 등 광범위한 주제가 심도 있게 다루어지고 있다. 뿐만 아니라 각 주제에 대하여 최근의 이론적 성과들이 두루 섭렵되고 있으며 입수 가능한 경우마다 경험적 연구결과도 충분히 서술되고 있다.

평자는 저자가 공공선택이론이란 과목을 학교에서 강의로서 들어 본적이 없는 것으로 알고 있는데 이러한 악조건 속에서도 공공선택론의 중요성을 일찍부터 인식하며 오랫동안 고민하고 사색을 거듭하면서 수많은 문헌을 거의 망라하여 섭렵, 저자자신의 틀을 잡아 대작을 낸데 경하한다. 대학이 아닌 현직의 바쁜 공직생활에서 극도의 절제된 생활을 꾸려 이렇게 방대한 저작을 학계에 내놓은 신박사는 우리 사회의 모범적 표상이라 생각된다.

내용이 짜임새 있고 망라적이고 완벽한 것에 이어 그 분량이 방대함도 신박사 저술의 특징으로 꼭 지적되어야 하겠다.

「공공선택의 재정경제학」은 본문만 1000페이지가 넘는데 영어 일본어로 된 공공선택에 관한 어느 저술도 이처럼 방대한 분량에 달하는 경우를 평자는 접한 일이 없다. 신박사가 얼마나 각고의 노력을 하였는지는 책을 펼치는 순간부터 모든 독자가 곧장 깨달을 것으로 확신한다. 따라서 앞으로 오랫동안 이 분야에서 신박사의 저술을 능가하는 책자가 나오기 힘들 것으로 확신한다.

지방자치제의 본격적 시행에 따른 정치적 성숙은 그 자체로서 바람직하나 민주주의와 자본주의가 상충할 수밖에 없는 상황에서 그 상충의 원인, 과정, 결과를 명쾌히 서술해 주고 있는 「공공선택의 재정경제학」은 정치학자 경제학자는 물론 모든 사회과학자에게 새로운 지평을 열어줄 것이며 선출직 공직자를 포함한 정책결정자 모두에게 좋은 지침서가 될 것으로 확신하며 일독을 권유하는 바이다.

책속으로 공공선택의 이론

1 공공선택이란 무엇인가

1. 공공선택의 등장

공공선택 혹은 정치의 경제이론은 인간이 인간들의 온갖 행동상의 능력에 있어서 합리적 효용극대자로서 취급되어져야 한다고 하는 발견에서 시작된다. 이러한 발견에 의해서 비시장적 의사결정과정을 경제학과 동일한 방법에 의해서 분석하는 길이 열리게 된다.

경제학이 한결같이 시장에서의 합리적 극대자의 행동을 분석대상으로 삼았음에도 불구하고 경제학자가 이 발견에 이르렀던 것은 제2차 대전 이후에 불과하다. 가장 큰 이유는 전후(戰後)에 이르기까지는 국가를 개인의 인격과는 결부되지 않는 그것 자체의 목적을 가진 별개의 인격이라고 생각하는 「유기체적」 국가관이 경제학 특히 재정학의 영역을 지배하고 있었기 때문이다.

그 결과 본래 정치과정과 밀접한 관계를 가지고 있고 재정학이 오랫동안 세금의 전가, 귀착분석 및 과세의 규범적 원리의 도출에 시종했으며 지출측면 및 정치적 의사결정구조에는 대부분 관심을 보이지 않았었다.1)

D. Black, J. M. Buchanan 등을 공공선택으로 이끌게 된 직접적인 계기는 A. C. Pigou, H. Dalton, H. Groves, H. Simons 등로 대표할 수 있는 이러한 전통적인 재정이론에 대한 그들의 지적 불만, 즉 세금 및 공공지출의 분석을 이들 2개의 측면에 대한 결정이 이루어지는 정치과정의 고려와 관계없이 행하는 무의미함에 대한 그들의 인식에 있었다.2)

K. J. Arrow(1951)는 이러한 그들의 인식과 직접 관련을 가지고 있었던 것은 아니지만 결과적으로 그들의 인식에 확신을 두게 되었다.

「완전하고도 추이적인 사회적 선호관계를 이끄는 민주적 방법은 존재하는가」라는 물음에 '아니오'라고 대답했던 그의 「일반불가능성정리」는 당시의 사회사상을 지배하고 있던 「일반의사」, 「사회선」, 「국민의 의사」, 「국민의 정부」, 「국민의 소리」, 「사회적 이익」

---

1) 關谷 登, 「公共選擇 ; 理論 · 檢證 · 制度設計」, 三田學會雜誌 74권 1호, 1981. 2, 慶応義塾經濟學會, pp.62-63.
2) 재정학과 공공선택과의 관계에 대해서는, J. M. Buchanan, "Public Finance and Public Choice", *National Tax Journal*, Dec. 1975. 참조

등의 온갖 개념, 즉 개인의 선호에 상당한 선호를 사회에서도 인정하도록 하는 모든 생각에 의문을 던져 주었다. 이리하여 비시장적 의사결정 자체도 개인의 선호에 의거해서 해석되어져야만 했었다. 여기에 방법론적 개인주의가 기인했으며 비시장적 의사결정과정을 시장과 똑같은 대체안에 맞서는 다른 선호를 가진 개인 간의 교환 · 타협 · 상호조정의 장으로서 받아들이는 공공선택이 경제학의 한 분야로서 등장할 가능성이 열렸다.[3)]

그러나 이러한 공공선택의 입장, 즉 비시장적 의사결정의 개인주의적 분석의 필요성이 많은 경제학자에게 받아들여지기까지는 상당한 시간을 필요로 했다. 1966년에 창간된 『공공선택(*Public Choice*)』지의 서문은 당시에 있어서도 아직 공공선택이 극히 제한된 지지를 받고 있었음에 불과하다고 전하고 있다.

「최근 반드시 경제학자뿐만은 아니지만 많은 사람들이 경제학에서 이끌어 내어진 지적 도구를 비경제적 사회현상에 응용하고 있다. 이 동향은 많은 문서(기록)의 발행으로 이끌어졌고 논문 및 모노그라프로도 쓰여졌다. 그러나 불행하게도 이러한 짧은 논문을 공간(公刊)하는 것은 곤란하다. 경제학 잡지는 보통 정치적 주제의 논문은 자신들의 전문 외에 있다고 생각하고 또 정치학 잡지의 편집자는 외부의 방법론을 갖는 국외자에 의한 자신들의 학문분야 침해에 반대하는 경향을 가지고 있다. 물론 예외도 있다 ……. 그러나 분명히 그것들을 공간하는 것은 전통적인 논문보다는 훨씬 곤란하다.」[4)]

이러한 상황은 '70년대에 들어와서 크게 변화했다. 그 주된 이유는 '70년대에 들어서 '시장의 실패'가 현실문제로서 중요성을 높였으며, 시장에 대신하는 것으로서의 비시장적 의사결정(공공선택)의 유효성을 있는 그대로 평가할 필요성이 생겼고 또한 공공부문의 확대에 수반해서 정치적 의사결정과정에 대한 관심이 고조된 데서 찾을 수 있을 것이다.

2. 공공선택의 의미

공공선택이란 사회의 모든 성원이 공유하지 않을 수 없는 결정, 즉 비시장적 의사결정

---

3) Peacock는 비시장적 의사결정과정을 3가지 시장에 있어서의 상호작용의 장으로 파악하고 있다. 3가지 시장이란 정치적 시장(political market), 정책공급시장(policy supply market), 정책실행시장(policy execution market)이다. A. Peacock, *The Economic Analysis of Government and Related Themes*, (London : Martin Robertson, 1979).

4) "Preface" *Public Choice*, 1966. 그러나 "*Public Choice*"라는 잡지명은 Vol.4. (Spring, 1968)부터 사용되었으며, 그 이전(Vol.1.~Vol.3)은 "*Papers on Non-Market Decision Marking*"으로 발간되었다.

또는 정치적 의사결정에 이르는 과정에 대한 시민=투표자, 정치가 및 관료 등 참가자의 선택행동의 연구이다. 이 선택행동은 룰 및 제도적 조건에 크게 의존한다, 그 때문에 「공공선택」은 비시장적 의사결정을 위한 룰 및 제도의 분석을 포함한다.

전통적 경제학은 종래 오로지 시장에 있어서의 행동주체(소비자 및 기업)의 행동분석에 전념하고, 설사 정부에 관심을 갖더라도 정부의 정책이 시장에 미치는 효과라는 관점에서 문제 삼는데 지나지 않았다. 즉 분석 전체를 통해서 정부의 정책은 밖에서 주어지고 경제학자의 임무는 단지 그 효과를 평가하는 것에 한정되어 있었다. 또는 「경제효율이라는 목적을 부여받은 것으로서 그 목적달성을 위한 최적의 정책은 무엇인가」를 결정하고 권고하는 것이 경제학자의 역할이라고 생각되어 왔다. 그 결과 정부의 정책이 어떻게 발휘되고, 정부는 왜 현재 취하고 있는 것 같은 정책에 따르고 있는가는 거의 논하여지지 않았다.

공공선택은 전통적 경제학이 무시해온 이 최후의 문제에 관심을 쏟는다. 즉 공공선택은 정부의 기능 그 자체의 분석, 바꾸어 말하면 정책의 결정이 이루어지고 실행되는 과정을 분석한다.

이상의 설명으로부터 공공선택의 분석대상이 정치과정 그 자체라는 것이 이해되었다고 하더라도 많은 독자는 그것은 원래 정치학의 연구영역으로 왜 오늘날 「공공선택」이 새삼스럽게 논하여지지 않으면 안 되는가, 또한 「공공선택」은 어떠한 의미에서 「정치의 경제학」인가 하는 의문이 생길지도 모른다. 그래서 우선 공공선택의 의의를 특히 전통적 경제학 및 정치학과 관련지어 설명해 보도록 하겠다.[5)]

공공선택은 일부의 논자에 의해서 정치학에 대한 경제학의 침략(경제학 제국주의)으로서 극히 피상적으로 받아들여지고 있으나 그 본질은 사회적 상호작용 체계의 분석을 완결시키려는 시도, 즉 「내적정합적인 사회과학에의 제1보」[6)](J. M. Buchanan)를 내딛으려는 시도라 할 것이다.

전통적 경제이론은 시장 상호작용에 관한 고도로 발전된 이론이지만 시장행동의 범위를 초월한 영역에 대해서는 그 분석은 '열려진' 그대로이다. 즉 시장행동의 제약을 규정하는 「공공선택」은 외부에서 또는 외생적으로 시장거래에의 참가자 이외의 사람들에 의해서 행해진다고 상정되고 있다. 이러한 열린 체계가 있다 하더라도 그 목적이 극히 한정된

5) I. McLean, *Public Choice : An Introdution*, (New York : Basil Blackwell, 1987) ; Julien van den Broeck, *Public Choice*, (Dordrecht : Kluwer Academic Publishers, 1987.) ; 關谷 登, 「公共選擇とは可か」, 加藤 寛(編), 『入門公共選擇』, (東京 : 三嶺書房, 1983), pp.25-29.

6) J. M. Buchanan "Toward a Analysis of Closed Behavioral Systems" J. M Buchanan and R. D. Tollison eds., *Theory of Public Choice : Political Applications of Economics*, (Ann Arbor : The University of Michigan Press, 1972), p.23.

변수에 대한 예측에 한정되어, 또 무시될 수 있는 행동요소가 진실로 외생적인 그대로라면 유용할 수 있다. 전통적 경제이론은 이러한 입장에서 「공공선택」의 형성과정을 전혀 고려하지 않고 이론의 목적을 시장구조에 대한 실증적 예측에 한정하여 왔다(전통적 정치학은 최초부터 '공익'의 추구자로서의 정부를 상정하는가? 혹은 정치과정에 있어서 시민, 정치가, 관료들은 무엇을 행하며, 어떻게 행동해야 할까라는 규범적 문제에 관심을 집중해 왔다. 또 현실의 정치과정에 관심이 미치더라도 대부분의 경우 단순한 기술에 시종하고 체계적인 이론적 분석은 소홀히 다루고 있었다).

그러나 한편으로 경제학자는 시장에 있어서의 합리적 경제인(어떤 제약 하에서 자기 자신의 효용을 극대화하려는 인간)의 행동분석으로부터 '시장의 실패'를 도출하고, 다시 이 '실패'는 정부의 규제 및 컨트롤에 의해서 교정할 수 있다고 상정함으로써 논리를 완결시키려고 한다. 그러나 이 최후의 단계(step)는 행동 체계를 자의적이고 비과학적으로 '폐쇄'하려는 것이다. 정당화할 수 없는 그러한 상정 이전에 정치과정에 등장하는 사람들의 행동이 분석되지 않으면 안 된다, 더구나 그들의 행동과 시장에 등장하는 사람들의 행동과의 사이에 무엇인가 교량이 있어야 할 것이다.

일견, 매우 곤란하다고 생각되는 이 작업은 실은 대단히 간단하다. 즉 두 개의 상호관계(시장과 정치과정)에 있어서 똑같은 인간이 행동하고 의사결정을 한다고 하는 단순한 가정만으로 충분하다(이것은 어떤 특수한 가정이 아니고 극히 당연한 것을 인정하는 데 지나지 않는다).

정치적(집합적) 결정은 결코 오류를 범하지 않는 전지전능한 신에 의해서 높은 곳에서 조작되는 것은 아니다. 또한 박애적 현자가 결정을 내리고 있는 것도 아니다. 시장, 정치 기타 모든 상호작용에 있어서 결정을 내리고 행동하는 것은 어디까지나 개인이다. 그러므로 시장에 있어서의 개인의 행동분석(방법론적 개인주의)을 다른 상호작용에 확장함으로써 비로소 행동 체계는 완결되고, 논리의 일관성이 유지되게 된다. 정치의 경제학이란 바로 이와 같이 경제학과 똑같은 방법론을 이용해서 정치과정을 분석한다고 하는 의미이다. 그러나 물론 시장에 있어서의 개인(합리적 경제인)의 행동분석을 다른 상호작용에 확장하려고 하는 시도는 이러한 방향에의 하나의 접근방법(approach)에 불과하고, 다른 행동가설에 근거하는 어프로치의 가능성이 존재하는 것은 말할 나위 없으며 보다 완전한 분석을 위해서는 이러한 모든 가능성의 개발과 그들 상호간의 비교검토가 이루어지지 않으면 안 된다. 즉 「공공선택」의 어프로치는 정치과정에 등장하는 사람들이 합리적 경제인으로서 행동하는 범위에 있어서 타당성을 가진다.

이상과 같이 공공선택의 등장 및 발전은 기본적으로는 경제학(사회과학)의 학문상의 발전이라는 내적 요청을 배경으로 하고 있지만, 현실적 · 실제적 문제의 이해, 설명(및 그 해결을 위한 처방전)을 부여한다는 보다 긴박한 요청이 배경에 있었던 것도 분명하다. 그것은 시장을 대신하는 자원배분 시스템으로서의 정치기구(민주주의)의 유효성의 검토라고 하는 문제이다.

금세기의 발전에 있어서 가장 현저한 경향의 하나는 서구 민주주의 국가에 있어서 공적부문의 확대 및 그 결과로서의 정치와 경제와의 상호의존의 증대이다. 이러한 현실에 직면하면서 전통적 경제학 및 정치학은 이것들을 설명하는 데 필요한 이론 및 분석도구를 결여하고 있었다. 즉 기술한 바와 같이 전통적 후생경제학은 경제정책에 관한 규범적 권고를 부여하고 여러 가지 공공정책을 합리화하기 위한 근거를 제시해 왔으나 공공정책이 형성되는 과정 그 자체의 분석을 전혀 결하고 있었다(정치학도 기술적 · 규범적 연구에 치우쳐 있었다). 그렇지만 어떤 공공정책의 존재는 후생분석에 의해서 가정된 조건의 존재를 반드시 의미하지 않는다.

예를 들면 교육에의 보조는 교육의 외부성[교육을 실제로 받은 사람이 다른 사람에게 주는 정(正)의 편익]에 의한 자원배분의 비효율을 근거로 전통적 후생경제학에 의해서 정당화되어 온 정책이다. 그러나 현실에서 행해지고 있는 교육에의 보조가 그러한 자원배분상의 비효율에의 고려에 근거해서 실행되고 있다고 하는 이유는 없다.

어떤 경우에는 그것은 소득이전을 위한 수단으로서 이용되고 있는지도 모른다. 또는 일부 사람들이 다른 사람들을 희생으로 해서 자신들을 보다 부유하게 하려는 정치적 경쟁의 결과일지도 모른다. 그 결과 정치과정을 통해서의 이러한 교육에의 자원배분은 비효율을 시정하는 것보다 오히려 역으로 비효율 그 자체를 만들어 내고 있는 것인지도 모른다.

그러므로 우리들에게 요청되고 있는 것은 보조되고 있는 교육에 합리적 근거를 부여한다기보다는 오히려 보조를 받고 있는 교육의 존재를 설명하는 것이다. 그리고 물론 교육에 어떠한 형태로 어느 정도의 보조를 주는가의 결정은 공공선택을 통해서 행해진다. 따라서 공공선택 그 자체가 분석되지 않으면 안 된다. 이러한 분석을 거쳐야 비로소 우리들은 현실의 정치과정을 있는 그대로 평가하고, 두 개의 대체적 자원배분 시스템(시장과 정부)의 유효성을 동일한 수준에서 비교하는 것이 가능하게 될 것이다.

3. 정치시스템과 시장시스템

근래 경제학에서 사용되는 분석방법을 사용해서 다른 인접 사회과학 분야의 분석을 실시하는 것이 유행되고 있다. 여기서 말하는 공공선택이론도 그 중의 하나라고 생각할 수 있다. 정치 프로세스를 모델화하는 데 있어서 경제학의 분석도구가 쓰여지는 것은,

단순히 독자적인 효용함수를 가진 개인을 기본적인 행동주체로서 시스템을 만들어내는 것이 이 분야에서의 분석에 유효할 뿐 아니라, 동일한 분석도구로 연결시킨 정치시스템과 경제시스템의 종합적인 연구가 필요하게 되었기 때문임에 틀림없다. 종래의 경제학은 시장에 주된 관심을 두어 공공부문의 취급을 소홀히 하여 왔다. 또 경제정책 이론에서도, 어느 정책이 바람직할까 하는 규범적(normative)분석에 관심이 모아져 정책이 결정되어 가는 프로세스의 실증적(positive)분석이 결여되어 왔다. 그 결과 주류파의 경제학은 계속 이론과 현실과의 분리가 지적되면서도 그 비판에 답할 수 있는 설득적인 의론(議論)을 제시할 수 없었다. 정책결정 프로세스의 분석은 정책이론과 현실과의 이러한 갭을 메우고, 경제정책이론이 보다 현실적으로 포괄적인 정책과학으로 되기 위해서도 불가결한 것이다.

민주주의 사회에서의 정책결정 프로세스는, 여러 가지 선호를 가진 개인이 정치시스템에 참가하여 투표라고 하는 형태로 독자적인 선택을 하여 그것이 조정 · 합성되어 궁극적으로 사회적 의사결정으로 변환되어 가는 프로세스이다. 이 점에서 정치시스템 기능은, 시장시스템에서의 가격기구를 통한 자원배분의 결정과 동등하다. 물론 정치시스템이 경제시스템과 동일한 개인의 선택을 기초로 하는 틀(framework)에 의해서 분석할 수 있다고 해도, 정치시스템에는 고유의 성질이 존재하는 것은 당연하고 안이하게 유사한 모델을 생각하는 것이 위험하다는 것은 말할 것도 없다.

이 점에 대해서 J. M. Buchanan은 개인의 선택이라는 관점에 서서 정치시스템과 시장시스템의 차이에 대해서 서술하고 있다.[7] 정치시스템의 대표로 순수한 직접민주주의, 시장시스템의 대표로 완전경쟁시장을 생각한다. 개인의 선택은 투표 또는 화폐에 의해서 주어지지만, 두 가지 시스템은 다음 6가지 점에서 다르다.[8]

첫째, 시장시스템에서는 상품을 선택하여 그 구입을 결정하는 것이 모두 동일한 개인이기 때문에 결정에 대해서 불확실성은 존재하지 않지만, 정치시스템에서는 개인은 선택의 주체로 그치고 결정은 시민 전체의 투표결과에 따른다. 다른 개인의 투표내용을 모르는 개인에 있어서 무엇이 결정되는지는 불확실하고 불확실성하의 선택은 좁혀지는 것이 된다.

둘째, 어느 쪽 시스템이라도 개인의 선택이 궁극적으로 사회 전체로서의 자원배분을 결정하거나 사회적 의사결정을 실시한다고는 하지만 개인이 사회적 의사결정에 참가하고 있다는 의식을 가진 것은 정치시스템에만 있다.

셋째, 시장시스템에서는 외부성이 존재하고 있지 않는 한 개인은 화폐에 의한 대가를 지

---

7) J. M. Buchanan, "Individual Choice in Voting and the Market", *Journal of Political Economy*, Vol. 52, No. 2, August 1954.

8) 川野辺裕幸, 「民主主義の經濟理論」, 加藤 寛 · 丸尾直美 編, 『民主主義の經濟學』, (東京 : 千曲秀版社, 1976), pp.35-38.

불함으로써 결정에 대한 개인적 책임을 지지만, 정치시스템에서는 결정에 대한 책임이 개인에게 부과되는 것은 아니다. 이것이 기권을 하는 하나의 요인이다.

넷째, 투표권과 대체안(대체상품)에 대해서 시장시스템에서는 투표권으로서의 화폐는 가분적이기 때문에 선택대상인 상품을 몇 종류라도 동시에 구입할 수 있으며, 또 그 종류도 풍부하다. 이것에 대하여 정치시스템에서는 통상 투표권은 1인1표이고, 선택은 대체안 중에서 어느 쪽인가 하나를 고르는 상호배제적인 것이며 대체안 수도 적다.

다섯째, 시장시스템에서는 상품의 구입에 대하여 개인이 자기 의사에 반대하는 결정에 따르는 것이 아니나, 선택주체와 결정주체가 다른 정치시스템에서는 이것을 강제로 소수파가 일으킬 가능성이 있다.

여섯째, 개인 간의 역학관계에 대해서 말하면 시장시스템에서는 구매력의 차이가 있지만, 정치시스템에서는 동일하게 1인1표이다.

이상과 같은 특징을 가진 정치시스템을 경제이론을 채용하여 기술하려는 시도가 몇 차례 행해지고 있지만, 여기서 말하는 공공선택이론도 경제학의 분석방법을 이용해서 정치시스템을 기술하고자 하는 것이다.

〈표 3-1〉 정치시스템과 시장시스템의 차이

	정치 시스템	시장 시스템
결정에 대한 불확실성	있음	없음
참가 의식	있음	없음
결정에 대한 개인적 책임	없음	있음
대체안(대체상품)의 성질 : 투표권의 가분성 선택대상의 질 종류	 없음 상호배제적 적다	 있음 비상호배제적 많다
강제 역학관계	있음 같음	없음 구매력에 차이

4. 인간은 지킬인가, 하이드인가

앞에서 서술한 바와 같이 「공공선택」은 정치과정에 등장하는 행위자(시민, 정치가, 관료)를 합리적 효용극대자로 상정한다.

물론 그것은 그들이 이타적 · 박애적 동기 또는 「공익」을 추구하려고 하는 동기를 전혀 갖고 있지 않다고 주장하는 것은 아니다. 사실 우리들은 일상적으로 많은 사람들의 자선적 · 박애적 행위를 관찰한다. 그러나 대부분의 경우 그들은 자신들의 소득 또는 시간의 대부분을 그것 때문에 사용하려고는 하지 않을 것이다. 즉 통상 그러한 동기가 설령 있다고 해도 꽤 한정된 부분을 차지하고 있음에 지나지 않는다고 생각된다. 그 때문에 「공공선택」은 평균적 인간의 경우 이기적 동기가 대부분을 차지한다고 상정하는 쪽이 우리들의 상식적 견해와 일치한다고 생각되는 것이다.

예를 들면 당신은 슈퍼마켓에서 쇼핑을 하고 투표소에서 투표도 할 것이다. 그 경우 슈퍼마켓에서는 자기 자신의 효용을 최대로 하는 재화의 편성을 선택하려고 노력하는 한편, 투표소에서 다수의 후보자 가운데서 선택하는 경우 자신의 개인적 이해를 무시하고 오로지 「공익」에 근거해서 선택한다고 상정하는 것은 비현실적인 것같이 생각된다.

그것은 동일한 인간이 시장에서는 「하이드」를, 정치에서는 「지킬」을 연출한다고 하는 이중인격을 상정하는 것밖에 되지 않는다. 시장에 등장하는 인간도 똑같다고 한다면 설령 제도적 조건이 다르다고 해도 같은 동기에 근거해서 행동한다고 생각하는 편이 논리적으로도 일관된다고 생각된다.[9]

그리고 「공공선택」은 같은 상정이 시민=투표자뿐만이 아니고 정치가 · 관료에게도 들어맞는다고 생각한다. 그것은 그들도 우리들과 똑같은 인간이기 때문이다. 그렇지만 말할 필요도 없이 이러한 상정을 하는 것은, 그들의 행동을 도덕적으로 비난하는 것과는 관계가 없다. 그것은 다만 보다 현실적인 이론을 구축하기 위해서 보다 그럴듯한 행동가설을 선택한 것에 지나지 않는다. 즉 그것은 「공공선택」이 마땅히 있어야 할 것이 아니고 있는 그대로의 정치과정 및 거기에의 참가자의 행동분석을 목적으로 하는 것으로부터의 당연한 요청이다.

5. 보다 효율적인 제도(시스템)의 선택

이상의 논의에서 분명히 한 것처럼 공공선택론자가 민주적 정치과정을 분석의 대상으로 하는 실제적 이유는 시장을 대신하는 희소자원배분 시스템으로서의 민주주의의 유효성을 검토함에 있다. 그것은 그들이 민주주의적 정치과정에도 결함이 있다고 예상하기 때문이다.

시장에 있어서 「시장의 실패」를 낳은 것과 똑같은 합리적 경제인이 정치에 있어서 「정치의 실패」를 만들어 내지 않는다는 보증은 없다. 그 때문에 그들은 「시장의 실패」의 존재

9) 關谷 登, 「公共選擇とは何か」, pp.30-31.

그 자체는 정부의 개입을 정당화하는 근거로는 될 수 없다고 생각하는 것이다. 시스템의 선택 · 설계에 즈음해서 우리들이 행해야 할 것은 한편에 있어서의 결함과 다른 한편에 있어서의 결함을 비교하고 당면하는 개개의 문제에 있어서 보다 결점이 적고 효율적인 대체안을 선택하는 것이다.

로마 시대의 황제처럼 두 사람의 가수 중 한쪽 노래만을 듣고 다른 한쪽의 우열까지도 판단하는 것이 아니고, 두 사람의 노래를 모두 듣고 난 결과 판단하지 않으면 안 된다. 이 상황은 디젤엔진과 증기엔진 사이의 선택에 직면하는 기술자의 입장과 비슷하다. 그들은 그 어느 쪽도 완전하지 않고 어떤 목적에 있어서는 한쪽이 다른 한쪽보다 뛰어나다는 것을 알 수 있다. 어느 쪽도 완전하지 않다고 해서 선택을 하지 않으면 안 되는 것이다. 신중한 계산을 필요로 한다는 것이다.

그런데 통상 경제학에서 자원배분의 효율성을 논하는 경우 시장에 있어서 사람들이 바라는 재화가 적당한 양만큼 최소의 비용으로 생산 · 소비되고 있는가 그렇지 않은가에 의해서 효율성을 판단한다. 그 때문에 시장과의 유효성의 비율이라는 관점에서 민주주의를 재검토할 필요가 있다. 즉 민주주의는 사람들이 바라는 재화와 서비스를 효율적으로 생산하고 사람들의 선호에 따라서 분배하는 것으로서 어느 정도 성공하고 있는가가 문제로 된다.

시장과 정부와의 사이의 선택을 생각할 경우 또 하나 주의해야 할 점이 있다. 그것은 이 선택을 고정적 또는 불변으로 생각할 이유는 없다는 것이다. 예를 들면 기술의 변화(획기적인 공해방지장치의 개발)에 의해서 이전에는 극히 중대한 문제였던 외부성(공해)이 거의 제거되고, 그 당시는 유효했던 정부개입이 오히려 보다 큰 비효율(시장에 있어서의 외부성의 비용보다도 정부개입의 비용 – 행정비용, 정보비용 등 – 이 크게 된다)을 초래할지도 모른다. 이와 같은 변화가 일어난 경우 재빨리 정부개입을 중지하는 것이 사회적으로 바람직한 결과를 초래하게 된다(이 경우 정부가 그러한 조건의 변화에 재빨리 대응할 수 있는 유연성을 가지고 있는가의 여부가 문제이지만 그것 자체가 당연히 공공선택의 한 측면이다).

물론 이것은 일례이고, 역의 경우도 있을 수 있지만 여기에서의 논점은 시장과 정부와의 사이의 선택에 즈음해서는 조건의 변화(및 변화에 대한 대응의 방법)도 고려에 넣어서 주의 깊게 행해지지 않으면 안 된다고 하는 점이다, 이상의 논의로부터 예상되는 것처럼 「공공선택」은 「시장의 실패」의 해결을 안이 하게 정부에게 맡기려고 하는 Pigou류의 입장을 엄하게 비판한다. 그리고 「공공선택」은 하나의 선택지로서 정치를 연구함과 동시에 「시장의 실패」의 「시장」(자발적 교섭)에 의한 해결 가능성을 새롭게 추구한다. 그 결과 소유권의 창조 또는 재규정 및 집단(group)에 의한 외부성 및 공공재의 「시장화」의 가능

성을 이끌어 내었다.[10]

6. 공공선택이론의 틀에 있어서의 정부

정부활동을 경제학적으로 분석하기 위한 종래의 분석과 공공선택이론에 의한 분석이 어떻게 다른지를 Peacock[11]의 논의에 기초하여 [그림 3-1]에서 확인해 보자.

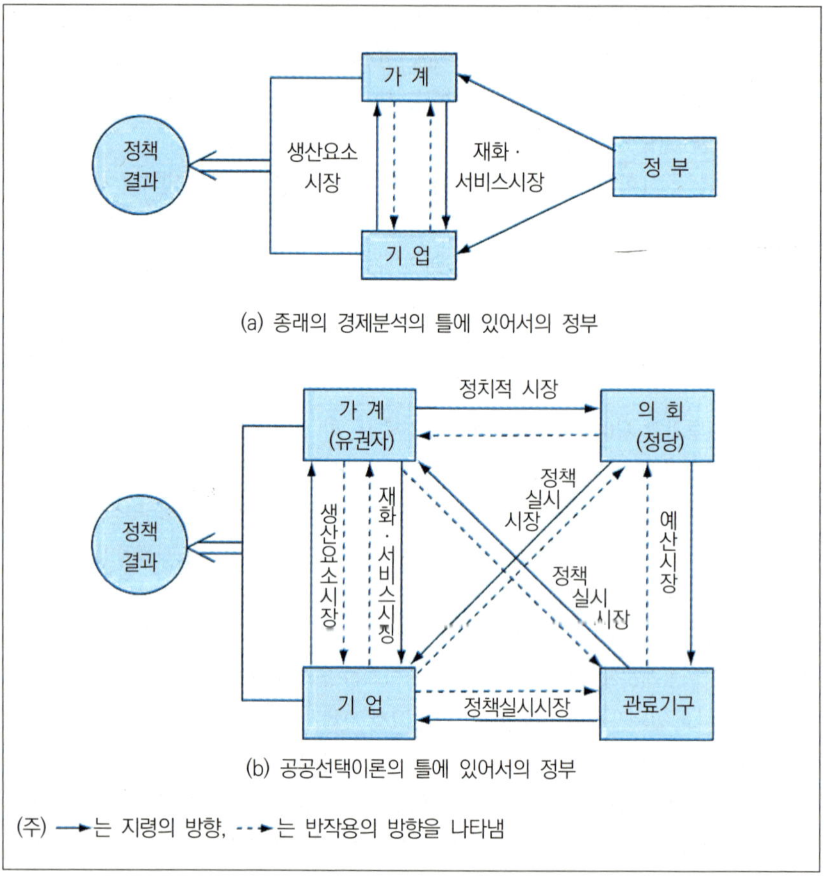

[그림 3-1] 공공선택이론의 틀에 있어서의 정부

10) 상게논문, pp.31-33.
11) A. T. Peacock. *op, cit.*, ; 御船 洋,「官僚制の經濟學的 分析 : 政府の失敗の理論的 硏究」, 近經シリーズ No.56. 1981. 5. 18. pp.63~64.

(a)에서 볼 수 있듯이 종래의 경제분석에 있어서는 단일의 주체로서의 정부는 경제의 체계 외에 위치한다고 하고, 정부의 정책은 외생적 여건으로서 처리되어 왔다. 이에 대하여 (b)의 공공선택이론에서는 정부부문이 의회(정당)와 관료기구로 나뉘어 받아들여지고 있다. 그리고 민간부문의 경제주체도 포함해서 각각의 주체 간에 「시장」이 성립한다고 간주되고 있는 것이다.

정치과정에 관한 「시장」에 대해서는 약간의 설명이 필요할 것이다. 여기서 말하는 「정치적 시장」이라는 것은 유권자로서의 소비자가계와 정당(정치가)간에 성립하는 「시장」에 있어서 선거 프로세스를 통해서 표와 정책과의 「교환」이 행해진다. 다음에 「예산시장」이라고 칭하는 것은 의회(집권당)와 관료기구 간에 성립하는 「시장」에 있어서 정책의 책정-실시상 필요한 예산을 둘러싸고 거래가 행하여진다.

또한 「정책실시시장」이라는 것은 각종의 정책이나 정부 내의 각 주체의 행동이 민간부문의 경제활동에 영향을 미칠 뿐만 아니라 역으로 민간부문내의 각 주체에서 정부 내의 각 주체로의 작용 또는 정책실시에 대한 반작용을 일으킨다는 상호의존관계를 시장으로 진단하고 표현한 것이다.

이와 같은 정치과정에 관한 3가지 「시장」가운데 이제까지 비교적 자주 분석대상으로 삼은 것은 「정치적 시장」이다. 한편 「정책실시시장」의 분석은 중간 정도였다고 할 수 있다. 정책실시가 민간부문의 경제활동에 미치는 효과에 대해서는 경제체계에 정책변수를 파라미터로서 도입, 해당변수의 변화가 다른 경제제량(經濟諸量)에 어떠한 영향(impact)을 주는가가 분석되어 왔다. 그러나 민간부문의 각 주체의 정부 내의 주체에 대한 작용과 정책실시로의 반작용의 면에 대한 고려는 불충분했다고 말하지 않을 수 없다.[12)]

끝으로 「예산시장」의 분석에 대해서는 종래 거의 행하여지지 않았지만 1960년대 후반 이래 점차 이론, 실증의 양면에 걸쳐서 활발한 양상을 띠는 데 이르고 있다.

2 공공선택의 연구영역

공공선택론의 표준적 교과서인 D. C. Mueller의 『*Public Choice*』에서는 공공선택론을 「비시장적 결정의 시스템과 메커니즘의 경제학적 연구」라고 정의하고 있으며 「공공선택이란 비시장결정의 경제학적 연구로서 단순히 경제학의 정치학에의 적용이라고 정의할 수 있을 것」[13)]이라고 기술하고 있다. 그렇지만 Mueller의 이러한 정의에 있어서는 후반

12) 이 점은 특히 Peacock가 강조하고 있다. A. T. Peacock, “On the Anatomy of Collective Failure”, *Public Finance 35*, 1980, pp.34~43.

부분에 약간의 문제가 있다. Mueller는 이 정의에 이어 「공공선택의 주제는 정치학과 같다. 즉 국가, 투표 룰, 투표행동, 정당정치, 관료제 등이다」라고 하고 있지만 경제학이나 경제정책의 연구자로부터 보면 경제학의 정치에의 적용이라는 정의는 정치의미의 정의방법에 의한 것이지만 그 정치의 의미가 주로 Mueller가 들고 있는 예라고 한다면 지나치게 협소한 것 같이 생각된다.[14)]

분명히 Mueller가 예시하고 있는 것 같은 정치의 경제학적 연구는 공공선택론의 주요 연구대상영역의 하나이지만, 공공선택론은 정치 바로 그것을 경제학적 연구의 대상으로 하는 것만은 아니다. 정치와 경제가 또는 정치와 시장이 서로 관계하고 혼합영역 혹은 복합영역의 경제학적 연구도 똑같이 혹은 그 이상으로 중시할 만한 것이다.

예를 들면 사회보험의 급부와 비용의 결정, 공기업에 있어서의 요금 · 생산량 · 임금 등의 결정 시스템과 메커니즘, 각종 공공규제, 노사 간의 사회계약적 임금결정, 노사 · 소비자 등의 사회이익단체가 경제정책이나 사회정책의 결정에 참가하는 경우의 참가시스템과 결정메커니즘 등은 어느 것이나 정치의 영역에서의 결정이라고 하는 것보다는 정치와 경제, 또는 시장이 서로 관계하는 혼합영역에서의 결정문제이고, 그러한 장에서의 결정은 예를 들면 우리나라의 미가(米價)결정과 같이 경제적 수급관계와 정치적 메커니즘의 쌍방에 의해서 행하여진다.

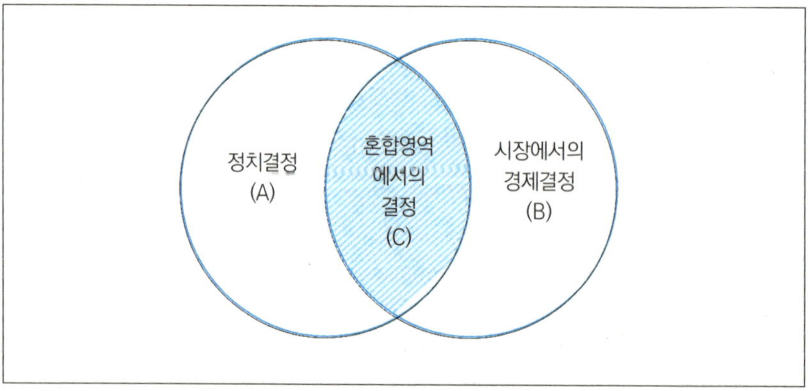

[그림 3-2] 공공선택론의 연구영역

---

13) Dennis C. Mueller, *Public Choice,* (Cambridge : Cambridge University Press, 1979), p.1. ; Dennis C. Mueller, *Public Choice* Ⅱ, (Cambridge : Cambridge University Press, 1989), p. 1. ; I. McLean, *Public Choice*, pp.1-2.

14) 丸尾直美, 「公共選擇學派の誕生」, 加藤 寛 編, 전게서, pp.5-6.

지금 정치결정(투표에 의한 의원의 선거라든지 외교정책의 결정 등)을 [그림 3-2]의 (A)영역으로 나타내고, 시장에 의해서 행해지는 결정을 (B)영역으로 나타내면 양자가 깊게 서로 관련되는 영역은 (C) (빗금친 부분)로 나타나지만, 공공선택론은 〈A-C〉의 영역의 순정치결정의 문제를 경제학적으로 연구함과 동시에 (C)의 혼합영역의 결정문제도 경제학적으로 해명하는 연구로 보아야 할 것이다.[15)]

Mueller가 정치결정이라고 하는 의미를 (C)영역도 포함하는 (A)전체영역의 의미로 해석하고 있다고 한다면, 공공선택론을 정치의 경제학적 결정의 연구라고 정의해도 별문제는 없을 것이다.

공공선택론은 그림 (A)로부터 (C)를 뺀 정치적 결정의 경제학적 분석을 행한다는 의미에서 경제와 정치가 서로 관련된 영역의 연구이고, 동시에 시장에 정부 또는 비시장적 요소가 개입한 혼합영역(그림의 사선영역)의 결정 문제를 연구대상으로 한다는 의미에서 경제와 정치가 서로 관련되는 영역의 연구라고 해야 할 것이다.

공공선택론은 이와 같이 정치와 경제 그리고 정치학과 경제학이라는 「정치경제학의 두 개의 풍부한 원천 사이의 확실히 미묘한 경계선상에 존재」하고 있는 것이고, 「울타리 사이 경작(fence-row)의 과실(果實)」이라고도 말할 수 있는 성격을 가지고 있다는 점에서[16)] 통상의 경제학과는 연구대상영역을 달리하고 있다. 또한 공공선택론은 결정 시스템과 메커니즘 중심으로 연구한다는 점에서 그 연구대상의 영역이 한정적이다. 그러나 공공선택론은 단순히 정치경제학의 울타리 사이의 특정영역을 연구하는 경제학에 그치지 아니한다. 그 기본적인 원리(philosophy)나 방법론이 종래의 경제학과는 다른 독자적인 것이고 경제학의 새로운 패러다임(paradigm)이라고도 할 수 있는 매력을 갖고 있다.

오늘날 공공경제학에의 경제학자의 관심이 현저하게 높아지고 있는 것은 공공부문의 비중이 높아졌기 때문만은 아니고, 새로운 패러다임으로서의 공공경제학의 매력 때문이라고 해도 좋을 것이다.

오늘날의 선진제국에 있어서 문제가 되는 대부분의 경제문제는 순수시장의 문제가 아니고, 시장시스템과 정치시스템이 서로 관련되는 영역의 문제인 것을 감안하면, 공공선택론에 근거하는 경제학 분석은 오늘날의 선진제국에 있어서의 대부분의 경제문제에 적용할 수 있다고 해도 좋을 것이다.

---

15) 상게논문, pp.6-7.
16) J. M. Buchanan and G. Tullock, *The Calculus of Consent : Logical Foundations of Constitutional Democracy*, (Ann Arber : The University of Michigan Press, 1962)

3 공공선택의 사상적 배경

1. 버지니아 학파

오늘날의 소위 근대경제학은 세 가지 입장으로 대별된다.

제1은 P. A. Samueleson, K. M. Solow, J. Tobin 등으로 대표되는 케인즈파 경제학이다.

제2는 M. Friedman에 의해서 대표되는 신자유주의 경제학이다. 이 파의 경제학자의 대다수는 시장기구의 역할과 화폐의 경제기능을 중시하는 통화주의자이기도 하다. T. J. Sargent, R. Lucas, N. Warus 등의 고전학파 거시경제학도 신자유주의의 흐름에서 태어나고 있다.

제3은 신케임브리지파를 비롯해서 첫째, 둘째 파에 속하지 않는 몇몇의 입장이다. 신케임브리지파의 구세대의 대표는 J. Robinson, P. Srrafa, N. Kaldor 등이지만 최근에는 신세대의 M. J. Fetherston, W. A. Godley 등의 케임브리지대학 계통의 경제정책그룹이 독자의 경제정책론을 전개하고 있다.

공공선택론의 지금까지의 주류파라로 할 수 있는 J. M. Buchanan과 G, Tullock을 중심으로 하는 일파는 「버지니아학파」(Virginia School)라고 불리는 학파를 형성하고 있다.[17]

이러한 버지니아학파도 경제사상상의 커다란 흐름에서 본다면 신자유주의에 속하고 있다. 그들이 개인의 자유를 「사회정책의 지상가치」[18]로 보고, 방법론적 개인주의의 입장에 선 하나의 이유는, 이러한 사상적 배경과도 관계된다. 그러나 Buchanan 등의 공공선택론에서는 Friedman 등의 신자유주의와는 다른 점이 몇 가지 있다.[19]

첫째로 신자유주의는 주요한 경제활동은 시장시스템에 의해서 행하여지는 것이 효율에 있어서나 개인의 자유에 있어서도 바람직하다고 생각하여 시장시스템의 연구를 중시하고, 공적부문에 관해서는 비판의 대상으로밖에 관심을 갖지 않는데 대해서, 공공선택론은 공공부문 또는 비시장부문과 정치가 관계하는 문제를 연구대상으로 한다.

따라서 신자유주의자가 이상으로 하는 것처럼 공공부문이 최소한으로 축소되어 그 중요성이 희박해지면, 공공선택론의 존재의의 그 자체가 적어지게 되므로 과연 공공선택론이

---

17) Robert Tollison에 의하면 최초로 '버지니아학파'라는 용어를 사용한 사람은 Mancur Olson이라고 한다. Dennis C. Mueller, "The Virginia School and Public Choice", 公共選擇の研究, 第7号, 1986, p.5.

18) J. M. Buchanan, *The Limits of Liberty : Between Anarchy and Leviathan*, (Chicago and London : The University of Chicago Press, 1975).

19) 丸尾直美, 전게논문, p.9.

공공부문의 축소를 바람직하다고 생각하는 신자유주의 경제학의 일부로서 계속해서 머물러 있을지는 의문이다.

공공부문의 확대가 관료의 이익이 되므로 관료는 공적부문의 축소를 바라지 않는다는 공공선택론자가 선호하는 논리가 공공선택론자 자신에게도 반드시 적용하지 않는다고는 할 수 없다. 분명히 공공선택론자의 대부분은 공적부문의 확대 경향이 바람직하지 않다는 이데올로기적 가치판단을 전제로 해서 공공부문의 확대 메커니즘을 해명하고 있는 경우가 많지만, 시간이 지남에 따라서 공공부문 그 자체의 연구에의 관심이 깊어지고, 공공부문을 유지하면서 이것을 효율적으로 운영하는 방법의 연구도 중시하게 될 것이다.

Buchanan과 Tullock은 오늘날까지 끊임없이 일련의 논문이나 저서를 집필하고 있는데, 그들 스스로 독창적이고 장래성 있는 저작을 남기기에 온 힘을 쏟고 있다.[20] 그들이 속해 있는 버지니아학파는 공공선택이라는 분야를 연구하고자 결심했던 다수의 연구자를 배출하였다. 공공선택의 연구자들이 가진 최초의 회합은 Buchanan과 Tullock이 계획해서 1963년 버지니아주 토머스 제퍼슨 센터에서 행해졌다. 이윽고 1966년 새로운 분야를 향한 잡지인 『비시장적 의사결정에 관한 논문집』(*Papers on Non-Market Decision Making*)이 발간되었으며 이것이 1968년부터 현재까지 계간으로 나오고 있는 『공공선택』(*Public Choice*)지의 선신이다.

『*Public Choice*』지나 공공선택학회(Public Choice Society) 모두 이 두 사람의 진력(盡力)에 힘입어 오늘날까지 활발히 이어지고 있다.

경제학이 강조되는 버지니아학파 외에도 인디애나(Indiana) 대학교의 V, Ostrom을 중심으로 해서, 제도적 장치와 법제적 규제라는 행정학적 측면이 강조되는 공공선택론을 연구하는 블루밍턴(Bloomington)학파가 있으며, 로체스터(Rochester)대학교의 Riker를 중심으로 수학적 기법과 모델을 정치문제에 적용하는 정치학적 측면이 강조되는 로체스터학파가 있다. 유럽에서는 1973년에 스위스의 바젤(Basel)대학교를 주축으로 학회가 형성되었으며, 일본에서도 요코하마 국립대학교를 중심으로 해서 1980년에 학회가 발족되어 『公共選擇の硏究』지를 발간하고 있다.[21]

공공선택론은 시장의 순수경제학이 될 수 없고, 필연적으로 경제(시장)시스템과 정치시

---

20) Buchanan의 연구결과에 대한 보다 자세한 내용은 David Reisman, *The Political Economy of James Buchanan,* (Houndmills : Macmillan, 1990).; 日向寺純雄, 「ブキヤナソ財政論の系譜」, 公共選擇の硏究, 第9号, 1987, pp.16-26. 참조

21) W. C. Mitchell, "Virginia, Rochester and Bloomington : Twenty-Five Years of Public Choice and Political Science", Public Choice 56, 1988. pp.101-119. ; 소병희, 『공공선택의 정치경제학』, (서울 : 박영사, 1993), pp.25-26.

스템이 상호 관계하는 정치시스템을 연구하는 정치경제학이므로 제도적 요인도 중시하지 않을 수 없을 것이다. 그런 의미에서 공공선택론은 「제도경제학(institutional economics)에의 새로운 접근」[22)]이라고도 말할 수 있는 일면을 가지고 있다.

2. 근대경제학과 공공선택론의 대비

경제정책은 경제의 정책주체인 정부 및 그 대행기관이, 정책목적의 실현 혹은 더 나은 달성을 목표로 취하는 정책수단이라 해도 좋겠지만 공공선택론을 위시한 새로운 경제학의 패러다임은 정책주체, 정책목적, 정책수단의 각각에 대한 재고(再考)를 강요하고 있다.[23)]

첫째로, 종래의 케인즈적 경제정책론에서는 정책주체로서의 정부는 ① 복지의 개선과 같은 공공목적의 달성을 위하여 행동한다는 것과, ② 경제학자 등에 의해 명백해진 경제처방전을 받아들여 정책을 행한다는 것 〔소위 하베이 · 로드(Harvey Road)의 전제〕, ③ 민주주의 정치 하에서는 국민의 요망을 반영한 정책이 행해질 것, ④ 정책개입의 비용은 크지 않다는 것이 적어도 암묵리에 상정되어 있었다(〈표 3-2〉 참조).

이러한 상정의 비현실성은 Buchanan을 비롯한 공공선택학파의 논자에 의해 심하게 비판받았다. 우선 ①의 점에 관해 공공선택론자는 종래의 경제학이 정부부문에서의 인간행동과 시장이나 기업에서의 인간행동에 관한 이원론적 상정을 하고 있는 것을 비판하고, 경제주체는 모두 「경제인」(Homo Economicus)으로서 행동한다는 일원론적 상정으로 비시장적 정치행동을 설명하고자 시도하고 있다. 종래의 경제정책론에서는 시장과 기업에서는 「경제인」을 염두에 둔 「경제인 모델」을 상정하고, 정치행동(경제정책의 결정과 이행 등)에 있어서는 공공목적을 추구하는 「공공인 모델」 혹은 「자선적 전제(專制)」(benevolent despot)모델을 상정하고 있었다.[24)] 결국 정치가나 관료는 복지개선과 같은 공공목적(혹은 사회적 후생함수)을 추구하며 그 실현을 도모하는 것이라고 암암리에 상정되어 왔다.

그러나 같은 인간이 시장에서는 경제인으로서 이기심을 추구하고, 정치행동을 취할 때 공공심과 자비심이 가득찬 인간으로서 행동한다고 상정하는 것은 논리적으로도 정합적이지

---

22) Vincent Ostrom, "Public Choice Theory : A New Approach to Institutional Economics", *American Journal of Agriculture Economics*, Dec. 1975, p.844.

23) 丸尾直美, 「經濟政策論の新しいパラダイム」 加藤 寬 · 黑川和美 編, 『政府の經濟學』, (東京 : 有斐閣, 1987), pp.3-7.

24) "경제인 모델'과 '자선적 전제모델'과의 구분법은 Geoffrey Brennan and James M. Buchanan, *The Reason of Roles : Constitutional Political Economy*, (Cambridge : Cambridge University Press, 1985) 참조.

〈표 3-2〉 근대경제학과 공공선택론의 대비

구 분	근대경제학	공공선택론
정책주체	1) 경제행동과 정치행동에 관한 이원론적 가설 • 경제행동 : 경제인(Homo Economicus) • 정치행동 : 공공목적 추구인간 2) 경제학자의 경제처방을 받아들인다는 상정 • 하베이 · 로드의 전제 3) 민주주의 결정의 합리성에 관한 상정 4) 정부주체의 유지와 그 개입에 의한 코스트의 경시	1) 경제행동에 관해서나 정치행동에 대해서도 경제인(Homo Economicus)의 상정 2) 정책주체를 구성하는 정치가 · 관료는 이익이 되는 처방은 받아들이기 쉬우나, 이익에 반하는 경우에는 받아들이기 어려움. 3) 대의제 민주주의(특히 다수결원리)에 의한 결정의 결함도 중시 • 참가형 사회계약적인 정책결정을 중시 4) 정부와 개입의 코스트 중시 • 정부지출 · 공적부문 팽창의 메커니즘 비판 • 지대추구(rent-seeking)에 의한 코스트와 비효율 중시 • X-비효율에 의한 공적부문의 비효율화와 코스트 중시(Leibenstein 외)
정책목적	1) 화폐적, 플로우의 정책목적(기준)에 편중 2) 2가지 입장 ⓐ 정책목적을 외생적, 소여의 것으로 함(정치적으로 결정되는 것으로 한다) ⓑ 가치적 정책목적 설정 3) 사회후생함수의 극대화를 목적	1) 비화폐적, 스톡에 관한 정책목적(기준)도 중시 2) end state로서의 정책목적 배제 3) 각 개인의 제약조건하에서 자신의 효용극대화를 목적으로 함. 4) 공정한(fair) 프로세스에 의한 합의형성에 의해 파레토 우위상태로 진행되는 것을 목적으로 함. 5) 가설적 목적의 실증적인(positive) 검토를 하는 입장도 있음
정책수단	1) 화폐적 · 재량적 정책수단 이외의 것을 경시	1) 비화폐적 정책수단도 중시 ⓐ 룰, 제도, 시스템의 변경 중시 ⓑ 노사관계, 노동환경의 개선 등 인간적 요인 등에 의한 X-효율의 개선 중시 ⓒ 참가 · 사회계약(교환)적 해결을 촉구하는 정책중시 2) 재량적 개혁수단을 극력 배제함

않고, 많은 경험적 사실과도 부합하지 않는다. 그래서 공공선택론자는 정치행동에 대해서도 「경제인」을 상정하고 정치가도 관료도 이기적으로 행동(자기효용을 최대로)한다고 상정하여 모델을 만들고 분석하여 정책시사를 한다고 하는 완전히 다른 분석방법을 취하는 것이다. 그러나 공공선택론자도 인간은 누구나가 항상 이기적이고 이기적으로 행동한다고 생각하고 있지만은 않다. 자비심이나 공공심이 강한 사람의 존재를 인정하고 공공적 모럴(moral)을 추장(推奬)해도 「죄수의 딜레마」등에 빠지는 경우를 충분히 생각할 수 있으므로, 경제인을 상정한 모델로 분석하고, 이기적인 행동을 해도 「죄수의 딜레마」에 빠지지 않는 룰을 만들어 두는 것이 필요하다고 생각되는 것이다.[25)]

공공선택론자는 공공심 등의 경제주체의 모럴을 경시하는 것도 아니다. 모럴은 일종의 공공재이며 낮은 모럴은 외부불경제를, 높은 모럴은 외부경제를 가져온다고 본다, 그럼에도 불구하고 「제도는 경제인을 염두에 두고, 이타심은 좋은 매너와 마찬가지로 평가되어야 할 것이지만 '상정해야 할' 것은 아니다」[26)]라는 홉스(Hobbes)적 입장에 서 있는 것이다.

②의 하베이 · 로드의 전제에 대한 비판도 Buchanan 등에서 시작된다.[27)]

③의 민주주의에 대한 종래의 이코노미스트의 생각도 소박했었다. 예전의 경제학에서는 시장의 결함만이 문제가 되어 시장의 결함을 정치에 의해 시정하면 좋다고 간주되었었다. 그런데 정책을 행하는 주체는 공공심에 의해 움직이는 것도 아니고, 이코노미스트의 처방전에 따라 행동하는 것도 아니다.

그런 까닭에 정치가나 관료가 공공목적에 부합되도록 움직여야 할 대의제 민주주의에도 내재적인 결함이 있다는 것이 차츰 밝혀졌다.

따라서 가령 사람들이 공공심에 따라 행동하는 정치가나 관료가 많아도 「투표의 모순」 등 때문에 합리적인 정책선택이 이루어지지 않는 경우가 생기는 것이 논리적으로 명백해졌다.

④에서 종래의 개입주의적인 케인즈적 경제정책론에서는 정부개입과 공적부문확대에 따른 비용의 증가에 관해서 경시하는 경향이 있었다. [그림 3-3]의 $O-C$선의 존재가 경시된 것이다. 그 때문에 정책개입에 의한 순효과를 과대평가하는 경향이 있었다. 이에 대하여 공공선택론자는 공적부문과 정책개입의 비용을 중시한다. 따라서 신고전파종합의 입장에서는 시장의 결함을 시정해야 한다고 하는 경우에도, 다른 한편의 정책코스트 쪽을

25) *Ibid.*, p.63.

26) *Ibid.*,

27) J. M. Buchanan and R. E. Wagner, *Democracy in Deficit : The Political Legacy of Lord Keynes*, (New York : Academic Press Inc., 1977) 참조.

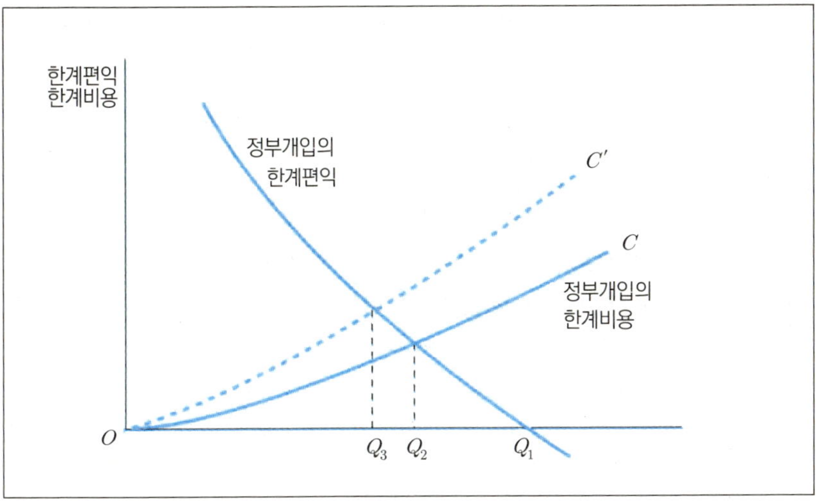

[그림 3-3] 정부개입의 비용과 편익

고려해서 [그림 3-3]의 $O-C$선에 나타난 것과 같은 정책개입의 한계비용을, 정책개입에 의한 한계편익이 충분히 상회하는 것이 명백하지 않는 한 정책개입을 해야 한다고는 생각지 않는다. 요컨대 Q_1점까지의 개입이 아니라 Q_2점 이내의 개입에 멈춘다고 한다.

또 가령 정책개입의 한계편익이 한계비용을 현시점에서는 상회하는 것이 같이 보여도 장기적으로는 공적부문은 ① 한번 확대하면 축소하는 것은 관계되는 관료나 정치가의 이익에 반하므로 축소하기 어렵고, ② 공적부문의 개입에 의해 독점의 폐해나 지대추구(rent-seeking) 활동이 생기거나, ③ X-비효율이 생기므로 정부개입의 확대에는 신중해졌다. 이것은 그림에서 한계비용곡선이 $O-C$에서 $O-C'$와 같이 상방으로 이동(shift)할 가능성이 있음을 충분히 고려한 후에 정책개입의 시비(是非)와 정도를 결정해야 할 것임을 말해 주는 것이 된다. 결국 보다 내륜인 Q_3점에 정부개입을 멈추게 하는 것이 최적이 된다.

어느 쪽이건 종래의 주류경제학에서의 시장메커니즘 분석과 정치메커니즘 분석은 분리되어 있으며 근대 경제학자는 정치문제는 소여(所與)로 하는 상기와 같은 소박한 상정을 암묵리에 하는 것이 보통이었다.

여기서 일본의 연구경향을 살펴보면 慶応義塾大學 經濟學部系의 氣賀健三 교수는 경제정책론의 일환으로서 20여 년 전부터 당시로서는 이색적으로 민주주의론을 다루었다.[28] 일본에서 공공선택연구를 주도하고 있는 加藤 寬 교수는 氣賀 교수의 정책론을 발전시켜 사회적 후생함수를 성립시키기 위해서는 각 개인의 판단의 합리적 조화가 필요하며, 이것을 가능케 하는 정책 프로세스가 필요하다고 하면서 정책 프로세스론을 경제정책론 속에 집어넣었던 것이다.[29] 또한 1960년대는 丸尾直美와의 공저 『社會化와 經濟計劃』 제1장에서 시장메커니즘과 민주주의의 메커니즘과의 아날로지를 문제 삼고[30] 1963년에는 「후생경제학과 민주주의 프로세스」 중에서 「후생경제학과 민주주의의 종합은 필연적」이라는 생각에 서서 H. Leibenstein의 이론을 소개하면서 경제학의 기준인 파레토 최적과 정치적 민주주의의 결정방식인 다수결 원리가 모순되는 것을 지적하여 양자를 양립시키는 방향을 시사했다.[31]

그러나 경제정책론에 있어서 정책을 결정하는 정치메커니즘을 경제학적으로 분석하는 것의 중요성이 인식되고, 경제학에 패러다임적 변화를 가져온 것은 Buchanan, Tullok 등 버지니아학파의 공공선택이론의 발전에 의한 것이다.

경제정책론은 경제학과 정치가 관련되어 만나는 영역의 사회과학인 만큼, 정부라는 정책주체를 소여로 간주하여 정책론의 대상 외에 두게 할 수는 없다. 이상에서 본 것과 같은 여러 가지 관점에서 정책주체의 정책행동의 합리성을 검토하는 것이 필요하다.

4 공공선택의 방법론

1. 방법론적 요소

공공선택을 형성하는 방법론적 요소는 개인주의, 주관주의 및 계약주의 등 3가지이다. 많은 사람들은 신고전파 경제학은 정말로 개인주의에 기초를 두고 있다고 주장할지도 모른다. 그러나 이미 많은 논자가 지적하고 있듯이 신고전파 경제학의 공리주의적 성격은 개인을 출발점으로 하고 있는 것처럼 보이지만 결과적으로는 그 개인의 인격을 부정하는 결론을 이끌어낸다. 그러한 의미에서 신고전파 경제학의 방법론으로서의 개인주의는 지극히 불철저하다고 말할 수 있다. 공리주의에 대한 비판은 오래 전부터 있어왔지만 최근 들어 가장 철저한 비판은 말할 필요도 없이 Rawls에 의해 전개된 이른바 계약주의의

28) 氣賀健三, 『經濟政策總論』, (東京 : 勞働文化社, 1950).
29) 加藤 寬, 「社會的 厚生(選擇)と政策プロセス」, 三田学會雜誌, 1959年 2月号.
30) 加藤 寬 · 丸尾直美(共著), 「社會化と經濟計劃」, (東京 : 理想社, 1960).
31) 加藤 寬 · 丸尾直美, 「厚生經濟學と民主主義プロセス」, 三田学會雜誌, 1963年 3月号.

부활을 가져왔다. 이 점에서 공공선택은 Rawls의 입장과 강한 공통성을 가진 것처럼 생각될지도 모른다.

그러나 여기서도 공공선택의 입장은 Rawls의 입장과 크게 다르다. 즉 Rawls는 기본적인 재화(primary goods)[32]의 최종적 분배를 문제로 하고 있는 것에 비해, 공공선택은 오로지 절차에 관심을 집중했다. 계약주의는 본래 절차의 '공정함'을 문제삼는 입장이라고 한다면 Rawls의 주장은 분명히 계약주의적 입장을 일탈하고 있는 것이다.

공공선택학파에 있어서 상기(上記)한 3가지 요소는 단순히 병렬적 관계로 있는 것이 아니고 한쪽이 다른 쪽의 기초를 이루는 관계에 있다. 개인주의로 일관하는 것이 개인의 평가에 절대적 가치를 두는 것을 의미한다면 필연적으로 주관주의에 이르게 된다. 또 주관주의에 철저하다는 것은 개인의 평가를 집계하고자 하는 모든 시도를 거부하는 입장으로서 계약주의에 도달할 수밖에 없다.

한편 R. Sugden은 『공공선택의 정치경제학』(*The Political Economy of Public Choice*) 에서 공공선택론이 자유주의라는 가치판단에 입각한 것을 지적한 자유의 교의(liberal tenet)로서 개인주의, 가치의 다원주의, 개인의 권리의 존중, 사회계약, 어떤 의미에서의 평등이라고 하는 가치판단을 예거하고 있다.[33] 여기에서 어떤 의미에서의 평등이라는 것은, 각 개인은 각각 한 사람으로서 계산되어져야 하고, 각자 자신의 가치체계가 존중되고, 각자의 가치가 동등하게 존중되고 각자가 권리를 갖는다고 하는 정도가 아니고 이 점에 관해서는 평등의 권리를 갖는다는 의미이다.[34] 필경 자유주의(liberal)파의 공공선택론에 있어서 평등이라고 하는 것은 소득이나 재산이나 의료급부 등의 평등화의 이념이 아니고 개인의 자유를 기초로 한 상호주의의 조건으로 되는 인간적 평등이고 권리의 평등이다.

공공선택의 방법론적 요소에 관해서는 이처럼 많은 논의가 있으나 그것들이 반드시 공공선택의 본질을 충족시키고 있다고는 할 수 없다. 다만 공공선택론자 사이에서도 강조하는 논점에 상당한 상위(相違)가 있는바 이하의 논의는 주로 Buchanan의 입장을 정리해서 공공선택의 방법론을 구성하는 3가지 요소와 공공선택의 주요 주제에 관해서 언급하기로 한다.

---

32) 소득, 부, 자유, 기회 등과 같이 사회적으로 분배될 수 있고 공적으로 확인할 수 있는 재화. J. Ralws, *A Theory of Justice*, (Cambridge : The Belknap Press of Harvard University Press, 1971), pp.90-95.

33) Robert Sugden, *The Political Economy of Public Choice : An Introduction to Welfare Economies*, (Oxford : Martin Robertson & Co., 1981), pp.10-11.

34) *Ibid.*, p.11.

2. 방법론적 특징

(1) 방법론

버지니아학파의 방법론적 특징은 논리의 방법으로서 「방법론적 개인주의」(Methodological Individualism) 및 평가의 방법으로서의 「주관주의」(Subjectivism)에 있다.[35] 전자는 경제현상이 개개의 행위자의 결정에 관계되어야 한다는 것을 의미하고, 후자는 개개인의 행위가 그들 자신의 주관적 및 불완전한 지식에 근거해서 행해지는 것을 의미한다. 이들 원리는 버지니아학파의 경제학의 역할을 결정할 뿐 아니라 어느 상태 또는 이론을 평가하기 위한 가이드라인으로 사용된다. 즉 그것들은 그들의 분석대상을 결정하고 정책규범을 인출하는 데 중요한 역할을 한다.

그런데 사람들은 신고전파 경제학도 이들 두 개의 원리에 기초를 두고 있다고 생각할지 모른다. 그러나 그들의 경제학은 외견상으로 그러함에 불과하다. 신고전파 경제학에 있어서도 경쟁의 작용은 개개의 기업 및 소비자의 선호라는 관점에서 「설명」되고는 있으나, 이들의 선택은 완전정보 하에 이루어진다고 가정되어 모든 가격이 어떻게 달성되는가에 대한 설명은 되지 않는다. 여기에 등장하는 주체는 마치 완전한 자유가 부여되어 스스로 결정하는 것같이 보이나, 「경제인」으로서 행동하도록 지시된 그들에게 참된 선택의 여지는 없으며 부여된 환경에 대해 사전에 미리 결정된 것과 같이 반응하는 자동인형(automation)에 불과하다.

또 조직(기업, 정부 등)을 단일의 주체와 동일시함으로써 각기 독자적인 목적과 선호를 가지는 성원과 조직의 목적, 행동과의 관계를 무시한다. 또 방법론적 개인주의의 입장에 있으면서 사회의 개개의 성원이 대립하는 이해, 선호가 여하히 집계되는가를 설명치 않고 규범적 판단의 기준으로서 「사회적 후생함수」를 상정한다.

그리고 극대화 패러다임을 이 사회적 후생함수에까지 확장한다. 그러나 이것은 경제학자가 결코 넘어서는 안 되는 하나의 선이다. 개인 및 기업에 있어서의 극대화 행동은 있을 수 있으나 「사회」에 있어서의 극대화 행동은 있을 수 없기 때문이다. 그리하여 신고전파 경제학은 어느 사이에 「방법론적 개인주의」를 일탈하고 또 이미 기술한 바와 같이 「경제인」을 상정함으로써 환경에 대한 개개인의 반응을 미리 예상할 수 있는 입장은 선택을 위한 대체안 및 그들에 대한 개개인의 평가(기회비용)를 객관적으로 관찰할 수 있음을 의미하고 「주관주의」와는 분명히 대립한다.

그와 같은 논의는 K. Arrow의 집합적 합리성(collective rationality)의 요구에도 합당

35) 丸尾直美 編, 『質の經濟學』, (東京 : 同文館, 1980), pp.55-57.

하다. 물론 Arrow는 「일반불가능성정리」에 의해서 그 요건이 충족되지 못한다는 것을 증명한 것이지만은 사회적 순서에 있어서는 그 요건은 개개인의 독립적 선택의 단적인 집계에 불과한 사회적 선택에 있어서의 하나의 일의성(一義性, uniqueness)을 구하는 것이다. 사회적 상호작용에 극대화 패러다임을 부과하는 것과 그 궤를 같이한다.

이러한 신고전파의 입장으로부터 인출되는 정책적 규범이 그들이 의도하는 것인가 아닌가에 불구하고 개인의 자유 및 민주주의와 대립하는 가능성을 예상한다는 것은 기우라고만은 말할 수 없다.

(2) 계약론적 패러다임과 정책적 의미

이러한 신고전파의 입장에 대해서 버지니아학파의 입장은 어떻게 다른가.[36] 신고전파의 사회적 극대화 패러다임을 포기하고 「주관주의」로 일관하고 있는 것은 경제이론에 어떻게 영향을 미치고 또 공공정책과의 관련은 어떠한 것인가, 그리고 경제학자의 역할은 어디에 있는 것인가.

사회적 극대화 패러다임을 포기한다는 것은 파레토 최적점 가운데서 한 점을 선택한다는 것을 포기하는 것이기 때문에 파레토 기준은 모든 점을 2개의 상호 배타적인 집합, 즉 「최적」점과 「비최적」점과의 2개의 집합으로 분류하는 의미 밖에는 없게 된다. 그러나 만약 관찰되는 점이 비효율이라면 변화에 관해서 동의를 확보할 수 있는 어떤 방법이 존재함에 틀림없다. 그렇기 때문에 여기에서의 경제학자의 역할은 파레토 우위의 방향으로 변화를 가져오는 사회적 조정수단(룰, 제도 등)을 탐구하는 데 있으며 또 그것에 한정된다.

개개인의 효용은 어디까지나 주관적인 것이며 객관적 평가가 불가능하다 하더라도 만약 그들이 비효율적인 점이 있다면 그리고 또 제도적인 조건이 구비되었다면 그들은 스스로 효용계산 하에서 자발적인 거래(전원일치)에 의해 보다 효율적인 점에의 이동이 가능하기 때문이다. 그러나 물론 균형이 달성되기 이전에 불균형 가격으로 교환이 행해지는 계약이 강제되기 때문에 거래의 결과는 일의적으로는 결정되지 않는다.

그러나 경제학자는 이 결과에 만족해야만 한다. 즉 「방법론적 개인주의」 및 「주관주의」를 관철하려면 합리적인 개인의 효용극대화 행동의 결과가 그 전부이다. 「거래 또는 교환과정에서 나타나는 것은 극대화 문제의 해답은 아니다. '나타나는 것'은 '나타나는 것'이며 그의 모든 것이다」.

이러한 버지니아학파의 계약론적 패러다임은 단순한 교환과정에서 사회 구성원 모두를

---

36) 상게서, pp.57-60. ; 關谷 登, 「ヴアージニア學派の方法論とその今日的 意味」, 日本經濟政策學會編, 『效率と公正の經濟政策』, (東京 : 勁草書房, 1980), pp.152-156.

포함하는 보다 복잡한 조정수단, 즉 집합적, 정치적 제도 또 헌법적 룰 결정의 레벨까지 적용된다. 그러나 그것이 어떤 레벨의 거래에 적용된다 하더라도 거래과정에서 발생하는 결과는 모두 최적점으로 분류되어 그 중 어느 하나도 다른 것을 지배한다는 관계는 없는 것 같다.

Arrow의 투표의 모순은 극대화 패러다임과 계약론적 패러다임과의 큰 상위점이 있는 것을 밝히는 데 도움이 된다. 3인의 투표자 A. B, C와 세 개의 대체안 1, 2, 3 이 있고 집합적 선택 룰은 단순다수결이다. 이 경우 패러독스는 1조씩의 비교에 있어서 1 이 2 보다, 2 가 3 보다 다수에 의해 선호된다. 동시에 3이 1보다 다수에 의해서 선호되는 게임이다.

이 순환적 결과에 골치를 앓게 되는 것은 일의적인 결과를 추구하는 사람들, 즉 사회적 사회 작용의 과정에 극대화 패러다임을 과하려는 사람들뿐이다. 계약론적 패러다임을 수용하는 사람들, 즉 상호관계에 있는 사람들의 행동을 설명하고 이해하려는 측에서는 역리적인(paradoxical) 요소는 아무것도 없다. 3가지 입장 모두가 파레토 최적 또는 효율집합 중에 들어가며 어느 것도 다른 것과 우위성을 비교할 관계에 있지 않다.

이상의 논의에서 분명한 바와 같이 신고전파 경제학은 「경제인」을 상정하는 것에 의해서 개인의 선택결과를 미리 예상하고 한편에서 개인의 레벨을 넘어선 가치판단(사회적 후생함수)을 상정함으로써 결과의 일의성을 찾으려는 것에 대해서 버지니아학파는 개인의 가치 및 판단을 절대시하고 개개인의 자발적 거래의 결과를 모두 최적하다고 본다. 그래서 그들로서의 궁극적 가치는 거래의 절차(procedure) 또는 과정(process)에 놓여지는 것이다. 즉 거래 및 거래절차 여부 또는 거래의 과정이 공정한가의 여부(합의를 한 절차가 충실히 지켜지고 있는가의 여부)가 결정적으로 중요한 문제이다.

앞에서 시사한 바와 같이 이러한 방법론의 상위 및 거기에서 도출되는 정책적 규범의 상위가 경제시스템 또는 정치시스템의 설계, 그 결과로서 개인의 자유 또는 민주주의에 대해서 가지는 의미는 대단히 크다고 할 수 있다. 이 점에서 버지니아학파는 신고전파 경제학에 근거를 두고 선진제국에서의 혼합경제화의 진전을 다시 한번 새로운 시각과 관점에서 고찰해 볼 필요가 있다고 할 것이다.

3. 공공선택론과 사회적 선택론

경제학의 분석도구를 이용하여 비시장적 결정을 분석하는 공공선택론(public choice theory)에 대해서 약간 다른 관점에서 사회적 결정 룰을 다루는 사회적 선택론(social choice theory)이 존재한다.[37)]

사회적 선택론은 개인의 선호를 존중하면서도 집단 내지 사회 전체에 있어서의 합리적인 선택이 가능한지의 여부를 주요한 문제영역으로 하고, Arrow의 『사회적 선택과 개인적 가치』(*Social Choice and Individual Values*)의 출현과 함께 창시되었다. 이후 기호논리학, 집합론을 분석도구로 하여 일반가능성정리의 적용 한계 내지 그 일반화를 주요한 연구대상으로 하고 있다.

사회적 선택론도 넓은 의미에서는 공공선택론과 같이 비시장적 결정에 관련된 것이지만 분석상의 시점을 전자는 집단 내지 사회에 두고, 후자는 개인에 둔다는 점에서 양자를 엄격히 구별해서 다루는 견해(예를 들면 Buchanan, Rowley)와 양자 모두 공공선택론의 일부로 하고 그 위에 공공선택론을 규범적인(normative)부분과 실증적인(positive)부분으로 나누어 공공선택론 중 사회계약에 연관된 부분을 공공선택의 실증이론으로, 사회적 선택론을 규범이론으로 하는 견해(Mueller)[38]가 있다.

양자를 준별해서 다루는 견해에서는, 방법론상의 상위가 강조되고 양자의 비관련성이 주장된다. 한편 양자를 함께 공공선택론에 포함하는 견해에 있어서는 사회계약론자(Buchanan, Tullock)와 후생경제학자(Arrow)와의 관점이 다르다고 인식되면서도, 양자의 차이가 기본적으로 규범적인 이론전개를 목적으로 한 것인가 혹은 실증적인 분석을 목적으로 한 것인가라는 점에서 구해진다.

사회적 선택론의 내용을 구성하는 Arrow의 일반불가능성정리에 대해서는 추후 자세한 설명이 있겠지만 사회적 선택론의 모델에서는 몇 가지 가치기준을 전제로 이것을 만족시키는 사회제도의 존부(存否)를 검토한다.[39] 정부기구는 그것이 어떠한 영역에서 어떠한 결정을 내릴 것인가가 확정되지 않았다고 해도 이미 존재하고 있어, 집합적 의사결정의 주체인 개개인이 그 성원이 되어 있는 곳에서부터 논의가 출발한다. 이 설정이 방법론적 개인주의에 의하고 있다고 한다면, 제도 · 룰의 선택에 앞서 정부기구의 존재 자체에 대하여 개개인에 의한 「백지위임」이 성립하고 있다고 생각된다. 이 점에서 사회적 선택론에 있어서는 개개인의 정부기구에로의 관련방식에 관한 선택의 자유가 이미 구속되어 있다고 간주할 수밖에 없으며 효용극대화의 주체인 각인(各人)이 어떤 계기에서 이 「백지위임」에 합의하는가가 명확하지 않다. 사회적 선택론이 상정하는 개개인이 효용극대화 행동을

---

37) 川野辺裕幸, 「公共選擇論と社會的 選擇論 : 立憲契約國家の可能性と條件」, 三田學會雜誌, 74卷 1号, 慶応義塾經濟學會, 1981. 2, pp.51-61.

38) Fery도 사회적 선택론을 공공선택론 중에 포함시키고 있다. Mueller는 「*Public Choice*」 제1부를 '실증적 공공선택론', 제2부를 '규범적 공공선택론'으로 하고 사회적 선택론을 공공선택론 중 사회계약과 연관된 부분을 제2부에서 다루고 있다. B. S. Frey, *Modern Political Economy*, (New York : Martin Robertson & Co., 1978) ; D. C. Mueller, *Public Choice*(1979).

39) 川野辺裕幸, 「經濟政策論における公共選擇の一般化」, 日本經濟政策學會編, 『經濟政策學の發展』, (東京 : 勁草書房 : 1988), p.70.

취하는 경제인(Homo Economicus)과 정합하고 있는 것은 출발점으로서의 정부기구의 존재를 전제로 한 후이다.

한편, 사회적 선택론이 사회유기체설에 근거를 두고 있다고 한다면 이해하기가 한층 용이하다. Arrow가 전제로 하는 가치기준 중 집단적 합리성은 의사결정에서 사회 내지 집단의 합리성을 요청하는 것이며, 구성주체인 개인을 초월하여 사회 내지 집단의 유기적 존재를 인정하는 것과 같다. 이렇게 사회적 선택론은 정책주체론으로서 문제 삼는 경우 방법론적 개인주의의 전제의 논리적 일관성이라는 점에서 문제를 안고 있다.

5 공공선택의 성과와 과제

1. 공공선택의 실증이론

공공선택의 대상이 비시장적 의사결정과정이라면 집합적 선택을 위한 룰의 분석에 우선 관심이 쏠리는 것은 당연하다 할 것이다. 이 분야에서의 최대의 공헌은 말할 나위 없이 Arrow의 일반불가능성정리일 것이다.[40)]

그는 민주적 룰에 의해서 정합적인 사회적 선호를 도출하는 것의 불가능성을 증명하였다. 이 결론은 사회적 후생함수를 도출함으로써 사회적 극대화 문제를 해결하려고 했던 전통적 후생경제학자에게 결정적 타격을 주었다. 그러나 정치과정을 시장과 똑같이 대립하는 이해의 조정의 과정으로서의 공공선택에 의해서 그것은 하등 놀라울 만한 결과는 아니었다.

그들의 관심은 집합적 선택의 과정 그 자체이며 그 과정으로부터 생긴 결과가 「집합적 합리성」(collective rationality)의 조건을 충족하는가의 여부의 문제는 아니다. 만약 집합적 선택의 결과가 순환을 낳는 것이라면 그와 같은 순환 또는 비정합성이야말로 정합적인 결과보다도 선호된다. 왜냐하면 이러한 상황에 있어서 굳이 정합적 결과(집합적 합리성)를 얻으려는 것은 어느 사람들의 선호를 다른 사람들에게 부과하거나 또는 개인의 레벨을 초월한 어떤 가치판단을 도입하게 되기 때문이다.

그리하여 만약 개인주의적 입장을 관철하려면, Arrow 이후 경제학자는 모두 공공선택론자가 될 수밖에 없었다. 그럼에도 불구하고, 오늘날 아직 많은 경제학자의 팽대한 지적 에너지가 집합적 합리성을 가능케 하는 형식적 조건을 구하는 연구에 소비되고 있다(Feldman,[41)] Kelly,[42)] MacKay[43)] 참조).

---

40) 關谷 登, 「公共選擇とは何か」, 公共選擇の研究 創刊號, 1981, pp.75-78. ; 「公共選擇 ; 理論 · 檢證 · 制度設計」, pp.63-67.

공공선택에서 관심의 대상이 되는 룰의 연구는 대체적 룰 하에서 각 개인의 선호가 어떻게 취급 되는가 그리고 입헌단계에서의 합리적 개인의 선택의 결과로서 어떠한 룰이 선택되는가 하는 두 가지 문제를 중심으로 전개되어 왔다. 전자의 분야에 있어서의 중요한 공헌으로서는 투표자의 선호가 단봉형의 경우에는 다수결 룰이 균형결과를 가져온다는 D. Black[44]의 증명(소위 중위투표자정리) 및 타협적 결탁(logrolling)하에서의 다수결 룰은 참가자 전원의 후생을 악화시키는 과대한 지출을 가져올 가능성을 나타낸 Tullock[45]의 논의를 들 수 있다. 선호현시(選好顯示)의 한 방법으로서의 타협적 결탁 및 표 거래(vote trading)의 기능에 대해서는 그 후 많은 이론적, 경험적 연구가 행해진다(예컨대 McKelvey and Ordeshook[46], Tullock[47]).

후자의 분야에서의 연구는 합리적 개인의 경제계산의 결과로서 룰 선택의 문제를 논한 Buchanan과 Tullock에서 시작되어 사회계약론의 입장에서 정부, 룰, 제도의 정통성을 도출해 내려는 최근의 논의로 전개되고 있다(Rogowski,[48] Rawls[49] 등). 이 분야의 연구는 분명히 실증적 측면과 규범적 측면을 포함하고 있다.

특히 공공선택론의 선구적 업적인 『합의의 계산』(*The Calculus of Consent*, 1962)에서 Buchanan과 Tullock은 다수결에 의한 결정이 소수파에 가져다주는 외부비용의 존재와 의사결정시에 필요로 하는 정보수집이나 반대자 설득을 위한 거래비용을 지적했다. 이 논의 자체는 입헌단계에서 선택되어야 할 의사결정 룰의 문제에 관련된 것이었는데, 「시장의 실패」에 대응하는 「정치의 실패」를 지적한 점, 또 민주주의의 근간을 이루는 다수결 원리가 방법론적 개인주의의 한 귀결인 점을 나타낸 점에 성과가 있다.[50]

---

41) A. M. Feldman, *Welfare Economics and Social Choice Theory*, (Boston : Martinus Nijhoff Publishing, 1980).
42) J. S. Kelly, *Arrow Impossibility Theorems*, (New York : Academic Press, 1978)
43) A. F. MacKay, *Arrow's Theorem : The Paradox of Social Choice*, (New Haven and London : Yale University Press, 1980)
44) D. Black, "On the Rational of Group Decision Marking", *Journal of Political Economy*, Feb. 1948.
45) G. Tullock, "Some Problems of Majority Voting", *Journal of Political Economy*, Dec. 1959.
46) R. D. McKelvey and P. C. Ordeshook, "Vote Trading : An Experimental Study", *Public Choice*, Issue 2, 1980.
47) G. Tullock, *The Vote Motive*, (London : Institute of Economic Affairs, 1976).
48) R. Rogowski, *Rational Legitimacy : A Theory of Political Support*, (Princeton : Princeton University Press, 1974).
49) J. A. Rawls, *A Theory of Justice* (1971).
50) 川野辺裕幸, 「經濟政策論における公共選擇の一般化」, p.66.

〈표 3-3〉 사적/공공선택 모델

사적선택 모델		공공선택 모델	
행위자	효용함수의 변수	행위자	효용함수의 변수
소비자	사적제	투표자	공공재, 소득, 부
요소소유자	소득, 레저, 위험	정치가	소득, 이데올로기
기업경영자	이윤, 판매액, 성장	관료	예산규모, 안전

이처럼 공공선택은 방법론적 개인주의라는 비교적 받아들이기 쉬운 가치판단에 근거한 방법론에 서서 논리를 전개하고 비시장적 결정의 프로세스를 분석한 결과 가치판단에 대한 논리분석을 한걸음 전진하게 했다는 연구 성과가 있다.

Robert Sugden이 『공공선택의 정치경제학』의 결어로써 이야기하고 있는 것처럼 "공공선택의 영역에 있어서는 가치판단에 대해서 합리적 논의는 가능하고, 경제학은 이미 그러한 논의에 많은 공헌을 하고 있고, 가까운 시일 안에 더욱 공헌할 것이라고 결론 짓게 될 것이 기대된다."[51)]

공공선택의 이론을 구성하는 또 하나의 영역은 현실의 제도적 조건하에서 합리적 경제인으로서의 투표자, 정치가(정당), 관료 등의 행동을 분석한다. 여기에서의 모델은 사적선택의 모델과 같이 각 행위자의 효용은 하나 또는 2개의 변수의 함수라고 가정되며 여기에서 여러 가지 제도적 조건하에서의 각각의 행동이 연역된다(〈표 3-3〉 참조).

현대 민주주의제도의 정치과정에서 집합적 의사결정과정에 관여하는 집단에는 투표자, 이익집단, 정치가(정당), 관료, 기업(산업)이 있고 그들은 자기들의 개인적 이익이 최대가 되도록 행동한다. 즉 투표자는 경합하는 정치가의 공약을 비교해서 기대효용(만족)이 최대가 되게 투표한다. 정치가는 당선될 수 있는 확률을, 또 관료는 소속기관의 예산규모와 권한을, 기업은 이윤이나 매상고가 최대가 되도록 행동한다.

이와 같은 행동가설에 따라 공공선택론은 정치과정에서 결정되는 집합적 의사결정 또는 공공정책을 정치적 시장에서의 투표자나 기업의 수요행동과 정치가나 관료의 공급행동의 상호결과로서 이해하고 다양한 정치, 경제제도 하에서 각각의 행동을 연역해서 현실의 집합적 의사결정을 설명하고자 하는 것이다.

합리적 경제인으로서의 투표자의 행동분석은 A. Downs의 『민주주의의 경제이론』(*An Economic Theory of Democracy*, 1957)에서 시작한다. 그는 대의제 민주주의 하

51) Robert Sugden, *The Political Economy of Public Choice*, p.201.

에서의 투표행위에 따르는 비용(정보비용, 투표에 필요한 시간, 노력 등)과 편익(자기가 지지하는 정치가 또는 정당이 당선하여 자기가 바라는 정책이 실행되었을 때 얻을 수 있다고 예상하는 편익)을 고려함으로써 투표자의 합리적 기권(rational abstention)과 합리적 무지(rational ignorance)의 가능성을 도출했다. 그 후 이 후자의 이론적 예측은 선거에 있어서의 쟁점, 후보자의 입장 등에 대한 투표자의 일반적 무지를 나타내는 여론조사에 의해서 지지되었으나 전자는 경험적 사실과의 모순이 지적되어 이 패러독스를 설명하기 위해서 많은 이론적, 경험적 연구가 행해져서 모델의 개량이 시도되었으나 이 패러독스는 의연히 공공선택에의 도전임은 변함이 없다(예컨대 Ferejohn and Fiorina,[52)] Riker and Ordeshook,[53)] Shaffer[54)]).

정당(정치가)의 행동분석은 Downs에 위해 체계적으로 창시되고 Riker-Ordeshook[55)], Davis, Hinich, McKelvey 등에 의해 전개되었다. Downs는 이윤극대화기업을 유추(analogy)해서 정당을 분석하고, 득표극대화 모델에 의해서 정치적 현실의 제측면을 분석하고 거기에서 2대 정당 간 경쟁의 경우 그들 두 개의 정당은 서로 접근하려는 경향을 가지고 있다는 중위투표자정리를 도출했다. 이러한 Downs의 정당행동의 분석의 행위자(정당, 투표자)의 동기의 수정, 정당 수의 추가, 또는 제약조건의 수정이라는 방향으로 전개되었으나 모델의 기본적인 틀을 짜는 것은 거의 그대로 받아들여졌다(예컨대 Budge and Farlie,[56)] Robertson[57)]).

Downs의 서상(叙上)한 모델은 정당의 행동에 오로지 관심이 주어졌으며 정책(공공재) 공급지로서의 관료의 행동은 분석에 포함되지 않았다. 이 갭을 메우려는 시도가 Tullock,[58)] Downs[59)]에 의해서 행해졌으며 관료의 현대이론의 기초가 확립된다. 이들 연구에

52) J. A. Ferejohn and M. P. Fiorina, “The Paradox of Not Voting : A Decision Theoretic Analysis”, *American Political Science Review*, June. 1975.
53) W. H. Riker and P. C. Ordeshook, “A Theory of the Calculus of Voting”, *American Political Science Review*, March. 1968.
54) W. R. Shaffer, *Computer Simulations of Voting Behaviour*, (Oxford : Oxford Unversity Press, 1972).
55) W. H. Riker and P. C. Ordeshook, *Introduction to Positive Political Theory*, (Englewood Cliffs, N. J. : Prentice-Hall Inc., 1973).
56) I. Budge and D. Farlie, *Voting & Party Competition*, (New York : John Wiley & Sons, 1977).
57) D. Robertson, *A Theory of Party Competition*, (New York : John Wiley & Sons, 1976).
58) G. Tullock, *The Vote Motive*.
59) A. Downs, *Inside Bureaucracy*, (Boston : Little, Brown & Co., 1967).

의해서 Max Weber, Woodrow Wilson 등으로 대표되는 현대정치학 및 행정학의 지배적 전통은 중대한 도전을 받게 되었다(Ostrom[60] 참조).

Tollock, Downs 등의 관료행동의 연구는 Niskanen(1971)의 『관료제와 대의 정부』(*Bureaucracy and Representative Government*)에 의해 체계화되고,[61] Migué and Bélanger,[62] Borcherding[63] 등에 의해 전개되었다. 그들은 관료가 직면하는 제약 및 기회를 주의 깊게 검토하고 관료의 행동동기로서 예산(또는 스탭)의 규모의 최대화를 상정하고 공공재의 과대공급의 가능성을 도출했다(그 후의 발전에 대해서는 Borcherding 참조).

이상의 개개의 행위자의 상호작용의 연구[즉 정책(공공재)의 수요와 공급의 통합모델]의 시도는 Auster and Sears,[64] Breton,[65] Fiorina and Noll[66]에 의해서 시도되고 있다.

공공선택에 관한 최근의 경험적 연구는 정부의 경제정책과 불황 및 인플레와의 관계에 거의 집중하고 있다. 공공선택 경제학자의 이에 대한 관심은 물론 이 문제의 경제적 측면이 아니라 정치적 측면에 있다. 즉 실업 또는 인플레와 투표자의 불만과의 관계, 투표에의 영향, 이러한 불만에 대한 정치가의 인지 및 그들이 채택하는 정책의 타입 등이다(Whiteley[67]참조).

이러한 문제에 대한 연구에서 일부 논자는 「정치적 경기순환」(political business cycles)의 가능성을 도출했다. 그들의 이론은 단순하다. 정권을 담당하고 있는 정당은 재선의 가능성을 최대화하기 위해서 호황기에 선거가 행해질 것을 바란다. 그러므로 그들은 선거직전에 호황을 만들어내고, 선거 후에 불황이 오도록 경제를 조작한다. 그 결과 인위

---

60) V. Ostrom, *The Intellectual Crisis in American Public Administration*, (Alabama : The University of Alabama Press, 1973).

61) W. A. Niskanen, Jr., *Bureaucracy and Representative Government*, (Chicago : Aldine-Atherton, 1971). , "Bureaucrats and Politicians", *Journal of Law and Economics*, Vol. 18. Dec. 1975.

62) J. Migué and G. Bélanger. "Towards a General Theory of Managerial Discretion", *Public Choice* 17, Spring, 1974, pp.27-43.

63) T. E. Borcherding (ed.), *Budgets and Bureaucrats : The Sources of Government Growth*, (Durham : Duke University Press, 1977).

64) R. Auster and B. Sears, (eds.), *American Revolution : Papers and Proceedings*, (Arizona : The University of Arizona Press, 1979).

65) A. Breton, T*he Economic Theory of Representative Government*, (Chicago : Aldine Publishing Co., 1974).

66) M. P. Fiorina and R. G. No11, "Voters, Bureaucrats and Legislator : A Rational Choice Perspective on the Growth of Bureaucracy", *Journal of Public Economics*, 9, June. 1978.

67) P. Whiteley, (ed.), *Models of Political Economy*, (Beverly Hills : Sage Publications, Inc., 1980).

적으로 경기순환이 만들어진다고 한다.

Kalecki에 의해서 1930년대에 쓰여진 단순한 논문을 제외하고, 이 문제에 관한 실제적 논의는 Nordhaus,[68] Frey[69]와 그의 공동 연구자 Schneider[70]에 의해 전개되었다. 그들이 최초로 제시한 데이터는 그들이 주장하는 정치적 경기순환을 실증하기에는 불충분한 것이었으나, 그 후 모델을 개량해서 몇 가지 사례에 대해서 종래의 예측방법보다 우수한 결과를 얻었다. 그러나 모델의 경험적 검증(test)은 아직 극히 한정된 범위에서만 행해지고 있다.

이러한 Frey 등의 주장에 대해서 시카고-버지니아학파(Chicago-Virginia School)의 연구자들, 예컨대 Crain, Stigler, Tollison, Wagner 등은 경기순환을 조작하는 정치가(또는 정당)의 능력은 한정되어 있으며, 그 때문에 순수한 의미에서의 「정치적 경기순환」은 존재하지 않는다고 주장한다. 그들은 정치가는 「거시변수」에는 그리 관심을 갖지 아니하고 분배상의 변수에 대단히 강한 관심을 표시한다고 주장한다. 그 결과 정치가는 선거 전의 기간에는 분배상의 활동에 집중하는 경향이 있으며 그것이 일종의 부산물로서 거시변수에 영향을 미치는 것임에 불과하다고 생각 한다(예컨대 Crain and Tollison,[71] Wagner[72]).

이늘의 「정치적 경기순환」을 둘러싼 논의는 현대를 특징짓는 정치와 경제와의 상호작용에 대해서 많은 흥미 있는 시사를 부여하고 있다. 그러나 현실의 상호작용의 여러 가지 측면을 설명하기에는 아직 불충분하며 다른 모델과의 비교를 포함한 한 단계 더 높은 연구를 필요로 한다.

이미 많은 연구가 행해지고 있는 경험적 공공선택의 또 하나의 영역은 이익집단행동에 관한 것이다. 이익집단행동에 대해서는 Frohlich-Young-Oppenheimer 등의 연구를

68) W. D. Nordhaus, "The Political Business Cycle", *Review of Economic Studies,* April, 1975.

69) B. S. Frey. "The Politico-Economic System : A Simulation Model", *Kyklos*, fasc. 2. 1974. ; "Politico-Economic Models and Cycles", *Journal of Public Economics*, April. 1978. ; *Modern Political Economy*, (London : Martin Robertson, 1978).

70) B. S. Frey and F. Schneider, "On the Modeling of Politico-Economic Interdependance", *European Journal of Political Research*. Dec. 1975.; "An Empirical Study of Politico-Economic Interaction in the U.S.", *Review of Economics and Statistics*, May 1978.; "A Politico-Economic Model of the United Kingdom", Economic Journal, June 1978.

71) M. Crain and R. Tollison, "Campaign Expenditures and Political Competition", *Journal of Law and Economics*, April, 1976.

72) R. E. Wagner. "Revenue Structure, Fiscal Illusion, and Budgetary Choice", *Public Choice*, Spring 1976.

출발점으로 하여 M. Olson에 의한 사회이익집단의 집합행동(collective action)에 대한 연구가 전개되었는데, 최근에는 Buchanan-Tollison-Tullock[73] 등으로 대표되는 지대추구(rent-seeking)행동(생산적인 경제활동보다도 일종의 렌트 이익을 얻는 비생산적 경제활동을 추구하는 것)의 연구가 정부기구에 의해 인위적으로 만들어진 이전 획득에 사용되는, 본질적으로 비효율적인 희소자원의 지출이라는 관점에서 이익집단의 행동과 그 귀결에 대하여 논하고 있다.

한편 Stigler를 중심으로 산업의 규제 문제에 대한 연구가 전개되고 있는데 이들의 연구과제는 이미 현실을 설명할 수 없게 된 전통적인 「공익」(public interest) 모델에 대신하는 모델을 개발하고, 경험적 검증을 행하는 것이다. Stigler[74]는 규제는 규제되는 산업의 이익을 위해서 행해지고 있다는 가설 하에 그 가설과 경험적 사실과의 일치를 시사하고 있다.

또 다른 논자(Joskow,[75] Russell and Shelton[76] 등)는 규제는 규제되는 산업의 이익과 합치하느냐의 여부에 관계없이 규제당국(관료)의 이익을 위해서 실행되고 있다는 가설을 세우고 경험적 검증을 시도하고 있으며, 규제기관이 성숙기에 이르면 피규제집단의 대리자로 전락되어 그들의 이익을 대변하게 된다는 포획이론(captured theory)을 전개하고 있다.

이 분야의 연구도 정치와 경제의 상호작용의 일면을 이해하는 데 있어 대단히 중요한 많은 의론(議論)을 제공하고 있다(Mitnick[77] 참조).

공공선택의 연구 성과 중 시장적 수단에 의해 파레토 최적을 달성하는 조건 · 메커니즘 · 제도의 설계를 시도한 것에 주목해야 한다.[78] 이 분야에 대한 연구는 극히 다양하며 그 방법론적 입장에도 차이가 있다.

공공재의 공급이 통상의 정책결정에서는 비효율이 되는 점에 주목하여 파레토 효율적인 공공재 공급을 검토하는 유인양립가능 선호현시메커니즘(incentive preference revelling mechanism)은 Groves and Ledyard,[79] Clarke,[80] Tideman and Tullock[81] 등에

---

73) J. M. Buchanan, R. R. Tollison and G. Tullock, (eds.), *Toward a Theory of Rent-seeking Society*, (College Station : Texas A & M University Press, 1980).

74) G. J. Stigler, "The Theory of Economic Regulation", *Bell Journal of Economics and Management Science*, Spring 1971, ; *The Citizen and the State : Essays on Regulation*", (Chicago : the University of Chicago Press, 1975).

75) P. L. Joskow, "Inflation and Environmental Concern : Structural Change in the Process of Public Utility Price Regulation", *Journal of Law and Economics*, Oct. 1974.

76) M. Russell and R. B. Shelton, "A Model of Regulatory Agency Behaviour", *Public Choice*, Winter 1974.

77) B. M. Mitnick, *The Political Economy of Regulation*, (New York : Columbia University Press, 1980)

78) 여기에서 쓰이는 파레토기준은 개개의 제도 하에서 각인에게 귀결하는 후생결과에 대하여 채용된다.

의해 주장되고, Green and Laffont[82] 등에 의해 전개된 분야로 Malinvaud Hurvicz 등의 최적경제계획의 논의로 이어진다. 또 소유권의 경제학적 분석의 논의는 Demsetz, Posner, Furubotn and Pejovich 등에 의해 개척된 분야이며 재산권의 배분에 의한 파레토 효율의 개선책을 생각한다. 더구나 Van den Doel[83]은 관료에 경쟁원리를 도입함으로써 관료제의 문제점을 극복하고 정책실시주체의 효율을 높일 것을 주장하였다.

공공선택론의 정치경제학에의 공헌 가운데 빠뜨릴 수 없는 것 중의 하나는 공공선택론이 종래의 시장경제학에서는 빠져있는 도덕적 결함으로부터 생기는 경제문제(소위 Moral Hazard)[84]를 명백하게 하고 그 대응책을 시사한 것이다. 이미 공공재 공급에 있어서의 무임승차자(free-rider), 개인의 딜레마, 사마리탄(samaritan)의 딜레마, J. M. Buchanan 등의 도덕적 함정이나 지대추구(rent-seeking) 시회상태에 빠지는 경향 등이 명백하게 되어 있지만 인간의 이기적 또는 합리적 행동이 인간의 모럴과 사회의 시스템 여하에 의해서 생각지도 못하는 결과를 초래하는 것에 주목하는 것은 경제와 정치가 서로 관계하는 혼합영역의 경제행동의 본연의 자세를 생각하는데 극히 중요하다.

종래의 경제학은 시장시스템이 충분히 기능하는 경우에는 이기적 또는 합리적으로 어느 정도의 도덕심(혹은 동정)을 가진 인간의 행동이-약간의 예외적인 경우를 별도로 한다면-「신의 보이지 않는 손」의 이끌림에 의해서 사회적 관점에서 보아 바람직한 결과(자원의 효율적 배분)를 초래하는 것을 분명히 했지만, 정치시스템과 경제시스템이 서로 겹치는 혼합영역에서는 죄수의 딜레마나 무임승차 등 각종 도덕적 결함이 생기고 개인의 이기적 행동이 사회적 낭비나 최악의 결과를 초래하게 될 우려가 있다. 그 경우에는 「신의 보이지 않는 손」이 아니고, 최악의 결과로 이끄는 「악마의 보이지 않는 손」이 삭용한다고 밀힐 수 있을 것이다.

죄수의 딜레마로 대표되는 「악마의 보이지 않는 손」의 작용은 「신의 보이지 않는 손」의 극단적인 반대 케이스(polar case)이고 「신의 보이지 않는 손」의 발견에 대응하는 역메커

79) T. Groves and J. Ledyard "Optimal Allocation of Public Goods : A Solution to the 'Free Rider' Problem", *Econometrica* 45, 1977, pp.783-809.

80) E. H. Clarke, *Demand Revelation and the Provision of Public Goods*, (Cambridge : Ballinger, 1980).

81) T. N. Tideman and G. Tullock "A New and Superior Process for Marking Social Choices", *Journal of Political Economy*, 84, 1976, pp.1145-59.

82) J. R. Green and J. Laffont, *Incentives in Public Decision Marking*, (Amsterdam : North-Holland Publishing Co., 1980).

83) H. Van den Doel, *Democracy and Welfare Economics*, (Cambridge : Cambridge University Press, 1979).

84) 이에 대해서는 제1장 제6절에서 자세히 검토하고 있음.

니즘의 발견이라고 조차 말할 수 있다.

비시장 부문에서는 게다가 H. Leibenstein이 말하는 X-비효율(X-Inefficiency, 주로 인간적 동기에 좌우되는 효율)[85]이 크게 되기가 쉽기 때문에 이중의 의미로 비효율이 생길 우려가 있다. 의료보험제도하에서의 의사의 이기적이고 합리적인 행동이 의료비의 과잉 지출이라는 결과를 초래하는 경우도 「악마의 보이지 않는 손」의 작용의 일례라고 말할 수 있다. 이러한 종류의 자원의 악배분(惡配分)과 X-비효율을 초래하는 메커니즘을 해명함과 아울러 그러한 종류의 비효율이나 불공평을 가능한 한 피하려는 시스템을 재설계하는 방향을 시사하는 것도 공공선택론의 성과이자 앞으로의 과제이다.

2. 공공선택 룰로서의 참가시스템 요청

- Buchanan형 인간과 Leibenstein형 인간

공공선택론이 패러다임이라고 할 수 있는 정도의 이코노미스트에게 자극을 주어 경제학의 혁신을 가져오고 있는 하나의 이유는, 비시장 영역에 있어서의 「경제인의 발견」에 있다. 즉 종래의 이론에서는 정치학에서도, 경제학에서도 비시장 부문에서 인간이 행동하는 경우에는 공공심에 따라 행동하는 것같이 규정하여 왔음에 비하여, 비시장 부문에서도 사람들은 기본적으로 시장부문의 경우와 마찬가지로 개개인의 이기심에 따라 합리적으로 행동한다고 상정하고, 경제학적 분석을 비시장적 결정의 문제에 적용한 것에 있다. 이에 의하여 정치영역 혹은 비시장 영역의 인간의 행동이 합리적으로 해명되어, 죄수의 딜레마와 같은 케이스가 생기는 메커니즘이 명백하게 되었다.

이것은 공공선택론의 위대한 공적이라고도 할 수 있을 것이다. 그러나 합리적 개인을 상정하는 분석에 시종해온 결과, 공공선택론은 인간의 또 하나의 측면을 너무나도 경시하는 결과가 되었다. 그것은 사회학적 인간으로서의 측면이다. 즉 인간은 개인임과 동시에 사회라는 그룹의 멤버라는 것과 실제로는 반드시 이익극대화원리에 의해 행동하지 아니하고 오히려 그 그룹끼리의 관습(convention)에 의하여 행동하는 것이라는 측면이다. H. Leibenstein이 중시하는 것은 바로 그러한 사회학적 인간이다.[86]

Leibenstein은 이러한 관습이라는 사회학적 개념을 도입함으로써 「죄수의 딜레마를

---

85) Harvey Leibenstein의 X-효율론에 관해서는 Harvey Leibenstein, *Beyond Economic Man*, (Cambridge, Mass : Harvard University Press, 1976).; Roger S. Frantz, *X-Efficiency : Theory, Evidence and Applications*, (Boston : Kluwer Academic Publishers, 1990) 참조.

86) *Ibid.*,

해결(즉 회피)」할 수 있다고 한다. 「관습은 잠재적인 죄수의 딜레마 해결이 실현되는 채로 맡기는 것보다도 확실히 훌륭하다」고 하는 것이다.

Leibenstein은 기업에 있어서 왜 보통의 경우 죄수의 딜레마에 빠지지 않는가를 설명하기 위하여 사회학적 인간의 상정을 도입한 것이지만, Leibenstein이 말하는 관습은 경제학적인 최적점에서의 균형점이 아니고 사회학적인 차선(second best)의 균형점이라고도 할 수 있는 것이다. 그 균형점은 Leibenstein도 말하는 것같이 사회에 의하여 달라지는 것이고, 가변적인 것이지만 참가형 정책결정 시스템은 이 사회학적 균형점을 보다 효율적인 점으로 이동(shift)시키기 위한 시스템이며, 또한 Johansen[87]이 말한 「교섭사회」에 있어서의 교섭이 비협력게임이 되어 비효율이 되는 것을 피하기 위해서도 요청되는 시스템이다.

참가시스템은 오늘날의 2대 결정 시스템인 시장시스템과 대의제민주주의 시스템의 양쪽의 시스템이 겹치는 혼합영역의 시스템으로, 이것에는 첫째 정치시스템의 원리인 민주주의 원리, 둘째 시장시스템의 원리인 교환원리, 셋째 사회적 원리라고 할 수 있는 통합(integration) 원리를 가진다고 할 수 있다.[88]

이제까지 공공선택론은 Buchanan형 인간(Buchanan 교수가 상정하는 것같이, 개개인의 이기심을 추구하는 합리적 인간)을 상정하여 비시장 영역에 있어서의 결정의 이론을 전개하여 왔기 때문에, Leibenstein형 인간(사회학적 요인에 의하여 움직이는 인간)을 고려에 넣는 것은 이론의 순수성과 명쾌성을 떨어뜨릴 우려가 있다. 그러나 현실의 사회집단 내에 있어서 사회학적 요인도 중요한 역할을 한다고 하면 논리적 명쾌성을 지키기 위하여 경제인의 상정에 일관할 수 있는 것은 실천적 사회과학으로서의 공공선택론이 취할 길이 아니다. 경제학과 정치학을 결합시킨 사회과학의 패러다임으로서 등장한 공공선택론이 더 한층 발전하고 현실에 가까워지기 위해서는, 컨벤션이론과 X-효율론, 더욱이 참가시스템론에 있어서의 사회학적 요인도 고려에 넣는 종합적 이론체계로 발전하는 것이 필요할 것이다.

3. 제도의 재설계

공공선택의 실제적 관점은 같은 이기적 경제인의 행동이 시장에서는 전체의 이익에 연결되는 한편, 어째서 정치과정(비시장적 의사결정과정)은 그러한 결과를 보증할 수 없는가(어느 경우에는 전원이 손실을 입게 된다)를 분명히 하는 것에 있다. 그들은 그 이유를 개개

87) Leif Johansen, *Public Economics*, (Amsterdam : North-Holland Publishing Co., 1971).

88) 참가시스템의 3가지 원리에 대한 보다 자세한 내용은 丸尾直美, 「公共選擇のシステムとしての參加システム」, 加藤 寛 編, 『入門公共選擇』, pp.248-267.

인의 행동을 제약하는 제도적 조건의 상위에서 구하고 있다. 위에서 소개한 공공선택의 실증이론 및 분석은 이러한 제도적 조건의 상위가 합리적 경제인으로서의 투표자, 정치가, 관료의 행동에 어떠한 영향을 주며 어떻게 행동으로 유도하는가에 대한 연구 그것이다.

이제까지의 이러한 연구는 오늘날의 공공선택과정이 이미 집합적 행동의 '존재이유'(raison d'être)인 이들의 상호성을 보증할 수 없게 되었다는 것을 분명히 했다. 그래서 그들의 다음 과제는 이들의 상호성을 보증할 수 있도록 룰 제도를 재설계하는 것에 있다.

그들은 이득의 상호성을 보증할 수 없게 된 최대의 원인을, 그것을 보증하는 헌법상의 제약이 이미 유효성을 상실했다는 것, 즉 정부의 확대를 유효하게 체크하는 기능이 상실되었다는 것에서 구하고 있다.[89] 그리고 케인즈주의야말로 이 정부의 확대를 정당화하고 촉진하는 역할을 수행하여 왔다고 간주한다. 케인즈주의의 등장은 그때까지 무제한의 예산의 확장에 제약을 과하여 온 균형예산원칙을 파괴하고, 그것은 결과적으로 정치가 및 관료에게 자유재량의 여지를 주어 그들 자신의 이익을 위해서 정치과정을 이용하려는 유인을 부여하고, 동시에 시민 측에서의 특수이익을 구하는 요구에 응하는 여지를 만들어냈다고 주장한다.[90]

한편, 최근 들어 급속히 체계화가 진행되고 있는 연구 분야 중 헌법경제학(constitutional economics)에 대한 연구가 있다. 이 분야에 대해서는 개념상 공공적 의사결정의 장(場)을 입헌단계(constitutional stage)와 일상의 정책결정단계인 입헌 후 단계(post constitutional stage) 2가지로 나누어 연구되고 있다, 이러한 진단에서 그들은 우선 재정상의 기본 룰(fiscal constitution)로서 균형예산원칙의 부활 및 이를 실현하기 위해서 정부의 「과세권력」(power to tax)을 제약하는 과세상 기본 룰(tax constitution)의 제정을 제창한다.[91] 또 정치가의 행동에 대한 시민의 체크를 용이하게 하고 공공재 공급자로서의 관료의 효율성을 높이기 위해서 분권화 및 관료 상호간의 경쟁관계의 도입을 주장한다(Breton and Scott,[92] Niskanen,[93] Savas,[94] Tullock[95]).

---

89) J. M. Buchanan, *The Limits of Liberty*, 1975. 참조.
90) J. M. Buchanan and R. E. Wagner, *Democracy in Deficit,* 1977. 참조.
91) G. Brennan and J. M. Buchanan, "Towards a Tax Constitution for Leviathan", *Journal of Public Economics*, 1979. ; *The Power to Tax : Analytical Foundations of a Fisical Constitution*, (Cambridge : Cambridge University Press, 1980).
92) A. Breton and A. Scott, *The Economic Constitution of Federal States*, (Toronto : University of Toronto Press, 1978).
93) W. A. Jr. Niskanen, "Competition among Government Bureaus", in IEA Readings 18, *The Economics of Politics*, (London : The Institute of Economic Affairs, 1978).
94) E. S. Savas, *Alternatives for Delivering Public Services : Toward a Improved Performance*, (Westview Press, 1979).
95) G. Tullock, "Regulating The Regulators", in Pejovich ed., *Government Controls and*

이상과 같은 공공선택에 있어서의 룰 및 제도의 재설계의 목적은 결국 시민의 선호와 공공선택과의 괴리를 가능한 한 작게 한다는 것(재정민주주의의 달성)에 있다. 이 점에서 불완전한 정치과정에 의존하지 않고 시민의 진정한 선호를 표명시키기 위한 '유인양립가능 메커니즘'(Incentive Compatible Mechanism)의 개발은 대단히 중요한 의미를 가진다.

4. 공공선택론의 과제

지금까지 서술했던 것처럼 공공선택은 종래 오로지 시장을 분석대상으로 한 경제학의 방법론을 비시장적 상호작용으로 확장하려는 새로운 연구영역이다. 이러한 시도는 1940년대 후반에 시작하여 오늘에 와서는 경제학 및 정치학에 있어서 하나의 독립된 연구영역으로서의 지위를 확립해가고 있으나, 경제학자 및 정치학자에게 그 중요성이 인식된 것은 비교적 최근의 일이다. 즉 최근에 이르기까지 경제학자로부터는 그 대상이 시장외 활동이라는 이유로, 또 정치학자로부터는 그 방법론이 외부의 것이라는 이유로 어느 학문분야에 있어서도 소위 주류파로부터는 거의 무시되어왔다. 그러나 금일에 와서는 많은 연구자의 지적노력이 공공선택의 연구에 경주하게 되어 공공선택의 이론은 「현대 경제학에 있어서의 가장 유망한 방향의 하나」[96]라고 간주되기에 이르렀다.

하지만 공공선택의 경험적 모델에 대한 검증의 시도는 아직 시작단계이며 그러한 의미에서 남겨진 문제는 너무나 많지만 당면한 연구과제로서는 다음 3가지를 들 수 있을 것이다.[97]

① 이론적 구조의 경험적 검증
② 새로운 분야에의 응용
③ 제도의 재설계에 관한 보다 발전된 연구(집합적 결정을 행하기 위한 기존의 방법을 대신하는 새로운 방법의 연구)

첫 번째의 검증문제에 관해서는 이미 언급했지만 두 번째의 문제에 관해서는 J. S. Coleman[98]이 공황(panic), 폭동, 패션과 같은 집합적 행동의 응용가능성을 시사하고

Free Market : The U.S. Economy in the 1970's, (College Station : Texas A & M University Press, 1976.) ; "Public Choice in Practice", in Clifford S. Russell (ed.), *Collective Decision Marking : Applications from Public Choice Theory*, (Baltimore and London : The Johns Hopkins University Press, 1979).

96) L. Lewin and E. Vendung, (eds.), *Politics as Rational Action : Essays in Public Choice and Policy Analysis*, (D. Reidel Publishing, 1980), p.ix.

97) 關谷 登, 「公共選擇 : 理論 · 檢證 · 制度設計」, pp.72-73.

98) J. S. Coleman, "Future Directions for Work in Public Choice", in C. S. Russell, (ed.),

있다.[99] 세 번째의 문제는 기존의 제도개혁뿐만 아니라 새로운 수요현시 메커니즘의 개발을 포함한다. 이 분야에 대한 연구동향에 대해서는 앞서 언급한 바 있지만 그것은 '유인양립가능 메커니즘'이라 불리며 선호현시의 한 방법으로서 불완전한 투표절차에 의존시키지 않고 진정한 선호(대체안에 대한 상대적 가치, 즉 선호의 강도)를 현시하게 하려고 하는 것이다. 그 기본적 원리는 사람들에게 자신은 참가하지 않고 이루어진 결정을 받아들이든가 혹은 자신이 바라는 것을 실행해 받는 대신에 그것에 의해서 타인에게 부과하는 비용을 지불하든가의 선택을 강요당함으로써 그들의 선호를 정직하게 표명시키고자 하는 것이다.

여기서의 문제는 ① 개인의 파산의 회피(avoidance of bankruptcy), ② 예산잉여(豫算乘餘, nondeficit or budget surplus), ③ 효율성(efficiency), ④ 수렴성(convergence), ⑤ 전략적 행동의 회피(avoidance of strategic behaviour)의 5가지 조건을 충족시킨 메커니즘의 개발이다. 오늘날까지 몇 가지 대체적 메커니즘이 제시되었지만 이들 조건을 모두 만족시키는 메커니즘은 아직 개발되어 있지 않다. 게다가 이 분야에서의 종래의 연구에 있어서 가장 중요한 문제점은 정보 및 의사결정비용을 고려에 넣는 방법으로 다른(현실의) 집합적 선택 메커니즘과의 유효한 비교가 이루어지지 않는다고 하는 점이다. 실제로 이용 가능한 메커니즘의 개발까지는 역시 해결해야 할 문제가 많이 남겨져 있다. 그러나 공공선택에 대한 많은 연구자의 관심이 경주되는 오늘의 상황은 공공선택론의 금후의 발전의 크나큰 가능성과 과제를 시사하고 있다고 생각된다.

특히 정치제도의 영향에 관한 연구를 더욱 진행하게 되면, 순수한 모델 구축이라는 심미적 보상을 낳게 되는 일은 없으나, 금후 수십 년에 걸쳐 훨씬 유익할 것이다. Buchanan에 의하여 제창된 헌법제정뿐만이 아니라 재정 · 금융정책의 선택도 현실의 재정상의 제도와 배경에 입각한 이론이나 연구에 의하여 보다 유익한 영향을 받을 필요가 있다.

재정연방주의, 선거제도, 조세원리, 비용 · 편익분석, 그리고 다른 관련 테마에 관한 본질적으로 규범적인 연구는 공공선택론의 원리와 발견 사실에 비추어 재고할 필요가 있다.

정치제도의 경제적 효과에 관한 연구에 대하여는 종래의 재정학에 의하여 꽤 오래 전부터 시작되어 있기는 하나, 우리들은 더욱 더 충분한 이해를 얻어야만 할 뿐 아니라, 또한 어떠한 제도나 정책이 어떠한 정치과정에서 선택되는가를 보다 잘 예측하고 이해할 수 있게 되는 이론이 시급히 필요한 것이다. 지금까지의 도정(道程)도 길었지만 지금부터 앞으로 나아가야 할 도정도 역시 멀다.

Collective Decision Marking : Applications from Public Choice Theory, 1979.

99) 이러한 행동을 개개인의 합리적 행동으로 설명하려는 시도에 대해서는 T. C. Schelling, *Micromotives and Macrobehavior*, (New York : W. W. Norton & Co., 1978) 참조.

제 4 장 예산결산심사 - 이론과 실제

1. 머리말

『예산결산심사 - 이론과 실제』
(1997년 4월)

오늘날 우리나라 경제에서 예산은 다른 주요 선진국과 마찬가지로 매우 큰 비중을 차지하고 있어, 실물경제의 동향은 물론 재정정책 기조를 판단하는데 있어서 중요한 역할을 담당하고 있다. 또한 실세의 예산흐름도 우리의 정치·경제·사회·문화 각 분야에 광범위하게 걸쳐 있을 뿐 아니라 예산의 틀 자체도 경제주체들의 재정수요에 대응하여 끊임없이 변화하고 있기 때문에 예산의 중요성에 대한 인식이 한층 더 높아지고 있다. 그럼에도 불구하고 예산 전체의 움직임을 개략적이나마 이해한다는 것이 반드시 용이하지 않은 것이 저간의 현실이다. 그러나 최근 우리나라의 재정을 둘러싼 환경이 매우 어렵고 그에 따라 재정개혁과 재정의 대응력 회복이 긴요한 과제로서 논의되는 시점에서는 예산 그 자체를 해득하기 위한 노력이 그 어느 때보다 절실하다.

예산제도는 본래 납세자가 정부를 감시하고 의회가 집행기관을 감독하는 도구로서 만들어진 것이다. 그럼에도 처음 당선된 국회의원이나 지방의회의원, 예산 관련 업무를 처음 맡게 된 공무원, 예산을 시민의 입장에서 감시하는 시민단체, 예산과 관련된 강의를 처음 듣게 되는 학생이나 일반인이 예산서나 결산서를 실제 접하게 되었을 경우 그것을 제대로 독해할 수 있는 자가 그리

많지 않으리라고 생각한다. 오히려 일상적으로 친숙해 있는 금액과 달리 숫자가 너무 많고 큰 데다 자료가 방대한 데 압도되어 전체구조가 어떻게 되어 있는지 발견하지 못하는 것이 대부분일 것이다.

예산서와 결산서는 이처럼 얼핏 보아서는 다루기 어렵게 보이지만 일단 독해방법을 터득하면 예산서와 결산서만큼 행정에 관한 정보가 응축되어 있는 문서가 없다. 국가와 지방자치단체의 행정활동은 예산의 집행을 통하여 실현되기 때문에 국회의원이나 지방의회의원은 국정통제와 행정비판의 직책상, 중앙부처나 지방자치단체의 공직자들에게 있어서는 정책결정이나 직무수행상, 국민(주민)이나 기업에게 있어서는 그 일상생활과의 관련상 예산의 편성에서 심의 · 집행 그리고 결산까지의 전체모습에 대하여 정확하게 파악할 필요가 있다.

일반적으로 예산을 다루는 자에게는 명석한 두뇌와 통찰력을 필요로 하며 수많은 정보를 취합하여 요점을 파악하는 능력과 지루하고도 단조로운 업무를 잘 견뎌낼 수 있는 인내심, 그리고 언제나 따스한 가슴으로 세상을 바라보는 지혜가 요구되는 것으로 이야기되고 있다.

본서는 이러한 관점에서 복잡한 예산서와 결산서를 이해하고 분석하는데 있어서 꼭 필요한 핵심 포인트를 가능한 한 빠짐없이 폭넓게 간추려 평이하게 해설하는 것을 주된 목적으로 삼고 있다.

'새성을 알고 판독할 수 있는 사람은 국가의 운명을 좌우할 수 있다'는 「슘페터」(J. A. Schumpeter)의 탁견을 접한 후 나라살림에 대한 시계(視界)를 넓혀가던 저자가 예산에 관한 저서를 집필하기로 마음먹은 것은 꽤 오래 전의 일이다. 지금도 기억이 새롭지만 고시에 합격한 후 처음 예산서와 결산서를 펼쳐들고 심사에 임했을 때의 당혹감은 이루 말할 수 없었다. 그 때 예산을 공부할 수 있는 해설서를 찾았으나 예산을 분석하고 심사하는 입장에서 친숙해질 수 있는 알맞은 안내서를 찾기란 쉽지 않았다. 그래서 그 후 예산관련부서에서 근무하면서 예산심사에 도움이 되는 편람을 작성하게 되었고 그것이 본서의 틀을 잡는 데 큰 힘이 되었다. 또한 '93년도부터 한양대학교 지방자치연구소·지방자치대학원과 중앙대학교 사회개발대학원에서 『예산결산심사기법』을 주제로 강의를 하고, '95년도부터는 고려대학교 정책과학대학원에서 『예산론』을 담당하면서 예산과 관련한 이론과 실무를 소개하는 참고서를 발간하기로 마음을 굳히고 본격적인 작업에 들어갔다. 그러나 무엇보다 다양한 기회를 통하여 국회의원과 각급 지방의회 의원, 공무원들을 대상으로 예산심사요령에 대한 강의를 하면서 이들에게 알기 쉽고 예산의 전체적 모습을 실무적으로 이해할 수 있게 하는 입문서의 필요성을 통감하게 되었고, 주위에서도 많은 사람들의 권유가 있어서 집필을 하기에 이르렀다.

본서는 예산의 편성, 집행, 운용 등 제문제를 가능한 한 종합적으로 기술하고 있지만 제도나 이론뿐만 아니라 실제 예산심사 시 활용되는데 역점을 두고 여러 가지 접근방법을 동원하여 전개해 나가고 있다. 우선 예산서와 결산서를 다루기 어렵게 하는 요인이 전문용어에 대한 이해부족에서 비롯되는 부분이 많음을 감안하여 예산결산제도의 각 항목에 대한 설명을 충분히 하였으며, 아울러 주요 논의사항에 대한 관련사례를 일일이 소개하고 보충해 줄 필요성이 있는 부분은 별도로 '보론'과 '논평'이라는 형식을 빌려 추가적으로 자세한 해설을 해줌으로써 현실적인 감각을 가지고 흥미롭게 읽을 수 있도록 하였으며 나아가 예산운용의 흐름을 객관적으로 판단할 수 있는 재료로 실제 이용할 수 있게 하였다. 그리고 참신성을 최대한 유지하기 위해 예산제도와 계수는 가장 최근의 것을 수록하였다. 다만 본서에 게재된 사례는 재정경제원의 『예산편람』과 감사원의 『회계검사편람』 그리고 국회예산관련부서에서 발간된 편람 및 심의자료와 『국회보』를 통해 소개된 사례 등에 큰 도움을 받았음을 밝혀둔다.

본서는 모두 13개 장으로 구성되어 있으며, 장별 주요내용은 다음과 같다.

제1장은 예산을 이해하는데 있어 반드시 숙지해야 할 재정이론을 설명하고 있다. 예산과 재정의 어의와 개념, 의의, 기능에서부터 재정민주주의, 예

산의 원칙, 경비론, 공채부담론, 공공선택론적 측면에서 살펴 본 예산의 정치경제학 등이 그 주요내용이다.

제2장과 제3장은 우리나라 예산의 기본적 틀에 대해서 개설하고 있다. 우선 제2장에서는 예산의 범위, 일반회계, 특별회계, 기금 등 예산의 회계체계와 회계체계간의 상호관계, 통합예산, 예산회계법 내지 지방재정법상 예산의 원칙을 해설하고 있다. 제3장에서는 본예산 · 추가경정예산 · 흑자예산 · 적자예산 등의 분류, 예산의 내용인 예산총칙, 세입 · 세출예산, 계속비, 국고채무부담행위, 명시이월비의 구체적 내용을 담고 있다.

제4장은 지방의 재정운영에 대한 이해를 돕기 위해 지방재정의 의의와 예산제도, 지방재정운영의 원칙, 중앙과 지방재정의 관계, 국고보조금, 지방교부세, 지방양여금, 조정교부금 등을 상설하고 있다. 특히 국가재정과 지방재정은 국가운영의 두 수레바퀴와 같이 밀접한 관계를 가지고 있기 때문에 제4장 외에도 본서의 전편에 걸쳐 국가와 지방의 재정 양면을 함께 해설하고 있다.

제5장은 예산은 어떻게 편성되는가에 초점을 맞추고 있다. 예산편성절차, 예산편성과 예산사정 시 고려하는 기본적 관점과 조정원칙, 세입 · 세출예산의 산정방법, 세출의 절감합리화 방법으로서 예산제도의 개혁문제가 다루어지고 있다.

제6장은 가을이 깊어갈 때 신문이나 TV의 뉴스를 통해 가장 가까이 접하게 되는 예산의 심의현장이 소개된다. 예산의 심의기능과 심사제도 및 심사절차, 실제 상임위원회와 예산결산특별위원회에서는 어떻게 심의되고 있는지 그 실상을 소개하고 문제점과 개선방안도 제시하고 있다. 지방의회의 예산심의 실태도 폭넓게 설명하고 있다.

제7장은 예산이 어떻게 집행되고 있는지를 살펴본다. 예산집행의 목적과 원칙 · 절차, 예산배정의 절차와 유형, 예산의 이용과 전용 및 이체 · 이월, 예비비사용, 수입대체경비와 수입금마련지출에 대하여 구체적으로 설명하고 있다.

제8장과 제9장은 국가예산심사에 초점을 맞추고 있다. 우선 제8장에서는 예산심사 시 검토해야 할 자료와 활용요령 등을 비롯하여 국가예산의 맥을 짚을 수 있도록 예산규모의 논쟁, 예산편성의 전제, 재원배분, 세수추계, 적자예산과 재정차입, 공공요금, 경직성경비, 방위비, 공무원보수 등 10대 검토사항을 어떤 심사의 틀을 가지고 접근해야 되는지 상세히 설명하고 있다. 이어 제9장에서는 예산안과 추가경정예산안을 실제 검토 시 착안점은 무엇인지 개별항목마다 일일이 제시하고 실제 사례를 소개하고 있다.

제10장은 지방예산심사에 초점을 맞추고 있다. 지방예산의 편성 · 심의 · 집행상 고려사항과 감축관리 등 예산절약방법을 소개하고 신규시책을 어떻게 검토해야 하는지 그 이론적 틀을 비롯하여 지방자치단체의 정책형성방법과 기업형 지방재정구축의 기본방향, 지방예산제도의 개혁방향을 제시하고 있다. 아울러 국가예산과 마찬가지로 지방예산의 맥을 짚을 수 있도록 예산규모, 세수추계, 세외수입, 재원배분, 경직성경비, 결산율 · 불용률, 사고이월, 지방재정계획과 투자심사, 경영합리화, 지방재정지표와 지역경제통계 등 10대 검토사항을 어떤 문제의식을 가지고 검토해야 되는지 정리하고 이어 예산안과 추가경정예산안을 실제검토 시 착안해야 될 사항과 사례를 소개하고 있다.

제11장과 제12장은 결산을 집중적으로 해설하고 있다. 결산은 예산에 귀중한 반성자료를 제공하는 동시에 국가나 지방자치단체의 재정상 문제점을 명확하게 해주기 때문에 재정의 개선에 기여하는 바가 크다. 또한 결산은 행정활동의 결과를 집약적으로 표현하는 계수이기 때문에 국회나 지방의회에서 그리고 납세자의 입장에서 행정을 감시하는데 가장 중요한 수단이 되는 자료의 하나이다. 따라서 제11장에서는 결산의 의의와 절차, 결산의 종류와 결산보고서의 종류를 설명하고 예비비결산, 불용액의 발생원인과 문제의식, 세계잉여금 등을 폭넓게 다루고 있으며, 특히 결산검사위원이 결산심사 시 다루어야 할 사항을 항목별로 자세히 소개하고 있다. 이어 제12장에서는 결산과 예비비지출의 검토 시 착안사항과 실제 사례를 설명하고 있다. 또한 지방의

회의원의 직무 중 예산결산심사와 매우 밀접한 행정감사와 관련하여 감사기준과 감사실시요령, 감사 착안점을 부록으로 소개하고 있다.

제13장은 주요국의 재정제도와 재정정책을 다루고 있다. 예산제도는 각국의 역사, 정치정세, 국민성 등을 반영하고 있으므로 구미나 일본 등 주요 선진국의 재정제도와 재정정책을 둘러싼 논의가 우리에게 타산지석으로 참고될 수 있다고 보아 제도의 핵심내용과 최근의 재정동향을 간단 · 평이하게 설명하였다.

이처럼 본서는 국회의원과 지방의회의원, 예산결산 담당공무원 및 예산에 관심이 있는 일반인과 시민단체, 그리고 학부나 대학원에서 경제학이나 재정학, 재무행정학, 정책학 등 사회과학을 전공하는 학생들을 대상으로 예산결산에 관한 이론 및 실제를 체계적 · 심층적으로 그리고 가능한 한 이해하기 쉽게 해설하고자 하였다.

예산에 흥미를 갖고 있는 사람이라면 신문이나 TV 뉴스를 이해할 정도의 기초적인 지식에서부터 보다 심도 깊은 전문적 내용에 이르기까지 이 정도는 알아두는 것이 좋겠다고 생각되는 부분을 망라하다 보니 부피가 적지 않게 늘어나 독자들에게 다소 부담이 되리라고 생각되나 처음부터 순서대로 읽으면서 억지로 기억하려고 하지 말고 먼저 목차나 색인을 살펴보고 관심 있는 부분이나 예산심의 시 논란의 여지가 있는 쟁점사항을 찾아내어 그곳을 집중적 · 중점적으로 읽어가게 되면 별 어려움 없이 독해할 수 있을 것이다.

그러나 공무 중 여가를 이용하여 한정된 시간에 집필한데다 저자가 본디 천학비재하고 경험이 일천한지라 열의는 있어도 기대에 미치지 못한 점이 많이 있을 것으로 생각되어 한없는 부끄러움을 숨길 수 없다. 비록 이처럼 부족하고 보잘 것 없는 모습으로 태어나긴 했지만 앞으로 본서를 이용하는 독자제현의 기탄없는 충고와 조언을 겸허히 받아들여 꾸준히 보완하고 수정해 나갈 것을 다짐한다. 아무튼 본서가 예산마인드 함양과 예산결산심사의 질적 개선을 통해서 우리 국민들의 삶의 질을 향상시키고 다가오는 21세기의 재정 틀을 바로 잡는데 다소나마 기여할 수 있다면 망외(望外)의 기쁨이겠다.

맹자는 일찍이 학문의 길은 다른 것이 아니라 놓친 마음을 찾는 것일 뿐이라고 가르친 바 있다. 저자는 여명이 밝아오기 직전의 새벽등산을 통해서 집필항목을 부단히 다듬고 또 다듬었다. 처음 시작할 때는 참으로 아득하고 지난(至難)한 일이라 생각되어 순간순간 주저하기도 하였지만 주위로부터의 수많은 격려와 성원이 있어서 마무리할 수 있었다. 우선 본서를 집필하는데 있어서 국내외의 많은 서적을 참고하였는데 유형무형의 학은(學恩)을 베풀어 준 동학들의 풍부한 경험과 탁월한 식견은 본서를 집필하는데 너무나 소중한 밑거름이 되었다. 이 자리를 빌려 마음으로부터 감사드린다. 그리고 다섯 번째 저서가 나올 수 있도록 물심양면으로 지원을 아끼지 않으신 한승인님의 한결같은 독려와 사랑하는 가족들의 헌신적 배려, 그리고 지칠 때마다 실족하지 않고 흔들림 없이 펜을 잡을 수 있도록 붙잡아 준 지인들의 뜨거운 손길에 깊은 경의를 표한다. 앞으로도 변함없이 일상을 경작하여 시대를 조명하는 고독한 학습과 산고의 열정을 가꾸고 일구는데 꾸준히 정진할 것을 약속드린다. 끝으로 출판사정이 그 어느 때보다 여의치 못한 상황에서 열의와 호의를 가지고 악필의 원고를 다듬어 이 만큼 훌륭한 책으로 만들어 주신 세명서관의 오영환 사장님과 편집팀에게 감사드린다.

2. 서 평 1

『예산결산심사 - 이론과 실제』
최 광(한국조세연구원장)
한국경제신문(1997년 6월 13일)

예산은 정부의 살림살이이다. 가정의 살림살이를 알려면 가계부를 살펴보아야 하고 기업의 살림살이를 알려면 회계장부를 보아야 한다. 마찬가지로 국민들이 납부한 세금이 어느 곳에 어떻게 쓰이는지 알려면 정부의 예산서와 결산서를 살펴보아야 한다.

하지만 국민의 세금으로 운영되는 일반회계와 더불어 22개의 특별회계 및 76개의 기금으로 구성되어 있는 정부의 살림살이를 이해하는 것은 그리 쉬운 일이 아니다. 정부의 예산과 결산을 해설한 책들이 우선 많지 않을 뿐만 아니라 기존의 것들을 이것저것 들춰보아도 딱딱한 전문용어와 통계자료만 가득한 현실에서는 더욱 그러하다.

그러나 이제 일반 국민들도 나라의 살림살이를 쉽게 살펴볼 수 있게 되었다. 이는 예산 · 결산의 분석 · 심의를 담당하고 있는 국회법제예산실에서 심의관으로 근무하고 있는 신해룡 박사가 「예산결산심사 - 이론과 실제」(세명서관)라는 제목으로 예산에 흥미를 갖고 있는 사람이라면 누구나 이해할 정도의 해설에서부터 보다 심도 깊은 전문적 내용에 이르기까지 자세한 해설서를 집필하였기 때문이다. 대학에서 오랫동안 재정학을 강의해온 평자로서도 한번 만들어 보고 싶었던 책자를 실무자가 직접 발간해 낸 것은 그 자체만으로도 크게 치하해 주고 싶다.

1천 4백 쪽에 달하는 방대한 분량의 본 책자는 예산 · 결산과 관련된 모든 사항을 문자 그대로 총망라하여 다루고 있다. 예산을 이해하는데 반드시 숙지해야 할 재정이론에서부터 정부예산의 기본적 틀과 예산의 편성 · 집행 · 결산을 실무적 경험과 구체적 사례를 반영하여 예산결산심사를 두고 하나의 완벽한 길잡이를 제시하고 있다. 주요 논의 사항에 대해 관련 사례를 일일이 소개하고 보충의 필요성이 있는 부분은 「보론」과 「논평」이라는 형식을 빌려 추가적으로 자세한 해설을 해줌으로써 현실적인 감각을 가지고 흥미롭게 읽을 수 있도록 하고 있다. 이 책은 다양한 집단들의 각기 독특한 수요를 잘 충족시켜 줄 것으로 본다. 무엇보다도 국민들이 세금의 용도를 이해하는 데 길잡이 역할을 할 것이다.

「예산결산심사 - 이론과 실제」는 국회와 지방의회에서 예산을 직접 다루는 선량들과 이들의 보좌관들은 물론 학계를 비롯 관계 · 정계 · 경제계 · 언론계에서 예산 결산에 관심이 있는 모든 분들의 필독서가 될 것을 믿어 의심하지 않으며 일독을 강력히 권하는 바이다.

3. 서 평 2

『예산결산심사 - 이론과 실제』
최 광(한국조세연구원장)
국회보(1997년 7월호)

예산은 정부의 살림살이이다. 가정의 살림살이를 알려면 가계부를 살펴보아야 하고 기업의 살림살이를 알려면 회계장부를 보아야 한다. 마찬가지로 국민들이 납부한 세금이 어느 곳에 어떻게 쓰이는지 알려면 정부의 예산서와 결산서를 살펴보아야 한다.

하지만 국민의 세금으로 운영되는 일반회계와 더불어 22개의 특별회계 및 76개의 기금으로 구성되어 있는 정부의 살림살이를 이해하는 것은 그리 쉬운 일이 아니다. 복잡한 재정체계와 생소한 용어들 때문에 정부의 가계부를 꼼꼼히 살펴보겠다는 일반 국민들의 의지와 노력은 매번 수포로 돌아가기 십상이다. 정부의 예산과 결산을 해설한 책들이 우선 많지 않을 뿐만 아니라 기존의 것들을 이것저것 들춰보아도 딱딱한 전문용어와 통계 자료만 가득한 현실에서는 더욱 그러하다.

그러나 이제 일반 국민들도 나라의 살림살이를 한결 쉽게 살펴볼 수 있게 되었다. 이는 예산 · 결산의 분석 · 심의를 담당하고 있는 국회법제예산실에서 예산정책심의관으로 근무하고 있는 신해룡 박사가 『예산결산심사 - 이론과 실제』(세명서관刊)라는 예산에 흥미를 갖고 있는 사람이라면 누구나 이해할 수 있을 정도의 내용에서부터 심도 깊은 전문적 내용에 이르기까지 자세히 설명한 해설서를 집필하였기 때문이다.

대학에서 오랫동안 재정학을 강의해 온 평자로서도 동료 재정학자와 더불어 한번 만들어 보고 싶었던 책자를 실무자가 직접 집필해 낸 것에 대해 그 자체만으로도 크게 치하하고 싶다.

1,400쪽에 달하는 방대한 분량의 본 책자는 예산 · 결산과 관련된 모든 사

항을 문자 그대로 총망라하여 다루고 있다. 예산을 이해하는데 반드시 숙지해야 할 재정이론에서부터 정부예산의 기본적 틀과 예산의 편성 · 집행 · 결산에 대한 실무적 경험과 구체적 사례를 반영하여, 예산결산심사를 두고 하나의 완벽한 길잡이를 제시하고 있다. 주요논의 사항에 대해 관련사례를 일일이 소개하고 보충의 필요성이 있는 부분은 "보론"과 "논평"이라는 형식을 빌려 추가적으로 자세한 해설을 함으로써 현실적인 감각을 가지고 흥미롭게 읽을 수 있도록 하고 있다.

본서는 모두 13개장으로 구성되어 있으며 장별 주요내용은 다음과 같다.

제1장은 예산을 이해하는데 있어 반드시 숙지해야 할 재정이론을 설명하고 있다. 예산과 재정의 어의와 개념, 의의, 기능에서부터 재정민주주의, 예산의 원칙, 경비론, 공채부담른, 공공선택론적 측면에서 살펴본 예산의 정치경제학 등이 그 주요내용이다.

제2장과 제3장은 우리나라 예산의 기본적 틀에 대해서 개설하고 있다. 우선 제2장에서는 예산의 범위, 일반회계, 특별회계, 기금 등 예산의 회계체계와 회계체계간의 상호관계, 통합예산, 예산회계법 내지 지방재정법상 예산의 원칙을 해설하고 있다. 제3장에서는 본예산, 추가경정예산, 흑자예산 · 적자예산 등의 분류, 예산의 내용인 예산총칙, 세입 · 세출예산, 계속비, 국고채무부담행위, 명시이월비의 구체적 내용을 담고 있다.

제4장은 지방의 재정운영에 대한 이해를 돕기 위해 지방재정의 의의와 예산제도, 지방재정운영의 원칙, 중앙과 지방재정의 관계, 국고보조금, 지방교부세, 지방양여금, 조정교부금 등에 대해 상설하고 있다.

제5장은 예산이 어떻게 편성되는가에 초점을 맞추고 있다. 예산편성절차, 예산편성과 예산사정 시 고려하는 기본적 관점과 조정원칙, 세입 · 세출예산의 산정방법, 세출의 절감 합리화 방법으로서의 예산제도의 개혁문제가 다루어지고 있다.

제6장에서는 가을이 깊어 갈 때 신문이나 TV의 뉴스를 통해 가까이 접하게 되는 예산의 심의현장이 소개된다. 예산의 심의기능과 심사제도 및 심사

절차, 실제 상임위원회와 예산결산특별위원회에서 어떻게 예산이 심의되고 있는지 그 실상을 소개하고 문제점과 개선방안도 제시하고 있다. 지방의회의 예산심의 실태도 폭넓게 설명하고 있다.

제7장은 예산이 어떻게 집행되고 있는지를 살펴본다. 예산집행의 목적과 원칙·절차, 예산배정의 절차와 유형, 예산의 이용과 전용 및 이체·이월, 예비비사용, 수입대체경비와 수입금마련지출에 대하여 구체적으로 설명하고 있다.

제8장과 제9장은 국가예산심사에 초점을 맞추고 있다. 우선 제8장에서는 예산심사 시 검토해야 할 자료와 활용요령 등을 비롯하여 국가예산의 맥을 짚을 수 있도록 예산규모의 논쟁, 예산편성의 전제, 재원배분, 세수추계, 적자예산과 재정차입, 공공요금, 경직성경비, 방위비, 공무원보수 등 10대 검토사항에 대해 어떤 심사의 틀을 가지고 접근해야 되는지 상세히 설명하고 있다. 이어 제9장에서는 예산안과 추가경정예산안을 실제 검토 시 착안점은 무엇인지 개별항목마다 일일이 제시하고 실제사례를 소개하고 있다.

제10장은 지방예산심사에 초점을 맞추고 있다. 지방예산의 편성·심의·집행상 고려사항과 감축관리 등 예산절약방법을 소개하고 신규시책을 어떻게 검토해야 하는지 그 이론적 틀을 비롯하여 지방자치단체의 정책형성방법과 기업형 지방재정 구축의 기본방향, 지방예산제도의 개혁방향을 제시하고 있다. 아울러 지방예산의 맥을 짚을 수 있도록 예산규모, 세수추계, 세외수입, 재원배분, 경직성경비, 집산율·불용률, 사고이월, 지방재정계획과 투자심사, 경영합리화, 지방재정지표와 지역경제통계 등 10대 검토사항을 어떤 문제의식을 가지고 검토해야 되는지 정리하고 이어 예산안과 추가경정예산안을 실제 검토할 때 착안해야 될 사항과 사례를 소개하고 있다.

제11장과 제12장은 결산을 집중적으로 해설하고 있다. 결산은 예산에 귀중한 반성자료를 제공하는 동시에 국가나 지방자치단체의 재정상 문제점을 명확하게 해 주기 때문에 재정의 개선에 기여하는 바가 크다. 또한 결산은 행정활동의 결과를 집약적으로 표현하는 계수이기 때문에 국회나 지방의회에서 그리고 납세자의 입장에서 행정을 감시하는 데 가장 중요한 수단이 되는

자료의 하나이다. 따라서 제11장에서는 결산의 의의와 절차, 결산의 종류와 결산보고서의 종류를 설명하고 예비비결산, 불용액의 발생원인과 문제의식, 세계잉여금 등을 폭넓게 다루고 있으며, 특히 결산검사위원이 결산심사 시 다루어야 할 사항을 항목별로 자세히 소개하고 있다. 또한 지방의회의원의 직무 중 예산결산심사와 매우 밀접한 행정감사와 관련하여 감사기준과 감사실시요령, 감사착안점을 부록으로 소개하고 있다.

제13장은 주요국의 재정제도와 재정정책을 다루고 있다. 예산제도는 각국의 역사, 정치정세, 국민성 등을 반영하고 있으므로 구미나 일본 등 주요 선진국의 재정제도와 재정정책을 둘러싼 논의가 우리에게 타산지석이 될 수 있다고 보아 제도의 핵심내용과 최근의 재정동향을 간단 · 평이하게 설명하고 있다.

예산은 매년 편성, 심의, 집행, 결산의 4단계를 거치면서 시작되고 마무리된다. 이 같은 예산의 4단계 흐름에서 편성과 집행이 행정부의 몫이라면 심의와 결산은 국회의 몫이 된다. 본 책자는 예산의 모든 과정을 망라하여 자세히 논의하고 있는 최초의 저술이다. 얼마 전 재정경제원 예산실 실무자들이 직접 집필한 『97년 한국의 재정』(매일경제신문사刊)과 본 『예산결산심사 - 이론과 실제』는 각각 매우 훌륭한 내용을 담고 있다. 평자의 판단으로 두 책자는 상호보완적이므로 두 책자를 정독하면 분명히 우리나라 재정의 제도와 운영에 대해서는 정확하고 확실한 그리고 살아있는 정보를 갖게 될 것이다.

분량의 방대함도 방대함이지만 다루는 내용이 짜임새 있고 망라적이고 완벽한 것이 신박사 저술의 특징으로 지적될 수 있다. 평자는 영어나 일본어로 된 예산 및 결산에 관한 어느 저술도 이처럼 방대한 분량에 달하는 경우를 접한 일이 없다. 현직 공무원인 신박사가 일상의 업무를 성실히 하면서 주말과 저녁시간을 얼마나 절제하여 활용하였는지는 저술 활동을 해 본 사람은 물론 일반인도 책을 펼치는 순간부터 곧장 깨달을 것으로 확신한다.

저자 신해룡 박사는 국회에서 예산 실무를 담당하면서 국회의원, 지방의회의원, 관련 공무원을 대상으로 그리고 대학과 대학원에서 학생들을 대상으로 수년간 강의를 해 오고 있다. 재정과 관련하여 『지방재정학』(1990), 『효율과 공정의 경제학』(1991), 『공공선택의 경제학』(1994), 『지방재정학(개정판)』(1995) 등 4권의 저서를 이미 출간한 바 있는 저자의 헌신적 노력은 우리나라 공무원의 모범적 사례로서 크게 칭송받아야 한다.

본서는 다양한 집단들의 각기 독특한 수요를 잘 충족시켜 줄 것으로 본다.

무엇보다도 일반 국민들이 세금의 용도를 이해하기 위한 길잡이로서 큰 역할을 할 것이다. 또한 두 발을 현실에 두고 정부재정을 공부하고자 하는 사람들에게는 현재의 쟁점과 정부 당국의 문제 인식을 이해하기 위한 출발점이 될 것으로 생각된다. 이론에만 익숙한 많은 학도들에게도 이론의 현실 적용사례를 보여 주는 풍부한 내용이 담겨 있다는 점에서 더할 나위 없는 참고서가 될 것이다.

또한 입법고시나 행정고시 등 각종 시험을 준비하고 있는 학생들에게도 좋은 참고자료가 될 것 같다. 최근 출제경향이 순수이론에 대한 지식보다는 이론과 우리나라 현실을 접목시키는 능력을 평가하는 데 중점을 두고 있다는 점을 감안할 때 그리고 합격 후 어느 부서에 배치받든 국가운영과 관련한 개괄적 모습을 이해하는 것이 필요하다는 점을 염두에 둘 때 수험생은 물론 합격자도 꼭 한번 읽어 볼 필요가 있을 것이다.

우리 국회는 국정감사에 지나치게 큰 비중을 두고 있다. 국가의 모든 정책이 예산에 반영되는 것은 아니나 중요한 국가정책치고 예산에 나타나지 않는 것은 없다. 따라서 예산만을 잘 따지면 국가정책에 대한 국회의 역할은 충분히 하게 된다. 이러한 관점에서 앞으로의 국회 활동은 예산심의를 수된 활동으로 하고 예산에 나타나지 않는 사항은 국정감사를 통해 따지는 방향으로 예산심의와 국정감사의 역할분담을 하는 것이 바람직하다고 판단된다.

미국의 경제학자 슘페터(J. A. Schumpeter)는 "재정을 알고 판독할 수 있는 사람은 국가의 운명을 해명할 수 있다"라고 갈파한 바 있다. 『예산결산심사 - 이론과 실제』는 국회와 지방의회에서 예산을 직접 다루는 선량들과 이들의 보좌관들은 물론 학계를 비롯한 관계 · 정계 · 경제계 · 언론계에서 예산 · 결산에 관심이 있는 모든 분들의 필독서가 될 것을 믿어 의심하지 않으며 일독을 강력히 권하는 바이다.

4. 이 책 이 사람

> 『예산결산심사』… 펴낸 국회 심의관 신해룡씨
> 경향신문
> (1997년 6월 13일)

「나라 살림살이를 알려면 예산 · 결산의 집행 및 심의과정을 올바로 이해해야 합니다. 그러나 예산서나 결산서를 제대로 독해할 수 있는 사람은 그리 많지 않습니다. 국회의원, 지방의회의원, 담당공무원은 물론 대학 전공자들이 이론과 실무에서 활용할 수 있었으면 합니다」

국회 법제예산실 예산정책심의관 신해룡씨(45)가 예산 · 결산의 모든 것을 담은 『예산결산심사 - 이론과 실제』(세명서관)를 펴냈다. 1,300여쪽 분량의 이 책은 복잡한 예산서와 결산서를 이해하고 분석하는데 필요한 핵심사항을 빠짐없이 간추려 평이하게 해설하고 있어 전공학자들도 쓰기 어려운 노작으로 평가되고 있다.

79년 입법고시에 합격, 국회 경제과학위 입법조사관으로 공직생활을 시작한 신씨는 예산학습서 하나 없다는 사실을 알고 예산에 대한 공부를 시작했다고 말했다. 공직생활 대부분을 주로 예산 관련 분야에서 일해 온 신씨는 국민의 세금으로 이루어지는 예산이 제대로 운용될 때 정치선진화를 가져올 수 있다는 믿음에서 책을 내게 됐다고.

지난 89년 건국대 대학원에서 공공선택론으로 박사학위를 받은 신씨는 학자 못지 않은 학문적 열의를 불태우고 있다. 지금까지 출간된 전문연구서만도 『지방재정학』 『공공선택의 재정경제학』 등 4권에 이른다.

「국회 예산처리 과정뿐 아니라 지방화 · 세계화 시대에 맞춰 지방자치단체의 재정운용과 지방의회의 예산심사, 선진국의 사례 등을 폭넓게 담았습니다. 세금의 흐름을 일목요연하게 알 수 있도록 국민경제의 측면에서 예산문제를 다뤄 예산실무자는 물론 일반인도 이해할 수 있을 것입니다」

「국고(國庫) 수호」를 공직생활의 좌우명으로 삼고 있다는 신씨는 「이 책이 국민들의 삶을 향상시키고 21세기 우리나라 국가재정의 틀을 바로잡는 길잡이가 됐으면 한다」고 말했다.

Ⅷ_책속으로 국가예산의 12대 검토 기준과 요령

1 예산은 「재원 · 절약 · 균형」이다

각 부처가 요구하는 예산은 우선 실링(ceiling)에 의하여 예산의 규모가 재원범주(framework) 내로 흡수될 수 있을 정도가 되어야 한다. 총괄부서에서는 재원관리에 책임을 가지고 조정에 임하여야 하며, 각 부서에서는 절약과 균형에 주력해야 한다. 대형 사업이 많은 예산실무자들은 기타사업을 조정할 때 여타부처와의 균형을 늘 염두에 두고 주요사업 편성 시와는 다른 자세로 검토해야 한다.

정부와 민간, 국가와 지방정부간의 기능분담을 먼저 판단한다. 민간에 유사한 사업기능이 있는지를 점검하고 반드시 공공시설사업만으로 전체 수요를 충족시켜야 하는지 민간과 재정의 합리적 기능분담의 원칙을 먼저 제시하고 이에 따라 재정이 분담할 몫을 정한다. 또한 국가가 할 일을 지자체가, 지자체가 할 일을 국가가 떠안는 일이 없도록 한다.

또한, 예산에는 사실판단과 가치판단이 동시에 포함되어 있어 양자의 연계에 관한 판단 하에 재원투입여부를 결정해야 한다. 사실판단은 예산효과가 기대한대로 일어났는지 아닌지에 관한 객관적인 분석, 즉 인과관계에 관한 판단이며, 가치판단은 재원투입 결정에 동조할지 않을지의 여부는 결정자의 가치관에 공감하는가의 여부에 달려있음을 보여 수는 것이다. 예를 들어, 서울－부산 간 고속철도 건설에 예산을 지출하기로 할 때 그 결정은 기술적 측면, 즉 계획된 대로 고속철도가 건설되어 여객수송에 도움이 될 것인가의 사실판단과 고속철도 건설에 대한 지출이 다른 것에 대한 지출보다 더 중요한가의 가치판단 여부에 의존하게 된다.

2 소관부처의 예산요구사항을 파악한다

소관부처 관계자로부터 예산요구의 내용을 듣고 그 개요를 파악하는 동시에 제반 기본사항을 10가지로 나누어 검토한다.

① 요구이유와 사업의 목적 및 필요성
② 사업 수요와 우선순위 및 사업기간(시기와 종기), 업무량
③ 법령상의 근거

④ 예산규모의 적정성 및 산출 내역(최초 및 최종 사업소요 결정금액)
⑤ 사업에 소요되는 총경비와 재원조달계획
⑥ 타 부처 유사사업 내지 계획과의 관계
⑦ 요구사업의 기대수익과 결과 및 성과
⑧ 요구사업의 이력과 예산집행실적 및 집행 상 문제점
⑨ 대통령 및 자치단체장 공약사항 내지 지시사항
⑩ 최근 3년간 단위사업과 관련한 상임위, 예결위 지적사항과 감사원 지적사항 및 각 부처의 개선방안

3 예산의 정책성을 검토한다

예산은 정부 또는 지방자치단체가 그 정책을 실현해 나가는데 있어서 가장 중요한 정책수단이다. 따라서 예산담당자는 공공성에 관한 정보의 조정자(coordinator)로서 매년도 재정지출이 국민생활, 그중에서 납세자의 생활에 어떠한 영향을 미치는가에 대한 정보와 그 정보의 분석에 기초하여 어떻게 하면 다음연도 예산이 보다 공공성이 높고 정책성 있는 예산이 될 수 있을 것인가를 점검해야 한다. 소관부처의 정책적 과제와 정책방향 그리고 국가재정운용계획에 따른 장기계획 등을 철저히 파악하고 예산이 이를 뒷받침한다는 자세로 검토해야 한다. 이를 위해 합리적 예산결정을 저해하는 요인(정치적 이유, 불확실성, 정보부족, 예산편성기관의 능력부족 등)을 감안하여 예산편성에 본격적으로 돌입하기 이전에 부처의 정책과 이를 구현하기 위한 사업에 대해 담당자로부터 직접 충분한 설명을 듣거나 전문가의 의견을 구하는 등 사전준비에 보다 철저를 기하여 「정책이 있는 예산」과 「노선이 분명한 예산」을 만들기 위해 노력해야 한다.

모든 분야가 한정된 예산을 따기 위해 경쟁을 하는 과정에서는 자신들이 하고자 하는 사업이 우선순위가 높으니 예산을 많이 할애 해달라고 호소하게 마련이다. 이때 상대방의 의견만 듣고 우선순위를 결정하지 말고 국가재정기조나 지방자치단체의 통일된 입장에서 검토해야 한다.

예산은 곧 정책이라는 의식이 있다면 모든 분야, 모든 사업을 골고루 늘리고 모든 비목을 조금씩 늘려주는 점증주의식 예산편성(incrementalism), 즉 애매모호한, 좀 더 심하게 말하면 흐리멍덩한 예산편성은 절대로 용납해서는 안 된다. 따라서 예산요구안을 검토할 때 작년과 동일한 내용과 액수이거나 혹은 경제지표의 변화에 의해 일정한 비율로 증액되어 실질적으로 변경된 내용이 없는 항목은 주로 검토대상에서 제외하여야 한다.

예산을 따고자 하는 당사자 입장에서는 모두가 여러 가지 연고를 내세우거나 무시할 수 없는 유력자의 소개를 앞세우기 마련인데, 그럴 때마다 조금씩 예산을 반영해주고 증액해 주다 보면 어느새 재원은 소진되고 예산은 색깔이 없는 흐리멍덩한 것이 되고 만다. 따라서 일차적으로 필수소요만을 반영하여 예산의 골격을 짜고 남은 재원을 정책적 우선분야에 집중적으로 투입하여야 한다.

또한, 예산편성 기준적용으로 인하여 여러 비목에서 증가가 많이 나타나는 경우가 있으나 이 경우에도 절약 가능한 분야, 비목의 물량조절에 의해 인해전술식 증가가 나타나지 않도록 점검해야 한다.

4 예산의 시기선택에 주목한다

예산의 적정화를 위해서는 사업시기(timing)의 선택이 가장 중요한 요인이 된다.

현실적으로 언제나 재원이 부족하므로 「한 해 미루면 안 되느냐」, 「내년에 당장 안 해주면 무슨 큰일이라도 나느냐」, 「왜 이 시점에서 문제가 제기되었는가, 지금까지는 어떻게 견뎌왔으며 같은 방법으로 몇 년 더 견딜 수 없는가」를 점검해야 한다. 예를 들어 "○○항에서 예비선(豫備船)을 요구 시 예비선 없는 XX항은 어떻게 견디고 있는지"를 따져보아야 한다.

또 어떤 시설을 건설하는데 몇 년이 걸리는 경우가 많으므로 수요증가를 예측하여 미리 착수해야 하는 때도 있다. 투자규모가 큰 사업일수록 언제 착공하여 언제 완공할 것인지가 가장 중요한 판단이 된다. 따라서 주요투자 사업에 대해서는 중장기계획이 필요하다. 예를 들어 교량확장이 필요한 곳이 다섯 군데가 있다면 하루에 교량을 통과하는 교통량이 얼마나 되는지를 비교해보고 우선순위와 재원을 감안하여 연차별 계획을 세워야 한다.

물량판단과 관련하여 수요증가를 예측함에 있어서 과거 추세치의 단순연장에 너무 의존해서는 안 된다. 모든 추세변화에 항상 변곡점, 포화점이 존재한다는 사실을 염두에 두어야 한다. 따라서 과거 추세치에 주로 의존하는 계량분석 이외에 구조변화 또는 한계점 도달(saturation)여부, 최대수요와 평균수요의 편차 등 질적 변화요인을 종합적으로 고려하여 최적규모를 정해야 한다.

또한 「사업의 효과가 있었다면 소요가 줄어야 되는 경우」가 아닌지를 검토해야 한다. 예를 들어 영세민 자활시책에 효과가 있었다면 영세민 수가 줄어야 된다는 것이다.

시기의 선택은 규모의 선택과 상호의존관계에 있다. 수요는 연속적으로 증가하지만 시설용량은 계단식으로 증가할 수밖에 없으므로 신설 · 확장의 시기와 규모선택이 예산편성의 중요요소이며 절약의 한 수단이다. 대부분의 투자의 경우 규모의 경제(economies of scale)가 작용하여 규모가 클수록 단위당 비용이 떨어지게 마련이므로 소규모로 나누어서 조금씩 증설을 할 것인가, 아니면 몇 년 더 기다려서 한꺼번에 대규모의 확장을 하는 것이 유리한가 하는 선택이 중요한 고려사항이 된다. 또한, 지역별로 쪼개서 시설을 설치할 것인가, 아니면 교통연결이 편리한 지역단위로 묶어서 좀 더 크고 좋은 시설을 만들 것인가도 판단해야 한다.

예산을 반영한다고 하더라도 편성기간 중 어느 시기에 반영할 것인가도 신중히 판단해야 한다. 우선순위가 아주 높은 필수적인 사업부터 먼저 반영하고 재원을 보아가며 그 다음으로 중요한 사업을 반영하는 등 몇 단계로 나누어서 반영해 나가야 한다.

5 예산심사는 단가 · 물량(규모)에 대한 조정이다

투자사업 이외의 예산은 대부분 「단가×물량」에 의해서 산출된다. 실제 집행과정에서 단가와 물량이 그대로 지켜지는 일은 거의 없음에도 불구하고 어떤 일을 하는 데 얼마만큼 돈이 들지 가늠하는 데는 유용한 방법이다.

단가는 예산편성기준 이외에 각종 물가조사, 노임조사, 유사사례, 물가상승률 등을 참조해야 한다. 단가의 경우 「평균」을 의식해야 하는데, 예를 들어 미국에 대학교수 50명을 파견할 경우 전원을 미국동부인 뉴욕기준으로 편성해서는 안 된다. 왜냐하면 전원이 동부로만 가는 것이 아니고 서부 쪽 대학에도 연수를 가게 되는 것이며 미국동부와 서부는 항공료가 40% 가까이 차이가 나기 때문이다. 또한, 용량 · 정밀도에 따라 가격차이가 큰 품목의 경우 지나치게 고급품을 기준으로 하는 일이 없도록 해야 한다. 그렇다고 해서 무조건 가장 싼 것만 찾아서도 안 된다.

투자사업비의 경우 「입찰에 의한 계약」이 이루어지기 전에는 과거의 경험과 실적분석 또는 표준시방서 등에 입각하여 국도의 규격에 따른 도로건설은 1km에 평균 얼마나 들고, 경지정리는 1ha에 평균 얼마가 든다는 것을 정하고 내년에 얼마만큼의 물량을 추진할 것인가를 결정하면 소요예산은 산출된다.

물량의 경우 관련예산간의 관계를 반드시 고려해야 한다. 예를 들어 신축해준 식당, 도서관의 면적, 식사인원, 장서 수도 검토해 보지 않고 식탁, 책걸상, 책꽂이 등의 수를 단순히 요구만을 기초로 판단해서는 안 된다. 또한, 수입과 지출요인에 연관성이 있는 경우 반드시 고려하고, 컴퓨터관련 예산의 경우 컴퓨터본체와 각종 · 부대시설 및 장비의 용량 · 물량의 상호관계의 적정성을 검토하도록 한다.

6 예산검토는 '균형과 비례'의 감각으로 해야 한다

예산사정 · 조정 · 심사를 제대로 하기 위해서는 유사한 사업을 상호 비교하는 「균형과 비례(balance)」의 감각이 절대적으로 필요하다. 예를 들어 각 공항에 공통된 시설과 장비의 규모, 단가가 공항의 규모에 따라 어떻게 달라야 하는지를 검토하는 식이다. 또 국립과학관에 상징조형물을 세운다면 독립기념관에 있는 상징조형물과 비교해야 한다. 일개 단과대학의 도서구입비가 서울대나 국립중앙도서관보다 많다면 어떻게 이해해야 할 것인가.

또한, 한 사업과 관련된 각종 물량증가율(특히 수입관련 지표와 지출관련 지표)의 상호관계가 합리적인지를 검토해야 한다. 이때 고정비인지 변동비인지 여부의 판단이 선행되어야 한다. 왜냐하면 어떤 예산을 새로 인정하거나 늘려주게 되면 논리적으로 볼 때 그만큼 당연히 삭감해야 하는 예산이 있는 경우가 많기 때문이다. 예를 들어 업무용자동차를 사주고 그 유지비 예산을 반영해 주면 당연히 그 유지비와 감가상각비만큼 출장비(여비)를 깎아야 한다. 영세민의 자활지원 사업을 강화하면 영세민 수가 연차적으로 줄어들 것을 예상할 수도 있다.

개인용 컴퓨터(PC)도입 등에 의한 사무자동화비용이 증가하는 만큼 인쇄비 등 수수료 · 수용비, 인력 등에서 그 이상의 비용절감이 이뤄져야 하는 것이 정상이다. 문서편집기 등을 사주면서도 인쇄비 등 수용비의 절감을 동시에 예산에 반영하는 것도 필요한 조치이다. 정책연구개발 담당인력을 증원할 때는 외주용역비(연구개발비)를 그 증원에 수반되는 비용증가만큼은 최소한 삭감해야 한다.

예산상호 간에 비례관계를 인정해야 하는 경우도 있다. 연구기관의 경우 연구인력, 연구비, 연구 장비, 연구시설 등의 균형문제이다. 즉 건물을 크게 짓고 장비도 많이 사주었는데 연구비를 늘려주지 않으면 늘려준 것도 다 허사가 된다. 4개의 부품이 필요한 제품이 있을 때 한 종류의 부품이 100개밖에 없으면 다른 부품이 아무리 많아도 완제품 100개밖에 만들지 못한다.

세출항목 상호간에 관계될 뿐만 아니라 세출과 세입 간에도 관계가 있다. 예를 들어 승객 수 증가율과 차표인쇄비의 관계이다. 승객증가추세는 지출요인인 기차표인쇄비와 세입요인에 같이 적용되어야 하는 것이다. 가급적 직접적인 지출소요만이라도 자체수입으로 충당할 것을 요구해야 하며 적자가 너무 심할 때는 폐지, 민영화, 세입요율 인상, 감원 등 근본적인 대책까지 검토해야 한다.

예산사정 · 조정 · 심사 시 정책목표와 정책수단의 비례관계도 중요하다. 목표를 달성하기 위해서 과다한 수단을 사용하는 예는 흔히 볼 수 있다. 봄 · 가을 건조기에 산불방지를 위해 입산금지를 하는 것도 하나의 예가 아닐까? 목표는 정당해도 너무나 과도한 수단이라 제대로 실천에 옮길 능력도 없는 조치를 남발해서는 안 된다.

예산에 있어서도 흔히 정책목표의 당위성에 압도당하여 「꼭 필요한 만큼만 계상 한다」는 예산의 이상을 헌신짝처럼 내버리는 경우가 있는데 이는 옳은 태도가 아니다. 필수소요를 따지지 않고 얼마만큼 예산을 반영하라는 식의 요구가 점점 빈발하고 있다. 교육개혁, 농어촌대책, 과학기술, 문화, 중소기업 등의 각 분야로 이런 시도가 번져 나간다면 결국 최적 예산배분의 이상은 실종되고 말 것이다.

7 증가요인의 배후에 숨어있는 삭감요인을 찾아낸다

증가요인의 배후에 감소요인이 숨어있는 경우가 많다. 「감소요인에 대한 삭감약속」이 이행될 수 있는 장치가 필요하다.

신규 사업을 인정할 때에는 그로 인하여 불필요하게 되거나 대폭 미루어져야 할 사업이 없는가를 생각해야 한다. 예를 들어 대학교의 실험연구 장비 확보와 대학교수 연구 장비 공동이용센터 증설확대, 한국장학회 설립 시 기존 장학제도의 통폐합 검토, 영종도신공항과 청주공항 등이다.

신규 사업의 경우가 아니더라도 정책의 중점이 변하여 어떤 사업을 적극적으로 확대할 경우 상대적으로 정리되어야 할 사업은 없는지를 검토해야 한다. 예를 들어, 석탄산업합리화(폐광)사업과 석탄산업육성사업비, 영세민자활지원 사업과 영세민지방이주, 취로사업, 수산자원조성 및 간척사업과 동력선 건조보조사업, 쌀 생산 과잉에 따른 부담증가와 증산 독려시책 등이다. 또한, 시설의 대체 · 이전의 경우 종전시설의 활용 · 처분계획이 감안됐는지를 살펴야 한다. 예를 들면 노후선 폐선을 전제로 한 신조선도입과 같은 경우이다.

한편 예산요구자는 사업의 긍정적인 면과 영향만을 강조하는 경향이 있으므로 예산심의시에는 신청된 사업이 사회나 조직에 미치는 부정적인 영향도 고려하여야 한다. 즉 예산요구서의 내용대로 사업이 집행될 수 있는 가능성과 외부요인이나 기타 예측하지 못한 요인들에 의해 원했던 결과가 달성되지 못하는 가능성 등을 감안하여 삭감요인을 찾아낸다.

8 집행실태와 사업성과의 파악은 예산검토의 출발점이다

예산은 해마다 반복되거나 유사한 사례가 수없이 많다. 따라서 집행실적, 특히 예산의 과부족과 예산집행의 결과 예산요구 시 강력하게 주장하던 사업목적이 실제 얼마나 달성되었으며, 수요자들이 얼마나 호응하고 있는지에 대한 사업실적 점검은 예산사정 · 조정 · 심사의 첫걸음이다.

세입이나 세출의 경우에 있어서 예산과 집행 간 괴리를 보이고 있는데도 조정이 되지 않거나, 특히 세출과다나 세입과소책정이 반복적으로 나타난다면 그 요인을 면밀히 검토해야 한다.

당해사업의 최근 수년간 불용, 이 · 전용, 사고이월의 실태를 파악하여 적정액만을 계상하도록 한다. 소요가 많아서 이 · 전용으로 충당하였다는 주장을 수용하여 증액해 줄 경우 반드시 그 이 · 전용재원이 발생한 항목에서 이에 상응하는 삭감을 해오도록 한다.

또한, 예산이 불용액 없이 모두 집행되었는가의 여부를 따지는 것만으로는 부족하다. 당초 예산 요구 시 주장하던 사업의 필요성이나 성과에 대해서도 반드시 점검하고 평가해야 한다. 주민편익시설이라면 이용 빈도를 조사한다든가 도로확장사업이면 통과차량 수 또는 평균시속의 변화 등을 측정해야만 과연 꼭 필요한 지출을 했는지 알 수 있다.

특히 출연연구기관 출연금과 각종 연구개발사업비의 경우 「최근 3년간의 연구 성과와 그 실용적 가치에 관한 검토의견」을 반드시 들어보고 판단한다.

그리고 각종 시설물 · 장비의 활용실태를 파악하여 활용도가 낮은 시설 · 장비에 대해 선년납습 식으로 해마다 예산을 책징해 주는 일이 없도록 해야 한다. 따라서 유지관리비, 재료비 등 변동비적 경비들은 외형적 capacity를 기준으로 할 것이 아니라 실제가동률(utilization ratio)을 파악하여 이를 기준으로 해야 한다. 아무리 바람직한 예산이라 하더라도 이를 제대로 운용하거나 활용하지 못하고 주민의 호응도도 높지 않을 경우에는 예산지원을 중단해야 하는 것은 당연하다.

아울러 집행실태를 점검할 때 실제로 예산이 어떤 경로를 거쳐서 어떻게 집행되며 최종 「수혜자」가 누구인지, 그리고 원하는 수혜자에게 얼마나 혜택이 잘 전달되고 돌아가는지를 살펴볼 필요가 있다. 그리고 그 사람들이 그만한 혜택을 누릴 이유가 있는지를 반드시 점검해야 한다. 그렇지 않으면 사업의 명분은 그럴싸하게 보이는데 실제 혜택은 그 사업에 관여하는 소수의 사람들의 활동비로 충당되는 경우가 많기 때문이다.

또한 사용빈도, 사용기간에 비추어 단독구입사용, 공동사용, 임차사용 등의 다양한 대안을 검토하도록 한다.

끝으로 도 · 시 · 군 이라고 하는 형식적 행정구역에 맞추어 시 · 군마다 무조건 하나씩 시설 · 장비를 지원하는 방식보다 꼭 필요한 곳에 설치하고 있는지를 검토한다.

9 「사업의 계속성」에 대한 의문을 항상 제기한다

예산에 있어서 가장 보편적인 형태인 점증주의는 일단 예산이 잡히고 나면 해마다 조금씩 늘어나는 속성을 가지고 있어 예산편성에 있어서 가장 경계해야 할 병폐이다. 때문에 예산사업의 계속성 · 반복성에 대한 의문을 항상 가지고 조정에 임해야 한다. 영기준예산(ZBB)이 시행되고 있지 않더라도 기존사업과 새로운 사업의 중복여부를 점검하고, 기존사업의 폐기필요성 여부 및 효과와 효율에 근거한 기존사업의 계속여부에 대한 정당성 등을 검토해야 한다. 그리고 어떤 사업, 비목이든 그것이 해마다 반복되어야 할 것인지 아닌지를 점검해야 한다. 예를 들어 국제회의나 경기 등이다. 특히 「시범」의 명목으로 들어간 사업은 언제까지 「시범」을 보여야 하는지 의문을 제기해야 한다.

「자본적 지출경비」는 원칙적으로 1회성 경비임을 명심해야 한다. 소위 1회성 투자비(시설비)의 경우는 완공 후에 뭔가 다른 「건수」를 만들어내고 싶어도 용이하지 않다. 그러나 자산취득비만 되어도 「타성적 규모유지」의 폐단이 흔히 드러난다. 자산취득비나 소규모의 대수선비는 흔히 내역을 바꾸어가면서 해마다 같은 금액의 예산이 들어가는 수가 많은데, 무슨 명목으로 자산취득비와 대수선비를 따갔으며 실제로 무엇을 하는데 썼는지 전년도 실제 사용내역을 포함해서 최근 몇 년간의 집행실적을 점검하면 삭감재원을 찾아낼 수 있다.

아무튼 시설비, 자산취득비는 1회성 경비임에도 불구하고 과목존치성 요구가 많은 점을 경계하고 무조건 제로에서 다시 출발하여 불가피한 소요가 있을 경우에만 인정하고 반복적 경비는 재료비 등 타 비목으로의 전환을 검토해야 한다.

원래 계속적 · 반복적이기 쉬운 200목의 경상적 지출은 물론 400목의 자본적 지출도 소요수량이 많을 경우 반복적 예산구조로 만들 수 있다. 그러나 200목만으로 구성된 사업이라 하더라도 예컨대 국제회의 개최경비처럼 1회성인 경우도 있고, 격년으로 또는 5년마다 반복해서 나타나는 예산도 있을 수 있다. 경상행정비성의 예산항목들에 대해서는 원점에서 계속성을 전면 재검토해야 한다.

민간에 대한 경상보조예산은 가장 집요한 생명력을 가지고 있으므로 처음에 예산으로 편성되는 것을 가급적 막아야 한다. 부득이 수용할 때는 「한시적 지원」을 조건으로 한다든가, 일정한 「자구노력의 실적」을 조건으로 하는 등 여러 가지 견제장치를 강구함과 동시에 적어도 일정기간마다 원점에서 재검토하여야 한다.

10 「삭감의 보고」를 구석구석 찾아낸다

예산요구 자체가 전년과 동액이거나 감액되어 있는 곳에 삭감의 보고가 있다. 이런 경우 반드시 사업완료나 폐지에 따른 자연감소 요인이 숨어 있다고 보아야 하며 더 삭감할 수 있는 여지가 반드시 있게 마련이다.

전년도와 동액의 예산요구를 하였을 경우 400목 등 전년도와 같을 수 없는 비목까지 전년도와 같은지를 점검해야 한다.

한편, 기타사업 신규요구는 기관운영비 또는 기존의 기타사업비로 추진할 수 있는 경우가 많으므로 그 가능성을 점검해야 한다. 특히 기타사업을 사정 · 조정 · 심사할 때에는 먼저 그 조직의 기관운영비 규모를 파악하여 영세소액 사업들은 기관운영비로 수행하도록 하고 인정하지 않는 것이 바람직하다.

용역비는 원칙적으로 산하 출연연구기관이 없는 경우로 제한해야 한다. 연구개발용역비 요구에 대해서는 기존의 정부출연연구기관의 과제로 수행할 수 없는 이유를 캐물어야 한다.

외빈초청경비의 경우에는 「상호주의」가 지켜지고 있는지를 점검하도록 한다.

11 투자예산의 총액변경 가능성에 대응한다

투자사업비는 사업규모와 착공 · 완공시기를 정하고 연차별로 소요액을 분할해서 집어넣는 것이 예산편성의 큰 틀이다. 사업추진방침만 결정되면 사업규모와 「질」을 정해서 설계비를 넣어주고 설계결과에 따라 입찰에 붙이면 총사업비가 정해진다. 공기를 감안하여 3:4:3, 2:3:3:2 등의 일정비율로 연차적 배분액을 예산에 반영해 나가면 된다.

투자사업비와 관련한 문제는 설계변경에 따른 총사업비 변경요구인데 원칙적으로 허용하지 말아야 한다. 일단 낙찰이 되어 시공자가 결정되면 그 이후의 총사업비 증액부분은 「경쟁 입찰」과정을 거치지 않고 시공자의 손으로 떨어지기 때문에 당초 입찰에서 낮은 가격으로 응찰한 뒤 사후적으로 총사업비 증액을 통해 만회하려고 하는 것이다.

이것은 사업추진주체의 입장에서도 총사업비를 처음부터 큰 모양으로 예산을 요구하면 반영이 어려우므로 일단 작은 규모를 예산에 반영시킨 뒤에 총사업비 변경으로 사업을 늘려가는 것이 유리하다는 잘못된 관행이 자리 잡혀 있는데 기인하고 있다. 때문에 예산을 사정 · 조정 · 심사 시에는 당초 사업추진을 결정할 때 총사업비의 현실성을 면밀히 검토하여 착수여부를 신중히 판단해야 하고, 한 번 결정된 총사업비는 좀처럼 변경을 허용해서는 안 된다. 특히, 문제가 있는 사업이나 새로운 건설계획이 되어 있는 시설 예정지, 설계변경이나 노후화로 개축이 고려되고 있는 사업에 대해서는 가능한 한 미리 현지 출장하여 그 상황을 직접 확인하고 예산추가사항 등 문제점을 파악해 놓아야 훗날 무리한 예산증액을 막을 수 있다.

또한 투자사업 일변도의 예산도 경계해야 한다. 현재 가용재원의 가장 많은 부분을 건축 · 건설 등 투자 사업이 점하고 있다. 특히 도로 교량의 건설에는 열심이지만 유지 · 보수에는 소홀하고, 체육관 공연시설은 완공되어도 충분히 활용되지 못하고 있으며, 하수처리장을 만들어도 유지관리비를 아껴서 제대로 가동하지 않는 이해할 수 없는 현상이 도처에서 벌어지고 있다. 따라서 투자 사업비를 챙기는 데만 너무 매달리지 말고, 만들어진 시설을 충분히 활용하는데 필요한 경비를 확보하는데도 관심을 가져야 한다.

12 돈의 가치(value for money)를 염두에 두고 심사한다

예산심사 시 「적은 비용으로 더 많은 서비스」(more for less)를 창출하여 이른바 「재정지출의 가치」를 최대한도로 높일 수 있는 마인드 함양이 절실히 요구된다. 어떻게 하면 돈을 효율적으로 잘 쓸 수 있을 것인가, 즉 「돈의 가치」(value for money)를 어떻게 높일 수 있을 것인가 하는 문제와 어떻게 하면 더 많은 돈을, 재원을 확보할 수 있는가 하는 재원 이기주의의 문제를 저울질하여 투입보다는 산출과 성과를 바탕으로 돈값을 높여야 한다.

이때 성과측정의 기준으로 내세우고 있는 3Es(efficiency, effectiveness, economy)를 염두에 두어야 한다. 효율성 · 능률성(efficiency, spending well)은 투입 대비 산출(output)로서 투입 대비 산출효과가 적은 또는 적을 것으로 예상되는 사업에 대한 검토가 필요하다. 효과성 · 성취성(effectiveness, spending wisely)은 목표, 의도, 계획 성취의 극대화(outcome, 질)로서 당초 의도했던 목표 및 성과의 달성 여부에 대한 검토가 필요하다. 경제성 · 절감성(economy, spending less)은 생산요소 또는 투입비용의 극소화(자원관리, 업무분담)로서 투입비용의 절감 여지와 노력 정도에 대한 검토가 필요하다.

책속으로 예산결산 검토 착안사항

1 예산안 검토 착안사항

1. 예산안 첨부서류

- 법정서류 종별 제출 여부
- 각 서류별 내용 및 계수의 정확 여부
- 필요한 참고자료의 제출 여부
- 참고자료와 법정자료 내용의 일치 여부

2. 예산편성기준

(1) 예산편성의 방향

- 예산편성의 기본방향과 경제 및 재정정책의 방향과의 부합 여부
- 국내외 경제동향

(2) 예산편성의 전제

- 내년도 경제성장률의 국내외 경제여건상 과다 · 과소 전망 여부
- 기준 환율의 적정 여부(연평균)
- GDP Deflator, 도매물가지수 등은 경제성장률 전망과 물가경제 운영과의 관련상 적정 여부

(3) 기준단가

- 건설, 노임, 각종 수수료 등 단가의 현실성 여부
- 수당, 피복비, 급량비, 인건비 등의 민간부문과의 형평 여부
- 연료비, 차량비, 기타 유가, 환율관련 경비 단가의 현실성 여부

(4) 예산과목

- 예산과목의 과다 또는 과소 분류 여부

- 유사, 중복 분류 여부
- 과목별 분류개념의 명확 여부

3. 예산안 총괄

(1) 통합예산

- 통합예산 규모 상 적자 여부와 그 사유 및 내용
- 통합재정수지 개선방안

(2) 예산안 규모

- 각 회계별 독립채산 및 건전재정원칙 견지 여부
- 예산총계주의 원칙에 의한 총수입, 총지출 소요의 계상 여부
- 일반회계의 예산규모는 GDP 경상성장률과의 관련 상 타당성 여부와 대 GDP 비중의 적정 여부
- 조세부담의 형평과 부담률의 적정 여부

(3) 재원배분

- 주요 신규사업 및 계속사업의 중기재정계획과의 연계 여부
- 각 부문별 재원배분의 형평성 여부
- 할당식 지역별 배분에 의한 재원의 효율성 저해 여부
- 일반회계와 특별회계 간 동일목적 경비의 중복계상 여부와 그 내용

(4) 예산관련 부수법안

- 법률의 제정 또는 개정을 전제로 한 경비의 계상과 국회에서 통과되지 않을 경우의 대책

(5) 기타 검토사항

- 국회의 추경심의과정에서 삭감된 경비의 계상과 그 사유 및 내용
- 결산심의 시 대 정부 촉구 또는 지적사항의 반영여부와 그 내용
- 국회의 예산안 삭감에 대비한 과다계상 또는 불요불급경비 계상 여부와 그 내용
- 유사, 중복 또는 실효성이 없는 특별회계의 통폐합 검토

- 준조세적 경비의 재정통합 여부 검토(예 육성회비, 적십자회비 등)
- 통화관리비용의 재정부담 규모 내용과 그 타당성 여부
- 기금에 대한 출연금이 기금운용계획에 포함되었는지 여부
- 자체 재원조달 능력이 없는 회계 또는 기금 신설의 타당성 여부

4. 예산총칙

(1) 재정증권 또는 일시차입금과 국채 또는 장기차입 한도액

- 각 회계별 일시차입최고액의 적정 여부 및 차입금이자 상환예산 세출 계상 여부
- 국고금 출납 목적 외의 재정증권 발행한도 계상 및 각 회계외의 계정 또는 기금에서의 증권발행 한도 계상 여부와 그 타당성
- 증권발행실적, 상환실적 및 발행조건 검토
- 각 회계별 국채, 장기차입, 차관한도액의 타당성, 조건 및 그 용도와 그 재원의 세입 예산안과의 일치 여부
- 각 회계외의 국채(양곡증권) 또는 장기차입(재산형성저축장려기금) 한도액 계상 사유와 그 타당성
- 재정융자특별회계의 민간공공자금(공무원연금기금 등) 차입에 따른 당해 기금 등의 운용계획과의 일치 여부와 기금운용 목적 및 여유자금 조성방법상 조달 가능 여부

(2) 이용(移用)범위

- 이용범위의 포괄성, 이용 사항개념의 불명료, 유사 이용대상의 중복 규정 여부

(3) 계속비 연부액 선시공

- 계속비 제도와 국고채무부담행위와의 관계에서 선시공제도의 타당성 여부

(4) 목적예비비

- 예비비 설치의 취지상 목적예비비 설정의 타당성 여부
- 사항별 목적예비비 규모의 적정 여부
- 인건비 세출예산 절감 편성과 봉급예비비 설정의 합리성 여부

(5) 기타 검토사항

- 예산총칙 규정사항 중 누락분 또는 제외분 검토(㉥세입법정과목의 설치, 예산과목 해소, 세출예산의 배정 유보, 소관 또는 법정과목의 통폐합에 따른 전년도 이월예산, 국고채무부담행위 상환예산의 처리 등)
- 예산총칙 제17조의 원자력손해배상보상계약 체결한도액 설정의 타당성 여부

5. 세입예산안

(1) 조세수입

- 세수추계의 정확성 여부(당해 연도 세입전망, 내년도 경제성장률, 실효세율, 누진효과, 조세탄성치, 상 · 하반기 세수진도율 등)
- 과년도 수입(내국세, 관세 등) 계상의 적정 여부(전년도 미수납액, 불납결손율, 소송계류, 평균 수납률 등)
- 조세의 직 · 간접세 비율 추이
- 소득계층별 납세 인원 및 세액 분포
- 각 세목 간 증감률의 형평 여부와 증감사유
- 각 세목별 실효세율의 3개년 간 비교 및 증감사유
- 세법개정안의 내용과 세수증감효과의 반영 상황

(2) 세외수입

- 차관, 차입금의 경우 예산총칙상의 한도액과 일치 여부

(3) 수입대체경비수입

- 수입대체경비수입의 현실화 여부

(4) 전년도 이월금

- 이월금 수입의 정확성(전년도 세계잉여금 – 다음연도 이월액 – 적립금 – 채무상환액 – 추경세입재원)
- 일반회계에 있어 세입재원의 전년도 이월금의 세입예산 미계상의 타당성 여부와 타특별회계와의 형평 문제

(5) 차관물자대

- 차관물자대 평가기준 및 평가액의 적정 여부
- 세출관련예산액과의 일치 여부

(6) 재정융자특별회계 수입

- 융자계정 세입 중 예수금에 있어 공공자금별 여유자금의 규모, 공공자금운용계획과의 일치여부, 예수조건, 예수규모의 타당성 여부
- 공공자금차입에 따른 상환대책과 조달 · 운용금리의 역금리에 의한 소요재원 보전방안

(7) 특별회계 세입

- 전년도 이월금의 정확성 여부
- 사업수입 또는 영업수입의 증감사유
- 일반회계 전입금의 규모와 용도의 적정 여부
- 통신사업특별회계 통신공사 보전수입의 적정 여부
- 기업특별회계 운영수익의 경영개선효과 예산반영 내역
- 기업특별회계와 기타특별회계에 있어 관영요금(우편요금, 철도요금, 수수료 등) 인상반영내역
- 기금 등 전입금 규모와 내용의 적정 여부

(8) 기타 검토사항

- 2개 연도에 걸치는 세입의 이중계상 여부
- 예산안 편성 이후의 여건 변동(환율, 유가조정법령의 제정 또는 개정, 방침 변경 등)에 따른 세입의 조정사유 발생 여부
- 정부주식매각대의 법적 근거, 연차별 매각계획, 매각주식평가액, 매각수입예산의 타당성
- 주식매각에 따른 장기 세입확보 방안

6. 세출예산안

(1) 인건비

- 정원의 증감사유(연도별 증감, 내년도 증감)와 타당성 및 법적 근거
- 별도정원의 현황과 해소방안 및 인건비 계상 여부
- 공무원 처우개선 반영 내용 및 민간부문과의 형평성
- 공무원 보수체계의 개선(수당 정비, 기본급 확충, 직종별 보수의 불균형 등)
- 인건비절감 편성의 내용 및 타당성 여부(예산총계주의원칙 및 목적예비비 관련)
- 유사 · 중복기능의 통폐합, 과소조직의 통합, 정부기능 중 민간자율기능 신장을 위한 기능의 민간이양 등에 따른 정부기구 축소와 이에 따른 인건비, 관리비 절감방안
- 명예퇴직수당 및 기타직의 연금지급금 소요의 계상 여부
- 각종 인건비 기준단가와 정수의 예산편성기준 및 직제정원 등과의 일치 여부

(2) 기준경비

- 기관운영비(기관운영업무추진비, 특수활동비)의 직급별 지급대상 및 기준단가의 타당성 여부
- 별도정원에 대한 기관운영비 반영 상황
- 차량비 중 자가운전비 지급대상 및 지급액의 적정 여부
- 차량 경비, 연료비의 기준단가, 기준일수의 타당성 여부와 T/E와 예산정수와의 일치 여부
- 차량 T/E 증가 사유와 타당성 여부 및 그 기준
- 피복비의 지급근거, 지급대상 및 기준단가의 타당성 여부

(3) 관서운영비

- 관서운영비 세세목별 편성기준의 타당성 여부
- 관서운영비와 사업비 개별 목 예산과의 분류기준 합리성 여부
- 각 소관 간 단위관서 등급화의 타당성 여부
- 단위관서별 세세목별 예산 산출내역

(4) 사업비

1) 총액예산

- 총액예산(㊄ 도로포장, 하천개수, 경지정리, 어항건설 등)의 편성사유, 예산산출내역, 집행기준의 타당성 및 적정 여부
- 연차계획 또는 중기재정계획과의 일치 여부 및 불일치 시 변경사유
- 총액예산사업의 연내집행가능 여부 및 일부 이월전제 편성 여부

2) 주요 신규사업

- 중장기계획과의 연계 여부
- 사업의 우선순위 및 투자효과 고려 여부
- 사업의 시행에 앞서 타당성조사, 기본설계, 용지보상협의 등 필요한 사전절차의 이행 여부
- 지역 간 균형개발, 계층 간 배분의 형평, 투자의 경제성 등 감안, 연차계획의 사전수립 여부와 당해 연도 소요의 적정 여부
- 완공위주가 아닌 선심성 동시다발적 사업추신에 따른 중도 중단 등의 우려 여부
- 사회보장 등 이전적 경비소요의 증대로 인한 향후 재정의 경직도 심화와 추가재원조달의 필수성 초래 여부 및 그 대책

3) 장기계속사업

- 당초계획의 변경 여부 및 변경사유
- 내 · 외자 조달계획 및 실적
- 당해 연도 소요의 연내집행 가능 여부
- 용지보상협의 등 사전절차의 이행 여부
- 민간대행 또는 출자사업의 경우 정부예산을 포함한 단위사업별 총사업계획, 사업실적, 당해 연도 사업목표, 사업비 소요 및 재원조달계획의 적정 여부
- 각 사업별 당해 연도 투자액 배분의 형평성 및 사업계획과의 일치 여부

4) 용역비

- 개별 용역사업의 목적 및 소요의 타당성 여부

- 동일목적의 용역사업비의 연례적 계상 여부
- 처우개선, 이 · 전용재원확보 등을 위한 용역비 계상 여부
- 각 소관 내 또는 정부출연기관에 의한 시행가능사업의 별도용역비 계상 여부

5) 이차보전(利差補塡)

- 개별 이차보전의 법적 근거와 재정지원의 타당성 여부
- 개별 이차보전 사유 발생원인과 그 내역 및 보전대책

6) 홍보활동비

- 각 소관 대변인실 경비내역
- 연합통신 구독 등 언론매체별 간행물 구독내역
- 각 소관 홍보간행물 종류 및 그 소요의 적정 여부
- 홍보활동을 위한 초청, 방문 경비내역 및 해외공보관, 재외문화원 등 기관의 사업비 소요의 타당성 여부
- 국정홍보활동의 중복, 과다 여부

7) 행사비

- 행사종별 소요예산의 적정 여부와 그 필요성 여부
- 특정부문의 행사비 계상의 타당성 여부
- 소비성 행사비 과다계상 여부

8) 수입대체경비

- 수입대체경비 세출예산과 수입대체경비 수입과의 형평 여부
- 수입대체경비의 내용이 수입을 수반하는 직접경비로 편성되었는지의 여부
- 수입대체경비 목적외 예산의 계상 여부 및 그 이유
- 수입대체경비 책정의 타당성 여부

9) 공공요금

- 집행실적을 감안, 과다 · 과소계상 여부
- 이 · 전용재원확보를 위한 연례적인 예산계상 여부

10) 국제부담금

- 국제부담금의 계상근거
- 부담금 소요산정의 적정 여부(환율, 다국적 통화 등 고려)

11) 융자사업

- 사업의 효과 및 타당성 여부
- 유사기능(예 정부관리기금, 민간부문 등)과의 중복 여부
- 융자조건의 타당성 여부
- 융자원리금의 회수대책
- 개별 단위사업별 연간 사업계획 및 재원조달방안, 자금운영계획의 적정 여부
- 융자사업과 보조사업과의 구분기준의 적정 타당성 여부

12) 기타 사업비

- 단위세부사업 책정의 과다, 중복 여부
- 관서운영비 성격의 사업비 책성 여부
- 인건비적 성격의 경비(예 복리후생비 등)를 사업비로 분류, 책정한 사유 및 개선대책
- 각종 단위세부사업의 책정기준의 타당성 여부

(5) 방위비

- 방위비 예산규모 책정기준
- 운영유지비와 투자개발비 비중의 증감 및 적정 여부
- 각 비목별 예산액의 전년대비 증감 및 그 사유
- 급식비, 유류대, 재료비, 교육훈련비의 각 경비별 책정기준 및 전년대비 증감
- 부대운영비의 내역, 책정기준 및 전년대비 증감

(6) 지방재정교부금

- 법정교부금 계상의 정확성 여부
- 결산상 내국세 정산분 반영 여부
- 법정교부금 중 보통교부세의 시도별, 시군별 배분기준(기준재정수요액, 기준재정수입액)과 배분예정액

- 증액교부금의 사항별 규모 및 내용의 타당성 여부
- 지방도 포장 기채상환지원 등 기본적으로 자치단체부담 경비의 국고지원 타당성 여부(자치단체에서 기채하고 국회의 사전 동의 없이 국고지원 약속)

(7) 지방교육재정교부금

- 법정교부금 계상의 정확성 여부
- 결산상 내국세 정산분 반영 여부
- 봉급교부금의 내역(직급별 정원, 봉급, 수당 등 내용, 처우개선, 신규증원 등) 및 소요
- 특별교부금의 사항별 규모 및 내용의 타당성
- 보통교부금의 시도별, 시군별 배분기준 및 배분예정액
- 보통교부금의 사항별 사업내용 및 소요액
- 지방교육재정교부금의 운영비와 시설비 비중의 추이 및 증감 사유
- 일반회계 및 교육환경개선특별회계, 지방교육재정교부금의 교육환경 개선을 위한 시설투자의 중복 여부
- 보통교부금 중 사립중등학교 재정지원 등 지방교육재정교부금법에 위배되는 용도에 재원을 배분한 내역과 그 사유

(8) 지방양여금

- 양여재원 산출의 정확성 여부
- 지방양여금 지정 사업을 벗어난 예산계상 여부
- 지방양여금의 시도별, 시군구 배분기준 및 배분예정액
- 지방양여금과 지방교부금, 국고보조금 사업의 중복계상 여부
- 결산상 교육세 정산분 반영내역
- 지방교육양여금과 지방교육재정교부금의 재원배분 관계

(9) 지방자치단체에 대한 보조금

- 각종 보조사업의 필요성 및 타당성 검토
- 보조사업의 지역실정과 무관한 획일적 시행에 따른 투자효율의 저하와 재원의 낭비 여부
- 각종 보조사업별 기준보조율의 준수 여부(보조금의예산및관리에관한법률시행령 별표)와 지방비부담액의 확보가능 여부

- 각종 보조사업의 시도별 또는 지역별 사업량 및 소요예산내역
- 국가직영사업과 지방보조사업 구분기준의 타당성 여부와 실제 운영상의 문제점 및 대책(지방재정의 자립도 및 경직도 관련)

(10) 민간에 대한 보조금

- 각종 보조사업의 필요성 및 타당성 검토
- 유사, 중복사업과 규모의 영세 등 비현실적 보조사업의 통폐합 검토
- 특정분야에 대한 보조사업의 적정 타당성 여부
- 민간자율활동 신장을 위한 보조사업의 축소와 국고지원의 융자로의 전환 검토
- 각종 보조사업에 대한 연간 사업계획 및 소요예산, 재원조달방안 검토

(11) 출자 · 출연

- 정부출자기관에 대한 법정자본금, 자본금 불입 실적, 향후 소요, 당해 연도 소요 및 소요내역 검토
- 출자소요의 우선순위와 관련 사업효과 검토
- 정부주식매각계획 출자기관에 대한 출자예산 계상 여부 및 그 이유
- 기금에 대한 재정융자특별회계외의 타회계 예산에의 계상 여부 및 그 사유
- 기금에 대한 출연금 소요내역과 기금운용계획과의 일치 여부 및 정부부문외의 재원조달계획 검토
- 기금외의 연구기관, 공단 등에 대한 출연금 소요내역과 연간사업 운영계획 및 타부문 재원조달계획 검토
- 연구기관, 공단 등 출연기관에 대한 출연금의 각 경비별 산정기준의 타당성 및 타부문과의 형평 여부
- 기금에 대한 출연외에 보조금 등 별도계상 여부 및 그 사유
- 민간자금에 대한 정부출연의 법적 근거 및 그 사업효과, 소요의 타당성 여부

(12) 예비비

- 예비비예산규모의 적정 여부
- 연례적 경비, 법정 또는 월정 경비 등의 예비비 책정 여부
- 목적예비비의 각 사업별 규모의 적정 여부

(13) 소모성경비

- 여비, 수용비, 수수료, 재료비, 특수활동비, 업무추진비, 공공요금, 용역비 등 경비의 전년 대비 증감액과 증감사유
- 사업비, 특수활동비 중 총액계상경비의 산출내역
- 소모성경비의 결산상 집행실적과 내년도 예산안 증감내역 및 그 절감 여부

(14) 기타 세출예산안 검토사항

- 결산상 이·전용, 예비비지출 등의 사유를 내년도 예산안에 반영했는지 여부
- 국채, 차입금원리금 상환 등의 소요를 세출예산에 계상했는지 여부
- 추후 확정 시 집행을 전제로 소요미확정 또는 법적 근거 없는 경비의 예산계상 여부
- 추후 예비비사용 또는 추경반영을 전제로 소요의 일부만 세출예산에 계상하거나 재원확보를 위하여 이월을 전제로 한 소요의 과다계상 여부
- 동일목적의 경비를 세출예산과 국고채무부담행위로 분할계상 여부 및 그 사유

7. 계속비

(1) 신규사업

- 당해 사업의 우선순위, 투자효과 및 중장기계획과의 연계 여부 검토
- 총사업비, 연부액, 연부기간의 적정 여부
- 사업시행에 앞서 사전타당성조사, 기본설계, 총사업계획 등 사전준비절차의 이행 여부
- 계속비사업과 단년도 장기계속사업의 구부 기주 및 타당성 여부

(2) 계속사업

- 총사업비, 연부액, 연부기간 수정의 타당성 여부와 그 수정사유의 적정 여부
- 단위사업계획과 계속비예산 수정내용의 일치 여부
- 당해 연도 연부액과 세출예산안의 비목별 내역과의 일치 여부

(3) 기타 검토사항

- 동일목적의 사업을 계속비예산과 세출예산으로 분리계상 여부 및 그 사유

- 동일 계속비사업을 본예산과 추경안에 이중계상 여부 및 그 사유

8. 명시이월비

(1) 신규사업

- 명시이월비예산 성격에 부합하는지 여부
- 명시이월한도액의 적정 여부 및 그 산정 내역

(2) 계속사업

- 명시이월비예산으로 계속 운용하는 것이 타당한지 여부
- 명시이월한도액의 적정 여부 및 그 비목별 내역

(3) 기타 검토사항

- 명시이월사유의 타당성 여부
- 일반 세출예산으로 운용 시의 문제점 등 검토

9. 국고채무부담행위

(1) 신규사업

- 국고채무부담행위 예산책정의 타당성 여부
- 세출예산부족 보전을 위한 국고채무부담행위 계상 여부
- 국가기관이 아닌 출연기관 등에 대한 국고채무부담행위 계상 여부
- 국고채무부담행위 단위사업(사항)분류의 적정 여부
- 국고채무부담행위 한도액의 책정내역(규모, 단위경비별 소요액, 비목별 내역 등)

(2) 계속사업

- 국고채무부담행위의 취지 상 연례적인 국고채무부담행위 예산운용의 타당성 검토 (㉮ 재외공관국유화, 방위력 개선 등)
- 국고채무부담행위 한도액의 적정 여부(장기계속사업소요를 계상하지 않고 당해 연도 소요만 계상하는 등)
- 장기상환사업의 경우 상환계획의 적정 여부

(3) 기타 검토사항

- 장기 국고채무부담행위(예 재외공관국유화의 경우 10년 등)와 계속비제도와의 운영상 문제점 및 개선방안 검토
- 국고채무부담행위 상환예산 계상의 적정 여부(예 예산편성시기와 국고채무부담행위 가능 기간과의 시차 상 상환예산은 추정치로 계상)
- 법률에 의한 국고채무부담행위의 예산계상 내역 검토(예 국가배상금, 손실보상금 등)

2 추가경정예산안 검토 착안사항

1. 예산안 총괄

(1) 추경사유

- 추경사유의 타당성 여부(재정운용의 방향, 국내외여건 등)
- 추경요건에의 부합 여부(예산성립 후에 생긴 사유와 기정예산의 변경 필요성 등)

(2) 추경시기

- 추경편성 및 국회심의 시기상 연내 집행 가능 여부
- 추경편성시기의 타당성 여부

3) 기정예산

- 추가 · 경정부분외의 기정예산의 수정 필요성 검토(예 국회심의과정에서 기정세출예산의 일부를 증감하거나 명시이월비 또는 국고채무부담행위 추가책정 등)

2. 예산총칙

- 회계별 세입 · 세출예산안 규모, 차입한도액, 목적예비비 등의 예산총칙과의 일치 여부
- 기타 예산총칙 수정사항의 타당성 여부와 수정사유

3. 세입 · 세출예산안

(1) 세입예산안

- 세입재원의 타당성 및 연내집행가능 여부
- 정상적인 추가세수가 확실함에도 조세외의 세입계상 여부 및 그 사유
- 추가세수재원일 경우 연간 세수전망의 타당성 여부와 추가세수발생 사유별 내역 검토
- 본예산확정 후 여건변동에 따른 세입결함 또는 세수추가분의 예산반영 여부
- 전년도 세계잉여금의 세입예산 반영 여부
- 동일세입재원의 추경 및 내년도 본예산 분할계상 여부
- 공공자금 차입을 재원으로 할 경우 당해기금 등의 운용계획의 수정 여부 및 재원조성가능 여부

(2) 세출예산안

- 재원확보를 위한 내년도 이월을 전제로 한 추경계상 여부
- 본예산 심의과정에서 삭감된 경비의 추경계상 여부
- 주요 신규사업의 경우 사전 타당성조사 등 필요한 절차의 이행 여부와 연내 집행가능 여부
- 지방재정교부금, 지방교육재정교부금의 조기정산 반영 여부 및 그 사유의 타당성 여부
- 이미 집행한 경비 또는 사업이 추경계상 여부
- 소관별, 사항별, 경비별 소요가 명백함에도 예비비로 일괄계상 여부 및 그 사유
- 공공요금, 환율, 유가 등 여건변동에 따른 세출소요증가분의 추경반영 여부
- 추가세출소요의 추경 및 내년도 본예산 분할계상 여부
- 기정 주요사업예산의 추가 또는 경정의 경우 그 사유 및 타당성 여부
- 내국세, 교육세 세수추경에 따른 지방재정교부금, 지방교육재정교부금의 추경반영 여부

4. 계속비

- 계속비수정의 경우 해당사업 계획과의 일치 여부, 수정사유 · 수정내용의 타당성 여부
- 계속비 당해 연도 연부액 세출예산안과의 일치 여부
- 추경안, 내년도 본예산에의 이중 수정 편성 여부

- 내년도 본예산에서의 증액 또는 감액수정을 전제로 한 당해 연도 연부액 수정 여부
- 신규 계속비사업 책정의 경우 총사업비 연부액, 연부기간의 타당성 여부

5. 명시이월비

- 명시이월비 한도액 수정의 경우 그 대상의 타당성 및 한도액의 적정 여부
- 신규 명시이월비 책정의 경우 그 대상의 타당성 및 한도액의 적정 여부

6. 국고채무부담행위

- 국고채무부담행위 한도액 수정의 타당성 및 그 사유
- 신규 국고채무부담행위 책정의 경우 그 대상의 필요성, 한도액의 적정 여부

3 세입 · 세출 결산 검토 착안사항

1. 결산첨부서류

(1) 법정서류

- 법정서류 종별 제출 여부
- 각 서류별 내용의 정확 여부
- 세입 · 세출결산보고서상의 각 과목(소관, 계정, 장, 관, 항, 세항, 목)별 예산액과 당해 연도 최종예산상의 각 과목별 예산액의 일치 여부

(2) 참고자료

- 필요한 참고자료의 제출 여부
- 참고자료와 법정자료 내용의 일치 여부

2. 결산총괄

(1) 결산확인

- 세입 · 세출결산보고서, 한국은행의 계산증명 및 감사원의 결산검사보고서의 일치 여부 및 불일치 경우 그 사유 및 내용

- 세입 · 세출결산, 세입 · 세출결산보고서, 각 소관별 결산보고서 및 예비비사용총괄서 및 명세서상의 각 과목별 집행내용의 일치 여부

(2) 대정부촉구사항 등

- 전년도 결산심의 시의 대정부촉구사항 또는 시정사항의 이행 여부 및 그 내용

(3) 통합재정수지

- 결산상 통합재정수지 현황

(4) 재정운용실적

- 당해 연도 재정운용방향 및 재정정책에 의한 예산의 집행 여부
- 연도 중 재정운용방향이나 재정정책의 수정 여부 및 그 사유
- 연도 중 재정관계제도의 변경내용 및 그 사유
- 예산편성 시 경제전망 및 제 지표와 결산상 실적과의 대비 및 증감사유

3. 세입결산

(1) 조세수입

- 세목별 예산액 대 징수결정액 대비 및 증감사유와 그 타당성 여부
- 세목별 징수결정액 대 수납액 대비
- 세목별 징수결정액 대 수납액 대비 및 증감사유와 그 타당성 여부
- 연도별 예산액 대 수납액 추이(최근 5년 이내)
- 사유별 미수납액 및 연도별 추이
- 사유별 불납결손 및 연도별 추이
- 세목별, 사유별 조세감면 실적 및 연도별 추이
- 세목별 실효세율, 조세탄성치 및 연도별 추이
- 관세 및 부가가치세 환급 현황
- 조세, 국세 및 내국세 수입의 직 · 간접세 비율 및 연도별 추이
- 조세부담률 및 1인당 부담액과 연도별 추이
- 전년도 이전 미수납액 중 당해 연도 수납액, 불납결손액 및 미수납액

- 세목별, 월별, 분기별 징수결정액, 수납액
- 국세심판청구 및 행정소송 제기 현황
- 소득단계별 납세인원과 세액현황 및 연도별 추이

(2) 세외수입

- 세외수입 종별 예산액 대 징수결정액 대비 및 증감사유와 그 타당성 여부
- 세외수입 종별 징수결정액 대 수납액 대비
- 세외수입 종별 미수납액 및 사유
- 세외수입 종별 불납결손액 사유

(3) 차입금

- 예산총칙상의 차입금한도액 범위 내의 집행 여부
- 일시차입금의 경우 차입액 및 상환실적
- 차관, 차입금의 예산액 미달 경우 그 사유

(4) 정부주식매각 등

- 정부보유주식매각, 토지 및 건물매각 등의 경우 법적 근거, 세입예산액과 수납액과의 대비, 연차별 매각계획과의 일치 여부 등 검토
- 세입결함 보전을 위한 예산액을 초과하는 과다처분 여부 및 그 타당성

(5) 전년도 이월금(세계잉여금)

- 세계잉여금 중 국채, 차입금원리금 상환액과 기금 등의 적립금을 제외한 액과의 일치 여부
- 계정별 세계잉여금과 수납액의 일치 여부

(6) 법정과목의 신설 등

- 연도 중 세입법정과목의 설치 여부 및 설치 사유
- 타 소관 세입발생액의 재정경제원(현, 기획재정부) 소관에의 수납현황 및 그 사유

4. 세출결산

(1) 집행총괄

- 세출예산의 기능별 예산액 대 결산대비 및 증감사유
- 세출예산의 성질별 예산액 대 결산대비 및 증감사유
- 주요 계속사업의 집행실적, 연도 중 계획 및 예산변동 상황과 그 사유
- 연도 중 예산변동 상황(이 · 전용, 예비비지출결정, 수입대체경비 초과지출, 전년도 이월액 등)
- 총액예산사업의 집행계획 대 집행실적 및 연도 중 변동 상황과 그 사유(지역별, 단위사업별, 경비성질별)
- 각종 예산사업의 집행실적과 불용액 처리 현황(세입이입 또는 세입수납)
- 지방자치단체보조사업의 지방비부담 및 사업수행실적과 정산 현황
- 지방재정교부금 및 지방교육재정교부금의 배분 상황과 기준재정수요액 및 기준재정수입액과의 대비
- 출자 · 출연예산의 집행실적 및 각 대상 기관별 총사업집행 및 재원조달실적
- 이차보전예산의 집행실적 및 그 적정 여부
- 각종 융자사업의 집행실적 및 적정 여부
- 세계잉여금에 의한 예산의 처리 현황
- 수입의 직접사용 현황 및 대체처리비용
- 통화관리비용의 재정부담 실적 및 그 타당성 여부
- 기업특별회계의 회전자금 운용실적
- 비료계정, 농약계정 등 별도예산외 계정의 운용실적
- 유사성격경비의 회계 간 및 회계 · 기금 간 중복집행 여부 및 그 사유

(2) 예산배정

- 소관별 · 분기별 배정실적
- 세출예산의 미배정(배정유보) 현황 및 그 사유
- 연도 말(12월중) 배정에 의한 예산미집행 및 이월 현황

(3) 이용, 전용, 이체

- 연례적으로 이 · 전용한 사례와 그 사유

- 이용범위를 초과하는 이용사례와 그 사유
- 동일목적의 경비를 중복 이 · 전용한 사례 및 그 사유
- 계정 간 이용 또는 이체 여부
- 예산액 전액 이 · 전용한 사례와 그 사유
- 전년도 이월액의 이 · 전용 여부
- 수입대체경비 초과지출한도액과 수입금마련지출 초과지출한도액의 이 · 전용 여부
- 동일 비목에서 중복 이 · 전용한 사례 및 그 사유
- 이 · 전용액의 사유별 내용 및 연도별 추이
- 예비비지출결정액의 이 · 전용 여부
- 이월재원확보를 위한 이 · 전용 여부
- 추경편성 또는 예비비지출에 의한 세출소요의 이 · 전용에 따른 사업비 집행사례와 그 타당성 여부
- 특정부문의 사업을 신규 또는 추가지원하기 위한 이 · 전용 여부 및 그 타당성
- 경비성질별 이 · 전용 현황
- 소관별, 월별 또는 분기별 이 · 전용 현황 및 연도 말(12월중) 이 · 전용 경비내용과 그 사유

(4) 불용액

- 경비성질별, 사유별 불용액 현황 및 그 타당성
- 예산미배정에 의한 불용액 발생 현황 및 그 사유
- 불용액 사유별, 연도별 추이
- 계획변경에 의한 주요사업의 불용액 발생 여부 및 그 사유

(5) 이월

- 명시이월액의 규모 · 내역 및 타당성 여부
- 명시이월액의 재이월 여부
- 사고이월액의 규모 · 사유 및 연도별 추이
- 개별 사고이월경비 또는 사업의 이월요건 부합 여부 및 이월액 산정의 적정 여부
- 사고이월액의 재이월 여부
- 불용처리할 경비 또는 사업의 사고이월처리 여부

- 내년도 재원확보를 위한 이월 사례
- 전년도 이월액 중 당해 연도 불용액 발생 현황과 그 사유
- 기업특별회계의 미불금 이월의 내용 및 그 타당성 여부
- 기업특별회계의 미불금 중 사실상 이월집행 사례와 그 사유 및 타당성 여부
- 재원 없는 이월 사례 및 그 사유의 타당성 여부

(6) 수입대체경비

- 세입 내 세출 집행 여부
- 수입에 직접 관련 있는 경비에의 집행 여부
- 초과수입에 따른 초과지출한도액 및 초과지출의 타당성 여부
- 수입대체경비 목적외 집행 여부 및 그 사유

5. 계속비 결산

(1) 종료사업

- 사업별, 비목별, 연도별 결산액과 당해 연도 세출결산상의 동일비목 결산과의 일치 여부
- 종료연도 연부액의 사고이월 여부 및 그 타당성
- 국회에서 심의·확정한 계속비의 총사업비와 연부액을 이·전용에 의한 변경 여부 및 그 타당성

(2) 진행사업

- 연부액의 비목별 집행액과 세출결산상 동일비목 결산과의 일치 여부
- 연부액 체차이월현황 및 그 타당성 여부
- 연부액 이·전용의 타당성 여부

6. 국가채무

(1) 국고채무부담행위

- 국고채무부담행위 한도액 범위의 채무부담 여부
- 채무부담액의 변동 사례와 그 사유 및 타당성 여부(계획변경, 환율, 유가변동 등)

- 국고채무부담행위 대상 외의 채무부담행위 여부 및 그 사유
- 국고채무부담행위 한도액을 초과하는 총액계약 등의 사례와 그 사유
- 국고채무부담행위 상환예산의 집행실적
- 국고채무부담행위액과 상환액이 국가의 채무에 관한 계산서와 일치 여부

(2) 국채, 차입금 등

- 국채, 차입금 및 차관은 예산총칙 또는 별도 동의안에서 정한 한도액 범위 내에서의 집행 여부와 세입수납액 또는 기금 등 수입실적과의 일치 여부
- 국채, 차입금 등 상환실적은 세출결산 또는 기금 등 결산실적과의 일치 여부

(3) 기타 검토사항

- 총국가채무 및 순국가채무의 연도 중 발생, 감축현황과 현재액 및 연도별 추이
- 국가채무의 대 GDP 비율
- 국가기관 간의 채무현황 및 이행실적
- 국가채무 상환을 위한 세계잉여금 사용 현황
- 순국가채무 상환을 위한 재원대책

7. 기금결산

- 각 기금별 사업운용실적과 재원조성 현황 및 그 타당성 여부
- 기금운용계획의 연도 중 수정 여부와 그 사유
- 양곡관리기금, 국민주택기금 등의 누적적자 해소 대책
- 운용재원조달을 위한 채권발행 또는 차입실적과 상환실적
- 연도 중 자금부족을 보전하기 위해 일시차입금을 운용재원으로 사업수행 했는지 여부와 일시차입금을 장기차입금으로 상환한 사례와 그 사유

8. 채권결산

- 채권관리부서와 세입소관부서의 불일치 여부와 그 사유
- 세입금에 속하는 채권의 현재액과 세입결산상 미수납액과의 일치 여부
- 채권의 누락, 과다, 과소계상 여부 및 감사원 지적사항의 시정 여부

9. 물품, 국유재산결산

- 소관별, 종류별 수량 및 금액의 정확성 여부
- 정기적인 가격재평가로 인한 증감액 현황
- 국유재산, 물품 현재액의 적정 여부

10. 예비비지출의 검토 착안사항

(1) 예비비지출결정

- 사항별 예비비지출사유 및 지출결정액의 타당성 여부
- 비목별 지출결정액과 세출결산상의 비목별 예비비사용액과의 일치 여부
- 연례적, 반복적 경비의 예비비지출결정 여부 및 그 타당성
- 지방재정교부금의 증액교부금과 지방교육재정교부금의 특별교부금 소요의 예비비지출결정 여부와 그 타당성
- 재원확보를 위한 이월을 전제로 한 연도 말(12월중) 예비비지출결정 여부와 그 사유
- 특정부문의 지원을 위한 예비비지출결정 여부와 그 타당성
- 예비금 추가소요지원을 위한 예비비지출결정 여부와 그 타당성
- 지출결정액의 미배정현황 및 그 사유
- 동일목적의 경비에 대한 예비비지출결정 후 집행과정에서의 감액지출결정 사례 및 그 사유
- 동일목적의 경비소요를 위한 이·전용, 예비비지출결정 사례와 그 타당성 여부
- 특별회계에 대한 예비비지출결정 사례 및 그 타당성 여부

(2) 예비비집행

- 지출결정액 중 이월액, 불용액 현황 및 세출결산상 동일비목의 이월액 및 불용액 초과 여부
- 지출결정액 집행과정에서 사정변경으로 인한 미집행 현황 및 그 사유

제 5 장 민주주의의 경제학

1. 역자 서문

『민주주의의 경제학』
(2000년 3월)

이 책은 한스 반 덴 도엘(Hans Van den Doel)의 *Democracy and Welfare Economics*(Cambridge : Cambridge Univ. Press, 1979)를 번역한 것이다. 저자가 서문에서 밝히고 있듯이 이 책의 목적은 「경제학과 정치학을 통합하여 그것을 민주주의적인 의사결정방법에 응용하고자 하는 시도」에 있다.

지금까지 경제학자는 경제에 있어서 정치란 단순히 외생적 요인에 지나지 않는다고 다루고, 오로지 시장과정에 있어서의 사적선택(private choice)을 연구대상으로 하였다. 그러나 그러한 생각은 이제 커다란 전환점에 서 있다. 경제학교수인 저자는 6년 빈 동안의 네덜란드 국회의원으로 활동한 경험을 통하여 경제문제를 해결하는 것이 더욱 어려워지고 있다는 점을 회고한 바 있다. 그 이유로서 저자가 주장하고 있는 것은 경제학자가 정치과정(political process)을 경제정책에 있어서 파괴적 요소로 보고 있는 반면에, 정치인은 특정한 의사결정방식을 절대시하고 있다는 점이다. 이러한 저자의 견해를 빌릴 필요도 없이 경제학이 경제시스템과 정치시스템의 상호관계를 경시하고 정치과정에 대한 분석이 결여된 경제정책론을 전개해왔다는 것은 이미 그 한계를 노정하고 있었다 해도 과언이 아니다.

오늘날 우리나라에서 정치와 경제의 관련성을 무시하고서 올바른 해답이 얻어지지 않는 정책적 과제들이 수없이 많다, 예를 들면, 행정개혁, 재정개혁, 금융개혁, 교육개혁 등이 그것이다. 경제학이 이러한 문제에 하나하나 최선의 해결방안을 제시하기 위해서는 종래에 없었던 패러다임을 찾아 그것을 발전시켜나가는 방법이외에 더 좋은 방법은 없을 것이다. 그러한 점에서 이 책은 소위 '정치의 경제학', '민주주의의 경제학'이라고 일컬어지는 공공선택이론(theory of public choice)의 선구적 업적으로 평가받고 있다.

J. M. Buchanan과 G.Tullock으로 대표되는 공공선택학파의 연구는 주지하는 바와 같이 방법론적인 개인주의에 바탕을 둔 집합적 의사결정 룰의 문제를 이론적으로 해명하고, 그것에 의해서 전통적인 경제학이나 정치학의 연구에서 크게 진척되지 않았던 정치시스템의 기능이나 또는 공공정책의 주체로서의 정부의 활동에 대한 정치경제학적 분석을 발전시켰다. 또한 공공선택이론은 정치적 결정 영역에서도 공공이익 또는 이타심이 아니라 개인의 이기심이 중심적인 역할을 하는 것이고, 정치적 민주주의가 완전히 경쟁적인 한 투표자의 다수파선호에 의해서 공공정책이 결정된다는 것을 분명히 하였다. 이러한 공공선택학파의 연구 성과는 구미의 경제학자나 정치학자의 노작으로 나타난 바 있는데, 이 책의 저자인 H. Van den Doel을 위시하여 W. A. Niskanen, B. S. Frey, M. Olson, R. D. Tollison, D. C. Mueller, R. Sudgen 등은 그 대표적 예이다. 그들의 공공선택론에 대한 지칠 줄 모르는 천착을 통하여 얻어진 연구결과는 정부개혁의 성공사례로 일컬어지는 뉴질랜드와 영국의 개혁주도세력에게 지대한 영향을 미쳤을 뿐 아니라 개혁의 당위성에 대한 확고한 신념과 이론적 줄기를 제공하였다.

우리나라는 IMF의 구제 금융을 받게 된 이후 미증유의 경제위기를 맞이한 바 있다. 이러한 사태가 발생된 원인으로 여러 가지를 들 수 있으나, 무엇보다 절차적 민주주의가 결여된 경제정책결정의 비민주성을 빼놓을 수 없다. 때마침 「국민의 정부」가 '민주주의와 경제의 동시발전'을 국정목표로 설정한 뒤 민주주의와 경제발전의 상관관계에 대한 논의가 활발하다.

일찍이 S. M. Lipset은 민주주의를 위한 사회적 및 경제적 필요조건이 존재한다고 주장하고 그 필요조건으로서 특히 고도의 경제발전을 강조하였다. Lipset은 커뮤니케이션, 도시화, 교육 등 공업주의지수가 높은 국가가 안정된 민주국일 가능성이 크고 그 지수가 낮은 국가는 언제나 불안한 민주국이었다는 것을 발견하였다. 그러나 Deane Neubauer는 경제발전과 민주주의의 정도 간에 직선적인 관계가 존재한다는 주장에 반론을 제기하고 민주주의 발전의 지수에 의해 사회경제발전과 민주성의 정도 간에 중요한 관계가 없다는 것을 시사하였다. 이러한 논의는 결국 민주주의와 경제발전의 관계가 양면적이라는 것을 보여준다.

동서 냉전체제가 붕괴하고 난 후 Francis Fukuyama는 『역사의 종언』에서 민주주의와 시장경제를 인류가 지향하는 역사의 종착역으로 갈파한 바 있으며, Buchanan은 민주주의와 시장경제는 어느 한 가지도 포기할 수 없는 절대적 가치를 가지고 있다고 강조하였다. 또한 A. K. Sen은 민주주의와 시장경제의 중요성을 충분히 인식해야 하지만 양자를 한 사회의 발전을 위해 필요한 도구로서만 생각해서는 안 된다면서 양자의 중요성은 우리의 가치와 우선순위가 어디에 있느냐에 따라 결정된다고 주장하였다.

이러한 관점에서 볼 때 민주주의와 시장경제의 동시창달은 지난(至難)한 일이기는 하겠으나 문명국으로서 정치와 경제시스템의 완성을 지향하는 것이다. 따라서 평등과 공정을 근간으로 하는 민주주의와 경쟁과 효율이 핵심인 시장경제를 어떻게 조화시키느냐 하는 것이 시대적 과제라면 이를 풀어나가는 과정에서 절 때 빠뜨려서는 안 되는 것이 경제학교과서에는 나오지 않지만 한국경제에 무시하지 못할 변수인 정치를 고려하지 않고서는 어떤 해답도 얻어낼 수 없다는 것이다. 이러한 관점에서 보았을 때 이 책에서 설명하는 정치의 경제이론은 광범위한 설득력을 가지고 우리나라의 산적한 현안문제를 해결하는데 유용한 지침을 제공할 것으로 믿는다.

역자가 이 책을 번역하게 된 계기는 다음과 같다. 1989년 역자는 공공선택이론을 연구하여 경제학박사학위를 취득한 바 있으며, 그것을 바탕으로 1994년에 『공공선택의 재정경제학』이라는 교과서를 출간한 바 있다. 부족한 졸저를 대학과 대학원에서 교재로 활용하는 등 기대 밖의 성원과 학덕을 베풀어주시던 가까운 교수님들로부터 차제에 국내의 척박한 공공선택 관련연구와 관심의 부재를 고려하여 공공선택에 대한 입문서 내지 안내서의 성격을 띤 정평한 전문서의 번역을 권유받았다. 처음에는 역자로 하여금 공공선택에 눈을 뜨게 해준 D. C. Mueller의 *Public Choice*를 염두에 두었으나 이미 초역된 번역본이 나와 있어, 평소 애독하던 공공선택 분야의 또 다른 대표적 고전중의 하나인 H. Van den Doel의 저서를 번역하게 되었다.

저자는 1937년 네덜란드에서 태어나 노벨상을 수상한 저명한 경제학자인 J. Tinbergern의 지도하에 1971년 에라스무스대학에서 박사학위를 취득한 바 있으며 1967년부터 약 6년 반 동안 국회의원(노동당)으로 활동한 것을 제외하고 1964년부터 최근까지 암스테르담대학교 경제학과 교수로 재직하였다. 주지하다시피 네덜란드는 70년대 과도한 임금상승과 심각한 노사갈등, 재정적자의 확대 등으로 80년대 초 최악의 경제위기에 직면했으나 임금억제, 공기업민영화, 정부의 지속적인 경제개혁정책 등에 힘입어 위기를 극복함으로써 성공적인 경제모델을 건설해 낸 것으로 평가받고 있다. 저자의 실천적인 경력에서 예단할 수 있듯이 이 책에는 네덜란드 경제정책결정의 실례가 풍부하게 인용되어 있다. 따라서 경제위기를 국민적 공감대 형성으로 극복해 낸 네덜란드의 개혁방식에 실마리를 제공한 이 책은 '민주주의적 경제정책결정'의 진수를 보여준다고 보아, 민주적인 합의 형성과 참여를 통해 경제 활력을 회복하려는 우리에게 많은 아이디어와 정책적 시사점을 제공할 것이다. 이것이 이 책을 번역하는 과정에서 얻게 된 또 하나의 보람이자 기쁨이었다.

역자는 두해 전에 국회개원 50년, 건국 50년을 맞이하면서 역자를 이마만큼 키워준 국가를 위해 기여할 수 있는 방법을 찾고자 고심하다가 미력하지만 '민주주의의 경제학'이 어떤 내용을 담고 있으며 이것으로부터 무엇을 얻을 수 있는지를 일깨워주는 역서를 출간하는 것도 큰 의미가 있다고 생각되어 그때부터 늦은 밤까지 원고지를 채웠고 다듬었다. 특히 지난해에는 역자가 의회민주주의의 장인 국회에서 공직을 시작한지 만으로 20년이 되는 뜻 깊은 의미를 지니고 있어 더욱 혼신의 힘을 쏟아 부었다. 그러나 역자자신이 본디 천학비재하여 능력이 변변치 않은지라 어느덧 지나온 천년을 보내고 새로운 천년을 맞이한 지금에 와서야 마침표를 찍게 되었다. 많은 부분에서 오역이 있으리라 생각되지만 앞으로 동학의 지적을 겸허히 받아들여 원저자의 뜻이 가장 알맞은 문장으로 독자에게 전달될 수 있도록 끊임없는 노력을 아끼지 않겠다.

우리는 이 책을 통해서 현실의 정치과정분석에 경제이론을 직접 적용할 경우에 저지르기 쉬운 실수에서 벗어나 보다 풍요롭고 현실적인 안목으로 정치를 관찰할 수 있게 된다. 그로해서 민주주의적 경제정책결정이 결과적으로 국민의 후생을 극대화시키는 가장 바람직한 길이라는 교훈을 얻게 될 것이다. 때문에 이 책은 공공선택에 처음 입문하고자 하는 학부생이나 대학원생, 그리고 어느 정도 공공선택론의 지식을 갖고 있는 전문가 내지 정책실무자와 개혁지향인사에게 공공선택론에 대한 새로운 안목과 개혁에 대한 논거를 제공해 줄 것으로 확신한다. 아울러 이런 성과를 바탕으로 이 분야에 대한 더 많은 연구와 논의가 진행되기를 기대한다.

이렇게 부족한 책이긴 하지만 결실을 맺게 되기까지 적지 않은 분들의 도움이 컸다. 항상 그래왔던 것처럼 힘들 때 힘을 보태주고 기쁠 때 기쁨을 두배로 키워주신 한승인님과 주말을 모두 서재에서 보낼 수밖에 없었던 역자를 각별한 인내심으로 지켜봐준 가족들, 역자가 앞으로 나설 수 있도록 늘 등뒤에서 따스한 눈길을 보내준 우인들의 향기어린 배려와 우정에 감사드린다. 끝으로 구 상 시인께서 신상(神商)이라고 지칭할 만큼 어려운 출판사정에도 흔들림 없이 한 길을 가는 오영환사장님의 끈질긴 독려와 기다림에 마음으로부터 고마움을 전한다.

2. 저자 머리말

이 책은 네덜란드에서 1975년 초판이 출판된 *Demokratie en Welvaartstheorie*의 영어판이다. 이 책은 네덜란드의 4개 대학에서 후생경제학, 경제정책, 재정학 및 행정학을 전공하는 대학원생의 필독문헌으로 지정되었다. 이 영어판은 네덜란드어 제2판(1978)에 의거한 것이다.

*Democracy and Welfare Economics*는 경제학과 정치학을 통합하여 그것을 민주주의적인 의사결정방법에 응용하고자 하는 시도이다. 이 책을 간행하는 데에는 교육적, 과학적 그리고 정치적 목적이 있다.

교육적 목적은 후생경제학, 경제정책, 재정학 및 정치학을 수학적 지식이 적은 학생들을 가르치는 경우에 그 교수법에 새바람을 불어넣고자 하는 것이다. 그것은 학생들을 응용후생경제학 중에서도 사회적 중요성이 높은 새로운 분야에 접하게 하고 후생경제학에 대한 관심을 자극함으로써 달성된다.

과학적 목적은 공공부문에 있어서 민주주의적인 의사결정방법이 후생에 미치는 효과에 관한 통찰력을 깊게 하는 것이다. 나는 2가지 방법으로 이러한 목적을 달성하고자 한다. 의사결정의 경제이론은 여러 가지 학술지에 널리 나타나고 있을 뿐만 아니라 그 응용범위도 광범위하다. 그래서 우선 이것들과 관련된 의사결정 이론을 모아 통합하는 것이 첫 번째 방법이다. 이 통합은 「정치과정」(political process)의 개념 하에서 이루어진다. 여기서 이 개념은 정치의 생산원인 생산자와 정치의 최종소비자를 결부시키는 생산의 제 단계를 의미하는 것이라고 이해하면 된다. 두 번째는 전통적인 견해와는 상반되는 것으로서 후생경제학은 규범적 이론(사회가 어떻게 해야 하는가에 대하여 기술하는 이론)이 아니라 실증적 이론으로 간주되는 것이다. 그것은 사회의 실제 조직과 그 사회 개개인의 만족수준을 결부시키는 것이다.

정치적 목적이란 경제문제(실업, 인플레이션, 사회불안, 환경오염, 도시내부의 부식 등)를 해결하는데 있어서 민주주의적인 의사결정을 적용하는 것이 사회적으로 효율적이 되는 것은 어떤 때인가, 혹은 어떤 조건하에서인가 하는 것을 명확히 하는 것이다.

1967년부터 1973년까지 6년 반 동안 나는 노동당소속 네덜란드 국회의원이었다. 그때 내가 거의 매일 경험한 것은 경제문제를 해결하는 것이 더욱 어려워지고 있다는 점이다. 그 이유는 경제학자가 정치적 민주주의를 경제정책에 있어서의 파괴적인 요소로 생각하는데 비하여, 정치가는 특정한 민주주의적인 의사결정 모델을 신성불가침한 것으로 받아들이고 있기 때문이다. 나는 민주주의가 더욱 강력해지고 민주주의적 의사결정이 더욱 광범위하게 활용되기를 희망하므로 과학적 분석에 기초를 둔 하나의 안을 제안하고 싶다. 그것은 다수의 독재에 빠지지 않고, 내각의 정책에 대한 선거인의 지배를 상실하지 않으며 또한 정부 관료가 권한을 장악하는 것을 배제하는 조건을 충족시키면서 임금 등 기타 소득을 동결시키는 경우의 「강제의 민주적 수용」에 관한 제안이다.

독자는 반드시 다음 사항을 염두에 두기 바란다. 이 책은 실업이나 인플레이션 및 소득정책에 대하여 쓰여진 것이 아니다. 이 책은 민주주의에 관한 책이다. 이 책에서 논해지는 사회문제는 주로 여러 사례의 흐름을 나타내기 위한 것으로서 경제적인 의사결정이라는 관점에서만 고찰대상으로 하는 것이다. 소득의 불평등 및 기술개발 등 많은 경제적·정치적 요소들이 무시되었다. 만일 내가 이러한 측면을 고려하였다면 다른 결론에 도달했을지도 모른다. 이 책에서 도달한 결론이 절대적으로 유효한 것이 아니라는 이유는 이런 점에도 있다.

책속으로 경제학과 정치학

1 집권화와 정부

금세기로부터 1970년대 중반 기간에 유럽과 미국 등의 대서양연안 경제에서 일어난 가장 근본적인 변화 중의 하나는 공공부문의 급속한 성장이었다. F. L. Pryor(1973, p.14)는 1955년 현재 미국과 캐나다의 계측 가능한 국민자본(주택공급은 제외) 중에서 약 23%가 공공부문에 집중되어 있다고 언급하고 있다. 영국의 공공부문 비중은 더욱 더 높았다. 현재 영국의 전력, 가스, 철도, 항공기, 석탄, 조선 및 (대형) 철강업 분야는 모두가 공공부문에 속해 있다. 그리고 방송, 항공, 도로수송, 원자력, 자동차 및 석유산업의 대부분도 공공부문이다. 더군다나 상당한 규모의 주택이 공공소유이다.

정부의 권력집중은 국영부문의 확대뿐만 아니라 기업경영관련 정책들 - 임금, 가격, 사회보장, 안전성, 경쟁, 환경 및 도시계획 - 에 대한 법적 규제의 도입에 의해서도 일어난 것이다. 민간 기업의 생산과 가격에 관한 많은 활동들이 이와 같은 법적 규제의 대상들이다.

그러나 경제력의 가장 근본적인 집중은 소유나 법적 수단에 의해서 생긴 것이 아니라 사회재나 준사회재의 생산이 상대적으로 증가된 것에 의해서 초래된 것이다. 〈표 5-1〉은 주로 대서양지역인 서방 10개국의 경제에 관한 OECD 통계자료이다.

〈표 5-1〉 1974년도 10개국 정부의 GDP 대비 수입과 지출(%)

국 가	재화 · 서비스에의 경상지출	경상이전지출	경상수입
호주	15.4	9.1	28.9
캐나다	19.2	11.7	38.6
덴마크	23.2	15.8	47.4
프랑스	13.0	20.8	38.9
서독	19.7	16.6	41.4
네덜란드	17.2	26.6	51.4
노르웨이	16.5	22.4	48.5
스웨덴	23.6	18.7	49.4
영국	20.5	14.8	40.0
미국	18.8	9.9	20.0

출처 : OECD Economic Surveys

1974년도 정부의 재화와 서비스에의 경상지출은 국내총생산(GDP)의 15% 내지 20%를 차지하고 있으며 한편 경상이전지출은 9% 내지 26%였다. 공공지출 총액은 1890년에는 대부분의 국가에서 요소비용표시 국민총생산(GNP)의 10% 이내였지만 1974년에는 GNP의 30% 내지 45% 수준으로 크게 증가하였다. [그림 5-1]은 3개국의 증가추세를 보여주고 있다. 동기간에 [그림 5-1]에 나타난 10개국의 조세 및 사회보험료의 총부담은 GDP의 29%에서 51%로 증가하였다. 이것은 이들 나라에서 국민소득의 1/3내지 1/2정도가 어떤 방법으로든 공공부문을 통해서 지출되고 있는 것을 의미한다.

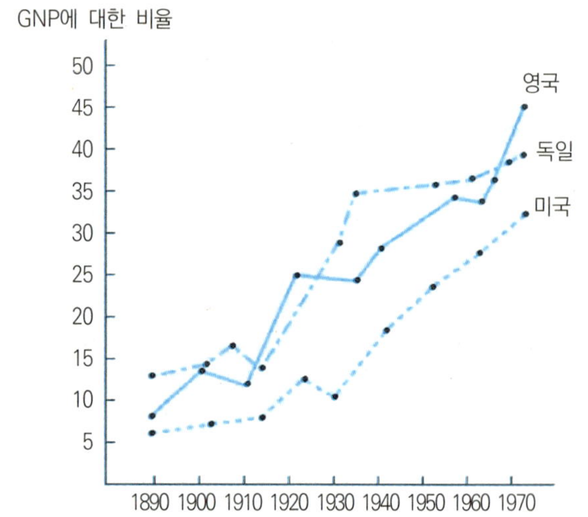

[그림 5-1] 공공지출의 GNP대비 비율

출처 : Musgrave and Musgrave. 1976, p.134.

2 경제학과 정치학에 있어서의 문제점

공공부문의 성장은 경제학과 정치학에 심각한 문제를 초래하였다. L. Robbins(1935, p.16)는 경제학을 「인간행동을 제목적과 대체적 용도를 가지고 있는 희소한 제수단간의 관계로서 연구하는 학문」이라고 정의하였다, 이러한 정의는 특정한 경제적인 목적에 대해서는 언급하고 있지 않다 - 어떤 목적이 희소한 수단을 사용한다면 (바꾸어 말하면, 그 목적의 실현 때문에 희망하는 차선책을 단념해야 한다면) 그 목적은 경제적인 측면을 갖는다. 또한 그 정의에는 어떠한 특정한 경제적인 수단이 언급되지 않고 있다 - 각 수단은 그것이 희소하고 대체적 용도를 갖는 한 경제적이다. 물질적 재화는 경제적인 수단이지만 투표자가 4년마다 한 정당을 위하여 던지는 투표도 경제재이다.

(Robbins의 전통적인 견해에 따르면) 경제학자들은 인간행동을 희소성이라는 관점에서 본다. 그들은 어떤 결정에 어떤 비용과 편익이 수반되는가를 검토한다. 재화와 서비스의 공급을 제약받고 있을 때 사람들은 여지없지 선택을 하게 된다 - 하나의 목적을 (어느 정도까지) 달성한다고 하는 것은 다른 목적의 달성이 (어느 정도까지) 단념되어야 한다는 것을 의미한다. 모든 선택은 단념된 재화나 서비스가 가져오는 편익을 희생케 하는 것을 요구 한다-「먹은 케이크는 뒤에 남지 않는다」.

이론적으로는 경제학은 대규모 공공부문에서 실시해야 하는 선택들을 분석하기 위해 필수불가결한 보조 학문이다. 그러나 현실에서는 A. Smith이후로 경제학자들은 경제분석 대상을 민간부문에 집중해왔다. 공공부문의 연구는 주로 사회학자에게 맡겨졌으며, 최근에는 정치학자에게 맡겨져 왔다. 경제학자들이 정부를 분석대상에 포함할 경우에는 일반적으로 다음과 같은 한계를 스스로 설정하였다. 첫째, 그들은 일원론적 개념을 이용해서 정부를 단일의 손새, 즉 자신의 효용을 극대화하고 또한 비용-편익분석을 행하는 하나의 독립된 개인으로 간주해왔다. 이 가정은 A. Wagner(1883), L. Walras(1896) 및 A. C. Pigou(1920)에 의해서 명백히 서술되었다. 둘째, 그들은 보통 규범적인 의미에 있어서만 정부를 언급하였다.

논의의 주된 주제는 정부가 무엇을 해야 할 것인가, 또는 무엇을 해서는 안 되는가에 관한 것이다. 정부가 실제로 무엇을 행했는지가 중요한데 왜냐하면 이것은 경제학자들이 규범이 만족된 수준을 결정할 수 있게 하기 때문이다. 만약에 기대에 반하여 정부가 규범을 만족시켰다면 그들은 기쁜 마음으로 놀라거나 또는 공적인 논의에 있어서 자신들의 설득력의 강한 증거로 간주할 것이다. 불행하게도 정부에 의해서 규범이 만족되지 않을 경우에는 그들은 화를 내든지 낙담하든지 또한 현재의 정치인들보다 좋은 정치인들로 교체되기를 요구하였다. 동시대 사람들 중에서 V. Pareto(1906)만이 경제학자의 조언이 왜 무시되는가를 알기 위해서 사회학을 배울 필요가 있다고 말했을 때에 올바른 결론을 이끌어낸 것이다.

사회과학 연구 특히, 정치학 또는 정책학의 유용성에 대해서는 의심의 여지가 없음에도 불구하고, 그것들은 공공부문의 활동에 대해서 적절한 통찰력을 제시하지 못하였다 -실제로 그러한 것들과 관계있는 사람들이 솔직히 인정하고 있는 것처럼(Mitchell, 1967 ;

Waldo, 1972 ; Ostrom, 1973). David Easton은 정치학을 「여러 가치들이 권위에 의해서 사회에 배분되는 상호작용」(Easton, 1965 b, p.21)이라고 정의하였다. 정치학이란 개인들을 구속하고 있는 가치들(재화, 서비스 등)을 사회가 어떻게 배분할 것인가를 연구하는 것이라고 바꾸어 말하는 것이 가장 좋을 것이다(Easton, 1965 a, p.50). 정치학자간에는 어떤 경우에 가치의 배분이 구속력을 갖느냐에 대하여 논의하고 있지만 나는 이 논의에 개입할 생각은 없다, 그러나 대부분의 정치학자들이 이러한 구속력을 갖는 배분을 초래하는 것은 바로 공공부문의 여러 제도(압력단체, 정당, 의회, 내각, 공무원)들이라고 가정하고 있다는 것을 지적해두는 것은 중요할 것이다. 따라서 경제학뿐만 아니라 정치학이 공공부문의 이론을 연구하는데 있어서 아주 중요한 보조적 학문이다.

그러나 현실에서는 정치학자들은 이와 같은 주장을 인정하고 있지는 않다. Easton의 정의를 수용하는 정치학자들은 일반적으로 가치의 배분에 있어서 경제적 측면을 무시한다. 본서의 목적에 비추어 볼 때 대부분의 정치학자가 공공부문의 제도들이 편익뿐만 아니라 비용도 수반한다는 사실을 무시하고 있다는 점이 중요하다. 여기서 비용이라는 것은 사무실의 건물이나 스태프의 급료를 의미하는 것이 아니라 이러한 제도에 의해 이루어지는 상대적으로 희소한 가치(재화와 서비스)의 배분이 반드시 최적은 아니라는 사실을 의미하고 있다. 선택과정이 잘못 구성되어 있을 경우에는 시민들이 내린 결정들이 잘못될 가능성이 상당히 높다. 따라서 공공부문의 여러 제도에 의한 가치의 구속력을 갖는 배분은 사회학적 문제일 뿐만 아니라 경제학적 문제이다. 정치학자의 분석이 만족스러운 것은 그들이 이상의 결론의 정당성을 이해하고 있는 경우뿐이다.

3 정치적 의사결정의 경제이론

대부분의 경제학자 및 정치학자가 공공부문을 연구하는 방법에서 볼 수 있는 문제점들은 경제학, 사회학 및 정치학이 하나의 새로운 분야로 통합되었을 때에 감소될 수 있다. 이와 같은 통합은 제2차 세계대전 후 K. J. Arrow, W. Baumol, A. Downs, R. A. Musgrave, M. Olson, J. M. Buchanan, G. Tullock, W. H. Riker 및 W. A. Niskanen의 저작에 의해서 경제학과 정치학을 통합하는 새로운 분야가 개발되었을 때에 시작되었다. 그것은 다양한 명칭을 갖고 있는데 -「공공선택의 이론」(Buchanan and Tollison, 1972), 「수리적 정치이론」(Taylor, 1971), 「비시장적 의사결정의 연구」(Mueller, 1976) - 그들 중의 2가지, 「정치적 의사결정의 경제이론」 및 「신정치경제학」은 새로운 분야를 가장 정교하게 묘사한 명칭이다(B. S. Frey, 1970 a, p.1).

이 분야는 연역적 분석과 수학적 모델이 많이 사용되고 있다는 의미에서 새로운 것이다. 수학적 모델이라는 것은 논리적으로 정합성이 있는 방정식의 체계이다. 연역적 이론화와 수학적 정식화의 조합에 의해 다음과 같은 많은 이점이 생긴다.

(1) 어떤 가정들이 의미하는 것을 놓치기 어렵게 된다.
(2) 여러 가정들 사이에 있는 논리적 모순이 분명하게 된다.
(3) 이론을 체계화하려는 자는 누구라도 그 이론의 원리를 어떠한 현상에 대해서 적용하려고 하는 지를 엄밀히 나타내기를 요구한다.
(4) 복잡한 구조가 때로는 용이하게 기술될 수 있다.
(5) 마지막으로 중요한 것은 정치이론의 몇 가지 내용들을 수량적으로 검증하는 것이 용이해진다는 점이다.

Frey(1970 a, p.21)는 이와 같이 현실과 대면하는 것을 계량정치학(politico-metrics)이라고 이름 짓고 있지만 이 방법에 의해서 수학적 모델을 개발하는 것이 수단이 아니라 목적이 되어버리는 것을 방지할 수 있다고 적절한 결론을 내리고 있다.

이러한 새로운 분야는 가치의 배분에 관해서 사회가 내리는 구속력을 갖는 결정을 고찰하는 실증적 이론에 관심을 가지고 있다는 의미에서 정치학의 일부분이다. 정부정책이 결정되는 방식에 특별한 관심을 가져야 한다. 현재까지에 있어서 정치적 의사결정의 경제이론에서 가장 중요한 주제는 그룹 내에 있어서 사회재의 수요와 공급, 다양한 힘의 관계에서의 교환 과정에 있어서 가치의 배분, 득표를 둘러싼 정당간의 경쟁이 정부의 정책에 주는 영향 및 관료적 조직의 행동이었다.

마지막으로, 새로운 분야는 연구대상과 이용되는 방법을 고려할 때 또한 경제학의 일부분이다. 경제학이라는 것은 Robbins가 정의한 것처럼 상대적으로 희소한 재화와 서비스에 관한 결정을 연구한다는 것임을 이미 언급하였다. 따라서 정치적 의사결정의 경제이론은 상대적으로 희소한 사회재 및 준사회재에 관한 결정을 연구한다. 이 이론은 희소한 재화의 배분이 의사결정의 방법에 의해서 어떻게 영향을 받는가라는 점에 특별히 관심을 가지고 있다. Peter Wiles(1962, p.1)가 「제도의 논리라는 것이 존재한다. 또한 사회학자나 역사가에게는 걸맞지 않는 내부적이며 순수하게 경제적인 이유에 의해서 경제모델은 현재와 마찬가지로 기능하고 현재와 똑같은 정치적 영향을 미칠 것이다」라고 가정했을 때 정치적 의사결정의 경제이론에 대한 기초를 정형화 하였다.

4 방법론적 개인주의

방법에 관해서 Klaver and Siccama(1974, p.128)는 정치적 의사결정의 경제이론과 미시경제학 간의 「구조적 유사성」(즉, 형태의 유사성)을 언급하고 있다.

(위에서 상술한) 연역법의 사용, 개별경제 주체들이 행하는 결정들이 여러 가지 목적(49-58쪽 참조)의 달성을 극대화하는 것을 의도하고 있다고 하는 가정 및 「방법론적 개인주의」의 공리 등을 비추어 볼 때 이런 점은 분명하다. 정부를 단일의 ('초인적인') 경제주체로 보는 일원론적 개념은 정부를 개인적 가치에 비추어서 사회재를 평가하는 다른 사람들(수요자)을 위하여 사회재를 생산하는 사람들(공급자)의 집합으로 간주하는 다원론적 개념으로 대체된다.

공급측면에서는 방법론적 개인주의가 정부 내의 의사결정에 관한 보다 철저한 통찰력을 제공한다. 정부는 시민보다 높은 곳에 위치한 신비한 제도가 아니라 부분적으로는 서로 대립하는 목적들을 제각기 추구하고 있는 그룹(압력단체, 정치인, 공무원)이나 개인(노동조합원, X 정당의 정치인, Y 부처의 공무원)의 집합으로 간주된다. 이 견해에 의하면 특정한 개인이 권력을 가진 특별한 지위에 있고, 그 결과 자신을 위하여 온정주의적인 결정을 내리고 그 정치적 귀결을 향수할 수 있다는 것은 인정되지만 정부의 「독자적인」 책임(예를 들면, 온정주의적인 결정을 내리는 것에 대해서)이라는 것은 인정되지 않는다.

수요측면에서는 방법론적 개인주의는 훨씬 이전에 E. Sax, U. Mazzola 및 K. Wicksell에 의해서 재정학에 도입되었는데 공공부문의 성장에 따라 매우 중요한 개념이 되어 왔다. 공공부문이 현재의 절반정도 규모였던 1935년에 Mannheim은 「사회」에 대한 「국가」의 권력이 증대하고 있는 것을 경고하였다. 이 경고는 더욱 더 심각하게 받아들여지고 있다. 각 개인이 가지고 있는 소득의 많은 부분에 관한 집합적 결정이 내려지게 되면 많은 사람들이 개인의 상태에 관해서 심각한 의문을 갖게 된다. 예를 들면 다음과 같은 의문이 있다 : 집합적 결정에 의해 누구의 목적이 결정되는가, 어떠한 결정이 내려질 것인가, 그리고 결정에 수반되는 비용과 편익은 사람들 사이에 어떻게 배분될 것인가, 공공부문의 규모가 계속 확대되고 복잡해져서 투표자들이 다른 투표자의 편익에 있어서 무엇이 중요한지를 알기가 거의 불가능하게 되었다. 1896년에 있어서조차 Wicksell은 「각자는 궁극적으로는 자기 자신만을 위해서 발언할 수 있다」고 단언하였다. 공공부문에 의해서 공급되는 재화와 서비스는 개개 시민의 입장에서 본 경제적 후생이 최대한으로 가능한 수준에 도달할 수 있는 경우에만 최적이 된다.

5 후생경제학

정치적 의사결정의 경제이론에 관해서는 J. Attali(1972), W. H. Riker and P. C. Ordeshook(1973), B. S. Frey(1978), N. Frolich and J. A. Oppenheimer(1978) 및 D. Mueller(1976, 1979)에 의해서 많건 적건 다양한 수준의 광범위한 서베이가 이루어졌다. 이들 서베이의 전부가 쉽게 입수되는 것은 아니지만 여기서 새로운 서베이를 행할 필요는 없다고 생각한다. 부분적으로는 정치적 의사결정의 경제이론에 기초를 두면서 본서에서 적어도 세 가지 면에서 기존의 견해와 다른 나의 견해를 서술하고자 한다.

(1) 정치적 의사결정의 경제이론이 현대 서구경제에 있어서의 민주주의와 관료제의 조직에 적용된다.
(2) 논리적으로 연속성을 가진 몇 단계(즉 교섭, 다수결, 대의제 및 실행)로 이루어진 「정치과정」(political process)이라는 개념을 이용하여 여러 관련 이론들이 통합된다.
(3) 정치과정의 각 단계에서 내려지는 의사결정은 후생경제학을 이용해서 평가된다.

민주주의, 관료제 및 정치과정의 개념들은 본장의 후반(제1.2절)에서 논해지기 때문에 여기서는 본서에서 후생경제학이 맡은 역할에 논의를 한정한다.

후생경제학자는 경제적 후생에 분석의 초점을 맞추는데 그것은 집단의 물질적 부가 아니라 경제적 요인에 의존하는 범위에서 집단의 복지(well-being)를 의미한다. 후생경제학은 다음 3가지 요소로 이루어져 있다.

(1) 한 집단 내 개인들의 경제적 후생이 최적수준이 되기 위해서 충족되어야 할 조건들의 정형화
(2) 집단의 제도 그리고 제도의 틀 중에서 수행될 정책에 의해 이 조건들이 어떻게 실현되는가에 관한 연구
(3) 기존의 집단 제도와 기존의 집단 정책이 경제적 후생에 미치는 효과(기여도)에 관한 비판적 평가

이러한 정의에 의하면 정치학과 공통점을 가장 많이 갖고 있는 것이 바로 후생경제학이다. 결국 정치학과 후생경제학은 모두 집단(이 경우에는 사회)의 가치배분에 관해서 연구한다. 그러나 후생경제학은 사회에서의 가치배분 뿐만 아니라 그 결과로서의 사회적

편익과 사회적 비용에도 관심을 가지고 있다. 본서 중에서 배분의 후생국면에만 초점을 맞출 경우에는 저자는 사실상 한쪽에만 치우치는 편향적인 접근방법을 선택한다. 후생경제학은 일반적인 경제학과 마찬가지로 현실의 한 측면만을 취급하는 학문이다 : 그것은 단 하나의 측면, 즉 희소성의 측면에서 관찰한 현상을 연구한다. 사회의 희소하지 않는 가치의 배분은 분석범위에서 제외된다.

V. Pareto, E. Barone, O. Lange, J. Tinbergen 및 W. J. Baumol은 최적한 경제적 후생을 실현하기 위한 조건을 정의하는 후생경제학의 문제 및 어떻게 경제의 조직편성(경제질서)이 구성원 전체의 경제적 후생에 영향을 주는가라는 문제에 분석의 초점을 두었다. 특히, Tinbergen(1959, 1967)은 「최적체제」의 구도를 그려서 이 문제를 분명하게 제시하였다. 그가 제기한 문제는 다음과 같다 :

어떠한 경제질서가 최대의 경제적 후생을 보증하는가, 즉 어느 경제질서가 경제적 후생을 최적에 가장 가까이 접근하는 방법으로서 개인의 선호를 희소한 수단의 배분으로 변환할 것인가 하는 것이다. 이 문제는 본서에서 서술되는 주요 과제 중의 하나이다. Tinbergen은 경제전체의 조직편성이 가지는 후생적인 면에 연구를 집중하는 반면에 본서는 공공부문의 조직편성이 경제적 후생에 주는 영향을 고찰한다. [그림 5-2]는 본서에서 검토하는 문제를 나타내고 있다.

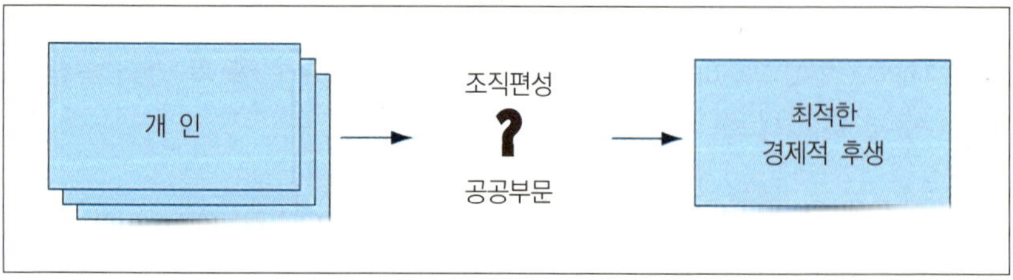

[그림 5-2] 본서에서 검토하는 경제적 후생의 문제

제 6 장 지방예산결산심사론

1. 초판 머리말

『지방예산결산심사론(초판)』
(2001년 5월)

4년 전에 국가와 지방의 예산·결산과 관련한 모든 사항을 총망라한 졸저 『예산결산심사 - 이론과 실제』를 펴낸 이후 국회와 지방의회의원, 중앙정부와 지방정부의 예산·결산관계자, 학계, 시민단체 등에서 기대 밖으로 보내준 성원에 지금도 감사할 따름이다. 특히 '98년 1월부터 12월까지 『국회보』에 '국가예산실무해설'을 12회 연재함과 동시에 '98년 11월부터 '99년 12월까지 『월간 지방자치』에 '지방예산실무해설'을 14회 연재하는 동안 각계 독자로부터 쏟아진 격려와 질문은 나라살림에 대한 관심이 예산·결산을 다루는 자에게만 국한된 것이 아니라 시민단체, 기업체 등 다양한 집단에게도 널리 퍼져있음을 새삼 인식하고 확인하는 계기가 되었다.

당시 복잡한 예산서와 결산서를 이해하고 분석하는데 필요한 핵심사항을 빠짐없이 간추려 평이하게 해설하려고 노력하였으나 부족한 부분이 없지 않았다. 고려대학교 정책대학원에서 「예산론」을 강의하면서 『예산결산심사 - 이론과 실제』를 출간하였고 그 후 이를 교재로 삼아 학생들과 토론하며 나누었던 소중한 의견들과 각급 지방의원들과 공무원들을 대상으로 「예산결산심사기법」을 강의하면서 제기된 사례들은 미진한 부분을 보완하는데 큰 디딤돌 역할을 하였다.

『국회보』와 『지방자치』 연재를 계기로 이번에는 국가예산과 지방예산을 분리하여 별도의 해설서를 발간하면 좋겠다는 권유와 요청이 많아 『예산결산심사 - 이론과 실제』 집필 시 빠뜨렸던 부분을 포함하여 우선 지방예산을 중심으로 한 본 해설서를 먼저 펴내게 되었다.

올해는 지방자치시대에 있어 특별한 의미를 지니고 있는 해이다. 지방의회가 출범한지 만 10년이 되는 해이고, 민선자치단체장체제가 가동된 지도 6년이 지나 이제 풀뿌리 민주주의의 착근을 기대해봄직하다. 그러나 안타깝게도 각급 지방자치단체의 지방재정운영이 방만하게 운영되고 있다거나 지방의회의 예산결산심의가 부실하게 이루어지고 있다는 등 그러한 기대에 찬물을 끼얹는 기사가 연일 신문지면을 가득 채우고 있다.

무릇 경제활동을 영위한다는 것은 사경제와 공경제를 불문하고 정도와 방법상의 차이는 있지만 그 경제활동에 대해서 일정한 계획(예산)을 세우고 그 계획에 따라 경제활동의 운영을 행하며, 계획기간이 경과된 후에는 그 실적(결산)을 정확히 파악하여 계획과 실적간의 차이를 분석하는 등 계획에 대한 집행결과의 내용을 평가함으로써 다음 계획책정의 중요한 자료로 활용하는 동시에 집행방법에 개선을 가하는 등의 작업이 꾸준히 이루어져야 한다.

과거를 돌이켜보고 현재와 미래에 대처한다고 하는 것은 모든 일반적인 사안의 처리에 있어 동일하게 적용 가능한 이치이지만 특히 재정운영에 대해서는 이것이 매우 중요한 의미를 갖는다. 특히 경비의 효율화, 합리화가 현 지방재정의 가장 긴요한 과제임을 감안할 때 이는 아무리 강조해도 지나침이 없을 것이다.

예산제도는 본래 납세자가 정부를 감시하고 의회가 집행기관을 감독하는 도구로 만들어진 것이다. 따라서 본서는 지방의원이 예산서와 결산서를 제대로 해독하여 지방의회의 예산결산심사능력을 제고함으로써 주민자치를 명실공히 실현하도록 돕고자 하는 데 그 목적을 두고 있다. 지방의원이 집행부의 예산편성수법을 숙지하고 있지 못하면 행정부문에 대항하여 의결기관으로서의 실질적 권한을 확보할 수 없다고 생각하기 때문이다. 지방의회가 예산결산심사 현장에서 집행부를 리드하여 지역살림을 챙기고 세금의 사용용도를 따질 수 있을 때 예산결산심의 시 자신감을 갖고 소기의 성과를 얻을 수 있을 것이며 궁극적으로는 지방의원이 지역사회의 발전을 주도적으로 이끌어 갈 수 있다고 확신한다. 그러기 위해서는 지방의원 스스로가 지역주민의 기대에 부응할 수 있도록 지방재정 흐름을 파악하고 예산·결산서를 해독하기 위한 실력연마에 정려(精勵)해야 할 것이며, 그러한 노력은 반드시 소망하는 적절한 보상을 받을 수 있을 것으로 믿는다.

본서는 모두 12개장으로 구성되어 있다. 제1장 예산의 기능과 원칙, 제2장 예산의 범위와 체계를 통해서 예산의 기본적인 사항을 이해할 수 있다. 제3장은 예산의 분류와 내용을 담고 있는데 특히 세입·세출예산과목을 중점적으로 해설하고 있어 예산서를 펴보기 전에 반드시 이 부분을 숙지해야 한다. 제4장은 중앙정부에서 지방정부로 이전해주는 재원인 지방교부세와 국고보조금, 지방양여금과 조정교부금을 다루고 있다. 제5장은 예산편성과 관련한 실무를, 제6장은 예산집행과 관련한 실무를 각각 정리하고 있다. 제7장은 추가경정예산심사에 필요한 모든 내용을 담고 있으며, 제8장은 결산에 대한 제반내용과 심사요령을 상세히 다루고 있다. 제9장부터 제12장까지는 지방예산심사와 관련된 내용을 정리하고 있는데 제9장은 지방의회의 예산심사확정권을 중심으로 한 지방예산심사의 개괄적 사항을 다루고 있고, 제10장은 예산심사에 필요한 20대 관점을, 제11장은 지방예산의 심사요령을 체계적이고 실질적인 관점에서 정리하고 있다. 마지막 제12장은 지방예산의 심사착안사항을 적시한 뒤에 세입예산, 세출예산, 예산편성지침, 지방채, 보조금, 업무추진비 및 특수활동비 등 섭외성 경비, 특별교부금, 기금, 신규투융자사업, 예비비, 경상경비, 선심성예산, 경영수익사업과 제3섹터 등 주요사업시책분야, 시설공사 및 용역비, 국공유재산, 사회복지시설, 지방교육재정 및 학교시설공사 등을 중심으로 대표적인 사례뿐만 아니라 시민단체와 사회단체가 선정한 다양한 사례도 폭넓게 소개하고 있다. 아울러 예산집행 모범사례와 예산

절감 사례도 충분히 소개하고 있다. 여기에 소개되는 사례는 감사원과 행정자치부, 기획예산처 등에서 국회에 제출한 각종 자료와 자체 홈페이지에 올린 내용을 추출한 것임을 밝혀둔다.

독자들은 처음부터 순서대로 읽으면서 억지로 기억하려고 하는 대신에 먼저 목차나 사항색인을 살펴보고 지방자치단체나 지방의회에서 논의가 되고 있는 사항에 관한 부분을 찾아내어 그것을 읽어보는 것이 흥미를 갖고 접할 수 있는 계기가 되리라고 생각되어 이 방법을 권하는 바이다. 일단 흥미가 생겨 그 흥미를 잃지 않고 계속 읽어나가다 보면 예산·결산서를 보고 읽을 수 있는 지름길을 찾아내게 될 것이다.

상자(商子) 거강(去强)에는 「國富而貧治, 曰重富, 重富者强, 國貧而富治, 曰重貧, 重貧者弱」이라는 글귀가 있다. 이는 '나라가 부유한데도 가난한 살림처럼 아끼고 줄여서 쓰면 더욱 부유해지고 더욱 부유해지면 강해진다. 나라가 가난한데도 부자살림처럼 흥청망청 쓰면 더욱 가난해지고 더욱 가난해지면 약해진다'는 뜻으로 이 시대에 우리가 새겨들어야 할 가르침이라고 생각한다.

저자는 고시합격 이후 경제학도로서 공직에 임하는 사명을 '국고를 수호하는 것'(To Preserve the Purse)에 두고 스스로 설정한 임무(mission)를 성실히 수행하기 위해 관련분야에 대한 이론천착을 꾸준히 해왔고 실무를 익혀왔으며 강의를 통하여 예산·결산의 중요성을 피력해 왔다. 때문에 저자는 본서를 통하여 나라살림과 지역살림을 이해하고자 하는 많은 사람들에게 지방예산결산의 현상이나 앞으로의 역할에 대해 이해를 돕고 지방예산결산심사방법에 대해 보다 체계적으로 생각하는데 도움이 된다면 집필자로서 더 바랄 것이 없다. 그러나 많은 부분에서 저자의 능력부족으로 그 동안 저자에게 보내온 요청과 의견을 제대로 수렴하지 못한 부분이 있으리라고 생각한다. 이에 대해서는 앞으로도 변함없이 질정(叱正)을 보내주실 것으로 믿고 그것을 바탕으로 앞으로 더욱 시의에 알맞게 보완해 나갈 것을 약속드리면서 더욱 넓은 양해와 큰 충고 그리고 고견을 부탁드리는 바이다.

『예산결산심사 - 이론과 실제』 후 『지방자치』에 연재한 것이 본서의 기초가 되긴 하였으나 이를 보완하여 마무리하는 데는 오랜 시간이 경과하였다. 특히 저자는 21세기 도래와 함께 국회 예산분석전담기구로 새롭게 출범한 예산정책국의 초대국장직을 수행하면서 이른 새벽과 늦은 밤 그리고 거의 모든 주말을 본서집필에 투입할 수밖에 없었다. 그러나 무엇보다 이렇게 본서가 마무리되기까지 힘들 때마다 손을 내밀어 힘껏 잡아주고 흔들림 없이 나라살림만을 챙길 수 있도록 배려해 준 한승인님과 사랑하는 가족들의 아낌없는 지원이 없었다면 불가능했을 것이다. 또한 저자의 저작물이나 논문에 대한 날카로운 비평과 함께 따뜻한 우정의 눈길을 보내준 주변의 지인들은 늘 촛불처럼 자신을 태우며 저자가 그 모든 빛을 발할 수 있는 지혜와 식견을 안겨주었다. 감사의 마음을 전하면서 그들과 함께 탈고와 출간의 기쁨을 나누고 싶다. 아울러 처음 연재한 내용을 보완하는 과정에서 난삽한 원고를 정리해 주고 교정을 도와준 예산정책국 직원들의 도움은 너무나 큰 것이었다. 일일이 감사드린다. 끝으로 어려운 출판사정에도 불구하고 뜨거운 정성으로 이번에 저자의 일곱 번째 저서를 흔쾌히 출간해준 오영환 사장님께 깊이 감사드린다.

2. 개정판 머리말

『지방예산결산심사론(개정판)』
(2007년 3월)

우리나라의 지방자치제도는 2006년 7월 1일 민선 4기가 출범하면서 새로운 전기를 맞이하고 있다. 2005년 민선 지방자치 10주년과 2006년 지방재정 순계규모 100조 원을 넘어서면서 지방자치에 대한 주민들의 높아진 기대와 이에 부응하는 지방재정의 새로운 역할에 대해 큰 관심이 모아지고 있다. 지방재정 100조 원 시대 개막이라는 양적 성장에도 불구하고 2006년 현재 국가재정 대비 지방재정의 비율은 36.6% 수준에 그치고 있고 재정자립도 평균은 54.4%에 불과한 실정이다. 더욱이 최근의 어려운 경제 현실에서 지방재정의 여건이 크게 개선되지 않을 것으로 전망되는 가운데 저출산 · 고령화 등에 따른 사회복지 지원확대와 지역경제 활성화 및 지속적인 지역 인프라 구축에 따른 세출요소는 꾸준히 증가할 것으로 예상되고 있다.

지방재정의 한정된 여건에서 급증하는 지방재정수요를 체계적으로 관리하고 세출소요에 합리적으로 대응하기 위해서는 전시성 · 행사성 · 소모성 경비의 지출을 최소화하고 투자 우선순위에 따른 실효성 있는 계획적 재정운용으로 주민복지증진 및 지역발전에 생산적으로 활용될 수 있는 재원마련이 절실히 요구되고 있는 현실에서, 예산결산 심사의 주체이자 예산의 심의의결권을 가지고 있는 지방의회 의원의 역할이 크게 부각되고 있으며, 이에 따라 예산결산의 이론과 실제에 대한 전문적 식견과 예산사업 전반에 대한 구체적인 심사능력 배양이 그 어느 때보다 필요한 실정이다.

굳이 이 점을 강조하는 것은 지방자치의 궁극적 목적이 주민들의 삶의 질과 생활수준을 향상시키는데 있다고 볼 때, 지방의회의원들의 예산결산을 접근하는 강도와 의지, 그리고 전략적 준비태세(strategic readiness)가 지방정부와 지방의회 간의 '견제와 균형'을 도모할 수 있는 견인차라고 믿기 때문이다.

2001년 국회 초대 예산정책국장직을 수행할 때 미국 유학이 결정된 이후 지방의회 의원들의 예산결산 심사에 실질적인 도움을 주고자 본서의 초판을 발행하게 되었는데 당시 출간과 관련한 저자의 저작의도는 초판 서문에 담은 그대로이다. 2003년 7월 2년간의 공부를 마치고 귀국한 후 본서의 초판이 모두 품절된 사실을 알게 되어 약간의 손질을 거쳐 개정판을 내려고 하였으나 저자가 2003년 10월에 출범한 국회예산정책처(NABO)의 초대 예산분석실장직을 맡게 되면서 조직 신설에 따른 직무개발과 업무수행에 여념이 없었고, 그러한 와중에 예산결산과 재정정책에 대한 연구결과를 우선적으로 집필하는데 주력하여 2005년 9월 『예산정책론』을 출간한 바 있다. 뒤이어 민선 4기 출범에 맞춰 본 개정판을 출간하기 위해 본격적인 작업에 들어갔으나 막바지 준비 중 저자가 국회예산결산특별위원회 수석전문위원으로 전격 보임되면서 2006년도 추가경정예산안심사와 2005년도 결산심사 및 2007년도 예산안 예비검토가 계속 이어져 따로 시간을 낼 수 없었던 데다 2007년도 예산안이 법정시한을 훨씬 넘긴 12월 27일에야 의결되어 도저히 마무리할 수 없는 상황이었다.

그러나 본서에 대한 수요가 끊임없이 늘고 있는데다, 특히 지방재정 개신과제의 제도화를 위해 2005년 8월에 지방재정법이 지방재정법, 지방자치단체기금관리기본법, 지방자치단체를 당사자로 하는 계약에 관한 법률, 공유재산 및 물품관리법 등 4개의 법으로 분법(分法)되면서 지방재정법의 분법 체제하에서의 지방예산 · 결산심사에 대한 새로운 변화 상황을 하루속히 본서에 담아야 한다는 절박한 인식에 따라 예산안의결 이후 새벽 시간과 주말을 이용해서 개정작업을 서두르게 되었다.

따라서 본 개정판은 지방재정법의 분법과 최근 변화된 지방재정 운용여건에 맞춰 지방예산 · 결산 및 지방기금 운용 심사의 중요성이 새롭게 부각되는 상황을 감안하여, 지방의회의원들과 관련 공직자들의 예산 전반에 관한 전문적 역량 향상을 도모하고 예산 · 결산 및 지방기금에 대한 효과적인 심사를 위해 심사요령 등 지방의회 의정활동에 꼭 필요한 부분을 사례 중심으로 보강하여 서술하는 등 초판을 대폭 수정 보완하였다.

본 개정판의 주요 개정내용과 추가사항을 소개하면 다음과 같다. 제1장에서 국가와 지방간 자원배분의 원칙을 추가하였고, 제2장에서는 통합재정 범주에서 제외되었던 지방통합예산의 범위와 내용을 보강하였으며, 제4장에서는 지방교육재정과 교육비특별회계의 심사 착안사항 및 국가균형발전특별회계를 새롭게 추가하였다. 제5장에서는 2008년부터 전면적으로 실시될 '사업별 예산제도'와 '성과평가'를 별도의 절로 추가하였고, 제8장에서는 중앙정부의 4대 재정개혁의 일환인 디지털예산회계시스템의 가동에 맞춰 재무회계결산이 추가되었으며, 제11장에서는 지방자치단체기금관리기본법 제정에 맞춰 지방기금의 심사요령이 추가되었다. 제12장에서는 지방예산의 심사착안사항에 따른 심사사례를 '지방세입분야', '지방세출분야', '지방기금분야', '지방공기업분야'로 나누어 정리함으로써 지방의회 의원들이 예산의 낭비요인을 중점 검토할 수 있도록 보강하였다. 특히 지방자치단체에 대한 행 · 재정 감사의 중요성이 강조됨에 따라 본서의 마지막에 '행정감사의 실시요령과 착안사항'을 부록으로 추가함으로써 지방의회 의원들이 지방예산 · 결산 심사와 아울러 행 · 재정 감사를 유기적으로 연계하여 살펴볼 수 있도록 하였다.

본서의 개정작업을 하는데 있어서는 저자로부터 '예산결산심사기법'에 대해 강의를 들었던 전국의 수많은 지방의회 의원들이 질문을 해주었던 부분과 지방자치단체에 대한 감사원의 감사 결과, 행정자치부 및 기획예산처 등에서 지방재정정책을 입안하거나 광역 · 기초자치단체에서 지방재정 관련 업무에 종사하는 공직자들이 본서를 실무서로 활용하는 과정에서 실제적으로 맞닥뜨렸던 문제에 대해 제시해준 소중한 의견 그리고 저자가 고려대학교 정책대학원에서 「예산론」을 강의하면서 학생들과 나눈 토론에 힘입은 바가 크다.

비록 본서의 개정판을 더 이상 늦출 수 없다는 판단에 따라 서둘러 마무리하다보니 미흡한 내용으로 안타까움을 금할 수 없으나 앞으로 본서를 이용하는 많은 독자들의 지도 · 편달을 바탕으로 개정과정에서 나타난 불비한 점을 보다 충분한 시간을 두고 꾸준히 수정 · 보완해 나감으로써 독자의 요구에 부응할 수 있는 예산결산분야의 유용한 참고서이자 길잡이가 되기를 기대한다.

개정판을 마무리하기까지 많은 분들로부터 아낌없는 도움과 격려를 받았다. 일일이 다 밝힐 수는 없으나 소중한 시간을 할애하여 필요한 자료를 제공해 주고 다듬어 준 여러분들에게 이 자리를 빌려 감사의 말씀을 전하고자 한다. 또한 밤늦게까지 서재를 지키며 자료를 정리할 때마다 끊임없이 독려해준 사랑하는 아내와 아들, 딸 그리고 지쳐있을 때마다 힘이 되어준 지인들의 한결같은 우정에 감사드린다. 끝으로 초판 이후 끈기 있게 개정판 원고를 기다려 주고 저자의 아홉 번째 저서를 이처럼 좋은 책으로 만들어주신 세명서관의 오영환 사장님과 편집부 여러분께 감사드린다.

책속으로 지방예산의 10대 검토사항

1 예산규모의 판단

(1) 우선 예산규모의 적정성에 대해서 심도 있게 따져본다.

어느 정도의 살림규모가 가장 적정한 것인가를 판가름 하기는 매우 어려운 일이나 대체적으로 다음과 같은 사항에 대한 중점적인 검토를 통해서 이루어진다.

첫째, 일반회계예산규모의 전년대비 증감률 비교

둘째, 특별회계의 규모증가와 재원조달내용

셋째, 지역경제여건과 경기동향 등에 대한 종합적인 판단

넷째, 전년도 본예산대비로 하느냐, 추경예산대비로 하느냐 하는 문제 등이다.

(2) 지방자치단체의 경우 중앙정부의 예산과 달리 특별회계 간에 세입원이나 사업내용이 유사한 요소가 많이 있다는 점에 착안하여 유사한 특별회계의 통폐합 내지는 일반회계로의 흡수문제가 검토되어야 한다. 특히 특별회계의 경우 특별회계유관 일반회계사업 내지 특별회계간의 사업내용을 병렬적으로 살펴보아야 한다.

(3) 기금과 관련하여 흔히 문제가 되는 것은 기금의 세입 · 세출이 예산외로 독립적으로 운용되어 의회의 심의, 의결을 받을 필요가 없다고 인식하고 있는 것이다. 이러한 문제점으로 인해 2005년 8월 4일자로 제정된 지방자치단체기금관리기본법을 계기루 기금운용계획안도 예산과 같이 의회의 심의 · 의결을 받도록 규정하고 있는 바 이 점에 유의해야 한다.

구태여 기금으로 존재할 필요가 없으면 유사특별회계로의 통 · 폐합 내지는 특별회계로의 전환이 바람직스럽다. 기금과 관련해서는 기금의 적정한 관리여부, 즉 기금의 예치상품별 내역을 살펴보고, 기금적립과 집행간의 적정성문제를 따져보아야 한다. 수익성이 낮은 금융상품에 예치하게 되면 그만큼 주민에게 손해를 가져다주는 것이고, 기금목적대로 집행되지 못할 경우 예산낭비를 초래하는 것이다.

(4) 지방채는 가시적인 저항이 없는 비교적 손쉬운 재원조달방안이므로 지방정부의 관심이 높은 실정이다. 그러나 지방채 발행의 남용은 만성적인 재정적자를 초래하고 나아가

지방정부가 파산되는 결과도 낳을 수 있으므로 상환능력을 고려한 적정규모의 지방채 규모를 유지하여야 한다.

(5) 예산과 인력의 지원이 뒷받침되지 않는 국가사무의 위임은 사무의 부실화와 자치단체 재정여건 악화를 초래하므로 사무위임에 따른 적절한 인력과 예산의 지원이 이루어질 수 있는 방안이 검토되어야 한다.

(6) 예산규모의 판단을 포함하여 지방재정의 관리는 보다 많은 주민들의 충분한 인식 속에서 투명하게 이루어져야 함을 인식해야 한다.

주민들은 자신들이 지불한 세금이 어떻게 사용되는가와 현재의 지방정부가 재정관리를 올바르게 하고 있는가를 정확히 이해할 수 있어야 한다. 지금까지는 그러하지 못한 결과 각종 세금비리와 특혜시비 등 재정관리에 있어서 부패와 낭비가 심하였음은 익히 잘 알려진 주지의 사실이다. 이제 자치단체의 예산과 결산을 주민에게 공시하여야 할 의무가 있다. 주식회사가 법적으로 결산공고를 하여 주주들이 그 회사의 경영상태를 이해하고 이를 근거로 경영진들의 성과를 객관적으로 평가하여 교체할 것인가 유임할 것인가를 결정하는 사항과 유사한 맥락이라고 하겠다. 주민들이 선출한 자치단체장, 의회의원들은 주인인 주민들의 평가를 받아야 하며 만일 잘못하였다면 교체되어야 하기 때문이다.

이는 정치적 인기를 얻기 위하여 각종 공약을 남발하여 주민들을 현혹시키는 자치단체장이 당선되는 것을 방지하고, 지방정부가 과시행정적으로 재정관리를 하는 것이 아니라 내실 있는 재성확충을 위하여 노력할 수 있도록 주민의 통제를 제도화하는데 필수적이라고 하겠다.

2 세수추계의 적정화

(1) 세수추계를 경제전망과 연계지어 검토한다.

지역경제여건상 실질적으로 세수가 줄어들 것으로 예측되는데도 세수를 전년대비해서 증액시키려고 하면 세수의 안정성 측면에서 검토하되, 특히 목적세의 인상을 통해 세수를 증대시키려는 것은 과세표준을 올리는 결과만 가져올 수 있다는 점에도 주목해야 한다.

(2) 주민들의 세부담이 적정한지와 부담추이를 살펴 과중한 세부담을 조정해 주어야 한다.

이를 위해 주민 1인당 지방세부담액과 1인당 세출예산액을 비교해 보아야 한다. 주민이 부담하는 세액과 지출되는 예산 간에 상당한 괴리가 있음을 알 수 있다.

(3) 일반회계기준으로 자치단체 세입예산과 결산과의 비율을 검토하여 세입예산액과 결산액 간의 격차가 어느 정도인지를 살펴보아야 한다.

우리나라 자치단체의 세입예산편성은 대체로 최근 3년간의 평균징수율을 근거로 단순하게 지방세세입규모를 추계하는 결과 세입규모를 정확하게 예측하지 못하는 등 상당히 비과학적임을 알 수 있다. 따라서 과학적인 세입추계를 통해 세입예산의 오차율을 줄여 나가야 할 것이다. 왜냐하면 세입예산을 결산보다 적게 추계하는 경우 세입확보노력의 불필요성, 재정규모의 축소, 비과학적 재정운용의 문제를 야기하기 때문이다.

(4) 지방세의 비과세 · 감면정도가 어느 정도인지를 검토한다.

국세의 경우는 경제정책을 실현하기 위한 수단으로 조세의 감면을 특정업종 및 자산에 허용하나 지방세의 경우는 지역주민과 지역경제를 연관하여 지방세감면정책을 실시하고 있다. 지방세부담은 지역주민에게 공평하게 과세되어져야 하며, 정책과세를 통한 지방세의 감면은 지역발전과 연관하여 결정되어야 한다. 따라서 각종 비과세 · 감면조치를 축소함으로써 세제의 형평성을 제고시키고 재정을 확충해야 한다.

(5) 탄력세율의 적극적인 활용방안을 검토한다.

탄력세율제도는 사실상 상당한 수준의 세율결정권을 지방자치단체에 부여하는 것으로 각 지방자치단체가 특수한 재정적 수요를 충족하기 위하여 일정한 범위 안에서 세율을 정할 수 있도록 하기 때문에 자치단체의 활용도에 따라 세수확보에 기여할 수 있다고 볼 수 있다. 그러나 현재 지방세수 증대를 위하여 탄력세율을 활용하고 있는 지방자치단체는 거의 없을 정도로 활용도는 낮다. 이렇게 활용도가 낮은 이유를 살펴보면 다음과 같다.

첫째, 탄력세율제도를 활용한 증세는 다른 자치단체보다 높은 세율로 지방세를 부담함을 의미하므로, 이 경우에 지역주민들의 조세저항을 불러일으킬 수 있다. 따라서 지방자치단체장 등은 조세저항을 우려하여 탄력세율을 적용한 증세에 소극적일 수밖에 없다. 둘째, 지방재정에서 차지하는 지방세의 비중이 낮기 때문에 지방세수확충에 대한 관심이 낮다. 따라서 탄력세율을 활용하여 세수를 증대시킬 수 있다는 사실에 대해서도 관심이 낮고 인식도 잘 안 되어 있기 때문에 이를 활용할 의지가 낮다. 셋째, 지방세법상에 명시적으로 탄력세율 적용요건을 규정한 것은 “재정상 기타 특별한 사유”가 있다고 인정할 경우에 표준세율에 따르지 않을 수 있도록 규정한 것인데 이를 적용함에 있어 비교적 엄격하게 해석함으로써 탄력세율적용을 어렵게 하고 있다.

(6) 징수율과 체납액을 검토하여 조세징수노력(tax collection effort) 정도를 확인한다.

지방세 부과액이 지속적으로 증가하는 추세에 있고 체납액 발생유형은 주소(행방)불명, 납세태만(기피), 부도, 폐업, 무재산, 회사의 법정관리절차 진행, 소송계류, 세액과다 등으로 매우 다양하여 효율적 대처가 어려운 점이 있으나, 과세자료의 부정확에 따른 고지서 미송달, 징수불능세액에 대한 결손처분기피, 유관기관 · 부서의 과세자료 통보지연에 따른 과세시기 일실 등 행정적 측면의 체납요인이 상존하기 때문에 징수율을 높이는데 주력해야 할 것이다. 특히 조세시효가 끝나 결손처분한 비중이 높은 것은 행정편의적 업무처리로 볼 수 있기 때문에 세정강화를 통해 결손처분액을 줄일 필요가 있다.

3 세외수입의 증대

(1) 일반회계의 경상적 세외수입과 특별회계의 사업수입에 주목하자.

지방세와 이전재원은 중앙정부에 의해 결정되나 세외수입은 자치단체의 자구노력에 따라 세원을 확보할 수 있는 방안이므로 이에 따른 효율적인 구조가 필요하다.

세외수입은 비교적 조세저항이 적으며 수익자부담원칙에 따라 이루어지는 만큼 재원확보가 가장 용이한 항목이므로 세외수입항목 중에서도 자치단체가 재원을 조절할 수 있는 항목이 일반회계의 경상적 세외수입과 특별회계의 사업수입이다. 일반회계의 경상적 세외수입은 지방공공재를 운용한 수입이므로 경영합리화를 통하여 수입을 높일 수 있는 항목이고, 특별회계의 사업수입은 지방정부가 사업체로서 지방공공재를 공급한 수입으로 경영의 합리화 및 가격의 적정화를 통해 수입을 높일 수 있는 항목이다.

(2) 지방자치단체가 제공하는 지방공공재에 대한 요금체계의 재조정을 검토한다.

지금까지는 공공성을 너무 지나치게 강조한 나머지 수익성을 무시하는 경향이 있으므로 세외수입정책의 기본방향을 경영합리화차원에서 이루어야 한다. 우선 수수료와 사용료는 원가분석을 통하여 적절한 요금체계를 제시하고 현실화하여야 하며 또한 물가수준에 탄력적으로 대응하여야 한다. 또한 지방공기업이 제공하는 재화의 가격은 공공성측면도 중요하지만 재화에 대한 수요조절과 합리적인 경영을 위한 기본적인 수익성을 확보할 수 있는 가격체계를 가져야 한다. 다만 최근 경제난으로 세수가 격감하고 방만한 지출로 재정압박을 받게 된 지방자치단체들이 각가지 명목과 구실로 주민생활과 직결된 각종 요금과 수수료를 인상하는 것은 경기불황으로 가계소득이 줄어 고통 받고 있는 서민들의 어려움을 외면한 처사라는 지적을 깊이 새겨봐야 할 것이다.

참고로 통계청 자료에 따라 지역별 공공요금실태를 살펴보면 우선, 상수도 요금의 경우 대도시와 지방간에 차이가 나는 것은 물론 대도시 간에도 차이가 큰 것으로 나타났다. 지방별로 요금 차별화가 불가피한 면이 없지 않겠으나 불합리한 요금책정으로 인한 피해는 지역주민이 볼 수밖에 없다는 점을 인식하여 주민들의 공공요금에 대한 상시 모니터링 체제가 이루어져야 할 것이다.

4 재원배분의 우선순위

자치단체 예산지출의 우선순위는 항상 주민들의 생활복지 향상을 기준으로 해야 한다. 이를 위해서는 주민들의 단기적인 요구사항뿐 아니라 장기적인 지역발전을 통한 주민들의 생활복지 향상이라는 비전을 위해 주민의 재정수요를 지속적으로 파악할 필요가 있다.

(1) 기능별 예산분류에 대한 분석을 통하여 재원배분의 우선순위를 검토한다.

기능별 예산분류는 지방자치단체의 활동을 기준으로 구분되어 있고 예산의 내용설명은 모두 이 분류에 따라 하고 있기 때문에 기능별 예산의 전년대비 증감률과 구성비를 비교하면 재원이 어느 분야에 중점적으로 배분되었는지를 파악할 수 있다.

(2) 지역경제의 진흥과 지역의 독자적 문화공간의 형성 그리고 살기 좋은 지역형성을 상호연계하여 추구하기 위해 예산편성전략으로서 ABC 지역발전전략을 수립할 수 있다.

즉 쾌적한 환경과 생활의 질(Amenity), 경제활동(Business) 그리고 성숙한 문화활동(Culture)을 동시에 추구하는 것이다. 그리고 경제활동을 위해서는 무엇보다 3 I가 구비되어야 하는데, 즉 기업(Industry)할 수 있는 여건을 만들고 투자유인책(Investment)을 발굴하여 결국 사람(Individual)이 그 지역으로 이동하게 만들어야 한다는 것이다.

(3) 인건비와 관련해서는 공무원인력규모와 연계지어 검토하여야 한다.

자치단체 공무원인력규모의 적정성은 행정수요의 변화와 예산운용의 효율화라는 관점에서 고려되어야 한다. 공무원의 연평균증가율과 공무원 1인당 담당인구수의 함수관계도 살펴보고 어느 한쪽 부분에서 빠른 속도의 증가율이 있었을 경우 그것이 과연 바람직한가를 검토하고 특히 공무원인력증가에 비해 주민이 느끼는 행정서비스에 대한 만족도가 어느 정도로 증가되어 왔는지를 살펴볼 필요가 있다.

(4) 주민의 삶의 질을 향상시키기 위해서는 산업경제비도 중요하지만 지역개발비나 사회복지비분야, 즉 사회정책분야에 대한 공공지출을 늘리는 것이 보다 바람직하다. 다만 사회복지비의 구체적인 내용을 살펴 사회복지사업과 전혀 관계가 없거나 직접적인 관계가 없는 지출항목이 있는지를 찾아내야 한다. 모든 자치단체가 모두 그런 것은 아니겠으나 사회복지예산의 규모가 적은 것을 은폐하기 위해 사회복지와 무관한 지출항목을 무리하게 포함시켜 예산을 편성하는 물량위주의 사회복지 정책적 사고에서 벗어나지 못한 사례가 많이 있기 때문이다.

(5) 공유재산의 취득 및 처분과 관련해서는 지방자치단체의 장이 예산을 편성하기 전에 공유재산관리계획을 수립하여 지방의회의 의결을 얻었는지 확인해야 한다. 또한 공유재산의 취득 및 처분을 현시점에서 꼭 해야만 되는 것인지 그 적정성을 검토하여야 한다.

5 경직성경비

인건비, 물건비 및 경상이전경비로 대표되는 지방예산의 경직성경비의 비중축소는 지방예산의 세출구조 조정과 지출기능 정상화의 핵심과제로서 정책적 우선순위가 부여되어야 할 것이다.

(1) 인건비 절감

경직성경비의 대종을 이루고 있는 인건비의 절감노력이 선행되어야 할 것이다. 인건비 증가의 억제를 위해서는 일차적으로 불요불급한 기구나 조직의 신설을 최소화하고 행정조직의 통 · 폐합과 정원재조정을 통해서 인력수요를 줄여나가야 할 것이다. 또한 보수체계의 합리화도 적극적으로 이루어져야 할 것이다. 이와 함께 조직기구의 합리화, 사무개선 등에 의한 행정수행능력의 제고와 같은 행정관리의 생산성제고도 이루어져야 한다.

(2) 경상적 경비의 합리화

일반행정비를 비롯한 경상적 경비의 합리화를 도모해야 할 것이다. 지방행정은 지방공공재의 특성상 일반행정비의 비중이 클 수밖에 없는데 우리 지방재정여건상 자주재원에 의한 경상비충당비율은 상당히 낮은 수준에 머무르고 있는 실정이다. 이런 견지에서 업무추진비, 여비, 기관운영비 등 경상비용절감을 위한 지방정부의 노력이 강화되어야 한다.

(3) 적정한 인력체계구축과 행정체계 개편

적정한 인력체계의 구축과 관리시스템의 정형화와 함께 지방행정체계의 개편도 중장기적 과제로 추진해야 할 것이다. 이는 경직화되어 있는 지방정부의 행정조직을 지방경제의 여건이나 구조적 전환에 신축성 있게 대응할 수 있도록 하고 지역의 개발잠재력과 경제활성화를 극대화할 수 있는 방향으로의 체계개편을 의미한다. 또한 현행 행정구역 중심의 배타적, 독점적 행정양태에서 벗어나 도시생활권역이나 광역행정권역이 중심이 되는 지방정부의 광역화방안을 적극적으로 검토해야 할 것이다.

(4) 경상이전의 효율화

10% 내외의 비중을 차지하는 경상이전의 효율화 방안도 검토되어야 할 것이다. 각종 이전적 경비가 대종을 이루고 있는 경상이전의 효율화를 위해서는 우선 불요불급한 지출증가를 억제하고 지원의 기준이나 타당성에 대한 체계적인 검토가 있어야 할 것이다. 지금까지의 경상이전적 지출이 상당부분 행정편의적 고려나 정치성 · 선심성 배려의 성격을 띠어 공공재원 낭비와 지방재정의 비효율화의 원인의 하나로 작용하여 왔음을 고려하여 수혜집단의 축소와 이전지출 유형의 체계화와 철저한 사후관리가 이루어져야 할 것이다.

6 낮은 결산율과 높은 불용률

세출예산이 얼마나 계획적, 합리적으로 운용되었는가를 파악하기 위해서는 결산율과 예산불용액발생비율을 검토해야 한다. 이 중 결산율이란 예산액에 대한 결산액의 비율을 가리키고, 예산불용액이란 세출예산현액에서 지출원인액을 제외한 것으로 예산과 결산의 차이에서 이월액을 제한 것으로 생각하면 된다.

지방정부 일반회계의 평균결산율은 중앙정부 일반회계의 평균결산율보다 훨씬 낮은 것으로 나타났으나, 예산불용액의 경우에는 지방정부가 중앙정부보다 불용률이 높은 것으로 나타났다. 지방정부의 낮은 결산율의 원인은 세출예산편성 및 집행이 계획적, 합리적으로 이루어지지 않은데 있으며, 불용액 발생의 원인으로는 사업계획변경 및 취소, 예산절감, 지급사유 미발생, 세입결함, 집행잔액 등 여러 가지가 있다.

구체적으로 지방정부의 낮은 결산율은 예산편성과 집행상의 중대한 두 가지 문제점이 배경으로 작용하는 것으로 지적되고 있다. 첫째는 지방자치단체의 예산편성이 비계획적, 비합리적으로 이루어지고 중앙정부의 지나친 간섭과 통제 때문으로 보고 있다. 둘째는 예산제도 자체가 지니고 있는 문제점이다. 지방정부의 예산은 지방정부가 달성하고자 하는 목표와 계획을 가장 충실하게 뒷받침하는 체제로 편성되어야 한다. 그러나 현재의 예산제도는 중앙정부의 일원적 통제가 용이하도록 지방정부의 예산운영 자율성을 최소화하고 있으며 예산의 1년 회계주의원칙이 기조를 이루고 있는 가운데 현금주의에 의한 1년간의 세입과 세출이 균형되도록 하는 단식체계가 주종을 이루고 있다. 따라서 현행 예산제도로서는 지방정부의 경영적, 적극적 행정을 기대하는 것이 어렵고 결국 예산제도를 과감히 개혁하지 않는다면 개선점을 찾는 것은 미봉책에 불과하다는 것이다.

이와 같이 낮은 결산율과 높은 불용률의 문제점은 예산편성 자체가 비계획적 · 비합리적으로 이루어져 그 결과 나타난 예산지출에 낭비적 요소가 상당히 있을 수 있다는 것이고, 특히 긴급 지출이 필요한 부문에 예산이 적절히 배정되지 않을 가능성이 있다는 것이다. 따라서 예산의 낮은 결산율과 높은 불용률을 개선하여 예산지출의 낭비적 요소를 없애기 위해서는 예산편성과정의 개선, 투자심사분석기능의 강화, 집행측면에서의 실현가능성에 대한 검토 노력들이 크게 강화되어야 한다. 이를 위해서는 무엇보다 지방의회의 예산 및 결산 심사기능이 강화되어야 할 것이다.

7 불법적인 사고이월

사고이월은 지방재정법 제50조 제2항에 의하면, 세출예산 중 당해 연도 내에 지출원인행위를 하고 불가피한 사유로 인하여 그 연도 내에 지출하지 못한 경비와 지출원인행위를 하지 아니한 그 부대경비의 금액으로 다음연도에 이월하여 사용할 수 있게 되어 있다. 그러나 예산성립 당초부터 연도 내에 완료하지 못할 것이 명백한 사업이나 이월을 전제로 하여 공사의 착공이나 물품의 제조계약을 체결한 사항 등은 사고이월이 금지되어 있다. 그러나 이러한 불법적인 사고이월은 계속되어 오고 있다.

이렇게 계속 사고이월로 처리하고 있는 중요한 이유는 명시이월과 계속비는 의회의 예산심의를 받아야 하는 반면에 사고이월은 단년도 예산으로 확정되기 때문이다. 지방자치단체에서는 편의성이 강한 사고이월비로 예산을 집행하여 지방의회의 통제를 벗어나려고 하는데 불법적인 사고이월은 그만큼 사업비의 효율적 집행을 어렵게 한다는 점을 명심해야 한다.

예산편성에 못지않게 중요한 것이 올바른 집행이고 또 그 성과의 평가이다. 그리고 이러한 평가의 결과는 앞으로의 예산심사에 반영되어 실책이 되풀이되지 않도록 해야 한다. 이러한 관점에서 불법적인 사고이월처리는 근절되어야 하며, 사고이월이 불가피할 경우가 계속 존재할 경우에는 단년도 예산주의의 신축적 운영을 강구할 필요가 있을 것이다.

8 지방재정계획과 투자심사

무엇보다 지역별 투자사업을 면밀한 사전진단 없이 무계획적이고 전시행정적으로 졸속으로 추진하여 엄청난 사업비만 요구하고 있지 않는지를 검토하기 위해 지방재정법 제37조 규정에 의거 지방자치단체가 예산편성 시 지방재정계획과 신규투자사업에 대한 자체심사결과를 기초로 했는지를 반드시 확인해야 한다.

지방경영시대의 자치단체는 한정된 가용재원을 효율적으로 지출할 수 있도록 노력하여야 한다. 즉 재정계획과 투자사업심사 그리고 이를 구체화한 예산편성 등을 연계성 있게 자주적이고 능동적으로 운영함으로써 재원배분의 왜곡을 최소화하고 투자효과를 극대화하여야 한다.

그러나 대부분의 지방정부들은 지역별 중 · 장기발전계획이나 지방재정계획과는 별개로 사업의 우선순위를 결정하는 사례가 빈번하다. 자치단체장이 임기 중 업적과시를 위해 투자우선순위가 낮은 공공청사, 문화시설, 체육시설 등 대형사업을 무리하게 추진하는 사례가 나타나고 있으며, 시장, 군수 또는 구청장의 임의적 결정, 담당 관료의 빈번한 교체, 일부 지방의회 의원을 비롯한 각종 압력단체들의 영향으로 투자재원의 관리는 왜곡되고 있다. 전시행정 또는 과시행정으로 시장 또는 몇몇 고위관리들의 대담한 사업발표가 있은 후에 비로소 기본설계와 실시설계가 동시에 급히 이루어지는 경우도 많다. 특히 대규모의 사업계약 임에도 불구하고 12월 29일이나 30일 일시적으로 체결되는 것은 시민의 혈세로 이루어진 시설투자 재원이 불성실하게 관리되는 간접적 증거라고 하겠다.

이렇게 막대한 예산이 낭비되는 이유는 다음과 같다. 첫째, 단체장의 공약사항이라는 이유로 또는 심사를 받으면 사업추진이 지연된다면서 심사를 받지 않고 사업을 추진하다가 사업이 취소 · 중단되는 등으로 재원이 낭비, 사장되고 있는 경우이다. 둘째, 투자심사 결과 재검토 및 조건부 승인된 사업을 조건이행 없이 추진하다가 중단 또는 지연 등으로 재원이 사장 또는 낭비되는 경우이다. 셋째, 사업을 추진하다가 주변 여건변화 등에 따라 취소 또는 재검토 대상사업 등을 지속적으로 추진하여 재원을 사장 · 낭비하는 경우이다. 넷째, 각종 사업을 추진하면서 사업의 필요성 · 타당성 결여, 국비 · 지방비 · 민자유치 등 재원확보가 곤란하거나 관련 법령 등에 어긋나 사업을 추진할 수 없음에도 이를 무시하고 무리하게 사업을 추진하여 낭비하는 경우이다.

따라서 계획성 있는 투자재원 배분을 위하여 중장기 재정계획과 투자심사의 실효성 확보가 요청된다. 이를 위해서 지역발전을 위한 장기구상과 개발지표를 설정할 수 있도록 자치단체별로 종합계획체제가 확립되어야 한다. 그리고 종합계획에 근거한 합리적 중 ·

장기재정계획이 실효성을 거두기 위해서는 투자심사, 예산운용, 심사분석기능이 유기적으로 연계되어야 한다. 전문가 인력을 적극 활용하여 과학적인 투자심사기법을 개발하고 이에 따라서 투자사업 심사분석을 객관적으로 하는 것은 실효성 확보의 필수적 요건이라고 하겠다.

9 지방공기업의 경영개선과 구조조정

지역주민이 수요하고 있는 각종 공공서비스의 상당 부분은 각종 지방공기업에서 담당하고 있다. 그러나 지방자치단체에서 공공성과 사업성을 고려하지 않고 지방공사 · 공단을 경쟁적으로 설립하고 있고, 민관합작법인 설립을 통한 투자사업을 확대하고 있으나 전문성 결여 및 차입 의존형 경영, 중복 · 과잉 투자, 예산 · 회계의 변칙처리 등으로 전반적으로 경영이 부실한 상태이다. 자체 구조조정과 경영개선 노력에도 불구하고 아직도 조직 · 인력 운용의 비효율, 책임경영의식 부족 등 경쟁력 저해 요인이 잔존하고 있다. 이러한 지방공기업의 경영개선과 구조조정은 크게 지방공기업의 안정성, 수익성, 활동성, 생산성 등으로 나누어 검토해야 한다.

10 지방재정지표와 지역경제통계

(1) 재정통계

재정통계자료를 일관성 있게 작성하고 그 신뢰성을 제고시키는 작업이 재정운용의 효율성을 달성하는 기본 전제조건이다. 그리고 그렇게 작성된 재정통계자료는 주민들과 재정전문가들이 쉽게 접근할 수 있도록 공개되어야 한다. 그렇지 않으면 재정운용의 효율성을 제고하기 위한 논의 자체가 불가능하게 되기 때문이다. 지방자치단체의 재정통계자료의 문제점을 살펴보면 통계체계의 일관성이 부족하고 통계의 정확성과 충분성, 신속성 등이 부족한 것으로 평가되고 있다.

지방정부의 재정을 정확하게 파악하기 위해서는 중앙정부에서 채택하고 있는 IMF방식의 통합재정수지방식을 도입할 필요가 있다. 이 방식의 도입은 지방재정통계의 여러 가지 문제점들을 일시에 개선할 수 있다. 즉 순계개념에 입각한 재정규모의 파악과 기금, 자치구를 포함하는 통합예산기준의 통계체계가 확립될 수 있을 것이다. 그리고 작성된 재정통계는 일반에게 신속하게 완전히 공개되어야만 예산의 투명성과 신뢰성을 제고할 수 있고 또한 격의 없는 논의를 통해 예산운용의 효율성을 증대시킬 수 있을 것이다.

또한 단일지표로 지방재정의 실태를 파악하기 어려우므로 다양한 지표, 예를 들어 재정자립도, 실질수지, 1인당 지방세부담액, 1인당 재정규모, 경상비 대 투자비 비율, 부채의존도, 채무부담률, 재정력지수, 건전성지수, 책임재정지수, 가용재원규모 등을 숙지해야 할 것이다.

(2) 지역통계

예산편성상 문제점으로서 간과할 수 없는 것의 하나가 지역통계가 거의 없다는 사실이다. 지역통계는 그 지역의 현상을 나타내주는 중요 기초자료가 된다. 이 기초자료가 잘 정리돼 있어야 그 지역의 중장기개발계획이나 정책을 입안할 수 있고 행정을 원활히 집행할 수 있다.

지역 통계의 문제점을 다음과 같이 지적할 수 있다. 첫째, 지출측면에서 파악한 지역내총생산(GRDP)자료의 시계열 축적이 미흡하여 케인즈의 총수요 모형을 적용할 수 없다. 둘째, GRDP가 2년의 시차를 가질뿐더러 분기별 GRDP는 발표조차 되지 않아 시의성 있고 지속적인 모형수정이 매우 힘들다. 셋째, 고용관련 통계자료 중 임금부분 및 지역특성을 고려한 산업별 고용자료의 보강이 필요하다. 넷째, 서비스업 관련 통계자료의 보강이 시급하다. 다섯째, 대외부문 중 지역관련자료의 보완이 필요하다. 여섯째, 지역통계의 효율적 관리를 위한 시스템 구축이 필요하며 지역관련 조사 통계의 확대를 통해 지역통계의 양적 · 질적 제고와 지역통계조직 및 인력 확충이 필요하다.

따라서 하루 빨리 지역통계를 체계화할 수 있는 준비를 갖춰야 할 것이다. 최소한 인구수(전 · 출입자 포함), 주간활동인구, 인구 1인당 지자체공무원수, 지역소득수준, 지역내총생산(GRDP), 물가상승률, 실업률, 급수량, 수도요금, 교육관련지표, 교통 · 주택 · 복지 · 완경 분야에 대한 기초수요조사결과 등을 구비해야 하고 예산심의 시 활용되어야 할 것이다. 취약한 지방재정을 확충하는 것도 이러한 기초통계의 바탕에서 찾을 수 있기 때문이다. 어떤 산업을 어느만큼 유치하고 얼마나 투자해야 하는지, 그리고 인력을 어느 정도 투입해야 하는지 등의 계획을 세우려면 통계가 뒷받침돼야 한다. 이와 함께 물가 · 교통 · 환경과 같은 지역별 통계와 지역주민의 삶의 질을 나타내는 사회통계가 마련되어야 지역의 참 실상을 알 수 있고 건실하게 발전시킬 수 있을 것이다.

책속으로 지방예산결산 검토 착안사항

1 예산안 검토 착안사항

1. 예산편성기준

- 노임, 각종 수수료 등 단가의 현실성 여부
- 예산과목의 과다, 과소분류 여부
- 예산편성전제의 타당성 여부

2. 예산안총괄

- 각 회계별 예산안규모의 적정성 및 건전재정원칙 견지 여부
- 예산총계주의원칙에 의한 총수입, 총비용의 계상 여부
- 주요신규사업 및 계속사업의 중장기계획과의 연계 여부
- 주요 기능별, 부문별 재원배분의 형평성
- 일반회계와 특별회계간 동일목적 경비의 중복계상 여부
- 법령 · 조례 등의 제정 또는 개정을 전제로 한 경비의 계상과 미처리 시의 대책
- 의회의 추경심의과정에서 삭감된 경비의 계상 여부
- 의회의 예산삭감에 대비한 특정경비의 과다계상 또는 불요불급한 경비의 계상 여부
- 유사 · 중복 또는 실효성이 없는 특별회계의 통폐합 검토

3. 예산총칙

- 각 회계별 일시차입금 한도액의 적정 여부
- 각 회계별 지방채발행한도, 장기차입한도액의 타당성 조건 및 그 용도와 그 재원의 세입예산안과의 일치 여부
- 이용범위의 각 사항별 개념의 명료성

4. 세입예산안

- 지방세 세수추계의 정확성 여부

- 사용료 · 부담금 등 세외수입 계상의 근거와 금액의 타당성 여부
- 지방교부금 · 국고보조금 수입의 향후변경 가능 여부 및 변경시 대책
- 특별회계에 있어 사업수입 또는 영업수입 등의 증감사유 및 일반회계 전입금 규모와 용도의 적정 여부
- 공기업특별회계 경영개선효과의 예산반영내용
- 예산안 편성 이후의 여건변동에 따른 세입예산조정 사유발생 여부(세법, 조례 등의 제정 또는 개정)
- 전년도 조상충용 수입의 세입편성 여부

5. 세출예산안

- 정원의 증감사유와 타당성 및 그 근거
- 각종 인건비 기준단가 및 정수의 예산편성기준 및 직제정원 등의 일치 여부
- 관서운영비와 사업비 개별 목예산과 유사 · 중복 계상 여부
- 총액예산사업비의 편성 여부, 편성사유 및 수행기준
- 주요 개별사업의 연내 집행 가능성 여부와 이월을 전제(재원확보)로 한 과다계상 여부
- 주요 신규사업에 있어 사업의 우선순위와 투자효과 및 사업의 시행에 앞서 타당성 조사, 기본설계, 용지보상협의 등 필요한 사전절차의 이행 여부와 지역간 균형발전 감안 여부
- 선심성, 동시다발적 사업추진에 따른 중도중단 등의 우려 여부
- 장기계속사업에 있어 당초계획의 변경 여부와 그 사유 및 당해년도 투자의 적정 여부
- 국고보조사업에 있어 지방비부담비율의 근거와 타당성
- 기초자치단체에 대한 보조금교부의 타당성, 보조사업에 대한 부담비율 및 시 · 군비 조달가능 여부
- 지방교부금을 재원으로 하는 사업의 내용
- 국가재정융자사업에 대한 원리금상환부담 가능 여부와 동 융자사업의 지역실정부합 여부
- 개인 또는 민간단체 등에 대한 보조, 융자, 출자, 출연 등의 타당성 여부
- 시책홍보, 행사비의 적정 여부
- 분담금, 부담금의 계상근거와 금액의 타당성 여부
- 공공요금 계상의 적정 여부
- 여비 · 수용비 · 재료비 · 업무추진비 · 특수활동비 · 용역비 등 소모성 경비의 전년대비 증감액과 증감사유

- 예비비 예산규모의 적정여부(결산실적 감안)
- 추후 확정 시 집행을 전제로 한 소요미확정 또는 법적근거 없는 경비의 계상 여부
- 추후 예비비 사용 또는 추경반영을 전제로 소요의 일부만 세출예산에 계상하거나 채무부담행위와 분할계상 여부 및 그 사유

6. 계속비

- 총사업비, 연부액, 연부기간의 적정 여부
- 계속비 수정사유와 수정내용의 타당성 여부

7. 채무부담행위

- 채무부담행위 예산책정의 타당성 여부와 상환재원조달능력 및 상환예산 계상 여부
- 채무부담행위한도액의 적정 여부

8. 명시이월비

- 명시이월비 산정의 타당성

2 추가경정예산안 검토 착안사항

1. 예산안총괄

- 추경사유와 시기의 타당성 여부
- 추경예산의 연내집행 가능여부 및 이월을 전제로 한 추경계상 여부
- 추경부분 외의 기정예산의 수정필요성 검토 : 추경예산의 본래 취지나 추경예산이 최종예산이라는 측면에서는 기정예산의 수정이 가능하다 하겠으나, 예산편성권의 존중이라는 측면에서는 추가 · 경정부분 외의 기정예산까지 수정하는 것은 다소 무리라고 판단되는 바, 따라서 이 문제는 기정예산을 수정하고자 하는 내용이나 범위를 고려해서 사안별로 검토

2. 세입예산안

- 추경세입재원의 타당성

- 정상적인 추가세수가 확실함에도 세외수입(전년도 이월금 등)을 재원으로 계상했는지의 여부 및 그 사유
- 본예산확정 후 여건변화에 의한 세입의 결함 또는 추가분의 예산반영 여부(지방교부금 정산 등)

3. 세출예산안

- 본 예산안 심의과정에서 삭감한 경비의 추경계상 여부
- 주요 신규사업의 경우 사전 타당성조사 등 필요한 절차의 이행 여부
- 이미 집행한 경비의 추경 계상 여부
- 추가 세출소요의 추경, 내년도 본예산 분할계상 여부
- 부서별 · 사항별 · 경비별 소요가 명백함에도 예비비로의 일괄계상 여부 및 그 사유
- 국가로부터 용도가 지정되고 소요전액이 교부되어 추경성립 이전에 기사용한 경비(성립전 예산)의 추경계상 여부와 추경성립 전 사용의 타당성 여부
- 보조사업의 추경전 간주처리 여부
- 특정 목적을 위한 추경편성 여부
- 예비비 추가계상 경우 그 타당성 및 적정 여부

3 결산심사 검토 착안사항

1. 결산총괄

- 세입 · 세출결산보고서, 시방금고의 계산증명 및 결산검사위원의 검사결과 보고서의 일치 여부
- 세입 · 세출결산보고서 및 예비비사용명세서상의 예비비의 각 과목별 집행내용의 일치 여부
- 전년도 결산심의 시의 집행기관에 대한 시정요구 또는 촉구사항의 이행 여부와 그 내용

2. 세입결산

- 세목별 예산액 대 징수결정액 대비 및 증감 사유

- 세목별 징수결정액 대 수납액 대비
- 사유별 미수납액, 불납결손액 및 전년도 이전 미수납액 중 당해연도 수납액, 불납결손액 및 미수납액
- 지방세 이의신청, 심판청구 및 행정소송 제기 현황
- 세외수입 종별 예산액, 징수결정액, 수납액 대비
- 세외수입 종별 미수납액, 불납결손액 사유
- 지방채 발행, 차입금 수입의 예산총칙상의 한도액 범위내의 집행 여부
- 국고부담을 전제로 한 지방기채 등에 의한 재원의 조달 및 사업시행 후 국고보전재원 세입여부와 미보전시 그 사유 및 대책
- 교부금, 양여금, 보조금의 내시액과 교부액의 일치여부 및 차액발생 시 그 사유
- 보조금 집행잔액 반납의 경우 그 사유와 금액의 적정 여부

3. 세출결산

- 세출결산의 기능별, 성질별 예산액 대 결산액 대비 증감사유
- 주요 계속사업의 집행실적 및 연도중 계획 및 예산의 변동상황과 그 사유
- 각종 보조사업의 집행실적과 지방비 부담실적
- 개인, 민간단체 등에 대한 보조금, 출자, 출연 등의 집행실적 및 각 대상별 총사업 집행 및 자체재원 조달실적
- 결산상 잉여금에 의한 세입·세출 외 처리현황
- 연례적인 이·전용 사례와 그 사유
- 이용범위를 벗어난 이용사례와 그 사유
- 동일목적의 경비를 중복 이·전용한 사례
- 전용의 제한규정을 위반한 전용사례
- 전년도 이월액의 이·전용 여부
- 예비비지출결정액의 이·전용사례
- 이월재원확보 또는 특정부문의 사업을 추가 또는 신규 지원하기 위하여 이·전용한 사례
- 경비성질별, 사유별 불용액 현황
- 계획변경에 의한 주요사업의 불용액 발생 여부 및 그 사유
- 명시·사고이월액의 규모
- 개별사업의 이월요건 부합 여부 및 이월액 책정의 적정 여부

- 사고이월액의 재이월 여부
- 재원없는 적자이월 여부와 대책
- 수입대체경비의 목적외 집행 여부
- 수입대체경비 초과수입에 따른 초과지출한도 결정 및 초과지출의 타당성 여부

4. 계속비 결산

- 사업별 · 비목별 연부액, 집행액과 동일비목 세출결산과의 일치 여부
- 계속비, 총사업비 감액 이 · 전용 사유 및 금액
- 연부액 체차이월현황

5. 채권 · 채무

- 채무부담한도액 범위내의 채무부담여부 및 채무부담액의 변동사유와 그 금액
- 채무종별 발행, 증감현황과 현재액 및 향후 이행대책
- 채권의 누락, 과소 또는 과다계상여부와 채권의 이행대책

6. 예비비지출

- 사항별 예비비지출 사유 및 지출결정액의 타당성 여부
- 연례적 · 반복적 경비의 예비비 지출사례
- 재원확보를 위한 이월을 전제로 한 예비비지출결정 사례
- 특정부문의 지원을 위한 예비비지출결정 사례
- 지출결정 후 집행과정에서 사정변경으로 인한 미집행현황 및 그 사유
- 당초 예산심의과정에서 부결하였거나 삭감한 경비의 예비비지출결정 사례

제7장 예산정책론

1. 초판 머리말

『예산정책론(초판)』
(2005년 9월)

우리는 현재 세계화로 표방되는 무한경쟁의 시대를 맞아 국가경쟁력 제고 노력을 통해 선진국으로의 도약을 준비하고 있다. 그러나 저출산 및 급속히 진행되고 있는 인구고령화와 개방으로 비롯된 경제양극화 등 성장잠재력 감식 요인이 부각되는 가운데, 재정은 세입상황이 불확실해지는 반면 세출은 사회복지지출의 증대와 공적연금의 재정부담 그리고 경기부양을 위한 재정지출 등 재정수요 확대가 예상되면서 재정건전성 확보를 위한 효율적 재정운용 등 국가차원에서의 대책이 절실히 요청되는 상황에 있다.

일찍이 R. Goldscheid는 「국가기능은 주로 재정구조에 의해 결정되며, 예산은 각종 이데올로기적 장식을 걷어낸 이후에 나타나는 국가의 골격」이라고 지적했는가 하면, B. Colm은 예산을 일컬어 공공경제의 중추신경(nerve center)이라고 강조했다. 예산이라는 용어는 조세 및 지출에 대한 의회 권한이 최종적으로 확보된 지 100년이나 지난 후인 18세기에 영국 정부의 재정관행을 묘사하기 위하여 처음 사용된 것으로, 동 단어가 공식문서에 최초로 채택된 것은 19세기 초 프랑스에서였다. 1862년 당시 프랑스 법은 예산을 「국가의 매년 수입과 지출을 예측하고 그에 대해 권한을 부여하는 문서」로 정의하면서 예산관행에 있어 두 가지의 대항적인 개념을 내재하였다. 하나는 예산을 다음 회계연도의 계획으로 보는 견해이고, 다른 하나는 예산을 미래의 수입과 지출에 대한 권한을 부여받은 결정이라고 보는 견해이다. 계획으로서 예산은 '정부가 의회활동에 주는 영향' 이상의 어떤 사회적 가중치도 부여하지 않는 일련의 제안이지만, 권위적 결정으로서 예산은 정부가 의례적인 의회의 승인을 받아 예산에 명시된 수입항목과 지출항목에 기초하여 과세하고 지출하는 의미를 확보한다.

그러나 지금은 예산이 가지고 있는 여러 기능 중 정책형성으로서의 기능이 가장 강조되는 시점이다. 한정된 재원을 효율적으로 사용하기 위해 국민의 재정수요에 근거하여 복지증진에 필요한 각종 사업의 적부성과 우선순위 그리고 체계 부여 등이 예산편성 및 심의과정을 통해 예산으로 집약된다는 점은 그러한 의미에서 다행한 일이다.

예산은 일관되고 포괄적이며 명료하게 방향을 제시하는 국가정책에 의해 반영되어야 한다. 예산과정이란 예산편성으로 나타나는 '정책 형성'에서 집행 그리고 평가에 이르는 과정으로서 예산과 정책이 따로 존재한다면 그 의미가 없다. 정책을 이해하려면 예산을 읽을 수 있어야 한다. 실제로 수행되고 있는 정책을 파악하는 유일한 길은 해당 예산이 정책수행을 위해 어떻게 편성되고 집행되고 있는지를 파악하면 된다.

경영학자 Peter Drucker는 기업경영과 관련한 중요한 문제점으로 '효과성(effectiveness)과 효율성(efficiency)의 혼동'을 들고 있다. 효과성이라 함은 '올바른 일을 하는 것'(Doing the right thing)을 의미하고, 효율성은 '일을 제대로 하는 것'(Doing things right)을 뜻한다. Drucker는 최악의 경우를 유효하지 못한 일을 가장 효율적으로 실시하는 것, 다시 말해 처음부터 하지 말았어야 할 일을 일사분란하게 해치우는 일이라고 지적하였다. 기업경영을 국가경영에 대입하여 해석해보면, 납세자의 세금으로 편성된 예산사업 중 애초에 시도하지 않았어야 할 사업을 감행함으로써 얼마나 많은 예산낭비가 있었는지를 그동안의 값비싼 경험과 사례를 통해 우리는 어렵지 않게 기억해낼 수 있다. 예산은 본래 기능과 목표에 가장 충실하게 운영하는 것이 바람직하기 때문에 남용과 오용을 막고 최선의 효율성을 발휘할 수 있도록 운영해야하며 그 어느 분야보다도 투명성과 합리성을 견지해야 한다. A. Smith도 일찍이 "위대한 국가일지라도 민간부문의 낭비에 의해서는 큰 피해가 없으나 공공부문의 낭비에 의해서는 그 국가가 가난해지거나 망할 수 있다."는 만고불변의 진리를 설파하지 않았던가.

저자는 1997년 우리나라 재정을 둘러싼 여건이 매우 어려워 재정개혁과 재정의 경기대응력 회복이 긴요한 과제로서 논의되는 시점에서 예산 그 자체를 해득하기 위한 노력이 그 어느 때보다 절실하다는 점을 인식하고 그 해 『예산결산심사 - 이론과 실제』를, 2001년에는 지방예산을 중심으로 『지방예산결산심사론』을 출간한 바 있다. 예산에 관한 두 가지 졸저를 내놓고 부족한 역량에 부끄러울 따름이었는데 망외로 국회의원과 지방의원, 국가공무원과 지방공무원, 학계 관계자 및 시민단체 등 많은 분들께서 크게 도움을 받았다는 소식을 접하고 과분한 성원과 격려에 늘 감사한 마음을 가지고 있었고, 그에 대한 보답으로 보다 체계화된 내용으로 최근의 예산논의를 정리하고자하는 사명감을 가지게 되었다.

특히 지난 해 국회에서 은(銀)경축에 해당되는 해인 25년을 맞이하여 저자가 그동안 예산이라는 한 분야만을 고집하여 공부하고 실무를 담당할 수 있도록 배려해준 국회를 위해 나름대로 기여할 수 있는 방법을 모색하다가 초대 예산정책과장, 예산정책심의관, 초대 예산정책국장, 국회예산정책처의 초대 예산분석실장이라는 보직을 경유하면서 터득한 지식과 경험을 바탕으로 「예산정책」에 관한 전문서를 펴내야겠다는 결심을 하고 정리해둔 자료를 토대로 본격적인 집필에 들어가게 되었다.

저자는 『예산결산심사 - 이론과 실제』를 준비할 때 "재정을 알고 판독할 수 있는 사람은 국가의 운명을 좌우할 수 있다."는 J. A. Schumpeter의 탁견을 마음 속에 담고 있었고, 『지방예산결산심사론』을 집필할 때에는 상자(商子) 거강(去强)의 『國富而貧治, 曰重富, 重富者强, 國貧而富治, 曰重貧, 重貧者弱』, 즉 "나라가 부유한데도 가난한 살림처럼 아끼고 줄여 쓰면 더욱 부유해지고 더욱 부유해지면 강해진다. 그러나 나라가 가난한데도 부자살림처럼 흥청망청 쓰면 더욱 가난해지고 더욱 가난해지면 약해진다."라는 글귀를 가슴에 깊이 새긴 바 있다.

이번에 본서를 집필하면서는 "건전한 재정 없이 건전한 정부는 존재하지 않으며, 건전한 정부 없이 건전한 국가는 있을 수 없다."라는 J. Wilson의 금언을 화두로 삼아 건전한 재정을 통해 건전한 정부를 구현하고 건전한 정부를 디딤돌로 건전한 국가재정 틀을 확립함으로써 국가경쟁력 향상과 국가번영의 로드맵을 모색하고자 노력하였다.

이러한 문제의식으로 출발하여 집필에 들어간 본서는 크게 제1부 「예산결산의 이론과 실제」와 제2부 「예산과 재정정책」으로 나뉘어져 있다.

제1부는 예산의 의의와 기능, 예산의 원칙, 예산의 범위와 체계, 예산의 분류와 내용, 예산편성과 예산사정, 예산심의, 예산집행, 결산심사, 기금결산 및 기금운용계획안 분석기법, 정부재무회계 결산의 이해, 국가예산의 10대 검토사항, 중앙재정과 지방재정 등 총 12개장을 중심으로 예산결산의 이론과 실제를 설명하고 있는데 특히 기금분석기법과 발생주의·복식부기 도입에 대비한 분석요령 그리고 국회에서의 예산심의 및 결산심사에 대한 설명이 사례중심으로 이루어짐으로써 독자들에게 나라살림에 대한 이해를 돕고 예산마인드 함양은 물론 실질적인 예산결산심사방법론을 체계적으로 숙지하는데 도움이 되리라고 믿는다.

제2부는 큰 정부와 작은 정부, 재정규모의 최적수준, 예산결정의 정치성과 경제성, 재정운영의 평가와 최근의 재정기조, 예산지원분야별 재정분석, 세제의 공공선택과 최적과세, 재정정책의 유효성, 국채발행의 구축효과와 재정지출 삭감 가능성, 재정적자와 정부의 역할, OECD 주요국의 예산제도와 재

정정책 등 총 10개장으로 서술되고 있다. 이는 공공선택이론을 포함한 재정정책관련 다양한 주제들을 설명하고 예산지원에 대한 재정분석을 제시하고 있으며, 특히 미국 50개 주(州) 재정에 대한 비교 분석은 저자가 미국에서 2년간 공부하면서 정리한 것을 토대로 국내에서 최초로 상세하게 설명하고 있는 바, 앞으로 국가재정은 물론 지방재정과 관련한 정책을 입안하고 시행하는데 있어 나름대로 유익한 시사점 및 교훈 그리고 재정정책의 지향점을 제시해줄 것으로 확신한다.

본서를 집필하면서 특히 저자는 예산과 재정정책이 분리된 개념이 아니라 예산을 통해 재정정책이 검토돼야하는 점을 강조하려 애썼고, 그러한 의미를 부각시켜 본서의 제목을 『예산정책론』이라고 정하였다. 따라서 『예산정책론』은 예산결산과 관련한 광범위한 주제를 다루고 있는데서 한 걸음 더 나아가 재정정책 수립의 바탕을 제공함으로써 현실적인 문제 해결에 공헌하는 실천적인 측면이 강조되고 있다. 이로써 『예산정책론』이 이론의 학문이라기보다는 정책의 학문으로 자리매김하는 것이다.

저자는 우리 재정에 잠복해 있으면서 언제라도 수면위로 부상할 수 있는 긴요하고 다양한 과제를 찾아냄으로써 보다 현실적인 시각에서 국민들에게 재정문제 해결에 대한 희망을 주고, 예산정책담당자 및 실무자와는 관련 지식과 정보를 공유하여 급변하는 재정환경에 적극적으로 대처할 수 있는 역량을 축적할 수 있게 하며, 재정학이나 정책학 등을 공부하는 학생들에게 지적 자양분을 공급해주는 등 올바른 정책 비전을 담을 수 있도록 정리하고자 하였다. 아울러 1995년부터 최근까지 고려대학교 정책대학원에서 『예산론』을 담당해온 저자의 입장에서는 본서 출간을 계기로 『예산정책론』에 대한 학문적 수요가 창출되어 예산정책분야에 대한 관심이 확산되기를 바라마지 않는다. 하지만 저서에 대한 의욕이 앞서 많은 주제들을 본서에 함께 담고 보니 짜임새나 체계적 측면에서 다소 미흡한 부분이 있음을 숨길 수 없다. 향후에도 부단 없는 학습을 통하여 예산분야를 경작하고 시대가 필요로 하는 이슈를 냉철하게 조명하면서 설명이 부족했던 부분은 보충하고 여분이 있는 부분은 간결하고 쉽게 정리하는 등 소망스러운 수준까지 끌어올릴 것을 약속드리면서 아무쪼록 독자제현의 아낌없는 질책과 폭넓은 고견을 당부 드리는 바이다.

저자가 본서를 본격적으로 집필한 것은 미국에서 미국 연방재정과 주 재정을 연구하면서 시작되었으나, 귀국 이후 바로 국가의 예산결산 · 기금 및 재정운용 관련사항을 연구분석 · 평가하고 의정활동을 지원하기 위하여 2003년 10월 20일 출범한 국회예산정책처의 초대 예산분석실장으로 부임하여 여력이 허락하는 동안에 글을 쓰게 되었고, 그 결과 많은 시간이 소요되었다.

그러나 주변의 많은 분들의 도움이 없었다면 이처럼 좋은 결실을 맺기 어려웠을 것이다. 일일이 다 밝힐 수는 없으나 특별히 소중한 시간을 할애하여 필요한 자료를 제공해주고 다듬어준 이남수 박사를 위시하여 예산분석실 직원의 지원에 대하여 이 자리를 빌려 감사의 말씀을 전하고자 한다. 또한 글이 막힐 때마다 흔들림 없이 명징(明澄)하게 글에 몰두할 수 있도록 함께 호수공원과 아파트 산책로를 거닐면서 끊임없이 독려해준 사랑하는 가족들과 지칠 때마다 아침햇살처럼 맑은 얼굴로 다가와 힘이 되어준 지인들의 한결같은 우정에 감사드린다.

끝으로 어려운 출판 여건에도 불구하고 원고독촉과 함께 모든 정성을 다해 저자의 여덟 번째 저서를 출간해준 세명서관의 오영환 사장과 편집부 직원들께 심심한 감사를 드린다.

2. 개정판 머리말

『예산정책론(개정판)』
(2012년 10월)

> 나라를 풍족하게 하는 방법은 절약해서 쓰고 백성이 넉넉하도록 해주며 그 나머지는 잘 저축하여 두는 것이다. 절약하여 쓰는 것은 예로써 하고 백성이 풍족하도록 해주는 일은 정치로써 한다(足國之道 節用裕民 而善臧其餘也 節用以禮 裕民以政). -순자 부국편

유럽 발 재정위기의 먹구름이 우리나라 경제를 뒤덮으면서 경제위기가 쓰나미처럼 밀려오고 있다. 2008년 세계 금융위기 시 각국 정부는 재정을 동원해 경기를 부양했고 그 결과 정부지출이 크게 늘어났으며 현재 거의 모든 국가가 재정적자에 허덕이고 있다. 따라서 지금의 재정위기국면에 선제적으로 대응하기 위한 동원 가능한 시나리오별 재정정책 수단이 마땅치 않다. 재정중독, 지출중독이 만연되는 상황에서는 아무리 훌륭한 교과서적 처방전을 제시한다 해도 근시안적이고 포퓰리스트적인 대안에 그칠 수밖에 없기 때문이다.

참으로 오늘날의 재정환경은 따뜻한 봄날 느긋하게 산책을 하면서 미래를 구상할 수 있는 여건이 아니다. 그렇다면 그와 같은 재정위기가 어디에서 기인한 것인가(why)에 대한 냉정한 점검과 함께 앞으로 어떠한 정책수단을 사용할 것인가, 즉 어떠한 조치를 취해야 할 것인가(what is to be done)에 대한 깊은 고민과 성찰이 필요하다. 행여 한쪽으로 기우는 배를 바로 잡는다고 짐을 모두 반대편으로 옮기는 우를 범할까 염려해서 이다.

피터 드러커(P. Drucker)는 "격동기의 최대 위기는 격동 그 자체가 아니라 과거의 논리대로 행동하는 것이다"라고 지적했다. 그리고 존 브루턴(J. Bruton)

전 아일랜드 총리는 "우리가 먹고 있는 진통제는 고령화 등에 따른 구조적인 문제가 불거진 것으로 한국도 20년 후에는 복용하게 될 것"이라고 진단했다. 때문에 저출산 · 고령화로 생산능력이 약화되는 불가피한 상황에서 성장 동력과 경제 활력을 끌어올리고 서민생활안정과 일자리창출이라는 중차대한 국가적 난제의 해결을 통해 대한민국을 선진부국으로 이끌 국가청사진은 지금까지의 정책논리가 아닌 참신하고 실현가능한 정교한 정책기조 하에서 마련돼야 한다.

아담 스미스(A. Smith)는 "국가가 빈곤과 절망의 상태에서 벗어나게 할 수 있는 길은 단 하나밖에 없다. 그것은 바로 안정적인 정부, 예측 가능한 법률, 부당한 과세가 존재하지 않는 것, 이 세 가지만 지키면 된다."라고 갈파했다. 아담 스미스로부터 영감을 받고 세계경제 600년 흥망사를 연구한 데이비드 랜즈(D. Landes)는 "부유한 나라와 가난한 나라를 가르는 변수는 국토나 자원과 같은 이미 가지고 있는 물리적 요소가 아니라 미래를 향한 정책의 선택에 있다."고 역설하였다.

저자는 2005년 9월 예산결산과 관련한 긴요하고 광범위한 주제를 예산정책적 시각에서 해결방안을 모색하고 예산에 기반을 둔 재정정책 수립에 논거를 제공하고자 『예산정책론』을 출간한 바 있다. 출간이후 졸저에 대한 학문적 수요가 창출되었고, 재정정책을 입안 · 심의하거나 집행하는 정부부처와 국회 등에서 참고서로 활용되었다. 특히 본서가 2009년 4월 21일자 동아일보에 '18대 의원들이 가장 많이 읽은 책' 4위로 선정되었다는 보도를 접하고 『예산정책론』이 이론의 학문이라기보다는 정책의 학문으로 자리매김했으면 하는 저자의 충정이 어느 정도 받아들여졌다는 소회로 망외(望外)의 기쁨을 느꼈다.

하지만 본서의 개정은 여전히 숙제로 남아있었다. 무엇보다 출간 당시에 논의되었던 재정건전화 관련입법 추진이 2006년 10월 『국가재정법』 제정으로 결실을 보게 된 점이다. 45년간 국가예산의 기본법으로 적용되어 온 『예산회계법』 시대가 마감된 것이다. 국가재정운용계획 수립, 총액배분자율편성

(top-down)예산제도 도입, 예산사업의 성과관리 강화, 디지털 예산회계 시스템 구축 등을 포괄하는 "국가재정법 시대"로의 돌입은 하루속히 본서를 개정해야 한다는 필요성으로 연결되었다.

초판을 집필할 당시 저자는 2003년 10월 출범한 국회예산정책처(NABO, National Assembly Budget Office) 예산분석실장직을 맡고 있었는데 그 후 국회예산결산특별위원회 수석전문위원을 거쳐 2008년 9월 1일자로 제 3대 국회예산정책처장직을 수행하게 돼 "나라살림 지킴이, 나라정책 길잡이"로서의 기관위상을 구현하는데 주력하느라 도저히 손을 댈 수 없는 상황이었다.

2011년 3월 33년간의 공직생활을 마치고 후학을 양성하는 학교에서 제2의 인생을 출발하게 되었다. 당시 유럽 국가를 중심으로 가시화되기 시작하는 재정위기에서 저자는 "경제학자는 상아탑의 철학자가 되지 말고 환자의 비명소리를 대하는 치과의사가 되라"는 케인즈의 조언을 가슴에 새겼다. 그리하여 미래 국가발전을 위한 21세기 나라살림 개혁의 큰 그림을 먼저 제시해야 한다는 절박한 심정에서 2011년 9월『예산개혁론』을 서둘러 출간한 바 있다.

올해로『국가재정법』에 의한 재정운용이 이루어진지 어언 6년이 지나고 있다. 따라서 더 이상 본서의 개정작업을 미룰 수 없는 상황이 되었다. 우선 예산회계법 및 기금관리기본법 상 예산제도를 국가재정법에 맞춰 손질하였고 재정통계를 업데이트했으며 일부 내용을 부분적으로 수정하는 등 책 전체의 논의를 보다 일관성 있게 체계화하였다. 이러한 개정취지로 손질하기는 하였으나 구성 체계 및 내용 등에서 아직 미흡한 점이 많이 남아 있다. 앞으로도 동학제현의 질정(叱正)을 바탕으로 불비한 부분을 꾸준히 수정 · 보완하여 독자들의 깊은 성원에 보답하고자 한다. 끝으로 본서가 재정위기의 먹구름 너머에 있는 희망(silver lining)을 찾는데 일조하기를 간절히 바란다.

3. 서 평

『예산정책론－예산결산과 재정정책』
구정모(한국재정 · 공공경제학회 회장, 강원대 교수)
『예산춘추』 2005년 가을호 · 『국회보』 2005년 12월호

언제나 의욕이 넘치는 저작은 양이 앞서다 보니 질이 미흡하고 다루는 범위가 넓다 보니 심도 있는 논의가 결여되는 경우가 많다. 특히 고급 교과서나 지침서가 그런 경우가 종종 있고 독자로 하여금 방만한 내용에 파묻혀 헤어나지 못하게 하는 경우도 흔하다. 하지만 『예산정책론』은 딱딱한 내용을 다룸에도 흥미가 있고 많은 내용을 다룸에도 체계적이며 고도의 전문지식을 다룸에도 알기 쉽게 논술하고 있다는 점은 사뭇 이채로운 저작이라 할 수 있다. 『예산정책론』을 접하면서 정부의 역할, 예산, 조세, 국채 등 재정과 관련해 다시 생각해 보고 그에 대한 지적 배경을 넓힐 수 있는 좋은 기회라는 생각이 들게 한다.

최근 들어 우리나라 재정은 기로에 서있다는 지적을 많이 받고 있다. 정부는 내년도 예산 및 세수의 확대를 추진하고 적자국채도 발행할 계획이다. 또한 올 회계연도를 얼마 남기지 않은 시점에서 추가경정예산도 편성하였다. 반면에 야당은 감세정책, 예산삭감 및 국가채무의 축소 등을 주장하고 있다.

재정수요는 사회안전망 구축, 국가균형 발전, 성장 동력 확충 등으로 인해 지속적인 증가 추세에 있고, 중장기적으로는 남북협력, 고령화 · 저출산에 따른 잠재적 재정수요도 확대되고 있다. 반면에 경기침체로 인해 세수는 크게 줄어들어 재정운영은 어려워지고 있는데, 이는 외환위기 이후 8년 연속 빚을 내서 국가재정을 꾸려가는 상황으로 이어지고 있다. 국가채무 역시 올해 248.1조원에서 내년에 279.9조원으로 31.8조원 급증하고, GDP 대비 국가채무 비율은 내년에 사상최고수준인 31.9%에 이를 전망이다.

이와 같이 국가재정운용 환경은 그 어느 때보다 급속히 변화하고 있고 그에

따른 국가예산의 합리적 운용은 주요한 국정과제로 대두되고 있다. 특히 참여정부 들어 늘어나는 재정수요에 부응하면서 재정건전성을 유지하고 예산지출의 효율화를 위한 재정개혁을 추진하고 있는 시점에 『예산정책론』은 국가예산과정과 재정정책에 대해 좀 더 깊이 폭넓게 알고자 하는 독자에게 훌륭한 지침서의 역할을 하기에 전혀 부족함이 없다.

이는 경제학 박사인 저자가 오랜 기간 국회사무처 및 국회예산정책처에서 쌓아온 예산실무 및 정책결정에 관한 풍부한 경험, 그리고 국내외 대학에서의 재정이론 및 분석에 관한 심도 있는 연구를 바탕으로 저술하였기 때문에 더욱 유용하게 활용될 수 있다고 생각한다.

『예산정책론』은 저자가 서문에서 밝히고 있듯이 "건전한 재정 없이 건전한 정부는 존재하지 않으며, 건전한 정부 없이 건전한 국가는 있을 수 없다."라는 J. 윌슨의 문제의식을 바탕으로 제1부 「예산결산의 이론과 실제」와 제2부 「예산과 재정정책」으로 구성되어있다.

제1부는 예산의 의의, 원칙, 체계, 분류, 편성 및 사정, 심의, 집행, 결산심사, 기금운용 및 결산, 국가예산의 10대 검토사항 등 12개 장을 중심으로 예산결산의 이론과 실제를 설명하고 있다. 특히 최근 현안이 되고 있는 기금분석기법과 발생주의 · 복식부기 도입에 대한 논의, 국회에서의 예산심의 및 결산심사에 대해 사례 중심으로 설명함으로써 이론과 실제를 접목시키는 훌륭한 가교역할을 하고 있다.

제2부는 큰 정부와 작은 정부, 재정규모의 최적수준, 예산결정의 정치성과 경제성, 재정운영의 평가와 재정기조, 예산지원분야별 재정분석, 최적과세, 재정정책의 유효성, 재정적자 및 국채발행 등 10개장으로 기술되어 있다. 특히 재정운용, 재정기조 및 재정정책에 대한 평가를 현실에 입각하여 심도 있게 논의하고 있고, OECD 주요국의 예산제도 및 재정정책을 비교 · 분석함으로써 향후 우리나라의 재정운용 및 재정정책의 방향설정에 유용한 시사점을 제공해주고 있다.

특히 저자가 서문에서 소개하고 있는"재정을 알고 판독할 수 있는 사람은 국가의 운명을 좌우할 수 있다."는 J.A. 슘페터의 말이나, 상자(商子) 거강(去

强)의 "나라가 부유한데도 가난한 살림처럼 아끼고 줄여 쓰면 더욱 부유해지고 더욱 부유해지면 강해진다. 그러나 가난한데도 부자살림처럼 흥청망청 쓰면 더욱 가난해지고 더욱 가난해지면 약해진다."라는 글귀는 재정을 가까이 하는 정책결정자, 전문가 및 일반에게 가슴 깊이 새겨 볼 필요를 느끼게 하는 대목이다.

저자는 이러한 마음을 바탕으로 『예산결산심사 - 이론과 실제』, 『지방예산결산심사론』을 이미 저술한 바 있으며 이번에는 『예산정책론』을 집필함으로써 예산이론, 정책 및 실제에 관한 저작을 체계적이며 종합적으로 집대성하는 업적을 남기게 되었다. 저자는 『예산정책론』을 통해 예산제도 및 정책에 좀 더 깊이 있는 지식을 필요로 하는 독자에게 의욕적이며 친절하게 그리고 성심성의껏 다가가고 있는 모습을 진솔하게 보여주고 있다.

4. 900쪽 넘는 '예산 교과서'… 재정위기 너머 희망 찾았으면

『예산정책론(개정판)』
중앙일보(2012년 11월 13일)

18대 국회서 많이 읽은 책 4위

신해룡(60) 전 국회예산정책처장(호서대 교수)이 900쪽이 넘는 예산 교과서를 최근 출간했다. 2005년에 펴낸 『예산정책론』의 개정판이다. 『예산정책론』은 18대 국회의원이 가장 많이 읽은 책 4위에 선정됐을 정도로 좋은 평가를 받았다. 신 전 처장은 "2006년 국가재정법이 제정되면서 45년간 국가 예산의 기본법이었던 '예산회계법' 시대가 끝났다"며 "국가재정법 시대에 맞게 예산책을 개정할 필요가 있었다"고 설명했다. 국가재정법은 국가재정운용계획 수립과 총액배분 자율편성(톱다운) 예산제도 노입 등을 포괄한다.

그는 지난해 본지 인터뷰에서 모든 것을 재정으로 해결하려는 세태를 '재정 알코올 중독(fiscal alcoholism)'이라며 강하게 비판했다. 신 전 처장은 개정판 서문에서 "요즘 재정 환경은 따뜻한 봄날 느긋하게 산책하면서 미래를 구상할 수 있는 여건이 아니다. 재정위기의 원인과 향후 정책 수단에 대한 깊은 고민과 성찰이 필요하다"고 지적했다. 이어 "재정 중독, 지출 중독이 만연된 상황에서는 아무리 훌륭한 교과서적 처방전을 제시해도 근시안적이고 포퓰리스트적 대안에 그칠 수밖에 없다"고 덧붙였다.

신 전 처장은 "'경제학자는 상아탑의 철학자가 되지 말고 환자의 비명소리를 대하는 치과의사가 되라'는 케인스의 조언을 가슴에 새기고 있다"며 "이번 책이 재정위기의 먹구름 너머에 있는 희망(silver lining)을 찾는데 일조하기를 바란다"고 말했다.

책속으로 재정정책의 유효성

재정학은 이론의 학문이라기보다는 정책의 학문이라고 말할 수 있다. 그것은 재정학이 취급하는 영역이 경제와 정치 두 분야에 걸친 영역이기 때문이다. 아울러 정치과정에 대한 분석도 분석 대상에서 제외할 수 없는 대상이 되어가고 있다.

정책담당자의 판단에는 일반적으로 자의적인 가치판단이 뒤따르기 마련이며, 그것을 정책의 장에서 시현하는 것이 현실적인 의미에서 재정학 본래의 역할이다. 최근 「세제개혁」에 관한 활발한 논의들은 이러한 사실을 여실히 보여준 사례라고 할 수 있다.

재정정책은 금융정책과 함께 경제정책의 큰 체계를 구성하고 있다.

〈표 7-1〉 경제정책의 체계

종 류	주 체	목 표	수 단
재정정책	정부	① 자원배분의 효율화 ② 소득분배의 공평 ③ 경제의 안정과 성장	① 지출정책 ② 조세정책 ③ 국채관리정책
금융정책	중앙은행	통화가치의 안정	① 재할인율 조작 ② 공개시장 조작 ③ 지급준비율 조작

1 재정정책의 의의[1)]

재정정책이란 협의로는 조세수입 및 국공채발행수입을 정부가 추진하고자 하는 정책목표의 실현을 위해 지출하는 정부의 행위를 의미한다.[2)] 그러나 광의로는 가계 · 기업과 함께 국민경제를 구성하는 하나의 경제주체로서 공공서비스의 생산과 각종 정책의 수립 · 집행 등 공공목적을 달성하기 위해 필요한 재원을 관리 · 운용하는 정부의 제반 경제활동을 의미한다.[3)]

재정정책은 지출정책과 조세정책으로 구분할 수 있다.[4)] 지출정책은 정부가 정책목표

1) 한국은행, 『경제정책의 유효성(금융경제총서)』, 2001.
2) 김적교, 『경제정책론 - 한국경제의 정책과제와 방향』, 서울 : 박영사, 1998.
3) 김성순, 『공공경제론』, 서울 : 지샘, 1999.

의 실현을 위해 조세 및 국공채 발행을 통한 재정수입을 효율적으로 집행하는 공공지출행위이다. 반면 조세정책은 정부가 재정수입을 확보하기 위한 목적으로 개별적 보상 없이 민간 경제주체들로부터 화폐 또는 재화를 강제로 징수하는 행위를 일컫는다.

이러한 의미에서 조세정책은 지출정책의 보조정책으로 인식되기도 한다. 그러나 조세는 개인소득을 변동시키고 납세자로 하여금 조세부담을 전가시키도록 유도하는 등 경제주체의 경제활동에 영향을 미칠 뿐만 아니라 계층간 소득불균형을 개선하는 등 독자적인 정책영역을 가지고 있다. 이처럼 정부지출정책이 재정지출의 거시경제적 효과를 중심으로 거시재정정책의 역할을 수행하는 반면, 조세정책은 소득재분배기능에 역점을 두는 미시재정정책으로서의 역할을 수행한다고 볼 수 있다.

그러나 재정정책을 원만히 수행하기 위해서는 정부지출정책과 조세정책을 효과적으로 병용하는 것이 합당하다. 일반적으로 어느 것을 선호하고 어떤 수단을 어느 정도로 투입할 것인가는 당시의 경제상황과 정치적 집행력에 의해 결정된다.

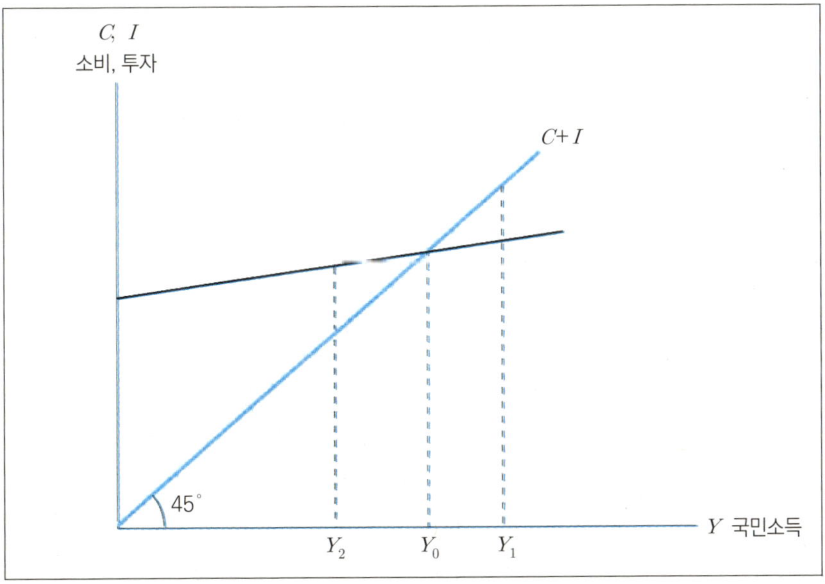

주 : 45°도 선은 세로축과 가로축의 값이 같기 때문에 45° 선상에서는 항상 $Y=C+I$가 성립.

[그림 7-1] 총수요와 총공급

4) 일부 학자들은 조세정책과 지출정책 외에 국채관리정책을 포함시킨다. 이는 국채발행조건이나 인수처의 선정 또는 상환방법에 대해 검토하는 것으로서 결국 국가와 민간 사이의 자원배분문제로 귀결된다.

재정정책의 의의를 케인즈이론을 통해 구체적으로 살펴보기로 한다.

케인즈이론의 기본명제는 $Y = C + I$인데, 사후적으로 총공급≡총수요가 되어 국민소득의 수준은 Y_0가 되지만, 어떤 한 시점에서는 꼭 그렇지 않다. Y_1의 국민소득수준을 생각해 보자. Y_1 소득수준에서의 공급능력(Y^c : 잠재GNP)은 45° 선과의 교점에서 나타난다. 이에 반해 수요($C+I$)는 총수요곡선상의 점이므로 Y_1과 총수요곡선과의 교점에서 결정된다. 즉 $Y^c > C + I$이며, 총공급과 총수요의 차이($Y^c - (C+I)$)만큼 공급능력이 수요를 상회하고 있다. 반대로 Y_2에서는 $Y^c < C + I$인 것을 알 수 있다. 총공급과 총수요의 차이($(C+I) - Y^c$)만큼 총수요가 공급능력을 상회하고 있다.

이러한 수급차이는 경제 내의 자동조절작용을 통해 사후적으로 $Y = C + I$인 점의 국민소득인 Y_0로 유도하는 작용을 한다. 우선 Y_1점에서는 과잉상태에 있는 공급능력을 총수요에 맞는 수준까지 감축시키면 된다. 즉 실업 상태를 발생시키거나, 기업의 생산능력을 일부 사용하지 않으면 된다. Y_2점에서는 총수요가 총공급을 상회하므로 총수요를 공급능력에 맞게 조절하면 되는 것이다.

그러나 이 같은 상황에서는 수급균형에 대한 상기의 자동조절작용 대신 정부의 조정정책의 필요성이 대두된다. 즉 Y_1점에서는 총수요를 확대시켜 총공급능력과 일치시키고, Y_2점에서는 총공급능력을 확대시키거나 총수요억제정책을 활용하여 조정을 실시한다.

2 재정정책의 목표와 수단

1. 재정정책의 목표

일반적으로 재정정책의 3대 목표는 경제안정화, 효율적 자원배분, 그리고 공평한 소득분배로 요약된다. 상기 목표 중 특히 거시재정정책의 유효성으로 가늠되는 경제안정화는 완전고용, 물가안정 및 경제성장을 그 구체적 목표로 설정한다.

완전고용은 일할 의사가 있는 노동소유자들이 최대로 고용되고 있는 상태를 의미하며, 고용증대가 생산 · 소득 증대를 의미한다는 점에서 그 중요성은 더욱 강조된다. 특히 불완전고용이 단기적으로는 경기순환과정에서 발생하는 총수요 부족으로 그리고 장기적으로는 경제구조변화를 통해 발생되기 때문에 완전고용의 달성은 경제의 단기목표인 동시에 장기목표라고 할 수 있다.

완전고용과 함께 중요한 경제안정화 목표로 물가안정을 들 수 있다. 선 · 후진국을 통해 급격한 물가상승을 경험한 국가들은 물가안정을 가장 중요한 정책목표로 제시해 왔다. 다양한 요인[5)]으로 유발되어 국민경제에 상당한 부작용을 초래하는 인플레이션은 미래의 불확실성으로 경제주체들의 경제행위 결정에 제약요인으로 작용함으로써 민간의 경제활동을 크게 위축시킬 수 있다. 특히 지속적으로 진행되는 인플레이션은 고정자산을 소유한 소득계층에 비해 봉급생활자 및 금융자산 소득계층에게 상대적으로 불리한 역할을 함으로써 계층간 소득불균형을 악화시켜 새로운 불안요인으로 작용한다. 따라서 대부분 국가에서는 국민 대다수가 지지하는 물가안정을 공식적인 정책목표로 삼고 있다.

또한 대부분의 경제개발단계 국가들은 생산력 확대를 통해 높은 경제성장률을 유지하고자 하는 정책목표를 세우고 있다. 하지만 경제성장은 통상적으로 사회 환경의 악화 및 인플레이션의 가속화 등 사회비용(social cost)을 발생시킴으로써 성장지상주의에 대한 비판을 야기 시키고 있다. 그 같은 여건에서 일부 개발도상국을 제외한 국가들은 고도성장 대신 적정성장 또는 지속가능성장을 새로운 정책목표로 삼고 있다.

2. 재정정책의 수단

(1) 지출정책

재정지출의 변화는 그 규모 · 시기 및 구조변화를 통해 실현된다. 예로 총수요가 총공급에 비해 부족하여 경기불황이 초래됐을 경우 지출규모의 확대 또는 조기집행을 통해 경기가 부양될 수 있다. 이러한 정부지출의 증가가 국민소득에 대한 승수효과를 나타내기 위해서는 조세증가에 의하지 않고 국 · 공채 발행이나 중앙은행으로부터의 차입에 의해 이루어져야 한다. 정부지출이 조세증가를 통해 조달되는 경우 동일한 규모의 민간 구매력이 정부부문으로 이전되기 때문에 승수효과가 대부분 소멸된다.[6] 또한 정부지출의 재원이 국 · 공채 발행을 통해 조달되더라도 통화량의 증가가 수반되지 않을 때 화폐시장에서 초과수요를 유발시켜 국내금리를 상승시킴으로써 민간투자 등 내수를 감소시키는 구축효과(crowding-out effect)가 나타나게 된다.

또한 정부지출은 경상지출과 자본지출로 구분되며 그 신축성 여부에 따라 정책효과가 달라진다. 인건비와 물건비 및 이전지출로 구성되는 경상지출은 경직적인 성격을 띰으로써 승수효과가 작은 반면 투자지출성격을 띤 자본지출은 신축성이 큼으로써 승수효과가 크게 나타난다.

---

5) 인플레이션은 수요견인(demand-full), 비용인상(cost-push), 산업부문간 수요 이동으로 유발되는 수요이동(demand-shift), 그리고 경제구조의 이중성으로 야기되는 '생산성 격차' 등에 의해 발생되며, 일반적으로는 상기 요인들이 결합되어 나타난다.

6) 지출규모와 조세수입규모가 동일할 경우에도 균형재정승수(balanced budget multiplier)에 의한 승수효과가 발생한다.

결국 유효수요를 확대하는 방법에는 두 가지 방법밖에 없다. 하나는 정부지출확대를 통해 유효수요를 창출하거나, 또 다른 하나는 민간부문의 투자 · 소비확대를 통하여 유효수요를 창출하는 방법이다. 일반적인 불황 시기에는 민간투자나 소비가 부진하기 때문에, 정부가 주도적인 역할을 하지 않으면 안 된다. 이 경우 이전지출 등 정부 스스로의 지출확대 방법, 공공투자 확대, 사회자본 정비 등의 방법과 감세를 통해 민간지출을 간접적으로 확대시키는 방법 중 하나를 선택하여야 한다.

그러나 불황을 경험한 여러 국가에서는 실제로 재정정책수단에 대해 여당과 야당에서 논쟁이 있었음에도 불구하고 공공투자 확대와 소득세 경감 등 감세정책이 동시에 실시되었다. 그 이유는 두 가지가 있다. 첫째, 공공투자확대에 따른 경제 효과, 즉 투자승수에 대한 인식이 부족하였다는 것을 이유로 들 수 있다. 일반적으로 투자승수효과는, 감세를 통한 소비확대에 기인한 경제효과보다 크게 나타난다. 그러나 이 과정은 일반 국민들이 알기 어렵다는 단점이 있다.

정부가 추가적으로 공공투자를 실시하면 관련 산업, 예를 들면 철강, 시멘트, 건설 등에서 일자리가 늘어나고, 소득이 증가한다. 또 증가한 소득의 한계소비성향만큼 소비가 확대하여, 소비재산업의 생산은 파급효과로서 다시 증가하게 된다. 그러나 노동자의 입장에서 보면 자신의 잔업시간이 갑자기 늘어나 잔업수당을 받게 되지만, 그것이 공공투자가 증가하였기 때문이라고 생각하는 사람은 없을 것이다.

둘째, 정치과정의 문제로서 소득을 증가시키는 방법으로서 투자를 통한 방법과 감세를 통한 직접적인 방법 중 어느 것이 알기 쉬우며 정치적 선택의 대상이 되겠는가? 감세하는 방법이 승수효과를 통하여 소득이 이만큼 늘어난다고 하는 것보다 이해하기 쉽다. 감세의 경우 그 부분만큼 가처분소득이 증가하기 때문에 그 효과는 가시적이며 직접적이기 때문에 알기 쉽다. 그 결과 감세정책에 대한 선호가 공공투자에 비해 우선되는 경향이 있다.

다음 문제로 다양한 재정정책수단을 가지고 정부는 경제과정에 개입하게 될 때 그 시점은 언제가 좋은 것일까? 필요할 때 필요한 방법으로 개입할 수 있다면 그 효과는 기대할 수 있지만, 현실적으로는 불가능에 가깝다. 시차의 문제가 있기 때문이다.

경제활동의 동향은 항상 각종의 수단에 의해 관찰되며 그 결과 다양한 통계자료가 제공된다. 이러한 자료에 의해 경기상황에 변화가 생겼을 경우, 그것을 인식하기까지는 어느 정도의 시간이 걸린다. 즉 행동의 필요성이 발생하였다고 하여도 그것을 인식하기까지 시간이 걸린다. 그리고 사태를 확인한 후 정책당국에 의해 정책입안이 이루어지고 의회에서의 심의과정이 필요하다.

최종 결정이 난 후 정책이 시행되어 경제활동에 영향을 미치고, 그 결과 직접효과(1) 및 파급효과(2)가 발생하기까지 시간이 소요되기 마련이다.[7)]

〈표 7-2〉 시차

실제로 정책효과가 발휘되었을 때에는 현실의 경제활동은 크게 변화하였을 경우도 많으며, 예상되는 효과가 발휘되지 않을 뿐 아니라 거꾸로 역효과를 초래할지도 모른다.

(2) 조세정책

재정수입이 주로 조세수입에 의해 충당되는 상황에서 재정수입의 크기나 구조는 세율 · 조세구조의 변화로 나타나는 조세정책에 의해 영향을 받게 된다. 조세정책수단은 소비 · 투자 변동을 통해 정책효과를 나타내는 바, 불황일 경우 세율을 인하하거나 조세감면 폭을 확대하여 가계의 가처분소득 및 기업의 투자의욕을 증대시킴으로써 총수요를 진작시킬 수 있나.

그 밖에 특별상각제도[8]와 투자세액공제제도가 있다. 경기불황일 경우 고정자산에 대한 특별상각을 허용하거나 투자액의 일부를 과세대상에서 제외해 주는 투자세액공제제도를 도입할 수 있다. 그러나 조세정책수단의 경우 특히 불경기 시 간접적인 유인정책으로 작용할 가능성이 크기 때문에 조세정책수단보다는 직접적인 지출정책수단을 사용하는 것이 효과적이다.

(2) 국채관리정책

국채관리정책은 국채 발행조건이나 인수처의 선정, 상환방법 등을 검토하는 분야로서 국가와 민간 사이의 자원배분이 중요한 문제로 인식되고 있다. 이는 국채발행으로 민간부문의 자금조달을 압박하는 구축효과(crowding-out effect)에 관한 문제이다.[9]

7) 藤原碩宣(編著), 『財政と現代』, (東京 : 學文社, 1992), pp.150-151.
8) 가속상각제도도 같은 부류에 속한다.
9) 이에 대한 보다 자세한 내용은 제6장 제3절 및 제8장 제1 · 2절 참조.

3. 재정정책의 경제적 효과

(1) 자동안정화장치 효과

1) 자동안정화장치의 정의

일반적으로 경제안정화 정책으로서의 재정정책은 정부지출이나 조세수입 등 정책수단을 임의적으로 변동시켜 경기를 조절함으로써 재량적 재정정책으로 정의된다. 이와는 달리 반경기 변동적 또는 경기 대응적 행태로서 재정제도 내에 경기가 상승하면 과열을 자동적으로 억제하고 경기가 하강하면 경기침체를 자동적으로 경감해 주는 자동안정화장치(built-in stabilizer)로서의 재정정책이 존재한다.[10] 재정지출이 일정할 경우 경기가 상승할 때 조세의 누진구조로 인해 조세수입증대가 소득증대를 상회함으로써 재정흑자 및 경기억제효과를 나타내고, 경기가 하강할 때 조세수입 감소로 인한 재정적자가 유발되고[11] 동 재정적자가 중앙은행 차입으로 보전될 경우 경기진작효과를 나타낸다.

자동안정화장치의 구체적인 예로 소득세제와 사회보장제도를 들 수 있다. 소득세는 누진과세구조를 가지고 있기 때문에 소득확대 부분만큼 소비확대에 연계되지 않고, 경기 과열을 방지하는 작용을 한다. 또 직장을 잃었을 경우 고용소득은 없어지겠지만, 사회보장제도에 의해 고용보험급부를 받을 수 있고 가처분소득이 0이 되지 않음으로써 소비가 급격하게 감소하는 것이 아니다. 이상을 통합한 것이 M. Friedman이 주장한 「부의 소득세」(negative income tax)구상이다. 이러한 주장은 성장잠재력을 약화시킨다는 비판도 있다. 그러나 경기 변동 폭을 적게 하고 안정을 확보하는 면에서 의의가 있다고 할 수 있다.

한편 재정정책을 재량과 준칙으로 분류할 수 있고 준칙(rules)은 적극적 준칙(active rule)과 수동적 준칙(passive rule)으로 나눌 수 있다. 상기 자동안정화장치는 경제상황에 따라 조세수입과 재정지출이 자동적으로 결정된다는 점에서 후자의 수동적 준칙에 해당된다.

2) 자동안정화장치의 유용성

단기적 측면에서 자동안정화장치는 재정수입의 자동적 신축성을 통해 경제안정을 달성

---

10) 이는 또한 정책시차를 해소하는 데도 목적이 있다.

11) 디플레이션 갭(deflation gap)이 그다지 크지 않은 초기 단계에서 일시적으로 적자지출을 통하여 불황에서 탈출하고자 할 때 유수정책(誘水政策)이 활용된다. 우물의 원리를 생각하면 유수정책의 의미를 보다 쉽게 이해할 수 있을 것이다. 펌프 속에 물을 조금 넣어 수면과 펌프사이에 진공상태를 만들면 물을 퍼 올릴 수 있는 것이다. 즉 경제과정에서 유효수요가 부족할 때 재정지출을 통하여 일부분을 보전하면 민간부문의 수요가 유발되어 커다란 수요창출효과가 발휘되는 것이다.

할 수 있다. 재정구조의 자동적 신축성은 경기가 완전고용수준에 도달하여 인플레이션 압력을 받을 경우 경기안정에 바람직하고 유용하게 작용하지만, 경기가 불황이고 대량실업이 존재하는 경우 재량적 재정정책에 의해 발휘되는 정책효과를 위축시키고 경기를 오히려 악화시킴으로써 재량적 조치를 더욱 가중[12)]시키는 결과를 초래할 수 있다.

장기적 측면에서도 자동안정화장치의 자동적 신축성은 재량적 조치의 필요성을 오히려 증가시킬 수 있다. 경기 상승 및 국민소득 증대로 인해 조세수입이 자동적으로 증가함으로써 세계잉여금의 처분 문제가 발생할 때 이에 대한 의사결정 자체가 재량적 재정정책일 뿐만 아니라 소극적 지출정책의 결과로 나타나는 재정장애(fiscal drag)[13)]의 제거도 재량적 조치에 해당된다.

또 자동안정화장치를 통해 확장재정정책이 반드시 적자재정을 수반하는 것이 아니라는 주장의 근거를 확인할 수 있다. 즉 정부지출의 증가 또는 세율 인하를 내용으로 하는 확장재정정책은 소득증가를 유도하고 세수를 증가시킴으로써 결과적으로 재정적자폭의 확대를 경감[14)]시킬 수 있다는 것이다.

---

12) 이 같은 과정을 수식으로 설명하면 재정정책의 목표로 설정한 소득의 증가분 ΔY에 대해서 아래와 같이 표시될 수 있다

$$\Delta Y = \frac{1}{1-c}\Delta G = \frac{1}{1-c(1-t)}\Delta G^*$$

(자동화안정장치가 있는 경우 및 없는 경우 똑같은 소득증가를 가정함)

$$\Delta G^* = \frac{1-c(1-t)}{1-c}\Delta G$$

여기서 ΔG는 자동적 신축성(조세수입)이 없는 상태에서 요구되는 공공지출의 증가분이고, ΔG^*는 자동적 신축성을 고려한 경우에 요구되는 공공지출의 증가분이다. 위 식에서 일정한 크기의 조세율 t가 부(-)의 세율이 아닌 한 자동적 신축성으로 인해 정부지출 소요액이 자동적 신축성이 없는 경우에 비해 오히려 더욱 커지게 된다는 것이다 (실제로 한계소비성향 $c=0.6$, 한계세율 $t=0.2$(20%)로 설정할 경우 $\Delta G^*=1.3\Delta G$로서 '자동적 신축성을 고려한 경우의 공공지출 증가분'은 그러하지 않은 경우의 1.3배에 해당된다).

13) 재정장애(fiscal drag)는 경제가 높은 고용수준에 있지만 인플레이션 갭을 수반하고 있지 않은 상태에서 정부가 조세징수액 증가로 인한 세계잉여금을 지출로 사용하지 않을 경우, 시중 통화량의 감소로 인해 총지출규모가 감소하면서 부(-)의 승수효과에 의해 국민소득이 감소하는 디플레이션현상을 의미한다.

$D = G - tYD^* = (G + \Delta G) - tY^*$

D :초기재정적자, G : 초기정부지출, Y : 초기소득수준

D^* : 후기재정적자, G^* : 후기정부지출, Y^* : 후기소득수준

14) 이러한 관계는 아래의 수식을 통해 확인할 수 있다.

양 기간의 재정적자의 차이(즉 확장재정정책의 사용 전 · 후)는 아래와 같다.

$$\begin{aligned}\Delta D &= D^* - D \\ &= \Delta G - t\Delta Y\end{aligned}$$

위 식에서 조세수입과 정부지출을 고려한 재정승수

3) 재량적 재정정책과 자동적 재정정책에 대한 평가[15]

(가) 재량적 재정정책

재량적 재정정책에 대한 평가는 다음과 같다. 첫째, 재량적 재정정책으로 초래되는 재정불균형은 경제적 불안정을 오히려 악화시킬 수 있다는 것이다. 적자재정은 통상 재정규율을 엄격히 준수하지 않는 가운데 공공부문에 과도한 자원을 배분시키는 한편, 흑자재정은 자원을 공공부문에 과소 배분시키는 역할을 한다.

둘째, 재량적 재정정책은 그 규모 및 시기를 결정하는 일이 힘들고 또한 경제상황에 대한 정확한 인식 결여로 인한 정책결정자의 판단 오류는 문제를 더욱 악화시킬 수 있다.[16] 아울러 재량적 재정정책의 경우 그 결정이 경제적 요인보다 정치적 요인에 의해 이루어짐으로써 본질이 왜곡될 수 있다.

(나) 자동적 재정정책

반면 자동적 재정정책에 대한 평가는 다음과 같다.[17] 첫째, 자동적 재정정책(자동안정화장치)은 의도한 바대로 정책효과를 실현한다는 보장이 없다. 예를 들어 경기회복 시 증대된 소득 중 일부가 세수로 흡수되어 가처분소득이 감소될 경우 경기상승추세가 역전될

$$\Delta Y = \frac{1}{1-c(1-t)}\Delta G$$를 대입하면

$$\Delta D = [1 - \frac{t}{1-c(1-t)}]\Delta G$$

를 얻게 된다. 위 식에 의하면, 한계소비성향 $C=0.6$, 한계세율 $t=0.2(20\%)$일 경우 $\Delta D = 0.61\Delta G$가 도출되므로, 이는 확장재정정책으로 재정적자의 증가(ΔD)가 초기 상태(D)에 비해 증가했지만 자동적 신축성으로 인해 일부 재정적자가 상쇄된 결과 재정정책 시행으로 인한 초기 재정적자 증가분(ΔG)보다는 작아진 상태($0.61\Delta G$)로 나타난다.

15) 김동건, 『현대재정학』(서울 : 박영사, 2001).

16) 성장률을 하향 조정하는 경기안정화 과정에서 정책수단의 활용 여하에 따라 연착륙(soft landing)과 경착륙(hard landing)이라는 두 현상이 나타날 수 있다. 연착륙은 비행기가 활주로를 따라 부드럽고 안전하게 내려앉기 위해 하강경로를 염두에 두면서 미리 고도 및 속도를 조절해야 하듯, 정부와 중앙은행이 사전에 재정지출을 줄이거나 금리를 올리는 등 적절한 긴축정책을 통해 성장률과 물가를 적정 수준에서 유지하는 전략이며, 이에 실패할 경우 경기가 급격히 후퇴하면서 불황에 빠지는 경착륙이 나타난다.

17) 한편 Musgrave와 Miller는 자동안정효과를 소비 · 민간투자 · 정부지출로 구성되는 국민소득모형을 통해 세수의 소득탄력성이 0인 경우의 승수효과와 동 탄력성이 0보다 클 경우의 승수효과를 비교함으로써 아래의 식처럼 산출했다.

자동안정효과$(\beta) = (\Delta Y_a - \Delta Y)/\Delta Y_a = c \cdot E \cdot (T/T)/(1-c(1-E \cdot T/Y)$

ΔY : 실제의 국민소득 변동 분(세수의 소득탄력도>0)

ΔY_a : 세수가 일정하다고 가정할 경우의 국민소득 변동 분(세수의 소득탄력도 =0)

c : 한계소비성향 E : 세수의 소득탄력도 T/Y : 평균세율

가능성을 배제할 수 없다.

둘째, 자동안정화장치는 경제적 불안정을 극복하는데 있어 한계를 가진다. 실업 또는 물가불안정이 일시적이고 단기적인 구조요인에 의해 유발될 수 있고 또는 급격한 국내외 환경변화에 기인할 수 있기 때문이다.

셋째, 비록 자동안정화장치는 상기 두 가지 문제점에도 불구하고 경제적 안정을 위해서는 긍정적으로 평가되지만 경제성장측면에서는 다소 부정적일 수 있다. 자동안정화장치의 주요 수단중 하나인 누진세율은 경기 상승기에 안정에는 도움을 주지만 기업의 투자의욕을 저해할 우려가 있다.

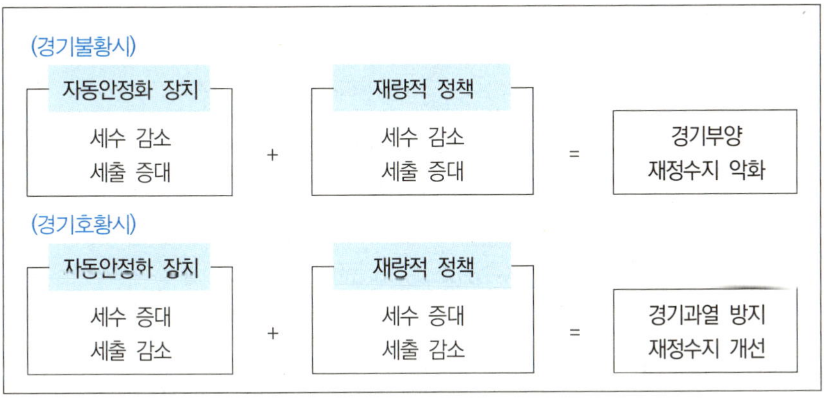

[그림 7-2] 경기변동과 조세 재정정책

이처럼 두 재정정책의 특징을 비교해 본 결과, 어느 정책이 일방적으로 보다 더 유효하다는 결론을 얻기 어렵다. 따라서 현행 체계를 바탕으로 작동되는 자동안정화기능을 기본으로 하면서 재량적 재정정책을 시의적절하게 병용하는 것이 바람직하다.

(2) 거시경제효과[18]

1) 총수요 · 생산 증대효과

정부의 소비지출은 생산물총수요를 증가시키고 조세감면 등은 가처분소득 증대를 통해 민간소비 및 총수요를 증대시킨다. 총수요가 증가하면 적어도 단기에 생산과 고용이

---

18) 이는 재정정책이 국민경제에 미치는 효과를 경로(총수요효과, 공공투자효과, 유인효과)를 포함하여 종합정리한 것이다.

증가한다. 확대재정정책 및 긴축재정정책이 경제안정화정책의 주요 수단으로 사용되는 것은 이 같은 총수요 변동[19]에 근거한다.

2) 공공투자효과

정부는 국영기업의 설비투자, 사회간접자본투자, 인적자본투자, 조사 · 개발투자 등 다양한 투자활동을 수행한다. 이 같은 공공투자활동은 단기의 총수요를 증대시킬 뿐 아니라 도로 · 항만 · 철도 · 공항 등 총자본스톡을 증대시킴으로써 지속적인 성장의 원동력으로 작용하는 등 장기의 경제성장에 중요한 역할을 한다. 또한 인적자본투자 및 조사 · 개발투자 등은 노동생산성을 증대시켜 자연성장률 상승요인으로 작용한다.

한편 국민저축이 정부저축과 민간저축의 합으로 정의됨으로써 정부가 적자재정을 운영할 경우 그 만큼 국민저축이 감소하고 이는 투자 감소로 이어진다.

3) 통화량 증감과 물가 변동

통화량의 변동은 정부의 재정활동으로부터 초래될 수 있다. 세금을 징수하면 민간으로부터 돈이 환수되고 정부지출을 늘리면 민간으로 돈이 공급된다. 따라서 적자재정일 경우 정부부문을 통해 통화가 공급되며 반대로 흑자재정일 경우 통화가 환수되고 균형재정일 경우 정부부문은 통화 공급에 중립적이다.

그러나 재정수지와 정부부문 통화 공급량이 일치하지 않으며, 적자보전 방법에 따라 통화량 변동은 달라진다. 정부는 적자재정 시 부족재원을 중앙 · 시중은행 또는 해외로부터 보전(차입)하면 통화량이 증가하고 반대로 흑자재정 시 상환하면 통화량이 감소한다. 일반적으로 통화량이 증대되면 화폐수량설에 의해 물가상승을 유발한다.

4) 국제수지 변동

재정활동의 결과 재정적자가 누적될 경우 국제수지를 악화시킨다. 정부지출이 조세수

---

19) 이에 대한 통화주의자(monetarist)들의 논리로서 구축효과(crowding-out effect)라는 것이 있다. 이는 국채발행(재정적자)으로 인해 총수요증대효과가 발생하지만, 국채발행과정에서 정부는 가용자금을 놓고 민간부문과 경합을 벌이게 되고 그 결과 이자율이 상승한다. 따라서 민간소비 및 기업투자가 감소하여 조세감면으로 유발된 소비촉진효과를 상쇄한다는 것이다. 또한 이 같은 구축효과는 경제가 완전고용상태에 근접할수록 보다 크게 나타날 가능성이 크다. 반면 경제가 매우 침체되어있는 경우 재정적자로 인한 구축효과가 거의 나타나지 않을 가능성이 큰 가운데 케인즈경제학자(fiscalist)들은 재정적자가 국민경제에 자극을 줌으로써 소득수준이 상승하고 이로 인해 투자도 촉진(crowding-in effect)된다고 주장한다.

입이 아닌 국채발행에 의해 조달됨으로써 소비수준이 상승[20]하고 이 과정에서 수입이 증대된다. 또 재정적자의 누적으로 투자가 저해되고 생산성 향상이 부진하게 됨으로써 국제경쟁력이 저하되고 이로 인해 국제수지가 악화된다.

아울러 재정적자로 인한 국채발행이 화폐시장에서 이자율을 상승시켜 해외자금의 국내유입을 촉발함으로써 환율 하락과 국내통화가치의 상승이 초래된다. 이는 수출을 위축시켜 국제수지를 악화시키는 요인으로 작용한다.

5) 유인효과

재화에 조세를 부과하면 해당재화의 상대가격이 변하고 이는 경쟁시장가격에 의한 자원배분과 다른 결과를 초래한다. 일반적으로 가격이 변동하면 소득효과(income effect)와 대체효과(substitution effect)가 발생하고 상대가격 변동이 초래하는 대체효과로 인해 자원배분의 왜곡, 즉 초과부담(excess burden)[21]이 발생한다.

국민경제의 관점에서 적합한 산업구조를 위해 바람직한 산업에 대해 세율을 인하 또는 보조금을 지급하고 그러하지 못한 산업에 세율을 인상함으로써 정부가 의도하는 방향으로 자원배분을 유도할 수 있다. 이때 한계세율을 조정하는 방법이 보다 효과적이다.

(3) 정책 유효성의 재검토

최근 재정정책뿐만 아니라 경제정책의 유효성에 관한 논의가 활발하게 이루어지고 있다. 이러한 논의의 배경은 정책의 유효성이 과거처럼 눈에 두드러지게 나타나지 않기 때문이다. 예를 들면 재할인율 조작을 보면 불황일 때에는 재할인율을 인하하여 투자활동을 자극하는 정책이 사용되었지만, 최근에는 재할인율을 인하하여도 투자활동은 그다지 자극받지 않고, 여유 자금이 금융시장이나 투기대상으로 흘러 들어감으로써 예상하지 않았던 결과를 초래한다.

이것은 경제구조가 크게 변화하였다는 사실과 세계 속의 한 국가가 독자적인 판단으로 순수하게 국내문제를 해결하기 위하여 정책선택을 할 수 없다는 사실 등에 그 원인이 있

---

20) 이는 리카도의 대등정리가 엄밀하게 성립되지 않을 경우이다. 리카도의 대등정리(Ricardian equivalence theorem)는 국채가 기본적으로 미래의 조세부담을 의미하며 그 부담의 현재가치는 국채 가치와 정확히 일치된다는 전제에서, 합리적인 경제주체는 이 같은 대등관계에서 경제적 선택을 변경하지 않는다는 것을 의미한다.

21) 이는 특정재화에 조세가 부과됨에 따라 조세가 부과되는 재화와 그렇지 않은 재화 간 상대가격이 변하고 그로 인해 소비자의 재화선택 또는 생상자의 생산요소선택을 왜곡시키게 됨으로써 발생하는 비용이다.

다는 것을 의미한다. 아마도 경제정책은 그 나라의 풍속, 습관에서 시작하여 제도 및 기구나 법제도에 이르기까지 여러 요인에 따라 유효성이 결정되는 것이기 때문에 예상되는 시나리오에 대한 시뮬레이션 등 검토를 반복하지 않으면 안 된다.

3 재정정책과 국공채[22)]

1. 재정운용체계

1) 국공채발행의 문제점

정부지출을 위한 재원은 세금이외의 방법으로 조달하는 경우도 있다. 국공채 발행이 그것이며 이는 재정적자를 의미한다. 정부수입과 지출의 차액이 재정적자이며, 재정적자는 국공채를 발행하여 민간으로부터 돈을 빌리는 것을 말한다. 대부분의 선진국에서는 재정적자가 중장기적으로 발생함에 따라 다량의 국공채가 발행되었고, 국공채 잔고가 증가하고 있다. 이러한 현상에 즈음하여 재정적자와 국공채 발행의 경제적 효과를 고찰하기로 한다.

재원을 재정적자나 국공채발행에 의존할 경우 여러 가지 폐해가 있다는 것은 일반적으로 인식되어왔다. 정부가 재정건전화를 목표로 재정적자를 해소하고 국공채발행을 중지하는 것을 목표로 하는 것도, 국공채발행의 폐해가 있다는 것을 인식하고 있기 때문이다. 국공채발행의 문제점으로 여러 가지가 지적되지만, 주요 문제점을 정리하면 아래와 같다.

첫째, 국공채발행은 민간자본을 압박하여 구축효과를 발생시키며, 통화의 과대 공급으로 인플레이션을 야기한다. 둘째, 특히 재정적자에 기인한 국공채의 발행은 부담을 다음 세대에게 전가시켜 세대간의 공평성을 저해한다. 왜냐하면 공공투자의 재원으로 발행하는 건설공채와는 다르게 정부가 소비할 목적으로 발행하는 적자 국공채는 편익이 다음 세대까지 미치지 못하고 부담만이 전가되기 때문이다. 셋째, 다량의 국공채 발행이 지속되면 국공채의 원리금상환문제에 직면하게 되고 재정경직화의 원인이 된다. 특히 적자 국공채를 상환하기 위하여 다시 국공채를 발행하게 되면 차입금을 상환하기 위해 차입하는 악순환에 빠지게 된다. 넷째, 민주주의체제에서 정치적 압력이 작용하고 있는 상황을 가정하면 정부의 입장에서는 과세보다는 국공채 발행을 통한 재원조달이 상대적으로 쉽게 생각하기 때문에 재정의 팽창과 방만을 초래할 수 있다.

재정운용에서의 정책 체계를 정리하면 크게 4가지 유형으로 구분할 수 있다.

---

22) 井堀利宏, 『公共經濟學』, (東京 : 新世社, 1998), pp.172-185.

〈표 7-3〉 재정운용의 체계

운용 유형	내 용
균형 재정	재정적자 삭감, 재정수지 균형을 최우선
케인즈 정책	경기조절 수단으로 재정적자를 활용
무세 정책	단기적으로 재정흑자, 장기적으로는 운용수익으로 무세정책 유지
쿠션 정책	과세의 초과부담을 최소화, 한계세율을 일정하게 유지

2) 균형재정

재정적자 또는 공채발행에 연관된 재정정책의 유형을 정리하면 첫째, 국공채 발행을 삭감하자는 주장 둘째, 국공채 발행을 확대하자는 주장 셋째, 최적 수준에서 조정하고 그것을 실현하자는 주장 등 세 가지가 있다.

우선 국공채 발행을 삭감 또는 재정수지 균형을 주장하는 입장부터 살펴보기로 한다. 국공채 발행 삭감을 최우선으로 하는 것은 국공채 발행의 비용을 중요시하는 재정당국일 것이다. 재정당국은 예산편성의 자유를 속박당하는 것을 우려하는 경향이 높기 때문에 국공채 발행의 세 번째 문제인 '차입의 악순환'을 가장 걱정한다. 또한 예산편성과정에 있어서 정치의 조정과정이 적절하게 기능하지 않고 있는 현실을 고려할 때 네 번째 문제점도 중요하다. 공공선택론은 네 번째 문제점을 강조하였다. 왜냐하면 정부가 국민전체의 경제후생을 극대화하는 것을 고려하여 행동하고 있다고 보지 않았기 때문이다.

정부의 재정규모가 커지고 복잡해지면서 납세자와 보조금 또는 공공서비스를 받는 사람과의 사고(思考) 상 괴리가 발생하게 되었다. 세금을 부담하는 사람들의 입장에서는 세금 부담이 증가하는 것에 대한 저항이 강한 반면, 편익을 누리는 사람들의 입장에서는 편익이 더욱더 확대되는 것을 요구한다. 양쪽에서의 정치적인 압력이 작용하는 가운데 세금은 증가하지 않고 정부 지출은 확대하는 경향이 있다. 그 결과 재정적자는 점차 증가된다. 이러한 구조가 현실적이라고 한다면 균형재정이라는 제약을 제도적으로 설정하는 것도 차선의 재정운영 방법으로 정당화될 수 있다.

그러나 균형재정을 우선하면 재정수지는 단기적으로 안정되기 쉽지만, 국공채 발행의 이점이나 거시경제의 안정성 그리고 단기적인 세수변동비용은 무시하는 결과를 초래할 수 있다. 또한 중립명제가 성립한다면 세대간 소득재분배정책은 민간부문의 유산을 통한 자발적인 이전을 통하여 상쇄되기 때문에 균형재정이 필요한지 또는 필요하지 않은지의 문제가 그다지 의미를 가지지 않게 된다.

3) Keynes 정책의 유효성

재정적자 또는 국공채 발행을 적극적으로 지지하는 대표적인 입장은 경기조절수단으로서 재정적자를 활용하자고 주장하는 케인즈학파의 입장이다. 즉 경기가 침체 국면에 있을 때에는 재정적자를 확대하여(즉 국공채 발행의 확대) 경기를 자극하고자 한다. 반대로 경기가 과열 국면에 있을 때에는 재정적자를 감축시키고(국공채 발행의 삭감) 총수요를 억제하고자 한다. 이상의 케인즈 정책이 원활히 수행되기 위해서는 첫째, 재량적인 재정정책이 효과를 가져야 하고 둘째, 적절한 타이밍으로 재량정책이 실시되어야 할 필요가 있다.

불황 국면에서 경기를 자극하기 위해서 감세 또는 공공투자의 재원으로 국공채를 발행하여야 한다는 케인즈 정책이, 단기적으로 경기를 자극하고 경제안정화효과를 어느 정도 가지고 있다는 사실은 부정할 수 없다. 그러나 국공채의 발행 정도에 대해서는 논의의 여지가 있다. 동 효과가 그다지 크지 않다고 한다면 경기가 회복하여도 재정수지는 그다지 호전되지 않기 때문에 재정적자는 해소되지 않을 것이다. 또 적절한 타이밍으로 재량적인 재정정책을 실시할 수 있는가에 대해서는 의문점이 있다. 재정운영을 변경하기 위해서는 국회 의결이 필요하기 때문에 재정정책을 기동성 있게 시행하기에는 한계가 있다. 재정안정화기능은 재정을 운영하는데 있어서 중요한 기능으로 인식되어왔다. 그러나 최근 중립명제가 성립되는 상황에서 케인즈 정책의 양적효과가 상당부분 상쇄된다고 지적되고 있다. 따라서 단기적인 경제안정을 최우선시하는 케인즈 학파의 경기조절수단으로는 한계가 있을 것이다.

또한 불황기에는 적극적인 재정정책이 실시되기 쉽지만, 반대로 호경기에는 긴축적인 재정정책이 실시되기 어렵다고 하는 사실도 인식하여야 한다. 사람들은 불황기에 실시되는 감세나 공공투자 확대에는 찬성하지만, 호경기 때 증세나 공공투자 삭감에는 찬성하지 않는다. 그 결과 케인즈 정책은 불황대책으로 이용되는 경향이 있다. 그리고 만약 케인즈 정책이 적절하게 실시되었다고 하여도 장기적으로는 재정적자가 누적될 것이다.

국공채를 계속 발행하는 것은 재정상태를 파국으로 몰고 갈 위험성이 있다. 국공채 발행은 다음 세대에게 부담이 전가되기 때문에 현 세대의 입장에서는 세금을 재원으로 정책을 실시할 때보다 더 많은 정부지출을 바라게 된다. 이 때문에 재정파탄의 가능성은 높아진다. 막대한 규모의 국공채가 발행되면 국공채를 상환하기 위해서 대규모 증세를 하거나 정부지출을 대폭 삭감하지 않으면 안 된다. 증세 또는 정부지출 삭감에 한계가 있다고 한다면 국공채를 계속하여 발행하여야 하며, 결국 재정파탄 상황에 직면할지도 모른다.

4) 무세 국가

케인즈 학파의 경기조절수단에 의하지 않고 균형예산원칙을 비판하는 주장으로서 중장기적인 관점에서 국공채를 발행하자는 논의도 있다. 논의 중 하나는 무세국가론(無稅國家論)이며, 다른 하나는 쿠션 정책(한계세율을 일정하게 유지하는 원칙)이다. 무세국가론에서는 장기적으로 모든 세금을 폐지하고, 정부의 재원조달을 과거에 축적해 두었던 자산의 운용이익으로 하자고 주장한다. 무세국가론은 정부지출을 어느 정도 억제할 수 있는 상황에서는, 감세의 장점을 주장하는 입장으로서 의미가 있다. 장기적으로 세금이 없다면 가계 저축이나 기업의 투자활동에 긍정적인 영향을 미치기 때문에 경제전체가 활성화되는 이점을 향유할 수 있다. 그러나 이를 위해서는 단기적으로 세금을 큰 폭으로 올려 재정수지를 일정기간 흑자상태로 유지할 필요가 있다. 이러한 과정을 통해 축적된 정부자산을 효율적으로 운용하여 필요한 공공서비스를 제공하는 한편 장기적으로 세금이 '0'이 될 때까지 세금을 인하할 수 있다. 따라서 장기적인 이점의 뒷면에는 단기적인 단점이 존재한다.

무세국가론자들은 장기적인 이점이 단기적인 단점보다도 크다고 주장한다. 특히 자본소득에 대한 과세의 경우 단기적으로 증세하고 장기적으로는 세금을 '0'으로 하기 때문에 바람직한 경제성장을 달성할 수 있다고 그들은 주장하고 있다. 이런 의미에서 무세국가론은 국공채 발행에 관한 상식이 갖는 허점을 지적하는 데는 유익하지만, 중장기적인 재정운영을 생각할 때 받아들이기 어렵다는 한계를 가지고 있다.

5) 쿠션(cushion)정책

다음으로 한계세율을 일정하게 유지하는 원칙인 쿠션정책은, 거시경제가 아닌 미시경제의 관점에서, 재정적자의 정책적 의미를 문제시한다. 즉 과세에 따른 초과부담을 최소화한다는 미시경제학의 관점에서 최적과세문제를 국공채관리정책에 응용한 것이다. 예를 들면 소득세의 한계세율을 상승시키는 것은 노동공급과 여가에 관한 합리적인 개인의 선택에 왜곡을 초래하여 자원배분의 효율성 측면에서 중대한 손실을 가져온다. 최적과세문제는 재원배분의 효율성 측면에서 비용(초과부담)이 한계(평균)세율의 제곱에 비례한다고 알려져 있다.[23] 따라서 이 비용을 가능한 한 작게 하기 위해서는 장기적으로 한계세율을 일정하게 유지하는 것이 바람직하다.

---

23) Harberger에 의하면 초과부담(EB)은 ① 수요의 가격탄력도(ε) ② 과세전의 판매지출액(pq) ③ 세율(t)에 의해 결정되며, 이는 $EB = 1/2\epsilon_C p_0 q_0 t^2$로 표현될 수 있다.

이를 위해서는 세율 등 과세체계는 단기적으로 변동하지 않는 것이 바람직하다. 그러나 석유위기 또는 지진 등 외부충격으로 인한 세수나 정부지출은 단기적으로 변동할 수도 있다. 따라서 국공채발행은 예상하지 못한 경기후퇴를 유발할 수 있는 외부충격을 흡수할 수 있도록 쿠션으로서 변동하여야 한다고 주장한다.

[그림 7-3]에서 보는 바와 같이 정부지출이 어느 특정 시기만큼 일시적으로 증가한다고 하면, 그것에 맞게 세수를 변동하는 것 보다는 그 시기의 세수 증가를 어느 정도 억제하고 장기적으로 조금씩 세수를 증가시키는 것이 바람직하다.

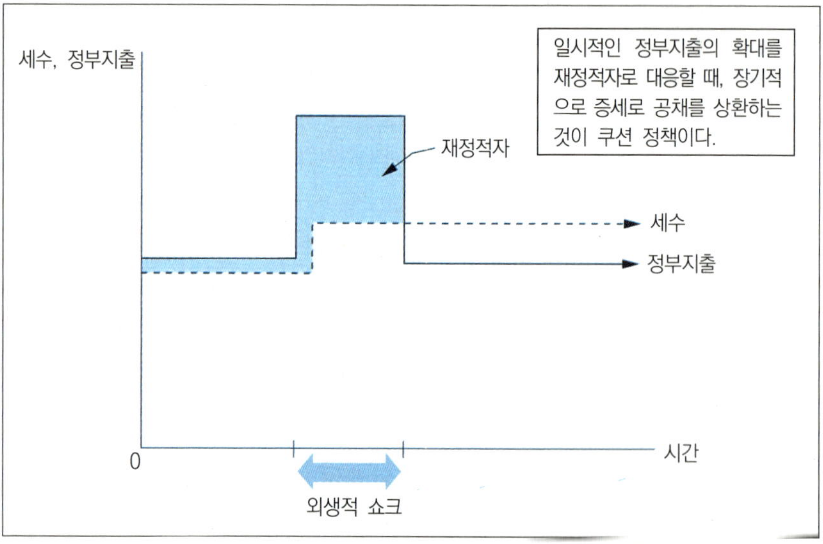

[그림 7-3] 쿠션 정책

외부충격이 발생하는 기간은 정부지출이 세수를 상회하기 때문에 재정적자를 기록하여 국공채를 발행한다. 이 국공채는 앞으로 있을 재정흑자를 이용하여 순차적으로 상환한다. 이러한 주장은 중장기적인 관점에서 재정안정화와 경제안정화를 도모하는 것으로 그 나름대로 의미가 있다.

역사적으로 볼 때 GDP 대비 국공채 비율은 제2차 세계대전과 같은 전쟁을 수행할 때라든가, 1970년대의 석유위기와 같은 불황 때 상승하는 경향이 있다. 이것은 일본뿐만 아니라 미국 · 영국에서도 나타난 경향이다. 결국 외부충격 때문에 일시적으로 정부지출이 확대되거나 세수가 감소하였을 때, 균형예산을 유지하기 보다는 국공채 발행으로 대응하고자 하는 것이 현실적이라고 할 수 있다. 왜냐하면 과세 제도를 변경하거나 정부지출의 내용이나 크기를 변경하기 위해서는 다양한 조정비용이 소요되기 때문이다.

2. 재정적자의 부담

(1) 구축효과

정부가 국공채를 발행하면 국공채가 시중에서 소화되기 때문에 민간투자에 쓰여야 할 민간저축이 공채를 보유하는데 사용된다. 그 부분만큼 민간투자에 쓰여야할 자금이 부족하게 된다. 이것이 구축효과이다. 국공채 발행으로 정부지출이 확대되어 민간투자가 억제되는 구축효과는 민간투자가 이자율에 대한 반응(투자의 이자탄력성)이 클수록 또한 화폐수요의 이자율에 대한 반응(화폐수요의 이자탄력성)이 작을수록 크게 나타난다. 왜냐하면 화폐수요가 이자율에 민감하게 반응할수록 국공채잔고의 증가로 이자율이 상승하기 쉽고, 그에 따라 투자수요가 상대적으로 억제되기 쉽기 때문이다. 이러한 현상으로 민간기업이 자금을 차입하기 어렵게 되므로 정부에 의한 민간 압박이라는 문제가 발생한다.

그러나 불황기에는 민간투자가 이자율에 대한 반응(투자의 이자탄력성)이 작고, 또 화폐수요가 이자율에 대한 반응(화폐수요의 이자탄력성)이 크다. 따라서 불황기에는 국공채를 발행하여도 구축효과는 그다지 심각하지 않다. 반대로 호경기 때 국공채를 발행하는 경우 구축효과가 크고, 금리상승으로 인한 비용도 크다.

(2) 다음세대로의 부담 전가

국공채의 발행비용 또는 재정적자의 문제점으로 중요한 것 중의 하나는 다음 세대로의 부담 전가이다. 국공채가 일단 발행되면 언젠가는 상환하지 않으면 안 된다. 국공채의 상환재원은 그 기한이 언제이든 국공채가 되겠지만 결국은 세금이다. 국공채 부담을 정의한다면, 어떤 세대의 사람들이 일생동안 소비할 수 있는 크기가 어느 정도 감소하는가를 통해 국공채의 부담을 파악하여야 할 것이다. 즉 세금으로 재원을 조달하는 것보다 국공채를 발행하는 것이 해당세대 사람들의 소비량을 감소시킨다면, 그 세대의 부담으로 낙착된다. 그러나 국공채를 발행하면 그것을 상환하기 위해 언젠가는 세금을 올리지 않으면 안 된다. 국공채를 발행하여 해택을 본 사람들에 대해 증세가 실시되지 않는다면, 다음세대가 증세 부담을 떠안는다. 다음세대는 국공채가 발행되었을 때에 한하여, 상환을 위한 증세를 부담하기 때문에 현 세대의 사람들로부터 장래 세대의 사람들한테 부담이 전가된 것이라고 할 수 있다.

이같은 국채발행이 계속될 경우 바로 문제가 되는 것은 재정적자의 비용을 누가 부담할 것인가라는 점일 것이다. 부담을 어떻게 생각할 것인가에 따라 여러 가지 관점이 있다. 이하에서는 이에 대해 생각해 보기로 하자.[24)]

A. P. Lerner는 국내 투자가를 대상으로 발행될 국채의 경우 국가 전체적으로 보다 이용 가능한 자원이 민간에서 정부로 이동한다는 의미에서 장래세대에 대한 부담은 발행하지 않는다고 지적하였다. 장래세대에서 국채가 상환될 때 국채를 보유하지 않은 사람에게서 국채를 보유하고 있는 사람에게 소득이전이 이루어지고, 장래세대 전체로 볼 때 소비수준은 국채상환 시 예상되는 수준과 동일하며 악화되는 것은 아니라고 지적하였다.

한편 외국 투자가를 대상으로 한 국채의 경우 이자 및 원금을 국외 채권자에게 지불하지 않으면 안 되기 때문에 만약 국채발행으로 생산성이 충분할 정도로 상승하지 않는다면 부담은 장래세대가 지게 된다고 지적하고 있다.

J. M. Buchanan은 부담은 개인수준에서 계산되어야 하며, 예를 들어 국공채를 강제적으로 인수함으로써 개인효용이 저하한다면 부담이 발생한 것이라고 보아야 한다고 지적한다. 만약 자발적으로 구입했다면 부담은 발생하지 않는다. 그리고 앞으로 국공채상환이나 이자를 지불하기 위해 증세가 실시되고 누군가의 효용이 저하한다면 국공채가 장래세대에 부담을 전가한 것을 의미한다.

또 F. Modigliani는 완전고용상태에서 자본의 한계생산력을 r, 한계소비성향을 c, 국공채발행액을 ΔD, 같은 액수의 증세를 $\Delta T(=\Delta D)$로 하여, 국공채발행에 따른 자본축적감소분과 조세를 부과하였을 경우의 그것과 비교하였다. 국공채를 발행하였을 경우는 자본축적감소가 $r\cdot\Delta D$가 되지만, 조세를 부과하였을 경우 일부분은 소비를 $c\cdot\Delta T$만큼 감소시키고, 다른 일부분은 $(1-C)\cdot\Delta T$만큼 투자를 감소시키기 때문에 $r\cdot(1-c)\ \Delta T$ 만큼 자본축적이 저해된다. 결국 국공채를 발행하였을 경우 조세를 부과하였을 때보다 $r\cdot\Delta D-r(1-c)\Delta T=r\cdot\Delta D-r(1-c)\Delta D=r\cdot c\cdot\Delta D$만큼 자본축적분을 감소시키기 때문에 장래세대에 부담이 발생하게 되는 것이다.

그러나 불완전고용상태에서는 국공채발행으로 민간투자는 삭감되지 않고, 앞에서 지적한 것과 같은 부담은 발생하지 않는다.

상기 문제에 대해 W. Bowen, R. Davis, D. Kopf의 중복세대모델(over-lapping generation model)을 통해 세대간 부담문제를 살펴보기로 한다.[25)] 지금 청년 · 중년 ·

---

24) 川瀬雄也, 『現代財政學の基礎』, (東京 : 新評論, 2004), p.191.
25) H. S. Rosen, *Public Finance*, International edition sixth ed. McGraw-Hill, Irwin, 2002, pp.430-432. 참조.

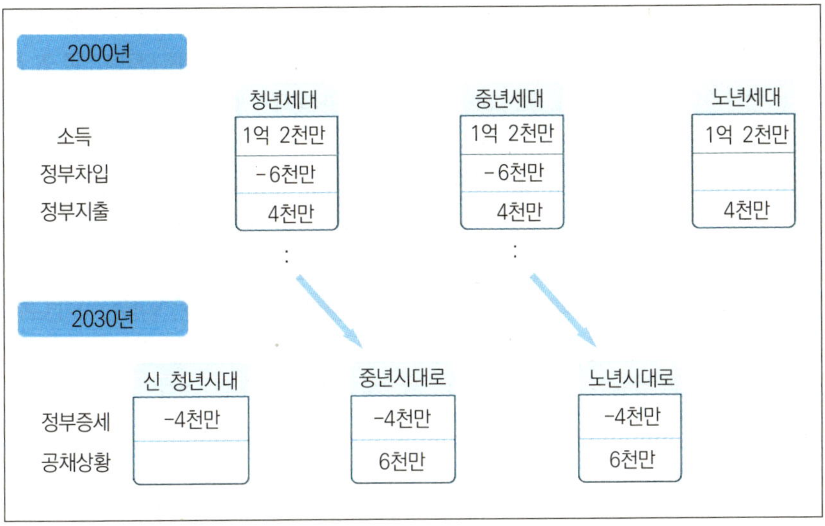

[그림 7-4] 모형

노년의 3세대가 존재하고, 각 세대별로 인구 수가 동일하다고 하자.

그리고 각 세대는 30년간 지속되며, 각자 30년간 1억2천만 원을 벌고, 모든 소득을 소비하는 패턴이 지속된다고 가정하자. 그리고 2000년과 2030년을 예로 하여 정부는 30년 후에 상환용 공채 1억2천만 원을 발행하여, 정부지출을 수행한다고 하자([그림 7-4] 참조). 노년세대는 30년 후의 상환액 수령이 불확실하므로 공채는 청년세대와 중년세대가 동액 구입한다고 가정하고 단순화를 위해 이자는 없다고 하자.

정부는 정부지출의 편익을 각 세대에 동등하게 4천만 원씩 지출한다. 이럴 경우 2030년이 되면 노년세대는 사망하고, 중년세대는 노년세대로 그리고 청년세대는 중년세대로 변화하며, 새로운 청년세대가 탄생한다. 정부는 공채상환을 위하여 각 세대에게 4천만 원의 세금을 부과하여 이를 통해 차입한 청년세대 및 중년세대에게 상환하려고 한다.

그 결과 2000~2030년의 노년세대는 그렇지 않은 경우보다 4천만 원의 소득이 증가하고, 청년 · 중년세대는 그 동안 좋아진 것도 나빠진 것도 없이 변함없다. 2030년 시점에서의 신 청년세대는 공채상환을 위한 증세로 인해 4천만 원만큼 생애소득이 감소하기 때문에 부담은 노인세대에서 신 청년세대로 전가하게 된다.

이상에서 본 것처럼 공채부담은 거시적 또는 개인 · 세대 기준의 미시적 시점, 효용, 소득 · 소비, 자본축적의 대상 또는 경제상황 및 조건에 따라 다양한 형태를 취하게 된다.

재정적자를 정부의 통상적 예산제약식에서 당해연도의 증세나 지출삭감 조치 대신 다음 연도로 전가하는 것으로 간주한다면, 적자정책은 과세의 타이밍에 대한 선택문제로 볼 수 있다. 만약 현재의 지출보다도 적은 세금을 선택한다면 적자가 발생하고, 이는 미래세대에 부담을 전가하는 것과 동시에 보다 높은 세금이 부과되는 것을 의미한다.

또 장기적인 관점에서 「자본축적의 감소」라는 의미로 국공채 부담을 정의할 수 있다. 즉 국공채 발행은 민간저축의 일부가 국공채로 전환된 것을 의미하기 때문에 전환된 부분만큼 자본축적이 감소한다. 세금으로 조달하는 경우 민간저축뿐만 아니라 소비의 일부분도 감소하기 때문에 자본축적의 감소분이 그다지 크지 않다. 왜냐하면 과세로 가처분소득이 감소하면 저축과 소비가 동시에 감소하기 때문이다. 따라서 과세를 통한 자금조달과 비교할 때 국공채 발행의 경우 자본축적이 상대적으로 더 많이 감소하고, 감소한 부분만큼 장래 세대가 이용할 자본스톡이 줄어들어 장래 세대에 부담이 발생한다.

단 국공채 발행 효과가 모든 장래 세대에 똑같이 영향을 미치는 것은 아니다. 장래 세대에 대한 구체적인 정의가 필요하다. 국공채 발행의 부담이 장래 세대에 전가된다고 하여도 현 세대와 가까운 장래 세대의 문제가 아니라, 현재 세대보다 멀리 떨어진 장래 세대가 더욱 문제가 된다. 전자는 국공채 발행으로 조달된 재원으로 실시되는 감세나 공공투자의 편익을 어느 정도 향수할 수 있기 때문에, 국공채 발행에 따른 부담이 부(-)가 아니라 정(+)이 될 가능성이 높다. 또한 멀리 떨어진 장래 세대의 경우 당초 발행된 국공채 발행액이 적다고 하면 경제성장과 더불어 국공채의 상대적인 규모가 작아지기 때문에, 국공채의 실질적인 부담은 그다지 크지 않을 것이다. 국공채 발행 부담이 문제가 되는 것은 국공채 발행액이 상당히 커서 상환용 국공채를 발행하여 상환하는 경우로서 근본적인 상환이 이루어지지 않는 경우다. 더욱이 현 세대와 멀리 떨어진 장래 세대가 부담을 지는 경우 문제가 더욱 심각해진다. 국공채 발행은 현재 세대에게는 부담감이 없고 오히려 편익을 가져오기 때문에 당초 국공채 발행액은 증가하는 경향을 띠기 쉽다.

(3) Ricardo의 중립명제

이상에서 본 바와 같이 국공채를 발행함으로써 장래 세대에 경제적 부담이 전가된다고 하는 것은 공공경제학의 상식이었다. 특히 공공소비의 재원으로 발행되는 적자공채의 문제점은 자주 지적되어왔다. 공공투자의 재원인 건설공채와는 달리 적자공채의 경우 정부지출의 편익이 미래 세대까지 미치지 못한다면, 국공채의 부담만이 장래 세대에게 전가되게 된다. 그러나 최근에는 국공채를 발행하여도 장래 세대에 어떠한 부담도 전가되지 않는다고 하는 주장(중립명제)이 전개되었고, 실제 경제에서도 적용된다는 실증분석도 존재한다. 이하에서는 중립명제를 검토하기로 한다.

국공채 발행과 국공채 상환이 같은 세대에서 이루어진다고 한다면, 정부지출을 국공채를 발행하거나 세금을 통하여 조달하는 방법사이에는 똑같은 효과를 가진다. 세금으로 재원을 조달할 때와 비교하여 현재가치로 계산된 국공채 금액이 같다면, 국공채 발행과 세금 조달사이에는 실질적으로 차이가 없다. 이와 같은 논의를 Ricardo의 중립명제라고 한다. 사람들이 평생의 예산제약에 근거하여 소비 · 저축 행동을 한다면, 어떤 시점에서 과세된다고 하여도 세금 부담의 현재가치는 똑같으며, 일생의 예산제약도 동일하다. 과세나 국공채사이에는 어떠한 차이도 없다. Ricardo의 중립명제를 다음의 예를 통해 생각해보자.

정부지출은 일정하다고 가정하고, 올해 1조 원의 감세를 실시하고 그 재원을 보충하기 위해 국공채를 발행한다고 하자. 국공채는 1년 만기로, 내년에는 상환하지 않으면 안 된다고 하자. 연이자율을 5%라고 하면, 내년에는 1조 500억 원을 상환하기 위해 세금을 올리지 않으면 안 된다. 올해 1조 원을 감세하는 대신에 내년에는 1조 500억 원의 증세가 실시된다. 사람들의 세금부담총액은 어떻게 될 것인가? 〈표 7-4〉에서 보듯 세금 부담의 현재가치는 '0'이다.

〈표 7-4〉 세금 부담의 현재가치

(억 원)

구 분	올 해	내 년	내후년	현재가치
내년에 상환하는 경우	-10,000	10,500	0	0
상환하지 않는 경우	-10,000	500	500	0

즉 올해의 감세와 내년의 증세는 상쇄되기 때문에 플러스 · 마이너스 '0'이 된다. 세금부담총액이 변하지 않는다면, 그 사람의 가처분소득도 변하지 않고, 따라서 올해와 내년의 소비도 변화하지 않는다. 올해의 감세정책으로 올해의 소비는 자극되지 않고 내년의 증세정책으로 내년의 소비도 변하지 않는다.

그렇다면 국공채의 만기가 내년에 오는 것이 아니라 내후년 이후로 연기되면 Ricardo의 중립명제는 어떻게 될까? 정부는 국공채를 상환하지 않고 매년 이자만을 지불한다고 가정하자. 내년 이후 정부는 매년 500억 원의 이자만을 지불하게 되므로, 이자 금액만큼 세금을 올리지 않으면 안 된다. 따라서 올해 1조 원을 감세하는 대신, 내년 이후에는 500억 원만큼 매년 증세하게 된다. 세금부담총액의 현재가치를 계산해 보면, 위의 경우에도 올해의 감세와 내년 이후의 증세가 상쇄되기 때문에 플러스 · 마이너스 '0'이 된다. 국공채를 어느 시점에서 상환할 것인가의 문제는 이자를 상환하기 위한 증세계획을 설계한다면 그다지 중요하지 않다.

(4) Barro의 중립명제

국공채의 상환을 연기하면서 상환을 위한 국공채를 발행한다면, 현재 세대가 죽은 다음 국공채가 상환된다. 또는 상환하지 않고 이자를 지불한다면 이에 상당하는 부분만큼 세금을 올려야 하고, 그럴 경우 증세를 무한대까지 하지 않으면 안 된다. 결국 국공채를 발행하여 상환을 미루는 현재 세대는 '국공채 상환을 위한 증세'라고 하는 부담을 장래 세대에게 전가할 수 있다.

그러나 이러한 상황에서도 과세와 국공채 발행은 무차별하다고 주장하는 것이 Barro의 중립명제이다. Barro의 중립명제에서는 유산을 세대 사이에 걸쳐 자발적으로 재분배하는 효과를 고려하고 있다.

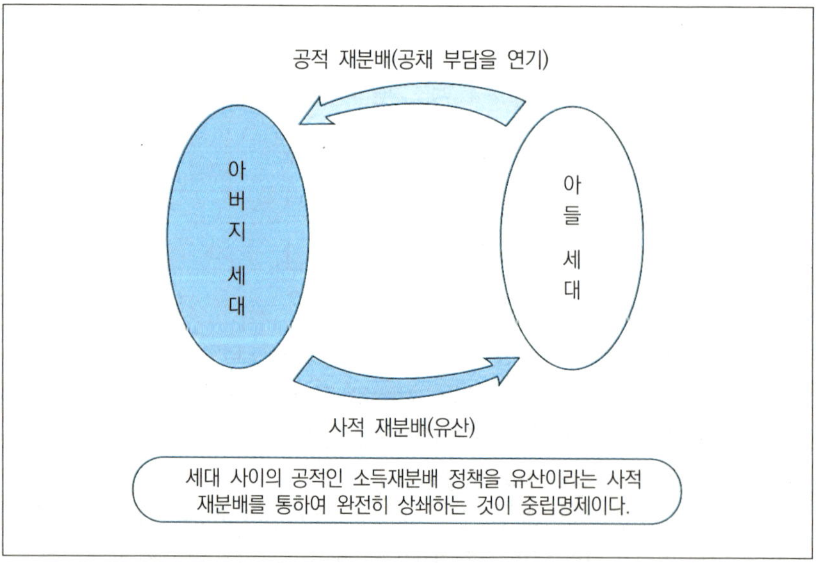

[그림 7-5] 국공채의 중립명제

[그림 7-5]에서 보는 바와 같이 Barro는 이타적인 유산 동기(자손의 효용증가를 자신의 효용증가로 간주)를 가지게 됨으로써 아버지 세대가 아들의 경제상태에도 관심을 가진

다고 지적하면서, 그 결과 손자 세대와 증손자 세대의 효용에도 관심을 가진다고 지적하였다. 이것은 결국 무한의 미래 세대까지 관심을 가지고 있다는 것을 의미하기 때문에, 국공채의 상환이 아무리 연장된다고 하여도 사람들은 자신의 생애 동안에 상환되는 것과 같이 행동한다. 그렇다고 한다면 국공채 발행과 국공채를 상환하기 위한 과세가 같은 세대의 범위를 넘는다고 하여도 중립명제는 성립한다.

예를 들면 국공채 발행을 통해 재원을 확보한 후 감세가 실시되었다고 하자. 사람들은 감세로 인하여 증가한 가처분소득의 일부를 소비하지 않고 저축한다. 증가한 가처분소득, 즉 감세 분을 모두 저축함으로써 유산은 증가한다. 그 결과 앞으로 아들 세대에서 국공채를 상환하기 위하여 세금이 올랐을 때, 증가한 유산으로 증세를 상쇄할 수 있다. 따라서 감세의 혜택을 누린 아버지 세대와 증세의 부담을 떠안은 아들 세대는 모두 국공채 발행이라는 세대간 재분배정책의 영향을 실질적으로 회피할 수 있다. 결국 국공채 발행을 통해 재원을 확보한 후 감세가 실시되었다고 하여도 소비는 증가하지 않고, 국공채를 상환하기 위하여 세금이 올라도 소비는 감소하지 않는다.

(5) 이론 논쟁

국공채의 중립명제는 경제 환경과 경제주체의 행동에 관하여 몇 가지 중요한 가정을 하고 있다. 이러한 가정 중에서 특히 ① 유동성 제약이 없는 완전한 자본시장이 존재한다. ② 교란적이지 않은 과세시스템 ③ 이타적인 유산 동기가 그것이다. Ricardo의 중립명제는 ①, ②를 전제로 하고 있으며, Barro의 중립명제는 ①, ②, ③을 전제로 하고 있다. 아래에서는 위에서 지적한 가정을 살펴보기로 한다.

1) 차입에 대한 제약

저축을 할 경우의 수신금리와 차입할 경우의 여신금리는 일치하지 않고 여신금리가 높은 것이 현실이다. 따라서 저축보다는 차입이 보다 어렵기 때문에 차입은 제약을 수반한다. 이것을 유동성 제약이라고 한다. 가장 극단적인 경우는 소득 이상의 소비가 불가능함으로써 소득을 모두 소비를 하는 경우이다. 이러한 유동성 제약이 존재할 경우 감세로 가처분소득이 증가하면 증가한 만큼 소비가 증가한다. 즉 중립명제가 가정한 것처럼 감세를 통해 증가한 가처분소득 부분은 저축되지 않고 소비하게 된다. 그 결과 유동성 제약이 있을 때에는 국공채의 중립명제는 성립하지 않는다.

2) 교란적인 과세

일반적으로 정액세(lump sum tax)[26]만으로 세수를 확보하는 것은 거의 불가능하다. 미시적으로 볼 때 경제활동에 영향을 미치는 교란적인 과세가 인정되면, 국공채 발행의 중립명제는 성립하지 않는다. 왜냐하면 교란적인 과세는 가격 변화를 통해 민간의 행동에 영향을 미치기 때문이다. 예를 들면 소득세가 감세되면, 세후 임금(또는 가처분소득)이 상승하여 근로의욕이 자극될 지도 모른다. 이자소득세가 감세되면, 세후 이자율이 상승하여 저축의욕이 자극될 지도 모른다. 이러한 대체효과를 고려하면, 국공채 발행에 따른 과세의 타이밍이 변경되는 것은 실질적인 효과를 가지게 된다.

3) 이타적인 유산 동기

Barro의 중립명제가 성립하기 위해서는 이타적인 유산 동기가 완전하게 작동하지 않으면 안 된다. 정부가 시행하는 세대간 재분배를 완전히 상쇄하기 위해서는 상응하는 자발적 유산 조정이 필요하다. 그러나 사회에서 '부(-)의 유산'(아들로부터 아버지에게로의 증여)이 필요하다고 하여도, 실제로 유산은 부(-)가 되지 않기 때문에 유산을 통한 소득재분배 조정이 실현되지 않을 수도 있다. 또한 Barro가 말하는 유산 동기가 있다고 하여도 그 정도가 그리 크지 않으면, 즉 아버지가 아들 세대의 효용을 자신의 효용과 같지 않다고 느낄 경우 중립명제가 성립하지 않을 가능성이 발생한다. 모든 세대가 정(+)의 유산을 남기고 이타적인 유산 동기가 유효하게 작용하는 메커니즘이 작용하기 위해서는, 아버지가 아들을 강하게 사랑할 필요가 있다.

이와 같이 Barro의 중립명제는 유산 동기가 중요한 경제적 활동이라고 생각하고 있다. 유산크기는 현실의 자본축적에 매우 큰 영향을 미친다. 일본과 미국에서의 실증연구에 의하면 자본축적 중 절반 이상이 유산과 관련 있는 저축을 통해 달성된다고 하는 연구결과가 있다. 그러나 유산이 크다고 해서 그것이 반드시 이타적인 유산을 의미하는 것은 아니다. 사람들은 자신의 생존기간이 불확실하기 때문에 결과적으로 의도하지 않은 유산을 남길 가능성이 있을 것이다. 또는 유산을 남기는 행위 자체에 효용을 느낄지도 모른다. 또 아버지와 아들의 줄다리기로 유산이 결정(전략적 유산행위)될 지도 모른다. 예를 들면 노후 생활을 잘 보살펴 준 아들에게만 유산을 남기고자 하는 행동이다. 일반적으로 유산 동기가 이타적인 것이 아니면 중립명제는 성립하지 않는다.

---

26) 이는 납세자의 객관적인 지불능력에 따라 일정액을 일시불로 과세하는 조세이다.

(6) 「좋은」 재정적자와 「나쁜」 재정적자[27)]

매년 정부재원을 세금에만 의존하는 데는 한계가 있다. 개인의 경우에도 매년 소득과 지출을 항상 균형 있게 유지하는 것이 최적이 될 수 없는 것과 같다. 단기에서는 세수 이상으로 지출할 수도 있고 반대로 세수 이하로 지출할 수도 있다. 정부가 세수 이상으로 지출하는 것이 재정적자이다. 이것은 장래세대가 상환할 것이라는 확증이 있고 또한 현재 필요한 지출이 많은 경우에 정당화된다.

차입금에는 투자 목적과 소비 목적이 있다. 괄목할만한 경제성장을 달성한 국가들은 외국에서 자금을 차입하여 자본스톡을 축적하였다. 일본은 고도성장기 외국에서 자금을 빌려 신칸센을 건설하였다. 미국의 경우 건국 초기부터 국가부채가 국가를 하나로 묶는 데 도움을 주었다. 토머스 제퍼슨과의 그 유명한 타협에서, 알렉산더 해밀턴은 의회를 설득하여 수도를 필라델피아에서 오늘날의 워싱턴으로 옮기는 대신에 식민지들의 부채를 떠안도록 했다.[28)]

투자목적을 위해 재정적자가 발생하는 것은 유익한 것인 바, 앞으로 상환할 수 있고 현재 다른 재원이 없을 때에는 오히려 바람직하다고 할 수 있다. 이러한 입장에서 일본에서는 공공사업을 위한 차입금(건설공채 발행)은 법률로 인정하고 있다. 한편, 소비 목적을 위한 차입금(적자공채 발행)은 금지하고 있다. 그러나 소비 목적을 위한 차입금이라고 하여도 장래세대가 상환할 수 있을 정도의 경제성장이 전망된다면 전액을 무리하게 세금으로 조달할 필요는 없다.

일반적으로 경제성장이 예상될 때 발생하는 재정적자는 「좋은」 재정적자이고, 경제정체가 예상될 때 발생하는 재정적자는 「나쁜」 재정적자이다. 또 "외국 투자가를 대상으로 발행하는 국채는 「좋은」 재정적자이고, 국내 투자가를 대상으로 발행하는 국채는 「나쁜」 재정적자"라고 말할 수는 없다. 국내 투자가를 대상으로 발행하는 국채일지라도, 민간이 적절한 규모로 저축형성을 할 수 없을 때, 정부가 재정적자라고 하는 수단을 이용하여 민간저축을 조정하는 것은 바람직한 정책이다.

일반적으로 경제성장을 그다지 기대하기 힘들 때 소득증가를 통해 차입금을 상환하는 것은 어렵다. 이런 경우 차입금을 상환하기 위해서 선택할 수 있는 방법은 증세(민간의 가처분소득 감소)하거나 정부지출을 축소(공공서비스 감축)하는 것이다.

---

27) 井堀利宏, 『財政赤字の正しい考え方』, (東京 : 東洋經濟新報社, 2000), pp.16-17.

28) Greg Ip and Mohamed El-Erian, *The Little Book of Economics : How the Economy Works in the Real World*, John Wiley & Sons, 2010. 정명진 옮김, 『달콤한 경제학』, (서울 : 부글북스, 2011), Chap 13. 좋은 부채, 나쁜 부채. pp.241-242.

재정적자에는 원래 어떤 나쁜 영향이 있는 것일까? 재정적자를 사람의 병에 비유한다면 열이 있는 상황과 같다. 다소 열이 있다고 하여도 곧바로 일상생활에 지장이 있는 것은 아니다. 그러나 방치하면 되돌릴 수 없는 상태가 될 경우가 있다. 또한 정부차입은 중추신경자극제 리탈린(Ritalin)과 비슷하다. 적절히만 쓰면 무기력한 경제를 자극하여 경기침체에서 벗어날 수 있다. 그러나 그리스가 깨달은 것처럼, 지나치게 많은 양을 복용하면 마비 증세가 올 수 있다. 따라서 「좋은」재정적자와 「나쁜」재정적자를 구별하는 것이 중요하다.

「나쁜」재정적자란 점점 더 재정적자가 확대되어 그 폐해가 커지는 경우이다. 여기에서는 재정적자가 어떠한 비용이 있는지 생각해보자. [그림 7-6]은 재정적자의 비용에 관한 표준적인 견해를 정리한 것이다.

[그림 7-6]에서 보는 바와 같이 재정적자가 초래하는 폐해는 다음과 같은 4가지이다.

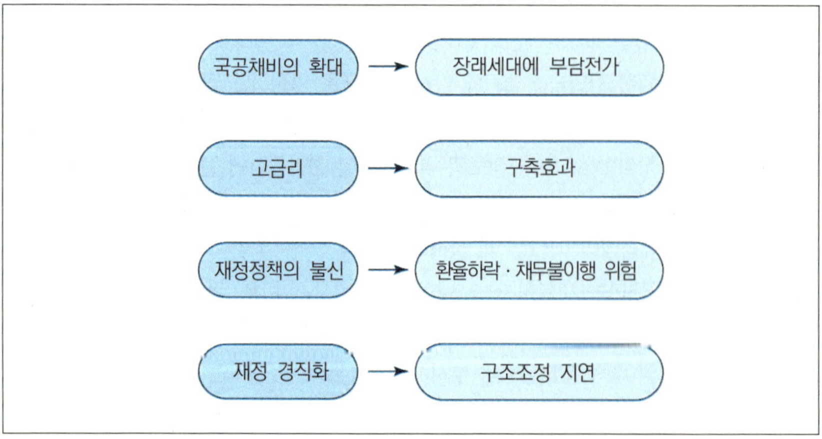

[그림 7-6] 재정적자의 폐해

① 점점 확대되는 국공채비용을 충당하기 위해 증세가 요구되기 때문에 장래세대에 부담이 전가된다.

② 국공채 발행에 의해 고금리가 유지됨으로써 민간수요가 억제되는 구축효과가 발생하고 경제성장을 저해한다.[29)]

29) 적자의 이런 부작용을 이해하기 위해 아프리카의 사바나에 있는 샘을 상상해보자. 그 샘의 물의 양은 사자들과 얼룩말들을 만족시킬 정도이다. 그러던 어느 날, 코끼리 한 무리가 그곳으로 옮겨

③ 향후 재정정책에 대한 신용이 하락하고, 환율 하락과 채무불이행의 가능성이 발생하며, 국공채가격이 하락하면서 국공채의 이자지급 · 상환에 지장이 초래된다.

④ 재정이 경직되어 신규 정책규모에 대응할 수 없게 되며, 경기를 무리하게 유지함으로써 구조조정이 원활히 이루어지지 않는다.

(7) 최적 재정적자

1) 문제의 제기

재정적자를 규범적으로 분석할 때 재정적자가 바람직한가라는 논점이 중심적인 초점이 된다. 균형재정을 주장하는데 있어서 유력한 근거는 재정적자로 인하여 지불하는 이자가 결국에는 재정을 파산상태로 몰고 간다는 것이다. 그러나 중장기적 관점에서는 정부지출이나 세수도 어느 정도 조절할 수 있다. 균형재정 이외의 정책도 선택가능하다고 할 때 재정적자는 어느 정도가 바람직할까? 이하에서는 거시균형(macro-balance)관점에서 바람직한 재정적자 수준을 검토하기로 한다.[30)]

2) 이론적 분석 틀

거시경제학의 분석 틀을 이용하여 규범적인 분석을 실시할 때 가계저축에 대한 정의가 중요하다. 통상적으로 개인은 다른 시점사이의 효용함수를 극대화하기 위하여 저축률을 선택한다. 완전한 합리성(perfect rationality)을 전제한다면 무한기간이라는 이론적 분석 틀에서 정부지출이 일정하다고 가정할 때 재원조달수단이 거시적으로 무차별하다는 의미로 중립명제가 성립한다. 이럴 경우 최적 재정적자에 관한 정책적인 논의는 의미가 없고, 민간저축과 정부의 재정적자는 완전대체관계가 성립한다. 정부의 재정적자가 어떤 수준에 있다고 하여도 민간부문은 민간저축을 조정하면서 항상 최적상태(first best)를 달성할 수 있게 된다.

따라서 거시적으로 $I=S$ 밸런스 관점에서 '의미 있는' 재정적자 수준을 논하기 위해서 민간저축은 근시안적으로 결정된다고 가정할 수밖에 없다. 단순화하기 위해서 민간저축

왔다. 곧 사자와 얼룩말들이 목이 말라 죽어가게 되었다. 이 샘처럼, 기업과 가계가 빌릴 저축의 샘도 유한하다. 그런 마당에 정부의 적자까지 그 샘의 물을 끌어들이기 시작하면, 정부와 기업과 개인이 돈을 놓고 경쟁을 벌이게 된다. 이 경쟁은 자연히 장기금리를 올리고, 기업과 개인의 투자를 밀어낸다. 아마 가족이라면 주택을 구입하지 않기로 결정하고 기업이라면 사업을 확장하지 않기로 결정할 것이다. 그것이 미래의 성장을 해친다.

30) 井堀利宏, 『公共經濟の 理論』, (東京 : 有斐閣, 1996), pp.196-203.

성향은 고정되어 있다고 가정하자. 즉 가처분소득에서 저축하는 비율(σ)은 일정한 값이라고 가정한다.

반면 정부는 세수나 정부지출이라는 재정변수를 적절하게 선택함으로써 거시경제변수의 시간적 경로를 자유롭게 선택할 수 있다. 예를 들어 저축성향이 고정되어있다고 하여도 정부는 간접적으로 재정변수를 자유롭게 선택함으로써 자본저축경로를 조절할 수 있다. 이러한 최적화 문제는 정부가 직접 자원배분을 함으로써 최적상태(first best)를 달성하는 계획경제에서의 최적화 문제와 본질적으로 동일하며, 경쟁경제에 있어서 최적의 재정적자 규모도 결정하게 된다.

3) 최적 재정적자

결국 시장경제에 있어서 최적화문제는 Cass가 저술한 최적성장에 관한 논문[31)]에서의 기본적 형태와 동일하다. 따라서 최적조건은 잘 알려진 바와 같이 다음의 두 가지 조건이다.

첫째, 가계의 한계효용에 있어서 민간소비(c)와 정부지출 $(g_c=(1-\alpha)g)$이 같아지도록 배분된다고 하는, 즉 소비의 사적부문과 공적부문 사이에서 최적 배분조건이다. 단, 여기서 α는 정부지출의 투자성향을 말한다.

$$U_c \quad = U_{gc}$$

둘째, 다른 시점사이에서 사적 소비의 최적 배분이 이자율$(r=f'(k))$, 인구성장률 n과 시간선호율 ρ의 크기에 따라 결정된다고 하는 오일러(Euler) 조건이다.

$$\frac{Dc}{c}=\Psi(r-\rho-n)$$

여기서 D는 시간에 관한 미분을 의미한다. Ψ는 $(r-\rho-n)$의 증가함수 이다. 또 자본저축의 기본식이 재화시장의 균형조건식으로 존재한다.

$$Dk=f(k)-c-g_c-nk$$

31) D. Cass, "Optimum growth in an aggregate model of capital accumulation", *Review of Economic Studies*, 32, 1965. pp.233-240.

여기서 k는 자본저축수준(자본노동비율), $f(k)$는 생산함수이다. 단순화를 위하여 공공투자와 민간투자는 완전대체관계이며 민간자본과 공공자본은 구별되지 않는다.

첫째 식에서 일반적으로 정부소비는 민간소비 c의 함수가 된다. 이자율 r이 자본의 한계생산 $f'(k)$와 같아지는 관계를 생각한다면 경제전체의 동학적인 움직임은 자본축적식과 오일러 조건식 소비 c와 자본축적수준 k에 관한 미분방정식체계로 이해할 수 있다. 여기서 k와 c의 관계를 그림으로 표시하는 것이 유용하다.

[그림 7-7]에서 「$Dk=0$」곡선은 자본축적식에서 $Dk=0$(즉 자본축적수준이 변하지 않는)를 만족하는 k 와 c의 조합을 나타내고 $Dc=0$ 곡선은 오일러 조건에서 $Dc=0$(즉 1인당소비가 변하지 않는)를 만족하는 k 와 c의 조합을 의미한다. $Dk=0$와 $Dc=0$ 곡선은 전체 영역을 4개의 영역으로 구분한다.

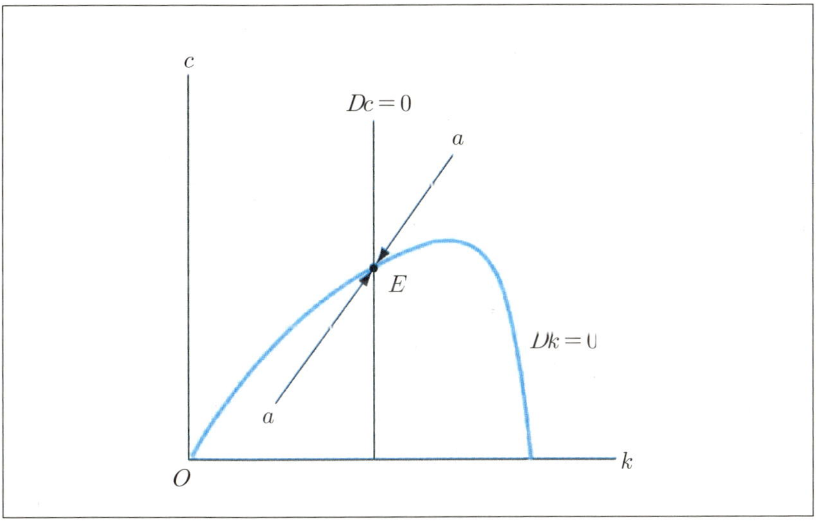

[그림 7-7] 최적 재정적자

각각의 영역에서 k 와 c의 움직임은 화살표로 표시된다. 잘 알려진 바와 같이 균형점 E는 안장점(saddle point)이다. 최적경제성장 경로는 균형점으로 수렴하는 유일한 경로인 aa선에서 이루어진다. 임의의 자본축적수준 k_o에 대응하여 최적의 소비수준은 aa선상에서 결정된다. 정부는 aa선상의 소비를 실현시키기 위하여 정부지출 g와 조세부담 t를 선택하는 것이다.

4) 이행과정에서 최적 재정적자

다음으로 이행과정에서 최적 재정적자에 대하여 분석해 보자. 가처분소득에 대한 정의에서 1인당 실질적인 재정적자는 다음 식과 같다.

$$g+rb-t= -f+\frac{c}{1-\sigma}+g \qquad \text{식 (1)}$$

여기서 rb는 공채 이자, f는 1인당 GDP, σ는 저축성향이다. 따라서 재정적자의 GDP대비 비율 ϕ는 다음과 같다.

$$\phi= -1+\frac{\lambda}{1-\sigma}+r \qquad \text{식 (2)}$$

여기서 λ는 민간소비의 GDP대비 비율, r은 정부지출의 GDP대비 비율이다.

r와 λ의 시간경로는 최적경로 aa를 실현하도록 결정된다. 상기 최적조건 제1식에서 g와 c가 동시에 증가하는 것을 알 수 있다. 자본축적식과 오일러 조건식을 반영한 [그림 7-7]에서처럼 k와 c가 동시에 증가한다. r와 λ는 반드시 똑같은 방향으로 변한다는 보장은 없다. 그러나 만약 Cobb-Douglass 함수와 같이 c/g가 일정한 경우에는 λ 와 r는 동일한 방향으로 변하는 것을 알 수 있다. 이와 같은 경우에는 식 (2)에서 재정적자의 GDP대비 비율 ϕ도 마찬가지로 같은 방향으로 변한다.

정부의 예산 제약식에서 이전지출을 제외한 세후의 GDP대비 비율은 $-\phi+r$가 된다. 식 (2)는 조세의 GDP대비 비율이 소비의 GDP대비 비율 λ와는 마이너스관계가 되는 것을 의미한다. 다른 말로 표현하면 만약 정부지출의 GDP대비 비율을 감소시키는 것이 바람직하다면, 이행과정에 있어서 재정적자의 GDP대비 비율을 감소시키는 것도 바람직하다. 동시에 조세의 GDP대비 비율을 증가시키는 것도 바람직하다. 식 (2)은 최적 재정적자비율이 저축성향(σ)이 증가할 때 함께 증가함을 의미한다.

5) 거시측면에서의 $I=S$ 밸런스

민간저축의 GDP대비 비율(s/f)을 θ로 표시하면 식 (2)에서

$$\phi = \theta-(1-r-\lambda) \qquad \text{식 (3)}$$

로 표시된다. 이것은 이른바 거시측면에서의 $I = S$ 밸런스식이다. $1-r-\lambda$는 민간투자의 GDP대비 비율이다. 최적 재정적자의 정책적 의미를 검토할 때에는 식 (3)보다는 식 (2)가 보다 유리하다.

한편, 장기적으로 재정적자가 플러스라고 하여도 이자를 제외한 기초재정수지가 흑자이지 않으면 안 된다. 즉 $g+rh-t>0$라고 하여도 $g-t<0$이지 않으면 다른 시점 사이의 정부예산제약식 $\int d\exp-(r-n)sds = -b_o$가 충족되지 않는다. 따라서 장기적으로 재정적자가 바람직한 경우에도 그 규모는 기초재정수지에 의해 제약이 따르게 마련이다.

6) 재정적자의 최적수준 : 수치 예

경쟁적인 시장경제에서 최적의 재정적자는 일반적으로 선호와 기술에 의존한다. 여기에서는 효용함수와 생산함수를 Cobb-Douglass함수로 가정하고, 장기균형에 있어서 최적의 재정적자를 도출해보도록 한다. 효용과 생산함수가 다음과 같은 식으로 정식화 된다고 하자.

$$u = c^a[(1-\alpha)g]^{1-a},\ 0 < a < 1 \qquad \text{식 (4)}$$

$$f = k^\beta,\ 0 < \beta < 1 \qquad \text{식 (5)}$$

장기균형에서 최적조건식인 소비의 부문간 최적배분식과 오일러조건식은 다음과 같다.

$$(1-a)c = a(1-\alpha)g \qquad \text{식 (6)}$$

$$\beta k^{\beta-1} = n+\rho \qquad \text{식 (7)}$$

식 (6)과 식 (7)에서 최적 재정적자의 GDP대비 비율 ϕ^*는 최종적으로 다음과 같다.

$$\begin{aligned}\phi^* + \frac{w^*}{1-\sigma} &= -1 + \frac{\lambda^*}{1-\sigma} + \Upsilon^* \\ &= -1 + [1 - \frac{n\beta}{n+\rho}][\frac{a}{1-\sigma} + (1-a)(1-\alpha)]\end{aligned} \qquad \text{식 (8)}$$

여기서 보다 현실적인 숫자를 도출하기 위해 경상수지 불균형상태를 고려하여 w^*(최적 대외자산수익의 GDP대비 비율)를 도입하였다. 최적 경상수지 흑자율이 감소하면 그만큼 최적 재정적자비율을 확대한다. 민간의 저축투자차액인 식 (8) 우변에서 좌변의 최적의 재정적자수준이 도출되기 때문에 경상수지율과 재정적자율의 최적수준은 완전대체관계에 있다.

〈표 7-5〉 최적 재정적자율

a	0.7	0.8	0.6	0.7	0.8	0.8	0.8	0.8	0.8	0.8
α	0.3	0.3	0.3	0.3	0.4	0.3	0.25	0.3	0.4	0.3
β	0.4	0.4	0.5	0.5	0.4	0.5	0.5	0.4	0.4	0.5
σ	0.2	0.2	0.25	0.25	0.15	0.25	0.25	0.15	0.1	0.2
ϕ^*	1.8	0.4	0.3	-0.5	-0.3	-1.2	-2.6	-4.1	-4.4	-6.1

주 : $n=0.03$,　$\rho=0.02$,　$w^*=0.02$.

〈표 7-5〉는 주어진 a, β, α, n, p 그리고 σ의 값에 대응하여 장기균형에서의 최적 재정적자의 GDP대비 비율을 계산한 것이다. 〈표 7-5〉는 a, β, α, n, p 그리고 σ의 값에 대응하여 ϕ^*의 크기가 매우 크게 변하는 것을 알 수 있다. 이론적으로 「$\phi^*=0$」이 항상 바람직하다고는 말할 수 없다. 균형예산이 항상 바람직스럽고 따라서 재정적자는 항상 삭감하여야만 한다는 것은 일반적으로 말할 수 없다.

그러나 적어도 어떤 상황에서는 균형예산 원칙은 재정정책의 지침으로서 매우 유익하다. 만약 「$w^*=0$」이고 「$[n/(n+\rho)]\beta=\alpha=\sigma$」이면 a 값과 상관없이 최적 재정적자 ϕ^*는 항상 「0」이 되며, 민간부문의 최적 저축 · 투자 차액은 「0」이 된다. β는 자본소득비중을 의미하기 때문에 $[n/(n+\rho)]\beta=\sigma$는 자본소득이 저축되고, 노동소득이 소비되고, 시간선호율이 「0」에 매우 가까운 상태에서 어느 정도 현실성을 가질 것이다. 그리고 정부지출의 투자성향 α가 σ과 같을 경우에는 최적 재정적자는 「0」이 된다.

7) 비교정학

다음으로 최적재정적자비율에 대해 비교정학분석을 해보자. 예를 들어 일본의 경우 정부지출의 투자성향 α가 0.3에서 0.5 사이이며, 민간부문의 저축성향 σ는 0.1에서 0.3 사이에 있다고 가정하면 「$\alpha>\sigma$」의 상황이 된다. 이 경우, 식 (8)에서 「$d\phi^*/da<0$」인 상태가

있을 수 있다. 만약 파라미터 a가 상승하면, 즉 만약 선호가 공공소비에서 민간소비로 변화하면, 최적 민간투자비율은 증가하고 최적재정적자비율은 장기적으로 감소한다. 최초에 a값이 상승하였다고 하는 간접적인 근거도 있다. 따라서 1970년대 이후 최적재정적자비율 ϕ^*은 감소하고 있다고 판단된다. 만약 그렇다면 재정적자를 삭감하는 것을 목적으로 하는 균형재정원칙은 재정정책 지침으로써 어느 정도 유익하다고 말할 수 있다.

만약 β가 상승하여 기술진보로 인한 자본의 한계생산력이 증가하면 최적 투자율은 증가하고 최적재정적자비율은 감소한다. 또 α가 상승하여 정부지출의 투자성향이 높아지면, 최적 민간투자율은 감소하고 최적재정적자비율이 상승한다. ρ가 상승하여 시간선호율이 높아지면 최적정부지출비율 및 최적재정적자비율은 증가한다. 인구증가율 n이 증가하면 최적정부지출비율 및 최적재정적자비율은 감소한다.

ρ와 n은 장기균형에서의 자본 · 노동비율에 대하여 동일한 방향으로 영향을 받는다. 그렇지만 ρ와 n이 최적재정적자비율에 미치는 영향은 다르다. 마지막으로 만약 σ가 증가하여 저축성향이 증가하면 '증가한' 저축을 흡수하기 위하여 최적 재정적자비율은 상승한다.

8) 재정적자의 조정

국민의 경제후생을 고려할 때 「경제논리」와 「재정논리」는 표리일체의 관계에 있다. 경제논리는 재정적자의 역할을 적극적으로 인정하면서 「재정지출이 실시되면 경제는 활성화 된다」라고 주장하는 반면, 재정논리는 재정수지균형을 중시하여 「재정지출이 실시되어 재정적자가 커지면 경제는 더욱 악화된다」라고 주장한다. 결국 이들에 관한 인식이 재정적자의 공과를 판단하는 기본이 된다.[32)]

「재정논리」의 관점에서 볼 때 최적의 재정적자는 시장원리에 근거한 한계적 또는 평균적 비용편익의 비교로 결정되는 것이 아니라, 「당연히 실시하여야 할 재정지출(BX)」과 「당연히 존재하여야 할 세수(BT)」를 비교하여 결정된다.

BX를 당연히 공급해야 할 공공재에 소요되는 재정지출, X를 실제 재정지출, P를 실제 재정지출로 얻어지는 편익, BT를 세금체제에서 획득되는 세수, T를 실제 세수, DN을 형식적인 재원부족액, DR을 실질적인 재원부족액이라고 하면, 최적 재정적자는 다음과 같이 정리할 수 있다.

재정지출 삭감의 필요성과 규모는 $BX > X$인 경우 T, BT, P의 크기를 감안하여 결정

32) 大塚耕平, 『公共政策としてのマクロ經濟政策』, (東京 : 成文堂, 2004), pp.59-60.

되고, $X \rangle BX$인 경우 우선 $X-BX$부분을 삭감한 후 T, BT, P의 크기를 감안하여 결정한다. 한편 $BX=X$인 경우에는 재정지출을 삭감하지 않아도 된다.

〈표 7-6〉 현실의 재정적자와 최적 재정적자

구 분	$BX>X$		$X=BX$		$X>BX$	
	$P>X$	$X>P$	$P>X$	$X>P$	$P>X$	$X>P$
현실의 재정적자(DN)	$T-X$					
삭감하여야 할 재정적자			없음		$X-BX+\alpha$	
최적 재정적자(DR)	$BT-BX$					

주 : $X=BX$일 때 X와 P의 대소 관계는 고려하지 않음.

제 8 장 예산개혁론

1. 머리말

『예산개혁론』
(2011년 9월)

퍼거슨(N. Ferguson) 하버드대 교수는 「단계적 흥망성쇠론」을 정면으로 반박하면서 제국(Empire)의 몰락은 '한밤의 도둑과 같이' 갑자기 찾아온다고 주장한 바 있다. 미국이라는 제국이 현재 어느 단계에 와 있는가를 논하는 것은 시간 낭비이며, 최근의 재정위기와 같은 '예기치 못한 몰락'을 경계해야 한다는 그의 주장은 우리 재정이 외국에 비해 아직 건전하다고 낙관하는 사람들에게도 중요한 시사점을 제공해 준다.

최근 금융위기 이후 서남부 유럽국가(PIGS)를 중심으로 가시화되기 시작하는 재정위기는 그동안 이들 국가들이 재정여력을 넘어서는 지나친 복지지출의 증가와 재정을 투명하지 못하게 운용해 온 데 그 원인이 있다.

우리나라 역시 글로벌 금융위기를 극복해가는 과정에서 급증한 재정적자와 국가채무의 부담을 안고 있으며, 위기 이후 다가올 경제여건도 그다지 낙관적이지는 않아 보인다. 우리에게 유리한 요인보다는 불리한 요인이 아직은 더 많이 눈에 들어오고 있다. 먼저, 세계적으로 그 유래를 찾아보기 어려울 만큼 빠른 속도로 진행되는 저출산 · 고령화에 따라 우리 경제는 과거와 같은 큰 폭의 경제성장을 기대하기 어려워졌으며, 그에 따라 우리 재정의 세입 여건 또한 불투명한 상황이다. 한편, 저출산 · 고령화에 따른 복지지출의 증가와 공적연금의 부담 등은 향후 재정지출의 큰 부담으로 작용할 것이 예상된다. 여기에 지금으로서는 구체적으로 가늠해 보기 어렵지만, 남북통일에 대비하여 재정여력을 확보하는 문제를 고려한다면 미래를 대비하는 재정건전성의 확보 및 제도변화가 시급하다고 본다.

우리나라는 지난 2007년부터 「국가재정법」 시행을 통해 새로운 시대에 대비하는 제도적 장치를 마련하였다. 효율적이고 건전한 재정운용을 위해 중기재정운용과 총액배분 · 자율편성, 성과중심의 재정운용 등 기본적인 재정개혁의 방향과 구체적인 실행방안을 「국가재정법」에 담았다. 그러나 「국가재정법」에 의한 재정운용이 이루어진지 이제 5년차를 맞이하고 있는 지금, 법에 담고자 했던 제도의 취지와 목적에 맞게 시행되지 못하는 부분이나 제도적으로 보완해야할 부분들이 나타나기 시작하였다. 또한, 변화되는 재정제도에 따라 국민의 대표기관으로서 예산을 심사 · 의결하는 국회의 역할도 변화되어야 하며 이를 위한 제도적 장치도 필요하게 되었다.

저자는 지난 33여 년간의 공직생활 대부분을 예산정책분야에서 일해 왔다. 나라살림의 중요성을 일깨우기 시작하면서부터 지금까지 일관되게 고뇌하고 다짐한 것은 "건전한 재정 없이 건전한 정부는 있을 수 없으며, 건전한 정부 없이 건전한 국가는 존재할 수 없다"는 것이다. 마키아벨리는 "인간은 자기 부모의 목숨을 빼앗아간 사람은 용서할 수 있어도 자기재산을 빼앗아간 사람은 평생 용서하지 못한다"고 설파했다. 대처총리 시절 정부개혁팀장으로서 영국정부의 개혁을 진두지휘했던 다이애나 골드워시 여사는 마키아벨리의 이 말을 인용하며 "국민이 자기 돈(세금)을 허투루 쓰는 것을 용납하지 않아야 나라가 잘 된다"고 강조했다. 나라 곳간이 비면 대한민국 미래의 지속가능한 성장과 복지는 요원해진다.

지금 이 시점에서의 근원적인 문제해결책은 단 한 푼의 예산도 낭비하지 않겠다는 대각성과 재정 문단속을 제대로 하겠다는 예산청지기(budget stewardship)로서의 결의를 굳건히 다지는 것이다. 아울러 현재 글로벌 경제가 재정적자 숙취로 고통스러워하는 상황에서 언제 다가올지 모를 부채 쓰나미를 미리 예방하고, 정치 · 경제 · 사회 · 문화 각 분야에 광범위하게 걸쳐있는 현안이 있을 때마다 재정을 통해 해결하려는 재정중독증(fiscal alcoholism)에서 벗어나기 위한 즉각적이고 대대적인 나라살림 개혁에 나서는 것이다.

이런 절박한 인식 하에서 저자는 이 책을 저술하게 되었다. 저자가 국회에서 초대 예산정책국장과 초대 예산분석실장, 국회예산결산특별위원회 수석전문위원, 제3대 국회예산정책처장으로 근무하며 국가예산이 수립되는 모습을 지켜보면서, 때로는 그 과정에 직접, 간접적으로 참여하며 배우고 느꼈던 경험을 담아 미래 국가발전을 위한 21세기 예산개혁의 청사진을 제시하고자 하는 것이다.

이 책의 순서는 다음과 같다. 먼저 본격적인 논의에 앞서 제1장에서 지난 100년간의 경제발전의 역사와 재정의 역할에 대해 반추해보고, 제2장에서는 우리나라 국가재정운용의 구체적인 추이와 재정개혁의 필요성에 대하여 살펴보았다. 제3장에서는 재정의 건전성, 효율성 및 투명성 강화를 위한 재정개혁의 5대 기본 방향을 제시하고, 제4장에서는 이를 구현하기 위한 10대 개혁방안을 제안하였다. 끝으로 책 말미에 저자가 그동안 발표한 글 중에서 이 책에서 주장하는 논지와 연계되는 8편을 골라 첨부하였다.

이 책의 제목은 독자의 이해를 돕기 위해 '예산개혁론'으로 하였으나 엄격한 의미의 예산뿐 아니라 기금과 재정정책 전반을 포괄하는 국가재정에 관한 내용을 담고 있다.

개혁이라는 말의 의미는 가죽(革)을 바꾼다는, 즉 모습을 바꾸어 버린다는 뜻이다. 아무리 이것저것을 바꾸어 본다고 해도 전체적인 모습이 달라지지 않는다면 개혁이라고 할 수 없다. 저자는 이 책에서 모든 나라에 딱 들어맞는 단 하나의 재정목표(one-size-fits-all fiscal target)는 아니지만 우리나라 예산의 개혁을 위해 반드시 고쳐져야 할 부분들을 제시하였다. 이들의 각각이 제 기능을 발휘하고 또 서로 시너지를 일으키면서 우리 예산을 변모시켜 놓음으로써 진정한 의미의 예산개혁이 이루어지기를 소망해 본다.

2. 서 평

『예산개혁론』
이만우(고려대 경제학과 교수 · 차기 한국경제학회장)
한국경제신문(2011년 9월 30일)

2008년 리먼 브러더스 사태로 촉발된 글로벌 금융위기는 세계경제를 급속하게 침체국면에 빠뜨렸고 주요 20개국(G20)을 중심으로 세계 각국은 과감한 재정 확대와 정책 공조로 대응했다. 금융위기를 큰 충격 없이 조기에 극복한 것으로 평가되는 우리나라는 그동안 건전하게 유지해 왔던 재정이 큰 역할을 담당했다. 물론 감세와 재정확대로 재정건전성은 다소 훼손됐지만 빠른 경기회복에 힘입어 정부는 2013년에 균형을 회복한다는 계획을 발표한 바 있다. 반면 금융위기의 후유증으로 인류문명의 발원지인 그리스와 유럽연합(EU)에서 국민소득 3위인 이탈리아가 재정위기를 겪고 있으며, 여기에 미국의 재정상황도 불확실성이 커져 세계경제의 회복이 지연되고 있는 모습이다.

제국의 몰락은 '한밤의 도둑과 같이' 찾아온다는 하버드대 리얼 퍼거슨 교수의 말을 인용하면서 시작하는 신해룡 교수(전 국회예산정책처장)의 《예산개혁론》은 외국에 비해 우리 재정은 상대적으로 건전하다고 낙관하거나 재원조달에 관한 논의 없이 '반값 등록금'과 '무상복지 시리즈'를 주장하는 사람들에게 중요한 시사점을 제공한다. '21세기 나라살림 개혁의 청사진'이라는 부제를 가진 이 책은 현재 글로벌 경제가 재정적자 숙취로 고통스러워하는 상황에서 언제 다가올지 모를 '부채 쓰나미'를 미리 예방하고, 정치 · 경제 · 사회 · 문화 각 분야에 현안이 있을 때마다 모두 재정을 통해 해결하려는 재정중독증(fiscal alcoholism)에서 벗어나기 위한 즉각적이고 대대적인 나라살림 개혁에 나설 것을 권고하고 있다.

2010년은 경술 국치일로부터 100년이 되는 해였다. 지난 100년의 세월

중에서 앞의 반세기는 나라를 지킬 힘조차 없어 36년간의 일제 강점기와 전쟁 그리고 분단을 경험한 반면, 뒤의 반세기는 세계에서 그 유래를 찾아보기 어려운 괄목할 만한 경제성장을 이루어냈다. 이 책의 서론은 경제발전의 역사와 함께한 우리 재정의 역할과 남겨진 과제를 짚어보고 앞으로의 100년을 대비한 재정제도의 변화가 필요하다고 강조한다. 우리나라는 2007년 '국가재정법' 제정을 통해 미래를 대비하는 선진화된 재정제도로의 변화를 모색했다. 중기재정 운용, 하향식 예산편성, 성과중심의 재정운용 등 재정건전성을 확보하고 효율성을 제고하기 위한 제도적 틀을 마련했다. 그러나 아직까지도 이들 제도가 정착되지 못하고 있으며 보완해야 할 부분이 많이 남아있다. 이 책에서는 '재정건전성 확보', '재정의 경기조절기능 강화', '국가재정의 효율적 배분 도모', '사회통합을 위한 재정의 역할 강화', '재정의 투명성 제고를 통한 재정민주주의 구현'의 다섯 가지 예산개혁 방향을 제시하고 있다. 이런 개혁방향에 따라 '중기재정 운용의 실효성 제고'에서부터 '국회의 합리적인 예산·결산 심사절차 마련'에 이르기까지 정부뿐만 아니라 예산과 결산의 심의·의결을 담당하고 있는 국회를 포함한 재정제도 전반에 대한 10대 실현방안을 구체적으로 제안하고 있다.

현재 호서대에서 후학을 가르치고 있는 신해룡 교수는 33년간의 공직 기간 대부분을 예산정책 분야에서 꾸준히 일해 왔다. 국회에서 초대 예산정책국장과 초대 예산분석실장, 국회예산결산특별위원회 수석전문위원, 국회예산정책처장을 역임하면서 관료사회는 물론 학계에서도 '예산통'으로 정평이 나 있다.

국가재정에 대한 저자의 깊은 고뇌와 풍부한 현장경험이 담긴 《예산개혁론》은 저출산·고령사회, 남북통일 등 머지않은 미래에 직면하게 될 새로운 시대에 맞는 재정의 역할을 모색하고 제 기능을 다할 수 있는 제도적 틀을 마련하는 데 길잡이가 돼 줄 것이다. 더불어 최근의 논쟁이 뜨거운 무상복지, 감세 등의 재정문제에 대해 현명하고 의미 있는 메시지를 제시해 줄 것이다.

_책속으로 경제발전의 역사와 재정의 역할

지난 2010년은 우리나라가 일본에 나라를 빼앗겼던 경술년 국치로부터 100년이 되는 해이다. 100년 전 우리나라는 자신을 지킬 힘을 가지고 있지 못하였다. 국민경제는 피폐하여 있었고, 많지도 않은 군인들에게 봉급을 제대로 주지 않아 군란이 일어났을 만큼 재정도 허약하였다. 일본, 러시아, 중국, 그리고 미국의 세력범위가 한 치의 양보도 없이 겹쳐 있는 매우 독특한 지정학적 위치에 놓여 있던 우리나라는 자신을 방어할 능력이 충분하지 못하자 엄청난 고난을 감내할 수밖에 없었던 것이다. 우리의 독립을 도와주려고 나섰던 나라는 지구 위에 아무도 없었고, 고립무원의 상황에서 우리나라는 결국 주권을 잃고 말았다.

그로부터 오늘날까지의 한 세기를 절반으로 나누었을 때 우리나라가 걸어온 길은 처음의 반세기와 다음의 반세기가 극명한 대조를 나타낸다. 처음의 반세기는 36년간의 식민통치와 해방, 그리고 대한민국의 건국, 뒤이은 한국전쟁이 숨 가쁘게 이어진 근대사의 격변기였다. 3년간의 전쟁이 끝난 뒤 우리 경제는 개개인의 살림이 극도로 궁핍했을 뿐 아니라 개인과 나라의 부를 창조할 산업기반도 거의 완벽하게 파괴된 상태였다. 종전 이후 4년이 지났음에도 1957년의 일인당 GDP는 연간 67달러밖에 되지 않았었다.

그러나 두 번째 반세기, 그러니까 1960년대 이후 지금까지의 50년 동안은 우리 경제가 양적, 질적 면에서 문자 그대로 비약적인 성장을 이룬 기간이었다. 물론 그 과정이 순탄한 것만은 아니었지만 우리 경제는 매번 어려움을 이겨냈고 어려움을 이겨낸 뒤에는 언제나 더 강해졌다. 연간 100달러에 못 미치던 일인당 GDP는 불과 두세대가 지나기 전에 2만 달러에 달하게 되었다. 소득 수준뿐 아니라 정치, 사회, 문화의 거의 모든 면에서 현재의 우리나라는 100년 전에 비해 완전히 달라져 있다. 아마노 100년 전의 선조들은 우리나라가 신분의 구별이 없는 사회 및 정치적으로 자유로운 땅으로 변하였으며, 가장 가난한 나라에서 선진국 경제로 변모했다는 사실을 상상조차 할 수 없었을 것이다.

중국도 지난 20여 년간 고도성장을 지속함으로써 가난에서 벗어나 번영을 향해 달려가고 있다. 특히 경제규모 면에서 중국경제는 이미 일본을 넘어 미국에 필적할 만큼의 성과를 내고 있어, 짧은 기간 동안 급성장을 한 것은 우리 경제만의 경험이 아니었다고 말할 수도 있다. 그러나 경제규모가 아닌 일인당 소득 수준을 기준으로 보았을 때 우리 경제가 1960년대 이후 반세기 동안 이룩해 낸 성과는 지금의 중국의 실적과는 차원이 다른 것으로 보아야 한다. 자원도 별로 없어 가발을 팔아 달러를 벌어야 했던 동북아의 조그만 나라가 불과 반세기만에 오늘날의 성과를 거둔 것에 대해서는 자긍심을 가져도 좋을 것이다.

과거 우리 경제는 강대국들이 만들어 놓은 세계경제 질서의 테두리 안에서 스스로의 이익을 지키기에 전전긍긍하며 살아왔었다. 그러나 2008년의 글로벌 금융위기를 성공적으로 극복해 낸 지금 우리 경제는 G20의 일원으로서 세계경제의 질서를 만들어 나가는 입장이 되었다. 지난 해 G20의 의장국으로서 어젠다를 제시하는 위상을 갖게 되었다. 일본, 러시아, 청나라, 그리고 미국의 세력범위가 겹쳐 있는 우리나라의 지정학적 위치가 스스로 지킬 힘이 없던 100년 전에는 국가의 존망을 위협하는 불행한 요소였지만 국력이 크게 신장한 오늘날에는 오히려 국격을 높이고 위상을 과시하는 발판으로 활용할 수 있는 시대가 열린 것이다. 오늘날의 우리는 100년 전의 조상들이 자랑스러워 해마지 않을 정도의 성과를 냈다고 생각한다.

이러한 우리 경제의 발전과정의 원동력은 물론 우리나라 사람들의 뛰어난 자질과 자기발전을 위한 노력, 그리고 잘 살아보려는 의지에서 찾아야겠지만 재정의 역할도 매우 컸던 것이 사실이다. 경제개발 초기 단계에서, 개인들과 이제 막 사업을 시작한 기업들이 무슨 일을 해야 좋을지를 알지 못하던 상황에서 이들을 선도하는 역할을 재정이 맡아서 했다고 할 수 있다. 경제개발 초기, 우리 여건에 비추어 경제개발에 가장 적합했던 수출주도형 경제성장이라는 방향을 정한 뒤 이를 위해 재정은 직접적으로 자원을 동원하고 배분하는 역할을 했다. 뿐만 아니라 간접적이고 우회적인 역할도 적극적으로 수행하였다. 60년대와 70년대의 고도성장의 배경에는 직접적 그리고 간접적으로 경제를 이끌었던 재정의 기능이 있었던 것이다.

경제가 고도성장을 지속하면서 안보 능력도 어느 정도 자리를 잡아가는 단계에 이르자 1980년대 이후 재정은 사회복지, 교육 분야에서 급격하게 표출되던 국민의 다양한 요구를 수용해 왔다. 경제의 양적 성장을 앞장서서 이끌던 역할을 줄여나가는 한편 경제의 질적인 발전을 뒷받침하는 역할을 점차 늘려 나간 것이다. 경제를 뒷받침하는 역할은 경제가 갑작스러운 충격을 받아 어려움에 빠졌을 때도 예외가 아니었다.

1997년 말 외환위기와 금융위기의 쌍둥이 위기로 우리 경제가 한국전쟁 이후 가장 심각한 충격에 빠지고 뒤이은 실물경제 위기로 기업의 연쇄부도와 대량실업이 발생하는 상황에 이르자 재정은 금융을 지원하고 실업자를 구제하는 경제 안전판으로서의 기능을 하였다. IMF로부터의 구제금융을 제공받는 조건으로 경제정책의 수행에 제약을 감수할 수밖에 없었던 당시의 여건상 좀 더 적극적인 역할을 할 수 없었던 아쉬움이 없지는 않지만, 그동안 축적하여왔던 건전성을 바탕으로 IMF를 비롯한 국제사회의 지원을 유치하고 해외투자자들의 신뢰를 붙잡았던 재정의 역할은 외환위기 및 경제위기를 극복해 내는 데에 있어서 우리 경제가 의존할 수 있었던 유일한 버팀목이었다고 할 수 있다.

가계와 기업이 동시에 어려움에 빠져 경제의 위기상황을 타개해 나가는 데 나서지 못하고 오히려 위기의 원인이 되는 상황에서 재정이 위기 극복에 앞장 서는 모습은 이번의 글로벌 금융위기에서도 유감없이 발휘되었다. 1930년대 대공황 이래 가장 심각한 글로벌 경기침체일 것이라던 이번 위기는 대외의존도가 크게 늘어나 있던 우리 경제에도 매우 심각한 충격일 것으로 우려되었으나 예상을 깨고 우리 경제는 마이너스 성장을 피할 수 있었으며 대규모 실업의 발생도 일어나지 않았다. 특히 이번에는 IMF 위기 당시와 달리 정책수립과 집행에 있어서 외부로부터의 제약이 없었기 때문에 원하는 만큼 충분하게 경기회복을 위한 적극적인 재정정책을 수행할 수 있었다. 이 과정에서 보여주었던 신속하고 과감한 재정의 대응은 국제사회로부터 많은 찬사를 받았을 뿐 아니라 그러한 대응의 결과 우리 경제는 글로벌 경제위기로부터 가장 빨리 벗어난 몇 안 되는 나라로 꼽혔다.

이제 우리 경제는 글로벌 위기에서부터 "위기 이후의 시대(Post-crisis era)"로 접어들고 있다. 우리 경제는 물론 우리를 둘러싼 세계경제의 흐름과 향후의 방향을 점검해 보면서 위기 이후의 시대에서 재정이 수행해야 할 역할도 새로이 정립해 나가야할 때가 되었다. 위기 이후의 세계경제는 위기 이전과 같지 않을 것이며 우리 경제가 내부적으로 맞이하게 될 도전의 내용과 성격 역시 위기 이전과 위기 이후가 상당히 다르지 않겠나 예상된다. 이러한 국내외적 여건을 충분히 감안하여 앞으로 우리 경제가 나아가야 할 단기적 방향은 물론 중장기적 방향을 정한 뒤에 그에 맞게 재정의 역할도 새로이 정해 나가야 할 것이다. 재정이 단지 납세자들로부터 세금을 걷어 행정비용에 충당하는 활동만이 아니라 경제전반에 걸쳐 매우 중요한 인센티브체계를 제공하는 기능도 한다는 점은 개발연대 이후 우리 스스로 경험했던 바다.

같은 규모의 자금이라도 어디에 어떻게 배분하느냐 하는 문제는 어디에 얼마만큼의 세금을 부과하느냐 하는 문제와 아울러 그 국가가 나아가고자 하는 지향점을 말해주는 가장 근원적인 물음에 해당한다. 따라서 여기에 대해서는 한 국가의 주권의 원천인 국민들의 합의가 모아져야 한다. 한해의 예산에 대한 국회의 심의과정은 이와 같이 국민들의 합의를 모으는 과정을 국회가 대신하는 것일 뿐이다. 향후 재정이 어떠한 역할을 해야 할 것인지는 국회를 통해 온 국민의 지혜를 모아야 할 중차대한 작업이라고 할 수 있다.

무엇보다 먼저 위기대응을 위해 일시적으로 악화되었던 재정의 건전성을 회복해 놓는 것이 당면과제로 부각되고 있다. 지난 번 IMF 위기를 겪으면서 우리가 얻었던, 그리고 이번 글로벌 위기를 겪으면서 좀 더 분명해진 교훈은 평소에 재정건전성을 유지해 놓아야 한다는 점이다.

우리 경제는 지난 반세기 동안 괄목할만한 성장을 이루어 이제는 더 이상 개발도상국의 취약함에 흔들리지는 않게 되었지만 우리나라는 여전히 핵심자원을 해외경제에 의존해야 하고 소득원천의 상당부분을 대외교역에 의존해야 하는 취약성을 안고 있다. 즉 우리 경제에는 해외에서 발생한 경제적 충격이 국내경제에 그대로 파급될 가능성이 항상 존재한다. 이 경우 재정부문은 그러한 해외로부터의 충격을 흡수하여 경제의 안정을 유지하는 역할을 한다. 재정이 이러한 기능을 제대로 해내기 위해서는 충분한 재원의 지불여력을 가지고 있어야 한다. 만약 평소에 재정건전화에 소홀하여 충격이 다가왔을 때 재정에서 동원할 수 있는 재원의 규모가 한정되어 있는 상태에 이른다면 경제적 안정을 유지하기 어려움은 물론 열악한 재정여건이 주목을 받으면서 또 다른 충격요인으로 부각되어 가뜩이나 어려워진 경제를 더 심각한 어려움에 빠뜨릴 가능성도 있다.

현재 우리 경제의 여건은 글로벌 금융위기로부터 벗어나고 있기는 하나 아직 완전히 정상적인 상태로 회복한 것은 아니어서 재정의 건전성 회복을 위한 세입증가 및 세출억제가 회복중인 경제에 미칠 위축효과를 어느 정도까지 용인할지, 다시 말하여 경기회복을 지나치게 억제하지 않으면서도 재정의 건전성을 달성한다는 두 가지 상충되는 목표를 어떻게 조화시켜 나갈지를 정해야 하는 입장에 있다.

위기 발발 당시처럼 다른 문제는 나중에 생각하고 일단은 경제를 살려놓고 보아야 한다는 점이 분명할 경우 재정을 확대하는 쪽으로 방향을 잡기가 어렵지 않다. 만약 재정이 악화되어 있는 가운데 경기 또한 과열양상을 나타내고 있다면 이 역시 재정을 긴축하는 방향을 정하기도 어렵지 않을 것이다.

그러나 지금과 같이 경기여건이 침체도 아니면서 과열이라고 하기도 어려운 상황에서는 정책방향과 규모를 정한다는 것이 쉽지 않다. 재정건전성 회복이라는 목표는 분명하게 부각되었지만 경기 회복을 지나치게 억누르지 말아야 한다는 또 하나의 목표도 아직 사라지지 않고 있기 때문이다. 그러므로 재정건전화 문제는 향후 단기적, 그리고 중기적인 거시경제 여건을 충분히 감안하면서 무리하지 않게, 그렇다고 너무 느슨하지도 않게 균형을 잘 잡아나가야 하는 문제인 것이다. 그동안 건전 재정을 유지하던 우리나라는 이번 금융위기를 극복하는 과정에서 재정건전성 악화를 감수해야 했다. 빠른 시일 내에 이를 회복하는 것은 미래의 재정 위협 요인에 대비한다는 의미를 가지는 국가재정운용의 중요한 당면과제이다. 이 과제를 적절하게 빠른 시일 내에 해결해 놓아야 앞으로도 국가재정이 국민경제의 안전판으로서의 역할을 충실히 수행할 수 있게 될 것이다.

지난 100년 동안 우리 경제가 커다란 발전을 이룬 것과 같이 미래의 100년 동안에도 우리 경제는 어려운 도전을 극복하여 더 강해지고 더 성숙하며 더 선진화된 모습으로 바뀔 것이다. 그 궁극적인 모습을 전망해 보는 일은 미래학자의 몫이겠지만 한 가지 분명한 점은 그러한 발전과정에서 재정이 매우 중요한 역할을 할 것이며 반드시 해야 한다는 점이다. 우리 재정이 새로운 시대에 적합한 새로운 역할을 제대로 수행하기 위해서는 기존의 정책집행 틀 가운데 부적절한 부분은 과감하게 털어버리고 좀 더 효율적인 체계를 갖추어 둘 필요가 있다.

_책속으로 미래에 대비한 예산개혁의 필요성

그동안 우리 경제의 비약적인 발전에 기여해 온 국가재정은 1980년대 이후 비교적 건전하게 운용되어 왔다. 그러나 1998년 경제위기 극복과 2009년 금융위기를 극복하는 과정에서 재정건전성이 크게 악화되었는데, 한번 악화된 재정건전성을 조속히 회복하는 것은 쉽지 않은 일이다. 미래에도 우리가 미처 생각하지 못했던 경로를 통해 다양한 형태의 재정 위협 요인들이 불거질 가능성은 여전히 존재한다. 위기가 발생할 때마다 많은 방지책들이 쏟아지지만 "위기 이후의 방지책은 다음번의 위기를 막지 못한다"는 말이 있듯이 위기가 지난 직후에는 앞으로 설마 그러한 위기가 또 다시 오지는 않을 것 같아도 위기는 언젠가는 또 닥치는 법이다. 미래에 위기가 다시 닥친다면 그 때도 역시 재정의 도움이 필요할 것이다. 이와 같이 미래를 준비한다는 차원에서라도 이제부터는 위기대응으로 악화되었던 재정을 건전화시키는 노력을 시작해야 한다. 재정건전성이 국가경제의 최후의 보루임은 아무리 강조해도 지나침이 없을 것이다. 재정건전성의 회복을 위해서는 비단 국가부채 규모를 낮추고 세출을 억제하며 세입기반을 확대하는 것 못지않게 효율적인 재정운용을 위한 개혁도 필요하다. 총량적인 개선과 아울러 효율성을 높일 수 있다면 재정건전화의 효과가 배가 되는 것이다.

미래에 다가올지 모르는 위기에 대비하는 것도 원모심려의 차원에서 중요하지만 우리 재정이 당면할 도전 가운데는 위기 발생 가능성보다 훨씬 분명해 보이는 요인들도 많이 있다. 위기 상황이야 우리 경제가 대처하기에 따라 도래하지 않도록 사전에 예방할 수도 있는 것이다. 그러나 고령화의 진전과 저출산의 지속, 글로벌화의 급속한 진전, 양극화의 심화 등의 문제들은 우리 눈앞에 다가올 가능성이 거의 분명한 것들, 어찌 보면 우리가 이미 그 영향권에 들어가기 시작하고 있는 문제들이다.

먼저, 우리나라의 고령화와 저출산의 심각성은 이미 널리 잘 알려져 있다. 지금부터 약 30~40년 뒤에는 우리나라가 일본보다도 더 고령화된 사회가 되리라는 충격적인 전망도 나올 정도이다. 이미 정부차원에서, 그리고 사회적으로도 적지 않은 대책들이 실험적으로 도입되고 있기는 하나 본격적인 고령화는 아직 시작되지 않고 있어 그러한 대책들이 충분할지 아니면 지나치게 과다한지에 대한 판단조차 정확히 내릴 수 없는 상황이다. 고령화와 저출산은 다양한 경로를 통해서 재정에 악영향을 미칠 것이다. 재정 수요측면에서 고령화는 은퇴인구의 증가에 따른 의료비지출 증가와 은퇴 후 소득부족 현상으로 인한 빈곤문제에 대비한 사회복지비 지출을 증가시킬 것이다. 한편 고령화와 저출산은 생산가능인구와 경제활동인구의 감소를 초래하고 그에 따른 경제성장의 둔화 등은 조세수입 및 사회보장기여금 수입을 지속적으로 감소시킬 수밖에 없을 것이다. 결국 고령화와 저출산은 재정수요를 증가시키는 반면 재정공급 능력을 감퇴시켜 재정을 양방향에서 동시에 압박하게 될 것이다.

우리 경제의 잠재성장률 둔화를 예방하기 위해 가장 시급한 것은 전 세계에서 가장 낮은 수준에 머무르고 있는 출산율을 제고시키는 것이다. 출산율을 제고시키기 위한 출산과 육아에 대한 정부의 직접지원정책은 출산장려금과 양육비 및 교육비 등의 지급이 있으며, 출산과 교육의 기회비용을 감소시킬 수 있는 간접지원정책은 교육제도의 개혁을 통한 교육비의 절감 등이 될 것이다. 이러한 정책이 실효성을 달성하기 위해서는 전시적인 효과를 노린 미미한 지원규모가 아닌 출산과 양육 및 교육비 부담을 현저히 감소시킬 수 있는 가시적인 정책대안이 제시되어야 할 것이다. 문제는 직접적인 지원정책이 실효성을 거두기 위해서는 막대한 규모의 재정이 소요된다는 것이다. 또한 저출산 문제는 경제적인 차원을 넘어 다분히 문화적인 현상이기도 하기 때문에 재정지출을 무작정 늘인다고 해서 해결을 장담하기도 어려운 문제이다.

둘째, 글로벌화가 가속화되어 FTA 등 국가 간 또는 특정 지역 내 경제통합이 가속화되면 생산물시장과 요소시장에서 모두 국내시장과 국외시장의 벽이 무너져 국내기업과 요소공급자들은 국내뿐만 아니라 외국의 경쟁자들과 무한경쟁에 직면하게 된다. 그와 같은 무한경쟁의 결과 국제경쟁력이 상대적으로 취약한 분야에서는 피해를 입게 된다. 이때정부는 경쟁력이 취약한 경제통합의 피해자가 새로운 경제체제에 적응할 때까지 어느 정도의 지원을 하는 것이 불가피하다. 예를 들어 한미 FTA가 발효된다면 농산물 시장 개방에 따른 피해를 보전하기 위해 농민계층 등에 보조금 또는 지원금이 필요할 것이며, FTA에 따른 실직 등으로부터 발생하는 손실을 보전할 수 있는 사회안전망 확충이 추가로 필요해진다. 따라서 FTA 체결로 인해 긍정적인 경제효과를 거둔다고 하더라도 재정으로부터의 지원규모는 일단은 더 늘어나게 된다. 문제는 정확히 어떤 사람들이 얼마의 피해를 입게 될 것인가, 그리고 그 부분을 반드시 재정이 지원해 주어야 하는가에 대한 정확한 평가와 판단이 필요하겠지만 어쨌든 글로벌화가 가속화될수록 그에 따른 장기재정수요는 증가하게 될 것으로 보는 데에는 무리가 없어 보인다.

셋째, 소득의 불공평한 분배 문제는 글로벌화로 인해 더욱 심화되어 다양한 유형의 양극화로 나타나게 될 것이다. 글로벌화는 국가와 국가사이에 있어서도 그리고 국가내 계층간에 있어서도 중간층에게 피해가 돌아간다고 알려져 있다. 저소득 국가는 글로벌화에 따른 교역의 확대를 통해 낮은 요소가격을 이용하여 기회를 잡을 수 있는 한편 고소득국가도 이미 가지고 있는 높은 수준의 기술 및 지식을 활용하여 편익을 누릴 수 있다. 그러나 소득수준이 낮지도 않아 요소가격의 경쟁력도 높지 못하고 기술이나 지식수준도 충분히 높지 못한 중간정도의 국가는 글로벌화로 인하여 오히려 피해를 보게 된다. 이러한 사정은 국가 내의 경제계층 사이에서도 일어날 수 있다. 기술과 지식을 보유한 계층은 글로벌화로 활동영역이 해외로 크게 확대되면서 편익을 누리게 되지만 중간계층은 해외로부터의 치열한 경쟁을 견디기 어려워 실업자나 저소득층으로 전락할 가능성이 높다. 국가간의 관계에 있어서 글로벌화는 저소득국가 내지 저임금 국가에게 기회를 제공할 수 있지만 국가 내의 계층간의 관계에 있어서 저소득층은 글로벌화로 인하여 기회를 제공받기 어렵고 오히려 그나마 가지고 있던 얼마 되지 않던 기회마저 저임금국가의 저소득층에게 빼앗겨버릴 가능성만 높아진다. 어떤 경우든 지난 20여년간 활발하게 진행되던 글로벌화가 세계경제 및 각국 경제에 미친 가시적인 현상 가운데 중간층이 사라진다는 것이 가장 대표적이 아닐까 생각한다.

중간층이 엷어진다는 것은 양극화가 심화된다는 의미이다. 우리나라에서 양극화가 심각한 문제로 부각된 지는 이미 오래되었지만 양극화 현상은 아직도 해소되지 못하고 있다. 양극화 문제를 해결함에 있어서 재정이 할 수 있는 일은 결국 소외계층에 대한 사회안전망을 개선하고 확충하는 것이다.

사회안전망은 실업, 질병, 노령, 빈곤 등 사회적 위협으로부터 국민을 보호하기 위한 제도로서 빈곤층 및 취약계층 보호를 위한 공공부조, 국민들의 복지지원 등을 위한 사회복지서비스, 노후 소득보장, 건강 등 잠재적 위험에 대비하기 위한 사회보험을 포함하는 광의의 개념으로 사용된다. 우리나라의 사회안전망제도는 실질적으로 사회안전망의 역할을 제대로 수행하고 있다고 평가하기에는 많은 문제점을 갖고 있다. 취약계층을 위한 복지지출의 전달체계가 제대로 정비되어 있는지에 대한 논란은 여전히 이어지고 있으며 엉뚱한 곳으로 혈세가 낭비되고 있다는 지적은 끊이지 않는다. 향후 글로벌화의 진전으로 저소득층과 고소득층의 격차가 점점 벌어지는 추세가 멈추지 않을 것임을 감안할 때, 복지전달체계의 정비를 전제로, 적어도 당분간은 사회안전망 확충이 더 요구되지 않을까 생각한다.

마지막으로 우리나라 재정의 가장 커다란 장기적 위험요인은 단연 남북관계에 따른 비용이다. 현 시점에서 남북통일 또는 그에 준하는 남북관계의 커다란 변혁이 언제 이루어질 것이냐에 대해 자신 있게 말할 수 있는 사람은 아무도 없을 것이다. 그러나 장기적인 시계에서 보았을 때 남북통일 또는 그에 준하는 정도로 남북관계가 커다랗게 변하는 일이 벌어지지 않을 것이라고 장담할 수 있는 사람도 없을 것이다. 이와 같이 남북관계는 본질적으로 매우 불확실한 문제이지만 동시에 만약 그러한 사건이 발생할 경우 재정에는 막대한 영향을 미칠 수밖에 없는 중차대한 사안이다. 비용이 너무 많이 든다고 회피할 수도 없고, 불확실성이 너무 크다고 가능성이 작다고 해서 미래의 재정운용에 있어서 다루지 않을 수도 없는, 우리가 숙명적으로 다루어야 할 국가적 문제이다.

현재 우리 재정은 이러한 과제를 무난히 해결할 수 있을 만큼 제반 환경이 밝아 보이지 않는다. 먼저 IMF 이후 우리 경제의 대외의존도가 크게 높아져 있는 상황에서 세계경제, 특히 미국, 일본, EU 국가 등 우리나라의 주요 교역상대국들의 상당수가 글로벌 위기 이전에 비해 경제여건이 상당히 취약해져 있는 상황이다. 이들 나라들은 글로벌 위기 발생 이전에 누적되었던 가계부문의 부채를 해소해야 하는 입장에 있는데 우리나라도 이미 2003년에서 2005년까지 경험해 본바 가계부채가 누적되었을 때 이를 해소한다는 것은 좀처럼 쉬운 일이 아니기 때문이다. 또한 이들 국가들은 글로벌 위기의 대응과정에서 경기침체 방지에만 몰두하는 바람에 재정여건이 지나치게 악화되어 국가부채가 크게 누적되었다. 이들 국가는 가계부문과 정부부문의 수지가 동시에 악화된 상태인 것이다. 만약 가계와 정부 중 한 부문만 수지가 악화되었다면 한쪽에서 다른 부문으로 재원을 이전함으로써 어느 정도 문제를 해결할 수 있을 것이다. 그러나 가계와 정부부문이 동시에 문제에 빠진 상황에서는 문제 해결에 상당히 긴 시간이 필요할 것이며 그 기간 동안에는 소비와 정부지출이 과거처럼 활발하게 늘어나기 어려워 상품 및 서비스의 수입수요도 상당히 오랜 기간 동안 부진할 수밖에 없다. 그리고 이는 우리나라의 상품 및 서비스 수출의 전망을 어둡게 하는 부정적인 요인이다. 대외의존도가 매우 높아있는 우리로서는 수출전망이 어둡다 함은 경제성장 자체가 둔화됨을 의미하며 이는 다시 세입여건이 밝지 못함을 시사한다. 현재 우리나라 수출시장 가운데 중국이 유일하게 빠른 경제성장을 지속하고 있고 중국 외에도 인도와 브라질 등의 성장전망이 밝은 것도 사실이지만 선진국 수출시장이 당분간 거시경제적인 부진을 면하기 어려울 것이라는 점은 향후 우리 경제의 성장전망에 있어서도 부정적인 요인인 것만은 틀림없다.

이처럼 선진국 수출시장이 규모 면에서 협소해 진다는 것은 비단 우리나라의 문제만은 아니다. 미국, 유럽 및 일본을 주요 수출 대상국으로 삼고 있던, 수출주도형 성장전략을 택하고 있는 모든 나라가 공통적으로 당면한 문제인 것이다. 따라서 우리나라를 비롯한 전 세계의 수출주도형 국가들이 향후 선진국 시장을 놓고 벌여야 하는 경쟁은 더욱 치열해 질 것이다.

이상에서 살펴본 바와 같이 글로벌 금융위기 이후 우리 재정의 여건은 밝은 면보다는 어두운 면이 더욱 많이 눈에 띄고 있다. 세입여건은 더 어두워지는 반면 지출소요는 빠르게 증가할 것이며 경우에 따라서는 불규칙하게 대폭 늘어날 수밖에 없는 상황이 도래할 수도 있다. 그러므로 가능한 한 세입기반을 확충하는 한편, 지출증가를 통제할 수 있는 방안을 마련하여 재정의 지속가능성을 유지하기 위해 만전을 기해야 할 것이다. 아울러 우리 재정이 주어진 재원을 효율적으로 활용하여 최대한의 효과를 낼 수 있도록 하는 제도적인 개편도 필요하다. 고령화 및 사회의 성숙화에 따른 재정수요의 변화에 부응하기 위해서는 이제까지의 지출구조도 그에 맞추어 전환해야 할지도 모른다. 결국 글로벌 위기 이후의 새로운 세계경제 및 국내경제 여건의 변화를 충분히 감안하여 재정 역시 달라지는 환경에 적응해 가면서 새로운 역할을 담당할 수 있도록 변화해 나가야 할 것이다.

제2부

예산 현안을 진단하다

제 1 장 재정준칙도입을 위한 국회 예산심사 시스템 개혁 방안

「건전재정포럼」 정책토론회 발제문
(2013.11.20.)

1. 배 경

- 재정규모의 지속적인 증가
  - ('70) 0.52 → ('80) 8.46 → ('90) 34.04 → ('00) 129.28 → ('10) 254.23 → ('13) 302.1 (통합재정 기준, 조원)
  - 2013년은 1970년에 비해 581배 증가, 연평균 16.7% 증가
  - 재정규모 확대에 비해 국회의 심사기간, 역량은 부족
- 최근의 재정건전성 악화
  - 2000년대 들어 복지지출의 급격한 증가, 경제위기 대응 등으로 재정건전성 악화
  - 2000년대 들어 빠르게 증가한 복지지출은 정부 총지출에서 30% 가까이를 차지하고 있으며, 이는 고령화에 따라 향후 급격히 증가 예상
  - 최근 세입 여건 악화, 지출 확대 등으로 재정수지는 적자폭이 확대
  - 국가채무는 480조원에 이르고 GDP 대비 비율도 최근 10년 사이에 10%p 이상 증가
- 국회 예산심사에 대한 비판
  - 상임위원회 심사와 예산결산특별위원회 심사의 차별성 부족

〈표 1-1〉 최근 재정 추이

(단위 : 조원, %)

	2004	2005	2006	2007	2008	2009	2010	2011	2012	2013
총지출	197	210	224	238	257	302	293	309	325	349
복지지출	44	50	56	61	68	80	81	86	93	97
비중	22.3	23.8	25.0	25.6	26.5	26.5	27.7	27.8	28.6	27.8
관리재정수지	-3.6	-6.7	-8.4	6.8	-11.7	-43.2	-13.0	-13.5	-17.4	-23.4
국가채무	203.7	247.9	282.7	299.2	309.0	359.6	392.6	420.5	445.9	480.3
GDP 대비	24.6	28.7	31.1	30.7	30.1	33.8	33.4	34.0	34.8	36.2

- 개별 사업 단위의 미시적 예산 심사 행태 지속
- 예결위 임기 1년, 형식적 심사, 전문성 부족, 법정 심사기간 미준수 등
- 삭감보다는 증액 위주 심사, 예산심사의 투명성과 책임성 부족

• 재정준칙 도입에 관한 논의

- 최근 해외 국가들은 금융위기 극복과정에서 악화된 재정건전성을 회복하고 재정여력을 확보하기 위해 이미 도입된 재정준칙을 탄력적으로 재정비하거나 새로운 준칙을 도입
- 우리나라에서도 복지지출의 꾸준한 증가와 급격한 대내외 상황에 대응할 수 있는 재정여력을 확보하고, 중장기 재정의 지속가능성 유지를 위해 재정준칙을 도입해야 한다는 논의가 활발히 진행 중임
- 「국가재정법」 제90조에 세계잉여금이 발생했을 경우 이에 대한 처리 규정을 명시함으로써 법적 기속력이 있는 수입준칙을 운용 중이며, 정부는 「2013~2017년 국가재정운용계획」 등을 통해 암묵적 지출준칙을 제시(총지출 증가율을 총수입 증가율보다 낮게 유지)
- 그러나 정부가 제시한 지출준칙은 법률에 의해 강제되지 않는 내부지침으로 해외 국가들이 운영하는 재정준칙과는 법적 기속력, 명확성, 투명성 등의 측면에서 차이가 큼

2. 국회 예산심사제도의 현황

(1) 상임위 및 예결위의 증액 위주 심사

- 상임위는 증액 위주 심사경향 뚜렷
- 예결위는 규모로는 감액이 더 크지만 건수로는 증액 사업이 더 많음

〈표 1-2〉 상임위의 세출예산안 예비심사 결과

(단위 : 억원, %)

심사연도	정부예산안 (A)	삭 감 (B)	증 액 (C)	증 감 (C-B)	증감률 (C-B)/A
2007	1,781,116	-1,134	37,962	26,623	1.5
2008	1,962,484	-7,112	35,719	28,606	1.5
2009	2,176,111	-12,658	126,803	114,146	5.2
2010	2,533,545	-6,566	82,230	75,663	3.0
2011	2,644,629	-11,254	36,020	24,775	0.9
2012	2,832,152	-19,762	108,460	88,698	3.1

주 : 1. 기금을 제외한 세출예산기준
2. 2011년은 국토해양위원회와 교육과학기술위원회가 예비심사를 마치지 못하여 미반영

자료 : 「2010 심의개요」(국회예산결산특별위원회, 2011)를 바탕으로 2011년 · 2012년 자료를 보완

〈표 1-3〉 예결위의 예산안 종합심사 조정 결과

(단위 : 건, 억원)

심사연도	감 액		증 액		합 계	
	건수	규모	건수	규모	건수	규모
2007	346	-21,114	439	19,568	785	-1,546
2008	355	-40,693	557	47,752	912	7,059
2009	437	-32,043	500	42,397	842	10,354
2010	246	-25,718	477	20,767	703	-4,951
2011	345	-39,493	674	32,566	1,092	-6,928
2012	335	-49,103	735	43,720	1,165	-5,383

주 : 1. 본예산(총지출) 기준
2. 감액 및 증액 건수는 세부사업 기준

(2) 재정 총량에 대한 심사 미흡

- 상임위 단계
  - 예산안 심사를 위한 검토보고 자료가 세부사업 중심이며, 미시적 심사에 치중
- 예결위 단계
  - 재정운용의 여건으로서 경제성장률 전망, 경제전망에 기초한 총수입 전망, 총지출(의무지출, 재량지출), 재정수지 및 국가채무 등 재정총량에 대한 거시적 접근이 미흡
  - 상임위 심사와 무관하게, 56개 중앙관서의 세부사업 심사를 진행하여 중복적 · 이중적 심사가 관행화
  - 예결위 계수조정소위는 감액대상사업 위주로 심사
  - 일명, 쪽지예산은 대부분 증액사업에서 나타나는데, 위원장과 여 · 야 간사간의 합의안 도출은 불가피한 선택(정부 부처의 요구도 반영)

(3) 짧은 심사기간으로 졸속 심사 우려

- 예산안 규모에 비해 부족한 심사기간

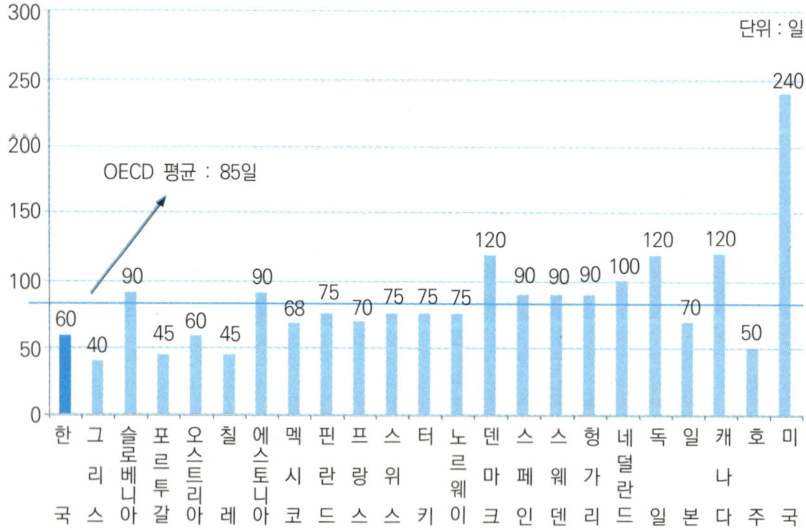

[그림 1-1] 각 국의 예산안 심사 기간

- 법정기간은 OECD 평균인 85일에 비해서도 짧은 60일에 불과

• 예산안 심사를 위한 전체회의 및 소위원회 개최 횟수
  - 정기국회 일정상 각 상임위 예비심사기간이 평균 4~5일에 불과(전체회의 2일, 소위 2~3일)
  - 예결위는 10~20회 수준

〈표 1-4〉 상임위 및 예결위 심사기간(2007-2012)

(단위 : 일)

심사연도	상임위(전체)	상임위(평균)	예결위
2007(추경 포함)	70(88)	4.1(5.2)	18(24)
2008(추경 포함)	64(103)	4.0(6.4)	18(27)
2009	74	4.6	10
2010	88	5.5	16
2011	83	5.2	22
2012	80	5.0	17

주 : 1 각 상임위 및 예결위 심사보고서상의 회의일 기준(전체회의와 소위)임. 전체회의와 소위가 하루에 개의한 경우 1일로 계산

2. 2007년에 포함된 추경 심사시간은 실제 2008년에 이루어진 심사기간임.

• 예결위 심사는 12월 2일 이후 연말까지 심사가 이어지는 경우가 많아, 예결위 상정 후 의결까지 최소 20일, 최대 60일 가량 소요

〈표 1-5〉 최근 3년간 예결위 예산안심사 의사일정

회계연도	상정 (상임위)	종합정책 질의	부별심사	소위심사	소위 심사보고 및 의결	소요 일수
2011	2010.11.17. (11.8)	11.17~25 (6회)	11.25~30 (4회)	12.2~7[1)] (6회)	12.8	22
2012	2011.11.7. (10.24)	11.7~9 (3회)	11.14~17 (4회)	11.21~12.31 (15회)	12.31	55
2013	2012.10.31 (10.31)	10.31~11.2 (3회)	11.5~8 (4회)	11.23~12.31 (10회)	12.31	62
2013 1차 추경	2013.4.24. (4.17)	4.24/27 (2회)	-	4.30~5.7 (5회)	5.7	14

※ 2013년 예산안 본회의 의결은 2013.1.1., 기타 예결위 의결일과 동일

3. 재정 준칙 도입과 국회 예산심사시스템 개혁

(1) 재정 준칙의 다양한 형태

- 준칙의 구속 정도
  - 법률에 의한 재정준칙 : (명시적) 강한 준칙
  - 재정운용의 원칙, 재정규율(discipline)의 강화 : (암묵적) 약한 준칙
- 준칙의 대상
  - 재정수지 : 구조적 재정수지, GDP 대비 비율
  - 국가채무 : GDP 대비 비율, 채무 발행 한도
  - 지출(의무지출) : Paygo, 지출 상한
  - 수입 : 초과세수의 배분 비율(국채상환 비율)

    ⇒ 다양한 형태의 재정준칙 도입을 고려해 볼 수 있으나 국회의 예산심사시스템 개혁은 재정 총량에 대한 심사를 강화하는 방향으로 개혁 필요

    ⇒ 기본적으로 총액배분 · 자율심사(top-down)방식이 바람직

(2) 총액배분 · 자율심사(Top-Down) 제도 도입 방안

- 필요성
  - 행정부는 2004년부터 총액배분 · 자율편성(Top-Down) 방식으로 예산을 편성하지만, 국회는 상임위 미시적 심사 · 예결위 조정(Bottom-Up) 심사방식을 유지하고 있어 재정총량 심사 기능 미흡
  - 재정총량 · 재원배분 등 거시적 심사와 개별사업별 · 미시적 심의가 조화된 심사체계 구축(총액배분 · 자율심사제도, Top-Down 예산심사) 필요

---

1) 2011년도 예산안 심사시 예산결산특별위원장은 소위원회에 2010. 12. 7. 23시까지 심사를 마치도록 심사기간을 지정하였으나, 소위원회는 지정된 심사기간 내에 심사를 마치지 못하였음.

- 기대효과
  - 총량적 재정 목표를 설정하는 '재정준칙' 도입과 함께 이를 준수하는 제도적 장치를 마련하고 궁극적으로는 이를 통해 재정건전성 확보
  - 상임위의 과도한 증액 심사를 차단하는 효과
  - 예산심사 과정에서 예결위에 집중된 권한 조정
- 심사 방식

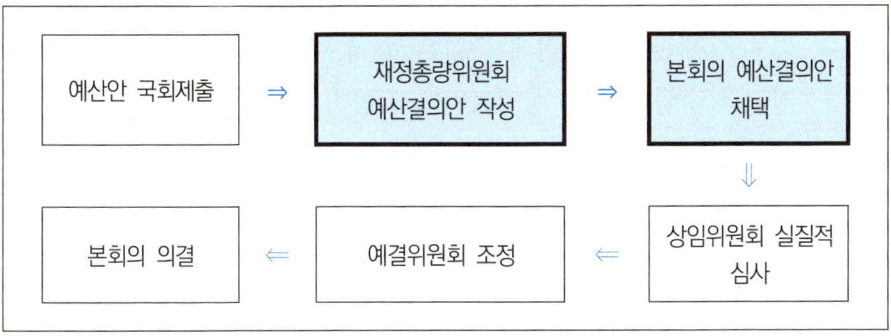

[그림 1-2] 예산심사의 새로운 절차

  - 예산결산위원회 : 「예산결의안」[2] 작성 → 예산총량의 한도와 심사지침 설정(상임위, 국회예산정책처 의견 수렴)
  - 본회의 : 「예산결의안」 의결
  - 상임위원회 : 총량 한도 내 자율적 예산안 세부심사
  - 예산결산위원회 : 최종 점검 및 조정
- 예산 · 재정개혁특별위원회 활동 결과(2013.3~2013.9)
  - 예결위의 상임위 전환 및 여타 상임위간 역할 및 권한 배분에 관한 사항 논의
  - 예결위를 상임위로 전환(국회법 개정시 소관부처 및 법안심사권 관련 조정 필요), 위원 임기는 2년, 타 상임위원을 겸임할 수 없도록 함

2) 미국의 경우, 「예산결의안(Budget Resolution)」은 ① 재정총량(budget aggregates), ② 기능별 할당(functional allocations), ③ 선택적 조정지침(optional reconciliation instructions)으로 구성

- 3단계의 하향식 심사방식(예산결산위원회의 총량심사 → 상임위원회의 심사 → 예산결산위원회의 종합 · 조정)으로 전환

(3) Paygo 제도 도입 검토

- 의무지출 증가에 따라 도입 필요
- 우리나라의 여건을 고려한 적절한 형태의 Paygo 제도 도입 검토
  - 법률로 예산을 완벽하게 통제할 수 없는 상황
  - 지출과 수입의 소관 상임위원회가 상이
  - 입법부의 발전 정도에 대한 고려가 필요
  - 국회의 입법활동을 제한할 가능성

4 향후 과제

(1) 경기대응성 약화에 대비한 제도 보완

- 강한 재정준칙의 도입으로 재정의 경기대응성 약화 우려
  - 재정준칙의 예외 조항 : 추가경정예산
  - 추경 편성 요건의 명확화 필요
  - 재정의 경기 조절이 필요한 경제 상황에 대한 판단 기준
  - 추경예산에 대한 심사 방식 : 신속한 대응을 위해 심사 기일이 중요

(2) 상임위원회와 예결위원회 간 권한 조정

- 예결위의 총량 결정 권한(위원회별 심사 한도)
  - 심사 한도 내 상임위 자율 심사

    ⇒ 개별 사업의 증액, 감액에 대한 예결위의 권한 약화

⇒ 분야, 위원회, 부처별 지출한도 설정의 방식

⇒ 위원회의 동의를 구하는 과정

- 재정수반 법률 제·개정에 대한 예결위 협의
  - 각 상임위의 재정수반 법안에 대한 결정 권한 약화

    ⇒ 재정수반 법안에 대한 협의권으로 예결위 권한 강화

    ⇒ 예결위 협의 결과의 구속력 정도

(3) 재정소요법안에 대한 예결위 협의제도 실질화

- 현행 「국회법」은 재정수반법률안 심사에 있어 소관 위원회와 예결위 사전협의를 규정하고 있으나, 「국회규칙」이 제정되지 않아 협의실적이 적음
- 각 상임위원회 소관 법안 중 재정소요 법안에 대한 예결위 협의
  - 추계액이 향후 5년간 500억 원 이상인 법안과 의무지출 관련 재정수반 법안을 협의대상으로 하되, 일부 예외를 인정하는 내용의 「국회규칙」 제정 검토 필요

(4) 예산안 심사 일정 조정

- 결산 의결시한 재조정 : 정기회 전 → 7월말
- 국가재정운용계획 수립방향 사전보고 및 제출기한 재조정
  - 국가재정운용계획 수립방향 보고시기 : 동 계획 국회제출 전 → 5월 31일
- 국가재정운용계획 제출기한 : 예산안과 함께 → 예산안 제출 1개월 전
  - 국가재정운용계획에 대한 국회심의결과를 익년도 예산 심의지침으로 활용

(5) 국회예산정책처의 기능 강화

- 재정준칙의 설정, 모니터링 및 준칙 준수 결과 등에 관한 객관적인 재정 정보 제공
  - Paygo 제도의 대안개발 지원
  - 의원입법안의 예산소요추계 및 지방재정영향평가 · 규제영향평가
- 법안비용추계 강화
  - 현재 의원입법의 일부에 첨부되는 법안비용추계서를 위원회안 및 위원회 대안, 수정안에 대해서도 첨부 의무화
- 행정부도 동의할 수 있는 분석 결과 제시
  - 행정부의 재정정보 공개 확대 필요
  - 기획재정부와 실시간 재정정보 공유
- 정치적 중립성을 확보할 수 있도록 제도적 보완 필요

제 2 장 제20대 국회의 재정개혁 과제

「건전재정포럼」 정책토론회 발제문
(2016.6.20.)

1. 재정 여건과 개혁의 필요성

- 지난 5월 31일, 여소 야대, 3당 체제로 출범한 제20대 국회는 어느 때보다 재정운용에 있어서 큰 역할이 필요
  - 최근의 국내·외 경제상황과 저출산·고령화, 국가채무 등 재정건전성 등을 고려할 때 재정운용 및 재정제도 개혁이 중요
- 세계 경제
  - 글로벌 금융위기 이후 전반적으로 낮은 성장세
    ⇒ 금융위기 이전(1998~2007년) 연평균 4.2% 성장하였으나, 금융위기 이후 일시적인 반등(2010년 5.4%, 2011년 4.2%)을 제외하면 2012년 이후 3% 초·중반대의 낮은 성장
    ⇒ IMF는 2016년 2.7% 성장 예상(2016.5)
  - 미국 금리 인상에 따른 신흥국 금융시장 불안, 중국의 성장전략 전환, 산유국 및 신흥국의 경기 회복 지연, 유럽의 난민 문제와 영국의 유로존 탈퇴, 테러와 무력 충돌 위험 등 불확실성 증대
- 국내 경제
  - 지속적인 수출 부진, 내수 회복 지연 등 저성장 국면에 진입했다는 우려

⇒ 2014년 3.3%를 제외하면 2012년 이후 잠재성장률(3% 초반)에 미치지 못하는 2%대의 낮은 성장 지속

- 구조조정 등의 요인으로 2016년 전망치 하향 조정

⇒ NABO 3.0% → 2.5%(2016. 5), KDI 3.0% → 2.6%(2016.5)

- 최근의 산업 구조조정과 지속적으로 증가하는 가계부채, 좀처럼 개선되지 못하는 고용(청년실업), 낮은 물가 수준 등 경제여건을 고려할 때 재정의 역할이 필요

• 인구구조의 변화

- 저출산·고령화로 인한 인구구조의 변화

⇒ 통계청 인구 전망에 따르면, 2016년부터 생산가능인구가 감소하기 시작하고, 2030년부터는 총인구가 감소할 것으로 예상

⇒ 생산가능인구(15~64세) : 2016년 3,704만명 ⇒ 2060년 2,187만명

⇒ 고령인구 비중 : 2010년 11% → 2018년 14%(고령사회) → 2026년 20%(초고령사회) → 2060년 40.1%

- 인구구조 변화에 따라 경제성장 둔화, 세수 여건 악화, 복지지출 증가 등 재정건전성 확보에 어려움 예상

⇒ NABO 2060년 국가채무는 GDP 대비 168.9%, 2030년대 중반(국가채무 GDP 대비 65% 이상)부터 재정의 지속가능성(sustainability)을 확보하기 어려울 것으로 예상

⇒ 정부는 지속적인 세출구조조정을 통해 2060년에도 GDP 대비 국가채무가 62% 수준으로 예상

• 최근의 재정 상황

- 2016년도 국가채무는 644.9조원으로 GDP 대비 40%를 넘을 예정

⇒ 1997년 11.4%에서 1999년 외환위기 대응과정에서 17%를 넘고, 2003년 공적자금 국채전환에 따라 20%대를 초과, 2009년 글로벌 금융위기 대응과정에서 30%를 초과

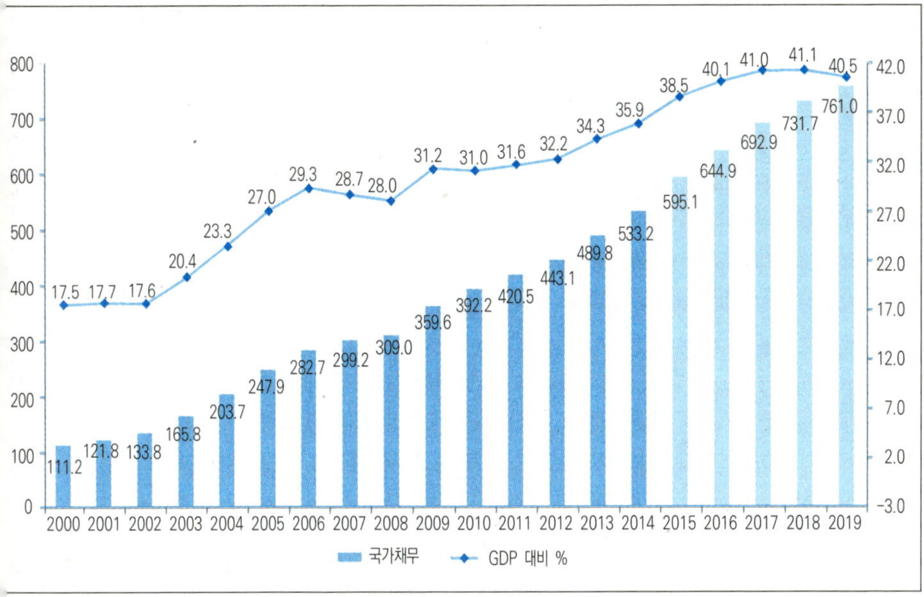

- 2014년 기준 OECD 평균 113.8%에 비해 건전한 수준(34.5%)이지만 2000년부터 2014년 5년간 국가채무 연평균 증가율로 보면 다른 국가에 비해 빠르게 증가하고 있음

2. 재정운용 개선과제

(1) 세출 구조조정

- 최근의 지속적인 경기 침체와 성장동력 약화 등으로 단기적인 경기 부양을 위한 재량지출의 확대 요구가 클 것으로 예상
- 저출산 · 고령화에 따른 인구구조 변화와 연금제도 성숙 등 복지지출을 중심으로 한 의무지출의 지속적인 증가와 세입여건이 불투명한 상황에서 재정건전성을 확보하기 위해서는 재량지출의 강력한 구조조정이 필수적

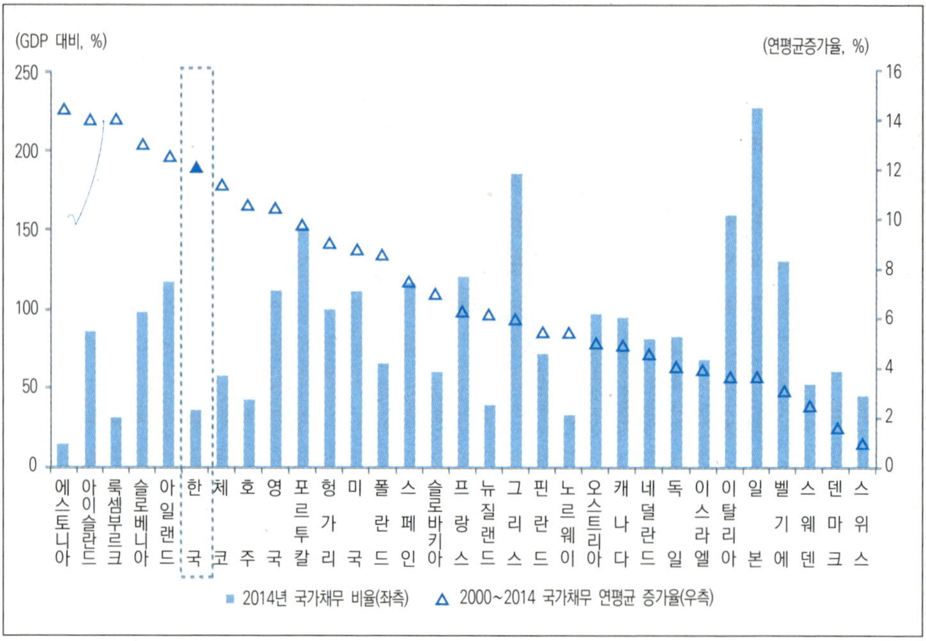

- 정부도 「2015~2019년 국가재정운용계획」에서 재정지출 증가율(2.6%)을 재정수입 증가율(4.0%) 보다 1.4%p 낮게 유지할 계획
  - 이는 의무지출이 연평균 6% 정도로 증가하는 것을 고려하면, 재량지출의 강력한 구조조정을 의미

    ⇒ 2016년 의무지출 182.2조원(47.1%), 재량지출 204.2조원(52.9%)
  - 정부의 계획대로라면 재량지출 규모의 감소가 예상
  - 최근 정부는 유사·중복사업 통폐합, 보조사업 정비, 성과평가 반영 등을 통해 지출 효율화 노력 중
- 큰 폭의 세출 구조조정이 이루어지지 않으면, 경기 대응, 성장동력 확충 등을 위한 재정 여력 확보가 어려우며, 이는 모두 적자성 국가채무의 증가로 이어질 가능성
- 매년 국회의 예산 심사 과정에서 철저한 감액 심사 필요
  - 사업 준비가 미흡한 지역구 사업, 선심성 사업 등 반영을 경계

(2) 중앙과 지방정부의 역할과 재원 부담

- 복지지출의 지속적인 확대에 지방재정 부담이 증가하고 있으며, 최근 누리과정을 둘러싼 교육부, 지방교육청 등 갈등 심화
  - 2016년 자치단체 국고보조금 46조원 중 사회복지분야 국고보조금은 27조원으로 59% 차지
    - ⇒ 국고보조금 총액은 전년대비 2.1% 증가한데 비해 사회복지분야 국고보조금은 5.3% 증가
    - ⇒ 재정자립도, 노인인구 등 상황에 따라 자치단체별 재정부담 차이 심각
  - 누리과정 : 3~5세 유치원 및 어린이집에 유아학비 · 보육비 전액 지원
    - ⇒ 2012년 5세, 2013년부터 3~5세로 확대
    - ⇒ 2013~2014년은 국고(복지부), 지방비(지자체), 지방교육재정교부금(교육부)가 분담하였으나 2015년부터 전액 지방교육재정교부금에서 부담
    - ⇒ 2016년 지방교육재정교부금 41.2조원, 누리과정 소요예산 4조원
    - ⇒ 감사원 감사 결과 발표(2016.5.24)에도 불구하고, 법적근거, 재원 확보 여력 등에 대해 일부 교육청과 정부와의 갈등 지속
- 오랜 경기침체와 복지지출 부담 등으로 지방재정 상황이 악화되면서 정부는 지방재정 건전화 대책 발표
  - 2016년 부동산 거래량, 법인지방소득세 증가 등으로 자체수입 증가
  - 긴급재정관리제도 도입, 대규모 지방투자사업 관리 강화 등과 시 · 군세인 법인지방소득세를 공동세로 전환하여 지역 격차 완화 추진
- 정책 시행 전 단계에서 자치단체 의견수렴을 위한 노력 필요
  - 국회의 입법 과정에서도 자치단체의 충분한 의견 수렴과 자치단체별 재원 부담에 관한 충분한 논의 후 정책 추진 필요

(3) 장기적 관점으로 재정운용

- 「국가재정법」은 단년도 예산제도를 보완하기 위해, 5년 단위(중기)의 「국가재정운용계획」의 수립과 40년 이상의 장기 재정전망을 제시하도록 규정
  - 정부는 장기 재정전망을 2016년 처음으로 발표
    ⇒ 정부는 「2016~2060년 장기 재정전망」에서 2060년 국가채무 GDP 대비 비율이 62.4% 예상
    ⇒ NABO는 2014년 발표한 전망에서 2060년 168% 예상(NABO는 2012년부터 격년으로 장기 재정전망을 발표하고 있으며, 2016년 발표 예정)
  - NABO에 비해 낙관적인 정부의 전망은 주로 재량지출의 전망 차이에 기인
    ⇒ 정부의 강력한 세출 구조조정 정책의지 반영
- 세대간 재정부담을 고려한 재정 운용 필요
  - 정치적 목소리가 상대적으로 약한 젊은 세대에게 미래 재정부담이 전가되지 않도록 세대간 부담을 고려
  - 복지, 보건 등 법률에 의해 지속적인 재정부담을 유발하는 법률(정책) 추진 시 재정적 영향을 고려
    ⇒ 법안비용추계제도, Paygo 제도
- 지속적인 연금재정 관리
  - 연금 장기전망, 연금 적립금 운용체계 등
- 2017년 대통령 선거의 공약 경쟁 과정에서도 재정에 미치는 영향을 신중하게 고려할 필요
  - 현 정부의 공약 가계부(2013. 5) : 2013~2017년까지 134.8조원 소요

3. 재정제도 개선과제

(1) 「국가재정법」 취지에 부합하는 재정운용 필요

- 2006년 제정되어 10년을 시행한 「국가재정법」에 담긴 중요한 재정제도가 제대로 실행되지 못한 측면
- 중기 재정운용 : 국가재정운용계획의 준수, 전략적 재원배분 미흡
  - 거시경제 및 세수의 낙관적 전망 → 세수 결손, 추경 편성
  - 중기 재정 목표(재정수지, 국가채무) 달성 미흡
  - 정책 우선순위에 따른 전략적 재원배분
  - 재정총량 및 분야별 재원배분에 대한 국회의 사전 심사(pre-budget)
    ⇒ 상반기(예산편성 초기)에 국가재정운용계획 수립 및 국회 논의
- 총액배분 · 자율편성(top-down) : 부처의 자율성 확대와 책임성 확보 방안 보색 필요
  - 부처별 총액 한도의 공개, 총액 한도의 준수와 총액 내 부처 자율성 확보 필요
  - 각 부처(기관)의 자율적 재정운용 성과에 기초한 책임성 확보 방안
    ⇒ 공공 부문의 성과협약(Performance Agreement)제도 활용 검토
- 성과중심의 재정운용 등
  - 성과 평가 결과와 예산과의 연계 강화, 성인지 예산제도의 실효성 확보, 추경 편성 요건의 준수 등
- 「국가재정법」의 취지에 부합하도록 재정 운용 및 제도 보완 필요

(2) 한국형 재정준칙의 도입 모색

- 미래 재정위기에 선제적으로 대응하기 위해 재정준칙 도입 검토
  - 재정준칙 : 총량적 재정지표의 목표치를 설정하고 이를 법제화하는 재정운용 방식

- 현재 우리나라의 재정은 비교적 건전한 수준으로 평가되지만 정부와 국회예산정책처 등의 장기 재정전망에 따르면 재정의 지속가능성이 위협받는 상황
- 1990년대부터 재정위기를 겪은 유럽 등 외국의 재정준칙 도입 및 시행 사례를 참고할 필요

• 최근 정부는 채무준칙을 포함하는 「재정건전화특별법」 제정 모색
• 중기적 관점의 재정운용 계획인 「국가재정운용계획」을 실현 가능한 수준으로 설정하고 이를 준수하는 노력이 선행될 필요
  - 기존에 「국가재정운용계획」을 통해 제시해 온 여러 가지 재정운용 제약을 준수하지 못함
    ⇒ 양입제출, 추경 편성 요건, 총수입 증가율보다 낮은 총지출 증가율 유지, 균형재정 등
  - 「국가재정운용계획」의 재정목표에 대한 국회의 사전적인 검토
• 지출준칙의 한 형태로 페이고(Paygo) 도입 검토
  - 의무지출 법안 발의시 항구적인 재원조달 방안 첨부 의무화
  - 국회의 입법권 제약, 복지제도 보완의 필요성 등 비판
  - NABO의 법안비용추계 제도 활용 및 법안 심사과정에서 재정 소요 및 재원조달 방안에 대한 신중한 검토

(3) 국회의 예산 심사제도 개선

• 현행 2단계의 상향식 예산안 심사의 한계
  - 상임위 예비심사 → 예산결산특별위원회 종합심사로 이어지는 2단계의 Bottom-up 방식
  - 상임위의 전문성, 심사결과의 활용 부족
    ⇒ 소관 분야에 대한 전문성 있는 상임위의 예산안 심사결과가 제대로 반영되지 못하는 상황

⇒ 상임위와 예결위의 별도 심사로 국회 심사과정이 중복, 비효율 발생

- 재정총량(국가채무 · 재정수지 등)에 대한 고려가 부족

⇒ 상임위는 물론 예결위도 개별 사업단위의 미시적 심사가 이루어져 재정총량에 대한 고려 부족

⇒ 국회차원의 국가채무 · 재정수지 등 재정총량에 대한 명시적 심사 필요

• 3단계의 하향식(Top-Down) 심사제도 도입

- 예산결산특별위원회의 총량심사, 상임위의 총량 내 자율적 심사, 예산결산특별위원회 종합심사로 이어지는 3단계의 하향식 심사제도 도입

⇒ 예결위의 총량심사결과(예산결의안)에 의해 정해진 총량 한도와 심사지침 범위 내에서 상임위의 자율적 심사를 존중, 예결위는 조정 역할 수행

⇒ 2013년 국회 「예산 · 재정개혁 특별위원회」의 정책 건의

- 미국의 예산 심사 방식 참조

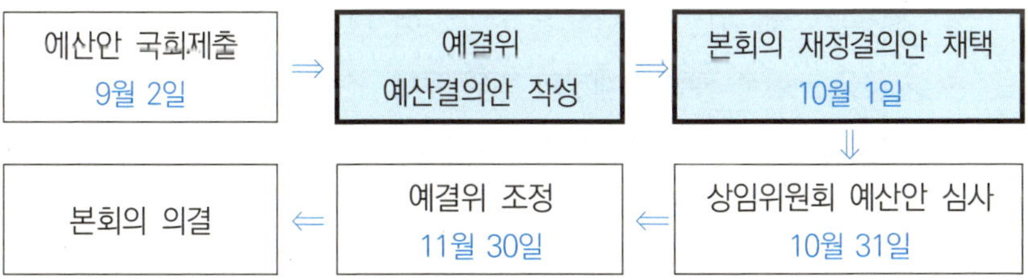

4. 맺음말

• 20대 국회는 미래 국가재정의 지속가능성을 확보하는 기틀 마련해야 하는 막중한 책무를 가지고 출범

• 한정된 재원이지만 저출산 · 고령화 대응, 성장동력 확충 등을 위한 국가

재정의 역할을 모색하고, 「국가재정법」이 담고 있는 재정제도가 제대로 기능할 수 있는 제도적 장치를 마련할 필요

- 중기재정운용, Top-down 예산편성, 성과중심 재정운용 등
- 19대에서 논의된 바 있는 국회의 예·결산 심사 방식의 개편도 충분한 논의가 필요

  ⇒ 3단계 하향식 예산 심사제도

- 제헌헌법 정신을 구현할 수 있는 재정운용
  - 심사기간은 확보되었으나, 국회의 재정 권한에 걸맞은 예산심사 내실화 필요

    ⇒ 제헌헌법 : 정기회 초 제출~회계연도 개시 전 의결

    ⇒ 제5차 개헌(62. 12. 26) : 회계연도 개시 120일전~30일전 의결

    ⇒ 제7차 개헌(72. 12. 27) : 회계연도 개시 90일전~30일전 의결

    ⇒ 「국가재정법」(2016년부터) : 회계연도 개시 120일전~30일전 의결

- 금번 국회에서 헌법 개정에 관한 논의가 이루어진다면, 권력구조 등에 관한 논의뿐만 아니라 재정 부문의 보완에 관한 논의도 필요
  - 재정에 관한 별도의 장(章)을 신설하여 변화된 재정 환경을 포괄
  - 기금을 포함한 통합적 재정의 범위 규정, 조세뿐만 아니라 국민부담에 대한 법률주의, 독립적인 회계감사 기능, 재정규율의 확립 등

제3장 예산 현안, 언론 속으로 들어가다

1. 국회가 의결한 새해 예산 284조원의 의미

『예산춘추』
2008년 겨울호(통권 제13호)

미국발 금융위기로 세계경제 침체가 급속히 확산되었다. 그 여파로 우리나라도 금융시장의 불안정성이 심화되었고 실물경제 전반에 부정적 영향을 미치고 있다. 정부는 감세와 재정지출 확대를 통해 경제위기에 적극적으로 대응하고 경기를 활성화하려는 목적으로 28년 만에 수정예산안을 국회에 제출하였다. 이런 이유로 이번 국회의 예산안 심사과정은 그 어느 때보다도 국민과 언론의 관심이 집중될 수밖에 없었다.

국회의 예산안 심사란 국민의 대표인 국회의원들이 행정부가 편성한 예산안을 국민들 앞에서 공개적으로 논의하고 의결하는 예산과정이다. 따라서 국회의 예산 심사는 국회라는 민의의 장에서 예산안을 논의하고 수정하는 것으로 민주주의의 핵심 부분이라고 할 수 있다.

정부는 급속히 악화되는 경제침체에 대응하기 위해 11월 7일 283.8조원 규모의 수정예산안을 제출하였고, 국회는 12월 13일 전년대비 10.6% 증가한 284.5조원 규모의 새해 예산을 의결하였다. 국회가 정부 예산안을 7,000억원 증액하여 의결한 것은 이례적인 일로, 그만큼 현재 한국경제가 재정의 적극적 역할이 요구되는 긴박한 상황이라는 것을 의미한다.

최근 글로벌 경제위기에 대응하여 각국 정부는 재정지출을 확대하거나 과감한 통화정책으로 전방위적인 경기부양에 나서고 있다. 특히 미국 의회는 금융 안정과 고용 확대를 위해 재정 부담을 증가시킬 구제금융 법안을 통과시키고 있고, 미국 연방준비제도이사회는 연방기금금리를 사실상 제로 금리인 0~0.25% 수준으로 낮추었다. 한국은행도 최근 기준금리를 1% 포인트 낮추는 등 과감한 통화정책을 쓰고 있지만, 유동성 함정 논의가 제기될 정도로 민간의 투자심리가 극도로 위축된 상황이기 때문에 통화정책만으로는 경기를 활성화하기에 역부족인 상태이다. 따라서 재정정책의 역할이 절실한 상황이므로 총수요를 진작하기 위해 예년에 비해 예산 규모를 큰 폭으로 증가시킨 것은 불가피했던 것으로 보인다.

그러나 재정의 경제 활성화 역할을 강조한 만큼, 그 동안 건전기조로 운용되어 왔던 재정은 외환위기 이후 최대 규모의 재정적자와 국채발행을 감내해야 한다. 그러므로 지금같이 심각한 경기침체 국면에서는 재정의 경기대응 기능을 강조하는 동시에, 중장기적 재정건전성이 훼손되지 않도록 재정적자와 국가채무를 관리하는 치밀한 중장기 계획을 세우고 이를 실천하는 노력도 경주해야 한다.

국회는 새해 예산을 의결하면서 경제위기 극복을 위해 충분하고 실질적인 효과가 나타날 수 있도록 분야별 예산 내역도 감액 · 증액하여 조정하였다. 국회가 조정한 내용을 보면 우선, SOC 및 농림 분야 예산 중 집행 가능성이 낮은 일부 항목을 감액 조정하는 한편, 단기 집행이 가능하고 경기부양효과가 높은 사업 예산은 증액하였다. 그리고 최근 금융시장 경색으로 어려움을 겪고 있는 중소기업과 소상공인에 대한 정책자금 분야 지원 예산을 증액하고, 서민생활 안정을 위해 복지재정 및 일자리 창출 예산을 확대하였다. 또한 재정건전성 훼손을 최소화하기 위해 기금의 여유재원을 활용하여 국채발행을 최소화하는 한편, 계획미비 · 집행부진 · 유사중복 사업은 삭감하고, 수익이 발생하는 공공기관에 대한 지원 예산을 감액하였으며, 세제개편 등으로 인한 지방재정 부족분을 일부 보완하였다.

국회의 예산 심사 원칙은 크게 네 가지를 들 수 있다. 첫째, 재정규모와 분야별 재원 배분에 대한 거시경제적 효과(macro-budgeting) 분석을 통해서 경기부양 목표가 제대로 달성될 수 있는 영역에 선택과 집중의 원칙에 따라 재원을 배분하는 것이다. 둘째, 개별 사업의 미시적 효과(micro-budgeting) 분석을 토대로 예산편성의 타당성 및 규모의 적정성을 점검하여 한정된 재원이 우선순위에 따라 배분될 수 있게 하는 것이다. 셋째, 연례적 집행 부진 사업, 유사중복사업, 집행계획 미비 사업 등 불요불급한 예산낭비 요인을 제거하는 것이다. 넷째, 국가 재원이 중앙과 지방간에 적절하게 배분되는지, 국민 부담이 적정한 수준에서 공평하게 이루어지는지, 경기침체로 어려움이 가중되는 저소득층도 배려하고 있는지를 점검하는 것이다.

이런 예산 심사 원칙에서 볼 때 이번 국회의 예산 심사는 경기부양의 거시경제적 효과를 고려하는 한편, 미시적 재원배분 효율도 확보함으로써 재정건전성 훼손을 최소화한 것으로 평가할 수 있다.

세계은행 등 여러 경제전문가들의 최근 전망을 보면, 이번 세계경제 침체가 2차 대전 이후 가장 심각한 수준이 될 것으로 예상하기 때문에 내년에 경제가 쉽게 호전되기를 기대하기 어려운 상황이다. 통화정책의 효과가 제한적인 상황에서 내년 경제가 기대만큼 개선되지 못한다면, 또다시 재정의 경기 활성화 역할이 필요하다는 논의가 제기될 가능성이 높으므로 국회예산정책처는 이에 대해 만반의 준비를 할 것이며, 행정부의 예산 편성 단계에서부터 면밀하게 주시하여 문제점을 파악하는 노력을 기울일 것이다.

정부는 국회가 확정한 예산을 내년 상반기 중에 70%를 조기 집행하여 경제 활성화 효과를 높이겠다고 천명하고 있다. 국회예산정책처는 정부가 천명한 조기집행의 재정 효과를 점검하고, 집행 부진 사업이 있으면 그 원인을 분석하여 개선방안도 제시할 것이다.

재정건전성을 강화하려면 재정지출을 수반하는 법안에 대한 철저한 심의가 필요하다. 재정수반 법률은 한 회계연도만이 아니라 지속적으로 재정에 영향을 미치기 때문에 국회예산정책처는 재정수반 법률이 세입 및 지출의 증감과 재정건전성에 미치는 영향도 지속적으로 점검할 것이다.

재정의 경제 활성화 기능과 재정건전성은 재정당국이 추구해야 할 상충되는 두 가지 목표이다. 새해에도 국회예산정책처는 전 직원의 역량을 결집해 상충하는 두 가지 목표의 조화를 이루는 최선의 해법을 제시하기 위해서 모든 노력을 다 할 것이다.

2. 예산을 보면 정치가 보인다

중앙일보
(2011년 11월 26일)

예산은 조세와 정부 지출을 통해 모든 국민에게 직접적으로 금전적 이전(移轉)을 만들어 내기 때문에 국민경제 측면뿐만 아니라 정치적으로도 중요한 의미를 가진다.

미국의 대표적 정치학자였던 라스웰은 정치를 일컬어 "누가 무엇을, 언제, 어떻게 갖느냐(who gets what, when, and how)"라고 정의한 바 있다. 여기서 '무엇'은 돈(예산)을, '누구'는 예산을 확보하려는 주역들을 의미한다. '어떻게'는 예산 정치의 핵심이라고 말할 수 있다. 윌다브스키 교수는 "정치를 국가정책의 결정에 있어서 누구의 주장이 관철되느냐에 관한 투쟁이라고 한다면, 예산은 이 같은 투쟁의 결과에 대한 기록"이라고 강조했다. 예산의 편성 · 심사 · 집행의 모든 과정에서 정부 관료, 국회의원 그리고 이해집단 간의 힘겨루기를 통해 예산이 결정되고, 각자 다른 목표를 가진 사람들이 치열한 정치과정을 거쳐 최종적인 의사결정에 도달하기 때문이다.

루빈 교수는 예산협상을 서로 마주 보고 달리는 기차(train wreck)와 예산전쟁(budget battles)에 비유했다. 정부 예산안의 윤곽이 드러나면 이와 관련한 논쟁은 주로 예산의 적정규모, 재정운용 방향, 재원의 성격, 선심성 · 정치성 예산, 교육 · 복지 예산, 국가채무 규모, 세수(稅收)의 적정성, 국가 · 지방 재정 등에 관한 것으로 집약된다.

정 · 관가에선 얼마 전까지 예산과 관련한 이해 당사자들의 행태를 꼬집는 말이 회자됐다. 정부 부처에선 '따고 보는 것'이고, 예산실에선 '깎고 보는 것'이고, 국회에선 '심의하고 보는 것'이고, 집행부서에선 '쓰고 보는 것'이라는 말이다. 특히 국회 예산심사 관행과 관련해선 정부 발목잡기, 당리당략,

지역사업 챙기기(소위 포크 배럴), 립 서비스 성격의 대규모 예산증액 등이 단골 메뉴로 비판받곤 했다.

예산은 정치 · 사회 · 경제적 세력들의 조정을 통한 국가 계획 · 정책의 청사진인 동시에 국민경제의 안정 · 성장을 위한 유력한 정책도구다. 이런 관점에서 역대 정부의 예산 특징을 보면 정치적 색깔이 분명히 엇갈린다. 소위 '개발 연대'였던 1960~70년대에는 경제개발 5개년 계획에 따른 사회간접자본(SOC)과 산업 분야에 재정투자를 집중시켰다. 경제성장 지원과 남북대치 격화에 따른 막대한 국방비 지출도 눈에 띈다.

80년대 이후 각 정권은 국내외 경제 여건과 사회적 요구를 반영해 분야별 배분을 변화시켜 왔다. 전두환 정권에선 물가안정과 건전재정, 노태우 정권에선 시장중심경제로의 전환, 김영삼 정부는 개방화 · 세계화, 김대중 정부는 외환위기 극복, 노무현 정부는 지방분권 추진에 재정운용의 초점을 맞추었다. 정권 초기에 4대 강 사업과 감세 논쟁이 뜨거웠던 이명박 정부는 글로벌 금융위기를 극복하는 데 예산배분을 집중했다.

뉴욕 타임스 칼럼니스트 토머스 프리드먼은 최근 미국을 본래 궤도에 올려놓기 위해 '미국의 공식(American formula)'이 필요하다고 역설한 바 있다. 요약하면, 교육을 강화하고, 인프라와 연구개발(R&D)에 대한 정부 투자를 늘리고, 우수한 이민 인력을 포용하며, 민간경제에 대해 확실한 규제를 하자는 것이다.

우리 국회에서 내년도 예산안 심사가 마무리되면 정치권은 내년 총선과 대선 등으로 바빠질 것이다. 내년의 두 차례 선거에서는 무엇보다 복지 프로그램이 중요한 쟁점으로 떠오를 전망이다. 하지만 복지는 한 해 예산의 문제가 아니라 중 · 장기 재정문제와 직접적인 관련이 있다. 지금의 정치과정을 통한 재정적 의사결정이 우리 후손들에게 얼마나 많은 재정적 부담을 물려줄 것인지, 미래 국가발전에 어떤 영향을 미치게 될 것인지 신중하게 고민할 필요가 있다.

내년도 예산안 규모는 326조원에 달한다. 그것을 심사하는 과정에서 우리 국회가 미래에 대비하는 '한국의 공식(Korean formula)'을 어떻게 담아낼지 주목된다. 정부가 당면한 긴박한 문제의 해결을 위해 자원을 동원하는 과정이 정치라면, 예산은 정치과정의 중심에 자리 잡고 있다. 여야 정당들이 선심성 사업에 대한 유혹을 과감히 물리치고 이번만이라도 진정한 의미에서 예산정치를 통한 국리민복의 최적화를 도모해주기를 기대한다. 건전한 재정 없이 건전한 정부가 있을 수 없고, 건전한 정부 없이 건전한 국가는 존재할 수 없기 때문이다.

신해룡은 입법고시(4회) 출신으로 국회에서 초대 예산분석실장, 국회 예결위 수석전문위원, 국회예산정책처장(차관급)을 역임했다. 예산정책 분야에서 손꼽히는 전문가다.

3. 의원입법도 규제영향 평가하자

중앙일보
(2013년 9월 6일)

규제는 '숨겨진 조세(hidden tax)' 혹은 '숨겨진 예산(hidden budget)'으로 불린다. 정부가 규제를 통해 직접 예산을 투입하거나 세금을 따로 걷지 않고도 특정 정책 목표를 달성할 수 있기 때문이다. 그러나 잘못 디자인된 소위 '불량 규제'로 인한 정부 실패(government failure)는 당초보다 더 많은 예산을 잡아먹거나 예상치 못한 시장 왜곡을 초래한다. 또 급변하는 대내외 경제 환경 속에서 규제가 유연하고 적절히 대응하지 못하면 이로 인한 국가경제 손실이 매우 크게 나타나기도 한다.

우리나라는 경제 위기 때마다 규제 완화를 추진했지만 오히려 규제가 꾸준히 늘고 있다. 최근 전국경제인연합회 자료에 따르면 2009년 1만1000개 수준에서 2012년 말에는 1만4000여 개로 30%가량 늘었다. 올 들어서도 지난 5월 말까지 882개의 규제가 새로 도입됐다고 한다.

민간 경제 활동에 대한 과도한 규제는 국가경쟁력에 영향을 미친다. 이 때문에 외국의 경우 규제 관련 법안에 대해서는 사전에 규제 심사 혹은 규제영향평가를 실시해 불량규제를 최소화하려고 노력하고 있다. 우리나라도 정부 제출 법안이 규제를 신설하거나 강화하는 내용이 있을 경우 규제 심사를 의무화하고 있다. 물론 아직은 많은 문제점으로 인해 실제 불량 규제를 효과적으로 걸러내는 데 한계가 있는 것으로 평가되고 있다. 그럼에도 불구하고 정부입법의 경우 제도적 장치가 마련돼 있어 다행이다.

문제는 의원발의 입법이다. 의원발의 법률안의 경우 이러한 절차가 없어 규제관리의 '사각지대'라는 지적을 받고 있다. 심지어 행정부 내에서 규제영향평가를 회피하기 위해 일부 부처가 의원들에게 입법을 부탁하는 소위 '청부입법'도 존재하는 실정이다.

과거에는 의원발의가 활발하지 않아 정부입법으로 규제가 신설되거나 강화되는 사례가 많았다. 최근에는 의원입법에 의한 규제 입안이 대다수를 차지하고 있다. 지난 18대 국회에서 통과된 총 266건의 규제 관련 법안 중 219건(82.3%)이 의원발의안이었고 정부안은 불과 47건이었다. 규제 관련 법안의 80% 이상이 규제영향평가를 받지 않고 있는 셈이다.

규제 개혁을 통해 국민 경제에 활력을 불어넣고 국가경쟁력을 제고시키기 위해서는 정부입법에 대해서만 실시하고 있는 규제영향평가를 의원입법에 대해서도 확대 적용해야 한다.

대부분의 법률은 국가 재정을 수반하거나 민간에 대한 규제를 수반한다. 재정 수반 법률에 대해서는 국가재정법과 국회법 제·개정을 통해 의원입법과 정부입법 모두 5년간의 비용 추계가 의무화됐다. 그동안 국회 산하 조직인 국회예산정책처에 전담 조직을 두어 의원입법에 대한 법안 비용 추계를 해왔고, 이를 통해 재정의 건전성 회복에 일조했다고 평가받고 있다. 이제 규제 관련 법률이 초래할 각종 사회·경제적 영향도 면밀히 검토해 법안 심사가 보다 심도 있게 이뤄져야 할 것이다. 새로 제정되는 법안뿐 아니라 기존의 규제도 주기적으로 효과를 점검해 꾸준히 정비해나가야 한다.

4. 예산을 낭비한 죄

중앙일보
(2014년 9월 30일)

정부가 내년도 예산안을 올해보다 20조원 증가한 376조원 규모로 편성했다. 국회에서 다소 조정이 되겠지만 이로써 내년의 국민 1인당 세금은 550만원, 1인당 국채부담은 1000만원을 훌쩍 넘어서게 된다. 경제 · 복지 · 안전 등 다양한 분야에서 정부의 역할이 필요하지만 국민의 시선은 곱지 않다.

『로마인 이야기』의 저자 시오노 나나미는 '페가토 모르탈레', 즉 '용서받지 못할 죄'로 공직자가 국민이 낸 세금을 낭비한 죄를 들고 있다. 그만큼 국민의 소중한 세금은 한 푼의 낭비도 없이 알뜰하게 사용해야 한다는 의미다. 예산전문가인 앨런 쉬크는 여섯 가지 유형의 잘못된 나쁜 예산 사례를 지적한 바 있다. 첫째, 정부 능력을 초과하는 세입을 전제로 한 비현실적 예산, 둘째, 일부 관계자만이 알고 있는 숨겨진 예산, 셋째, 재원조달 방안이 불확실한 선심성 현실회피적 예산, 넷째, 관행적으로 반영된 반복적 예산, 다섯째, 세입상황에 따라 지출규모를 조절하는 저금통예산, 여섯째, 재원부담을 미래시점으로 미루는 예산이다

생활 주변에 예산 낭비 사례는 많다. 출근길 파헤쳐진 도로들, 누구를 위한 행사인지 알 수 없는 그들만의 축제들, 지역의 재정상황은 아랑곳하지 않고 우뚝 서있는 정부 청사, 중복 구축된 정보시스템, 결과물의 활용을 기약할 수 없는 정책 연구용역 등이 대표적이다. 또 관행적으로 편성하는 경상경비, 정부의 과도한 시장 개입을 야기하는 각종 지원 예산 등 눈에 보이지 않는 예산 낭비가 아직도 많다.

예산 낭비는 아무리 시간이 걸리더라도 정면으로 대응하고 끈질기게 추적해 일망타진해야 할 중대한 범죄다. 질서자유주의를 창안했던 발터 오이켄도

"누군가에게 하나의 특권이 부여되면 그는 이 특권을 기반으로 두 번째의 특권을 요구하고, 두 번째의 특권도 주어지면 그는 세 번째의 특권을 요구한다"고 경고했다.

고령화와 복지수요의 증가로 재정지출은 지속적으로 확대되고 있다. 문제는 이를 충당할 만큼 세입여건이 좋아지지 않고 있다는 것이다. 예산 낭비를 줄이는 노력이 건전한 재정운용을 위한 최우선 과제인 것도 이래서다. 예산 낭비를 초래하는 사업 내용을 평가해 그 자금을 성장인프라에 집중배분하면 경제활성화를 도모할 수 있고, 고용 확대와 세수 증가로 이어질 수 있다. 따라서 모든 사업 · 권한 · 조직을 3년 또는 5년 후 평가해 당초 목적을 달성하여 현재로서는 불필요하거나 부적절한 것, 목적을 달성하는데 실패한 것, 상황의 변동 등으로 존재이유가 희박해진 것들을 없애는 일몰예산제를 적극 적용할 필요가 있다. 행정기관이나 사업이 그 유효성과 타당성이 사라져도 타성에 의해 존속하는 것을 막기 위한 것이다.

예산을 낭비한 죄는 아무리 시간이 흘러도 준엄한 역사의 심판을 피할 수 없음을 모든 공직자가 가슴에 새기고, 국민 모두가 나라살림과 지역살림을 직접 챙기고 납세자로서 세금의 용처를 꼼꼼히 따질 수 있을 때 대한민국의 곳간은 건전하게 지켜질 수 있다.

5. 복지 지출 논의, 연금 개혁이 핵심

중앙일보
(2015년 3월 6일)

최근 '연말정산 사태'와 '3년 연속 세수 결손' 등이 보도되면서 국가재정에 관한 우려와 '증세 없는 복지'에 관한 논의가 정치권을 뜨겁게 달구고 있다. 국가재정에 관한 논의는 현란한 정치적 수사를 걷어 내고 현황에 대한 정확한 이해를 바탕으로 본질적인 해법을 모색하는 방향으로 이루어져야 한다.

현재 우리 재정상황은 외국에 비해 양호한 수준으로 평가된다. 국내총생산(GDP) 대비 국가채무 비율은 OECD 국가들의 평균인 109.5%에 비해 낮은 35% 수준이다. 다만 최근 국가채무의 증가 속도가 빠르고, 한번 증가한 국가채무를 줄이는 것은 매우 어렵기 때문에 재정건전성을 우려하는 것이다.

우선, 세수 부족은 단기와 장기로 나누어 살펴보아야 한다. 2012년 이후 3년 연속 세수결손은 단기적으로는 큰 문제가 아닐 수도 있다. 앞으로 세입예산을 보다 신중하게 편성하고, 부족한 세입부분은 아직 여력이 있는 국채발행을 통해 충당하면 되는 것이다. 또한 재정은 경기조절 기능을 수행하기 위해 경기가 나쁠 때는 적자로 운영될 수도 있기 때문에 몇 해 적자가 심각한 문제를 야기하는 것은 아니다.

그러나 장기적으로는 그렇게 간단하지 않다. 국회예산정책처의 장기재정전망에 따르면, 2030년대에 가면 우리 재정이 지속가능하지 않은 것으로 예상된다. 새로운 복지제도의 도입이나 별도의 복지지출 확대를 고려하지 않더라도 인구구조 변화에 따른 경제성장률 하락과 그에 따른 세수증가의 지속적 둔화, 복지지출의 급격한 증가 등으로 향후 20년도 버티기 어려운 재정구조라는 의미이다. 현 세대가 누리는 편익의 비용을 미래세대가 부담하도록 해서는 안 된다.

다음으로 수입과 지출을 구분해서 생각해 보자. 증세는 수입이고 복지는 지출에 관한 논의이다. 복지 확대를 위해 재원조달이 필요하지만 이것이 반드시 증세를 통해 이루어지는 것은 아니다. 복지지출 가운데 일반 세금으로 충당하는 복지지출과 기여금, 보험료 등 별도의 수입으로 충당하는 복지를 구분할 필요가 있다. 복지지출에서 제일 큰 비중을 차지하고 있는 것은 역시 공적연금 지출이다. 개편 논의가 진행 중인 공무원연금은 2014년 적자보전을 위해 2.5조원을 국고 지원하였으며, 군인연금은 1.4조원을 지원하였다. 현재 연금수지가 흑자인 사학연금은 2023년 적자전환, 2033년 기금고갈이 예상되고 국민연금은 2044년 적자전환, 2060년 기금 고갈을 예상하고 있다. 복지지출의 확대를 논의하기 위해서는 정부 지출 내에서 복지와 타 분야 간의 재원배분 조정에 관한 논의가 선행되어야 하며 연금제도 개편이 핵심이다.

복지는 남의 문제가 아닌 바로 우리들의 문제, 내 문제이자 다음 세대의 문제이다. 따라서 복지와 세금, 국가의 장래가 걸린 중대한 논의가 단순히 정치적 공방에 그치는지, 국가와 미래를 위해 바람직한 정책을 만들어 내는지 잘 살펴보고, 그 결과에 대해 모든 유권자들이 잊지 말고 올바른 판단을 해야 할 것이다.

6. 나라살림 400조원 시대의 재정운용

중앙일보
(2016년 7월 31일)

정부가 26일 11조원 규모의 추가경정예산안을 국회에 제출했다. 이번 추경예산으로 국가재정은 당초 386조 4000억 원에서 395조 3000억 원에 이르게 돼 '나라살림 400조원 시대'에 접어들게 됐다.

우선, 이번 추경예산이 경기활성화를 위해 반드시 필요한 것인지 따져봐야 한다. 과거 관행적인 추경편성을 경계하고자 '국가재정법' 제정 당시에는 추경편성의 요건을 강화했지만 이후 두 차례의 개정으로 그 취지가 많이 희석됐다. 추경을 통한 재정 확대가 하반기 경기부양에 도움이 될 수는 있겠지만 조선업 등 산업 구조조정은 앞으로도 계속 진행될 것이고 이로 인한 일자리 문제는 단기에 재정을 통해 해결하기 어려운 문제다. 브렉시트 등 대외여건도 향후 상당기간 불확실성을 높여 우리 경제를 힘들게 할 이슈다. 현재 우리 경제가 직면하고 있는 문제가 일시적인 충격이 아닌 구조적인 문제에 기인한 것이라면 추경을 통한 대증적인 재정확대보다는 국채상환을 통해 재정 여력(fiscal space)을 확보하는 것이 더 바람직한 정책결정이 될 수 있다.

경제상황 변화에 따라 국가재정은 적절하게 경기조절 기능을 수행해야 한다. 정말 어려운 경제위기 상황에서는 재정이 최후의 안전판 역할을 할 수 있도록 재정을 건전하게 운용해야 한다. 추경 덕분에 과거 IMF 경제위기와 글로벌 금융위기를 거뜬히 벗어날 수 있었지만 이는 어쩌면 우리 자녀들이 미래에 갚아야할 국가채무와 맞바꾼 것일지도 모른다. 김대중 정부 마지막 해인 2002년에 국가채무는 133조 8000억 원 규모였다. 이후 노무현 정부 말인 2007년 299조 2000억 원, 이명박 정부 말엔 443조 1000억 원이었다. 박근혜 정부 임기 말인 2017년 국가채무는 692조 9000억 원으로 5년 동안

249조 8000억 원이 증가할 것으로 예상된다.

지난 2012년부터 연속 4년 동안 세수가 예상보다 적게 걷혔고 그 세수 결손부분을 충당하기 위해 적자성 국채 발행을 늘려왔다. 그런데 올해 상반기에 세수가 더 걷혔다고 하반기에 국가채무는 1조 2000억 원만 상환하고 지출을 9조 8000억 원 늘리는 재정운용은 재정건전성 측면에서 숙고해야 할 부분이다. 정책결정자는 모든 문제를 국가재정으로 해결하려는 발상, 이른바 재정중독(fiscal alcoholism)을 경계해야 한다. 지금 우리 경제는 과거 정부 주도의 성장단계를 넘어서 새로운 경제 패러다임을 요구하고 있다. 성장과 분배, 수출과 내수, 대기업과 중소기업, 정규직과 비정규직 등 우리 경제가 한걸음 더 도약하기 위해 과거와는 다른 패턴의 접근이 필요한 시기다. 정부의 역할도 달라져야 한다. 나이는 숫자에 불과하다는 말이 있다. 국가재정도 마찬가지이다. 국가채무의 규모나 국내총생산(GDP) 대비 비율이 외국에 비해 낮다는 것은 숫자일 뿐 실제로 그 나라의 재정이 얼마나 낭비 없이 효율적으로 쓰이는지가 더욱 중요하다. 20대 국회의 첫 번째 예산안 심사에서 '정책국회'의 면모를 확실하게 보여주길 기대한다.

7. '예산 정치'가 보고 싶다

중앙일보
(2017년 11월 11일)

모든 문제는 예산으로 통한다. 한 나라의 장래는 그 나라의 재정을 보면 알 수 있고, 예산의 구체적 내용을 들여다보면 무엇을 소중히 여기고 중요시하는지 알 수 있다. 문재인 대통령은 지난 1일 예산안에 대한 국회 시정연설에서 "예산은 단순한 숫자가 아니고 정부의 정책 방향이며 우리가 지향하는 가치"라며 "당면한 우리 경제・사회 구조의 문제점을 해결하기 위한 고민의 산물"이라고 밝힌 바 있다. 예산에 대한 명징한 풀이다. 올해보다 7.1% 증가한 429조원의 편성 내역에 대해서는 기대와 우려가 교차한다. 재정지출은 그 규모도 중요하지만 재원 배분의 양상, 즉 어디에 얼마만큼 쓰느냐에 따라 그 효과가 크게 달라질 수 있다.

세계 경제의 흥망사를 연구한 데이비드 랜즈는 부국과 빈국을 가르는 결정적 변수로 국토나 자원처럼 주어진 물리적 요소가 아니라 미래를 향한 정책의 선택을 꼽았다. 내년도 예산안은 문재인 정부의 국정과제 이행을 위한 첫 번째 공약 가계부다. 산적한 재정 현안을 풀어가기에는 턱없이 부족한 재원인지라 무엇보다 우선순위에 따른 세출 구조조정이 급선무다. 성장의 활력을 높이느냐, 아니면 복지 지출을 늘리느냐가 관건이다. 배가 기우는 것을 막으려고 짐을 반대쪽으로 배치할 수는 있지만 너무 한꺼번에 옮기다 보면 오히려 배가 뒤집힐 수도 있다. 예산의 우선순위와 정책 선택의 균형감각이 필요하다는 것이다. 무엇보다 사회보장(social security)뿐 아니라 국가안보(national security)도 잘 챙겨야 하고, 소탐대실(penny wise, pound foolish) 사업은 규모와 상관없이 싹을 잘라내야 한다.

하버드대 그레고리 맨큐 경제학과 교수는 2011년 뉴욕타임스 공개 서한에서 당시 여소야대 상황의 버락 오바마 대통령에게 '야당을 적으로 만들지 말라'는 조언을 했다. 맨큐 교수는 "오바마 대통령은 공화당과 감세 연장안을 타협하는 과정에서 공화당을 인질범(hostage taken)이라고 불렀다. 앞으로는 좀 더 신중한 용어를 선택했으면 한다. 공화당은 테러리스트도, 적도 아니다. 무엇이 최선이냐를 놓고 판단이 다를 뿐이다. 오바마 대통령은 새해 결심으로 1주일에 적어도 한 번 공화당 인사와 맥주를 마시는 것을 실천해 보라. 합의에 이르지 못할 수 있겠지만 결국 서로의 차이점을 더 존중하게 될 것이다"라는 충정을 전달했다.

맨큐 교수의 글을 인용한 것은 우리 국회에서도 예산정치의 참다운 모습을 국민에게 보여주길 기대해서다. 예산은 그야말로 정치 과정의 산물이다. 순자(荀子)는 "나라를 풍족하게 하는 방법은 절약해서 쓰고, 백성이 넉넉하도록 해주며, 그 나머지는 잘 저축해 두는 것이다. 절약해 쓰는 것은 예(禮)로써 하고 풍족하도록 해주는 일은 정치로써 한다"고 설파했다. 예산정치는 예산과정 속에서 재정 규모의 적절성 등 예산 논쟁과 재정개혁 방향에 대해 의견을 수렴하고 결론을 도출하는 실체이며, 국회는 그 같은 예산정치를 논의하고 구체화하는 장(場)이다. 그럼에도 그동안 국회 예산심사와 관련해 국민에게 각인된 모습은 정부 발목 잡기, 당리당략에 치우친 예산 나눠 먹기, 정쟁을 일삼다 의결시한이 코앞에 다가와서야 촉박하게 심사하는 졸속심사 등으로 비쳤다.

내년도 예산과 관련해서는 그 어느 때보다 재정건전성 문제가 불거지고 있다. 국가 부도를 경계한 발터 비트만은 공공예산과 사회보험의 재정 조달에 어려움이 있을 경우 각국 정부는 전반적 개선이 아닌 선택적 조치를 취해왔는데, 이는 긴급 상황을 해소하기 위해 잠시 소방수를 불러들이는 것이라고 진단했다. 그는 나라마다 재정시스템을 근본적으로 개선할 필요성은 늘 반복해 논의되지만 지금까지 그렇게 한 적은 없었다고 했다. 그나마 기존 체계에 대한 소소한 변화라도 시행하게 되면 '새로운 이정표'를 세웠거나 '거대한 세기적 개혁'을 단행한 것처럼 침소봉대한다고 꼬집었다. 지금까지의 미봉적인 정책을 계속 유지한다면 국내총생산(GDP) 대비 부채비율이 위험한 수준으로 올라가게 될 것으로 예상한다. 마치 우리의 현실을 현미경으로 들여다본 듯 뜨끔한 경고다.

지금 이 순간에도 대한민국 부채 시계의 숫자는 늘어나고 있다. 이번 예산국회만큼은 여의도 의사당을 24시간 밝히면서 납세자의 피 같은 세금이 올바로, 똑바로 쓰이는지 조목조목 살펴 국민의 시름과 걱정을 덜어주는 예산정치의 진수를 보여주길 기대한다. 예산은 치국의 기틀이며, 흥국의 도구이고, 부국의 거울이며, 강국의 버팀목이기 때문이다.

8. 나라살림 500조 시대, 예산 철학을 다시 생각한다

중앙일보
(2019년 4월 24일)

예비 타당성 조사 면제부터 시작해 초과 세수, 국채 발행 과정, 추경 편성에 이르기까지 나라 살림과 관련한 일련의 논의 과정을 보면 예산에 관한 철학이 매우 빈곤하다는 생각을 떨치기 어렵다.

내년도 예산 규모는 500조원이 넘을 것으로 예측된다. 2017년도에 400조원을 넘어선 지 불과 3년 만이다. 예산 규모가 과속으로 치닫고 있는 현시점에서 정부나 정치권은 나라 살림에 대한 장기적 시계(視界)와 재정 규율을 확고히 정비해야 한다. 그렇지 않으면 '재정확대는 마약, 재정 포퓰리즘은 독약'이라는 비판을 피하기 어렵다.

예산 철학은 부국안민(富國安民)으로 가는 나라 살림의 나침반이다. 예산(BUDGET)을 뜻하는 영어 단어에서 국가 재정 운영에 적용 가능한 건실한 예산 철학적 함의를 찾아보자.

먼저 B는 균형(Balance)이다. 국가의 재원 범주에서 절약과 균형에 초점을 맞춰야 한다. 정부와 민간, 중앙정부와 지방정부의 기능 분담 원칙을 합의하고 지켜야 한다. 유사한 사업을 비교하는 균형과 비례의 감각을 통해 예산 한도액을 억제하려고 노력해야 한다.

U는 예산의 사용처와 우선순위(Usability) 문제다. 예산을 다루는 자는 공공성에 관한 정보의 조정자다. 매년 재정 지출이 국민 생활에 어떤 영향을 주는지에 대한 분석에 기초해 '정책이 있는 예산'과 '노선이 분명한 예산'을 만들어야 한다. 국민의 재정 수요를 면밀히 검토해 합리적이고 우선순위에 입각한 재원 배분이 이뤄져야 한다.

D는 부채(Debt)와 적자(Deficit) 문제다. 미국 하버드대 니얼 퍼거슨 교수는

제국의 몰락이 '한밤의 도둑처럼' 갑자기 찾아온다고 주장했다. 그는 역대 제국의 몰락이 재정위기와 관련 있다고 강조했다. 재정 수입과 지출 간에 심한 불균형이 역대 제국을 번번이 벼랑으로 내몰았다는 것이다. 부채 쓰나미가 몰려오기 전에 부채 관리에 힘쓰는 것이 당연한 정책의 귀결이다.

G는 세대 회계(Generational accounting) 문제다. 세대 회계는 현재의 정책 결정이 미래 세대에게 주는 영향에 대해 분석하고, 현시점에서 정부가 제공하는 서비스 비용 때문에 미래 세대가 감당할 수 없는 수준의 채무를 지는 것을 방지하자는 게 핵심이다. 『세대 충돌』의 저자인 보스턴대 로런스 코틀리코프 교수는 "고령 인구가 급격히 늘어나는 미국의 현실을 고려할 때 정책 변화가 시급한데도 정치인들은 표를 의식해 기성세대를 건드리지 못한다"고 꼬집었다.

E는 효율성(Efficiency)이다. 이를 고려해서 재정 누수를 방지해야 한다는 의미다. 핵심은 재정 지출의 가치, 즉 돈값을 하는 재정 관행을 확고히 하는 것이다. 지금까지 해온 크고 작은 예산사업 중 애초에 시도하지 말았어야 할 사업을 강행함으로써 얼마나 많은 예산 낭비가 있었는지, 값비싼 사례 하나 둘 정도는 기억해낼 수 있을 것이다.

T는 타이밍(Timing)이다. 그야말로 한정된 예산을 적재적소에 적시(適時)에 투입할 수 있어야 한다. 예산정책 수립의 필요성 인식부터 실제 실행안을 마련하고 집행해서 효과를 볼 때까지 시차가 작용한다는 점을 고려해서 예산투입의 골든타임을 놓치지 말아야 한다.

일자리 창출과 혁신 성장동력 확충 및 저출산·고령화에 따른 재정 압박은 '재정 알코올 중독'(Fiscal alcoholism)으로 이어지고 결국 브레이크 없는 재정 충격으로 귀착될 것이다. 대한민국 60년 건전 재정의 전통은 어떤 상황에서도 견지해야 한다. 그래야만 앞으로 다가올 불확실성 이슈에 대한 국가의 재정 실행능력이 유지되고 강화된다. 건전한 재정 없이 건전한 정부는 있을 수 없고, 건전한 정부 없이 건전한 국가는 존재할 수 없다.

9. '곳간'부터 채워놓는 것이 선제적 위기관리다

중앙일보
(2020년 6월 17일)

2020년도 본예산은 3년 만에 400조원 시대에서 500조원 시대를 열었다. 두 차례 추경과 3차 추경안을 더하면 547조 1000억 원에 달해 2019년도 예산 대비 77조 5000억 원(16.5%)이 늘어나게 된다.

2015년 이후부터 연례행사가 된 추경을 고려한다면 2021년도 예산의 경우 1년 만에 나라 살림 규모가 600조원에 근접하거나 넘어설 것으로 전망된다.

세 차례에 걸친 추경 소요재원의 대부분을 국채로 충당함으로써 국가채무가 사상 처음 국내총생산(GDP) 대비 43.5%로 늘어나고, 관리재정수지는 GDP 대비 -5.8%까지 적자 폭이 증가한다는 것이 문제다. 나라 곳간이 비어가고 있다는 말이다.

재정이란 정부가 행하는 경제활동이다. 재정의 기능 중에서 재정정책적 기능이 가장 기저(基底)적인 기능임을 고려할 때 코로나19 경제위기를 극복하기 위해 정부가 동원 가능한 모든 정책수단을 강구하고 신속하게 집행하고 있는 것은 다행이다.

다만 앞으로 우리가 미처 생각하지 못했던 경로를 통해 다양한 형태의 재정 위협 요인들이 불거질 가능성은 여전히 존재한다. 위기가 발생할 때마다 많은 방지책이 쏟아진다. 하지만 "위기 이후의 방지책은 다음번의 위기를 막지 못한다"는 말이 있듯이 위기가 지난 직후에는 앞으로 그러한 위기가 다시 오지 않을 것 같아도 위기는 언젠가는 또 온다. 코로나 위기 다음에 또 다른 변종 위기가 닥친다면 그때도 지금처럼 재정의 도움이 절실히 필요할 것이다.

미래에 다가올지 모르는 위기에 대비하는 것도 심모원려 차원에서 중요하다. 하지만 목전에 닥친 근원적인 문제, 즉 기본소득 도입 논의 등 복지 범위와 수준 확대, 복지비용을 감당할 증세 필요성, 복지와 포스트 코로나 시대를 대비한 국채발행 규모 등 이 세 가지 다른 퍼즐을 어떻게 조합해서 운용하느냐가 정책성과의 바로미터가 될 것이다.

케네스 로고프 하버드대 교수는 코로나19 사태를 두고 추락속도가 전례 없이 빠르다는 점을 지적하면서 "이번 위기는 진짜 다르다"고 말했다. 우리 재정의 여건은 과거 어느 때보다 밝은 면 보다는 어두운 면이 더 많이 눈에 띄고 있다. 외국보다 아직 건전하다고 낙관할 수 없다.

세입 여건은 더 어두워지는 반면 복지 등 지출 소요는 빠르게 증가할 것이다. 경우에 따라 불규칙하게 대폭 늘어날 수밖에 없어 급격하고 지속적인 재정악화는 불가피한 상황이다. 정부 차입은 중추신경자극제 리탈린과 비슷해서 적절히 쓰면 무기력한 경제를 자극해 경기침체에서 벗어날 수 있지만 지나치게 많은 양을 복용하면 마비증세가 올 수 있다.

독이냐 아니냐를 결정하는 것은 양이다. 천장에 말총 한 올로 매달아 놓은 '다모클레스의 칼'은 재정 의존 증후군에 빠져 빚잔치를 벌이는 재정중독자(Fiscal alcoholist)에게 예기치 않은 위협으로 다가올 것이다.

지금이야말로 근본으로 돌아가서 그 근본에 다시 집중해야 한다. 돈을 풀어 경기를 살리는 것 이상으로 어려움을 겪는 경제 주체들의 자신감 회복이 중요하다는 것이 실증분석 결과다.

자신감의 요체는 첫째가 일관성이고, 둘째는 신뢰다. 가장 나쁜 정책은 일관성 없는 정책이다. 불리한 자료나 통계를 숨기고 부풀려서 좋은 것만 골라서 취하려는 체리 피킹(Cherry picking) 방식의 정책선택도 옳지 못하다.

몽테스키외는 "국가의 힘은 국가 내부의 건강함에 있다"고 설파했다. 한번 악화한 재정건전성을 조속히 회복하기는 쉽지 않은 일이다. 재정건전성이 국가 경제의 최후의 보루라는 점은 반드시 수호해야 할 재정규율이다. 부채 쓰나미가 오기 전에 곳간을 채워 재정 여력을 축적하는 것이야말로 선제적 위기관리의 으뜸이요, 번영의 대한민국으로 가는 첩경이다.

10. 도약하느냐 주저앉느냐, 재정에 답이 있다

중앙일보
(2021년 3월 31일)

우리나라 경제 성장의 원동력은 한국인의 뛰어난 자질과 향상심(向上心), 그리고 잘살아 보려는 의지에서 찾아야 하겠지만, 재정의 역할도 컸던 것이 사실이다. 예산은 국가의 존립에 필요한 재화·서비스를 공급하는 재원이며 국가의 운명을 좌우한다.

그런데 요즘엔 현안이 터질 때마다 재정을 손쉽게 끌어다 해결하려는 '재정 중독자'(Fiscal alcoholist)들의 거리낌 없는 인기 영합 행태로 재정 본연의 역할이 크게 흔들리고 있어 걱정이다. 재난 지원금 지급을 둘러싸고 무원칙과 형평성 논란이 끊이지 않고, 가덕도 공항 등 대형 사업에 대한 예비 타당성 조사(예타) 면제도 논란이다.

몇 천억 원짜리 국책 사업이 정치적 입김 때문에 몇조 원짜리로 둔갑하는 현상을 막기 위해 도입한 예타 제도는 1999년부터 2020년까지 타당성 확보율이 63.5%에 그쳤다. 여기에다 '국가 정책적으로 필요한 사업'을 포함한 예타 면제 사업의 총사업비가 2015년 1조 4000억 원에서 2020년 30조원으로 급증해 세금 탕진이 우려된다.

예타 제도의 투명성과 실효성을 제고하기 위해서는 예타 면제가 정부와 정치권의 자의적인 판단에 따라 졸속으로 운용될 소지를 최소화해야 한다. 정부와 정치권의 잘못된 결정으로 생기는 부작용은 두고두고 국민의 삶에 광범위한 해악을 끼치고 정부 사업에 대한 불신을 키우게 될 것이다.

예산은 공공경제의 중추신경이다. 사람 몸에서 중추신경이 손상되면 뇌사에 빠질 수도 있듯이 국가가 '재정 질환'에 걸리게 되면 종국에는 재정 파탄을 불러올 수 있음을 잊지 말아야 한다. 빠듯한 재정 사정으로 빚까지 얻어서

(국가채무 965조 9000억 원) 겨우 꾸려가는 나라 곳간은 이래저래 구멍이 날 수밖에 없다. 미래세대의 재원을 미리 당겨쓰는 '국가 부채 주도 성장'을 언제까지 할 것인가. 미국 뉴욕타임스 칼럼니스트 토머스 프리드먼은 "국가 부채가 걱정돼 동이 틀 때까지 잠을 이루지 못한 사람을 본 적이 있는가"라고 묻는다. 나랏빚의 위중함을 곱씹게 한다.

코로나19 조기 극복을 위해 재정건전성의 훼손을 어느 정도 용인하면서 확장적 재정 정책을 운용하고 있지만, 적자재정 기조를 이어갈 것인지에 대해서는 국민적 공감대 형성이 중요하다. 잦은 추경으로 땜질하는 정책 처방은 해법이 아니다. 새로운 정책 환경에 적용 가능한 '재정 근육'(Fiscal muscle)을 키우고 강화하는 데서 돌파구를 찾아보자. 재정 근육이 튼튼해지면 코로나 이후에 지속가능한 재정 여력을 확보할 수 있고, 경제 활력의 복원을 도모할 수 있으며, 미래 성장동력 사업을 강력하게 추진할 수 있다.

이를 위해 첫째, 분야별 재원 배분의 거시 경제적 효과 분석을 선행하고 선택과 집중의 원칙에 따라 재원을 배분해야 한다. 둘째, 개별 사업의 미시적 효과 분석을 토대로 예산 편성의 타당성 및 규모의 적정성을 제로 베이스에서 검토해야 한다. 셋째, 불요불급한 지출로 인한 낭비 요인을 철저히 제거해야 한다.

법가 사상가 상앙(商鞅)은 "나라가 부유한데도 가난한 살림처럼 아끼고 줄여 쓰면 더욱 부유해지고, 더욱 부유해지면 강해진다. 나라가 가난한데도 부자 살림처럼 흥청망청 쓰면 더욱 가난해지고, 더욱 가난해지면 약해진다"고 준엄하게 경고했다.

스위스 국제경영개발원(IMD)은 국가 경쟁력을 '현재 상태에 만족하지 않고 미래 번영을 위해 더 나아가려는 야망'이라 정의했다. 올바른 재정 개혁만이 대한민국의 경쟁력을 드높이고 지속적인 풍요와 번영을 담보할 수 있다. 도약하느냐 주저앉느냐, 그것은 재정을 어떻게 운용하느냐에 달려있다. 재정은 경제 안전판이자 경제 방파제다. 재정에 답이 있다.

11. Building 'fiscal muscle'

Korea JoongAng Daily
(March 31, 2021)

The key to Korea's amazing economic growth can be found in Koreans' diligence, competitiveness and desire for better lives. But the government's fiscal policy also played a big part in its advancement. Budget is not only a major source of fiscal resources and services needed to ensure a state's survival, but also determines the fate of a nation.

But concerns are growing over the government's tendency to resort to fiscal expansion whenever the need arises. That populist approach shakes the fundamental role of fiscal policy in running the country. As a result, controversy endlessly erupts over a lack of principles and fairness in doling out emergency relief to help citizens overcome the pandemic. Another concern was raised about the government's recent exemption of the required preliminary feasibility study for massive infrastructure projects such as the construction of an airport on Gadeok Island off Busan ahead of the April 7 mayoral by-elections in Busan and Seoul.

The preliminary feasibility study was introduced in 1999 to prevent original budgets for national infrastructure projects from snowballing. But only 63.5 percent of national projects passed the scrutiny of the test since it was introduced. Public concern about a waste of tax is deepening after the total amount of expenditures for national projects exempted from the feasibility study surged to 30 trillion won ($26.5 billion) in 2020 from 1.4 trillion won in 2015.

To increase the transparency and effectiveness of the feasibility study, the government and politicians must minimize room for abusing the system. Side effects of wrong decisions by the government and political circles will adversely affect the lives of ordinary citizens over the long term and deepen their distrust with government-run projects.

Government budgets can be compared to a central nervous system of the public sector. Just as a patient can become brain-dead if their central nervous system is damaged, a nation can face a default if it is addicted to fiscal expansion. The government must not forget that. If it barely manages to run the country by issuing national debts (amounting to 965.9 trillion won as of now), national coffers will soon run out. How long can the government achieve "debt-financed growth" at the cost of the well-being of the future generation? Thomas Friedman once asked Americans, "Seriously, do you know anyone who says, 'I couldn't sleep last night. I was tossing and turning until dawn worrying that the national debt was now $14 trillion.'" His question reminds us of the graveness of national debt.

The need for the government to sacrifice some fiscal integrity amid an uphill battle against the coronavirus can be understood. But a national consensus is needed to decide whether to continue with deficit-ridden budget. A prescription primarily based on frequent injections of supplementary budgets to sustain the economy is not a solution. The government can find a breakthrough in strengthening its "fiscal muscle" applicable to new policy environments. If the fiscal muscle gets strong, the government can secure fiscal affordability sustainable after the pandemic, rekindle economic vitality, and push forward projects for future growth.

To achieve the goal, the government must first analyze the results of fiscal resource distribution on the macroeconomic level and redistribute fiscal resources based on the principle of selection and concentration. Second, the government must review the feasibility of budgeting and appropriateness of the size of budget from the zero base. Third, it must methodically remove all factors of budget waste for unnecessary spending.

Lord Shang, a scholar of the School of Law in the Warring States Period of China (403 BC to 221 BC), sternly warned that if a rich state saves money like a poor state, it gets richer while a poor state gets poorer if it spends money like a rich state.

The International Institute for Management Development in

Switzerland linked a nation's competitiveness to a desire to move to future prosperity while not being satisfied with the current situation. Only genuine fiscal reform can ratchet up Korea's national competitiveness and ensure sustainable prosperity. Whether to take another leap forward or plunk down depends on how the government operates its fiscal policy. Fiscal solidity can serve as a breakwater for external shocks. That is key to our prosperity.

The author is a professor at the Chung-Ang University Graduate School of Public Administration and former head of the National Assembly Budget Office.

12. 나랏돈은 주인 없는 공돈이 아니다

중앙일보
(2021년 9월 7일)

기본소득 공약을 놓고 논란이 뜨거워지자 1976년 노벨경제학상을 받은 밀턴 프리드먼의 이름이 소환됐다. 통화론자의 대부로서 "돈이 문제다(Money matters)"라는 명언을 남긴 프리드먼은 돈 쓰는 네 가지 방법을 언급했다. 내 돈을 나를 위해 쓰는 경우, 내 돈을 남을 위해 쓰는 경우, 남의 돈을 나를 위해 쓰는 경우, 남의 돈을 남을 위해 쓰는 경우다. 그는 "남의 돈을 남을 위해 쓰는 경우가 가장 큰 문제"라고 지적했다. 돈값을 하든 말든 함부로 쓴다는 것이다. 정부가 국민의 세금을 눈먼 돈처럼 쓰는 행태를 꼬집은 것이다.

넛지(Nudgo)로 유명한 2017년 노벨경제학상 수상자인 리처드 탈러도 도박꾼들이 도박장에서 딴 돈을 공짜로 얻은 공돈이라 생각하고 함부로 배팅하는 '공돈 효과'(House money effect)를 지적했는데, 프리드먼과 같은 취지다. 나랏돈은 주인 없는 공돈이 아니고 우리의 돈이다.

정기국회 국정감사를 앞두고 국회예결위는 2020년도 결산 심사를 6일부터 시작했다. 결산의 가장 중요한 의미는 같은 잘못을 반복하지 않도록 하고 결산 결과를 다음 연도 예산에 반영하자는 데 있다. 2016년부터 2020년까지 5년간 평균 예산 집행률은 96.9%다. 계획된 예산을 차질 없이 집행하는 것은 무엇보다 중요하다. 그렇지만 2020년도 예산의 경우 코로나19를 극복하기 위해 1961년 이후 처음으로 추경을 네 번이나 편성했던 만큼 당초 의도했던 집행 성과를 달성했는지 꼼꼼하게 따져야 할 것이다. 불필요한 지출은 부당한 세금의 다른 이름이다.

2022년도 예산안 규모는 604조 4000억 원으로 사상 처음 600조원 선을 넘어 팽창예산으로 편성됐다. 향후 국회 예산 심사 과정에서 돈 씀씀이 내역을 깐깐하게 살펴야 한다. 진짜 민생 살리기 예산인지, 대선을 앞두고 표심을 잡기 위한 퍼주기 예산인지 옥석을 가려 꼭 필요한 예산만 반영해야 한다.

국채는 1000조원 시대에 들어섰다. 재정준칙조차 마련하지 않고 언제까지 지금 세대의 소요재원을 미래 세대가 갚아야 할 나랏빚으로 꾸려갈 것인가. 재정건전성은 뒤엎을 수 없는 가치다. 사마천은 "깃털도 쌓이면 배를 가라앉힌다(積羽沈舟)"고 경고했다. 재정 수입과 지출의 극심한 불균형이 번번이 역대 제국을 벼랑으로 내몰았던 역사적 교훈을 잊어서는 안 된다.

국가 예산이 팽창해 비대해진 상황에서 나라 살림의 품격을 생각하는 재정 운영을 기대해본다. 모든 국민이 인간으로서 최소한의 품위를 누릴 수 있게 해주는 것은 나라 살림이 지향하는 품격이자 국격이다. 나라 살림의 품격은 하루아침에 달성할 수 있는 것이 아니고, 시장에서 살 수 있는 것도 아니다. 시대정신을 관통하는 나라 살림의 비전을 국민 앞에 소상히 밝히고 설득하는 정치력이 나라 살림의 품격을 좌우하는 결정적 변수가 될 것이다.

정치는 부국강병을 위해 존재한다. 예산 시장의 주역인 국회와 정부는 최적 예산 배분의 이상을 헌신짝처럼 버리면 안 된다. 줏대 없는 '샤워실의 바보'가 되거나, 좌회전 깜빡이를 켜고 우회전하는 갈팡질팡 정책으로 사회적 낭비를 부추겨서도 안 된다. 잘못된 정책 구상과 정책 선택에 따른 방만한 재정 운용의 숙제를 후대에 물려주는 것도 도리가 아니다.

오로지 나랏돈의 올바른 길을 찾아 다시 한번 일어서고자 하는 국민의 경제 심지에 불을 붙여주는 촉매제 역할을 자임해야 한다. 영국 경제를 회생시키려 분투하던 시절 마거릿 대처 총리는 핸드백 속에 '하지 말아야 할 십계명'을 넣고 다녔다. "검약하지 않고 풍요로울 수는 없다. 소득보다 더 많이 쓰면 문제에서 벗어날 수 없다. 빌린 돈으로 안정을 꾀할 수는 없다."

13. Why money matters

Korea JoongAng Daily
(September 12, 2021)

As controversy over the basic income promise escalated, 1976 Nobel Prize-winning economist Milton Friedman's name was recalled. As the godfather of monetary policy, Friedman — famous for the axiom "money matters" — mentioned four ways to use money: spending your own money on yourself, spending your own money on others, spending others' money on yourself and spending others' money for others. He said that spending others' money for others is the biggest issue, as one would use it arbitrarily. Friedman was pointing to a government that spends taxpayers' money as if it's blind money.

Richard Thaler — the winner of the 2017 Noble Prize in economics who is famous as the author of the book "Nudge" — discussed the "house money effect" of how gamblers make reckless bets with the money earned in casinos. He shares Friedman's point. A government's budget is not ownerless but our money.

Ahead of the National Assembly inspection of government spending, the budget settlement committee started its review of the fiscal year 2020 from Monday. The biggest significance of settlement is not to repeat the same mistake and reflect the findings in next year's budget. The average budget execution rate of the five years from 2016 to 2020 is 96.9 percent. It is important to execute planned budgets without setbacks. But the 2020 budget should be thoroughly reviewed as four supplementary budgets were added for the first time since 1961 to help overcome the Covid-19 crisis. Unnecessary spending is another name for unjust taxes.

The size of the 2022 budget is 604.4 trillion won ($521.7 billion), the first to go over 600 trillion won. In the review process, details of the spending must be thoroughly examined. Only the necessary budgets should be reflected by distinguishing whether it's to revive the economy or to win voters' hearts before the next presidential election on March 9.

The era of over 1,000-trillion-won national debt has begun. For how long should the country be run by issuing national debt that future generations must pay back? Sima Qian warned that if feathers pile up, it can make a ship sink. We must not forget the historic lesson that extreme imbalance of fiscal revenue and spending pushed empires off the cliff many times.

As our national budget has expanded, I hope the government maintains its fiscal integrity for the country. The dignity and class that the state financing pursues is to have all citizens enjoy minimum dignity as a human. Dignity cannot be attained overnight or purchased at the market. Political leadership that can explain the vision of the state financing in detail and convince the people will be a critical variable determining dignity.

Politics exists to make a country wealthy and strong. The legislature and the government — major players of the budget market — must not abandon the ideal of optimal budget allocation. They must not become the spineless "fool in the shower" or encourage social waste with inconsistent policy of giving a left turn signal and making a right turn. It is just not right to pass the homework of tough fiscal management to the future generations after making policy mistakes and hefty spending.

The government and the legislative must assume the role of a catalyst to light the flame for the people who want to rise again by finding the right path for the money. Struggling to revive the British economy, Prime Minister Margaret Thatcher had kept the ten commandments of what not to do in her purse. You can't be affluent without being frugal, you can't get out of the problem if you spend more than you earn, and you can't seek stability with borrowed money. Those are three of the ten commandments.

The author is a professor at Chung-Ang University Graduate School of Public Administration and former head of the National Assembly Budget Office.

제3부

NABO의 길을 닦고 거닐다

제 1 장 NABO의 과거와 현재 그리고 미래

1. 예산정책 공론의 장을 열며

『예산춘추』 창간사
(2005.3.31.)

우리 국회예산정책처는 국가의 예산결산 · 기금 및 재정운용과 관련하여 연구분석 · 평가하고 의정활동을 지원하기 위한 조직으로 2004년 3월 3일 개청되었습니다. 개청 후 1년 동안 예산안분석보고서, 결산분석보고서, NABO 경제동향 및 전망 등의 발간과 국회의원 또는 위원회의 조사 · 분석요구사항 회신을 통하여 국회의원의 의정활동에 대한 서비스를 극대화하는 한편 전문성을 갖춘 재정통제 지원 전문기구로의 위상을 확립하기 위해 노력해 왔습니다.

우리 처는 개청 1주년에 즈음하여 처내 분석관 · 평가관의 직무관련 전문성을 제고함과 동시에 국회예산정책처의 활동을 대외적으로 홍보하고 국회의원 및 재정관련 전문가 그룹들과의 교류를 도모하고자 『예산춘추』를 정기적으로 발간하게 되었습니다.

『예산춘추』는 예산과 재정 관련 이슈를 선정하고 이에 대한 여 · 야 국회의원과 학자, 관계공무원, 시민단체 관계자 등 관련 전문가들의 다양한 주장과 이를 뒷받침하는 논리를 담은 글을 한군데 모아 매회 특집으로 수록하고 있습니다. 이러한 특집란을 통해 『예산춘추』는 우리나라 재정관련 전문가들이 자신의 주장을 맘껏 펼치고 상호 이해를 도모하는 최고 수준의 허브가 될 것입니다.

예산 · 정책 논단은 재정, 조세관련 전문가가 특정한 주제 없이 자유롭게 자신의 견해를 펼칠 수 있는 섹션으로서 창조적이고 정곡을 찌르는 아이디어로 가득 찬 글들을 접할 수 있을 것입니다.

또한 국회예산정책처의 분석관 · 평가관들이 수행한 각종 연구 분석 사항 중 많은 국민들이 관심을 가질 만한 주제를 알기 쉽게 설명한 글들을 사례연구라는 이름으로 수록하고 있습니다. 이러한 글들은 정부의 재정활동에 대한 국민의 이해를 진작함과 동시에 국민과 함께 예산집행 행정부서를 견제하는 역할을 할 수 있을 것으로 기대합니다.

이외에도 국회예산정책처의 대내외활동을 담은 화보, 세계 각국의 예산과정과 예산정책의 최신 동향을 소개하는 연재기사, 국회예산정책처 내의 연구모임의 활동 및 성과를 소개하는 코너 및 각종 교양물 등은 우리 처의 활동을 친근감 있게 보여주고 대외교류를 활성화하는 통로가 될 것입니다.

이번 『예산춘추』 발간에 많은 관심과 격려를 아끼지 않으신 김원기 국회의장님께 우선 깊은 감사의 말씀을 드리며 아울러 축하의 글을 전해 주신 전윤철 감사원장, 강봉균 예산결산특별위원회위원장, 한덕수 부총리겸재정경제부장관, 남궁석 국회사무총장, 변양균 기획예산처장관, 그리고 Douglas Holtz-Eakin 미국 CBO 처장께도 감사의 말씀을 드립니다.

이번 창간호는 국회예산정책처가 지난 1년간의 자리매김 과정을 정리하는 뜻 깊은 산출물이 될 것으로 믿습니다. 아무쪼록 『예산춘추』가 대한민국 국가예산 및 재정 관련 이슈를 정리하고 고민할 수 있는 최고의 기관지가 될 수 있기를 바라마지 않습니다. 아울러 많은 분들의 조언과 격려 그리고 비판을 겸허히 수용하면서 더 나은 『예산춘추』가 될 수 있도록 최선을 다하겠습니다.

『예산춘추』 제호의 의미

정부는 봄에 예산을 편성하고 국회는 가을에 예산을 심의한다는 의미와 아울러 예부터 좌고우면하지 않고 진실을 기록하는 언론의 자세인 "춘추필법(春秋筆法)"의 의지를 담고 있습니다.

2. 대한민국 최고의 예산정책 전문기관으로 도약하자

처장 취임사
(2008.9.2.)

사랑하는 국회예산정책처 가족 여러분,
제3대 국회예산정책처장으로 여러분과 함께 일하게 된 신해룡입니다.

국회예산정책처의 모태인 법제예산실 예산정책심의관, 예산정책국 초대국장, 그리고 예산정책처 출범 후 초대예산분석실장으로 여러분들과 동고동락 하다가 이렇게 3년여 만에 다시 만나게 되어 감회가 새롭습니다. 그동안 저는 단 하루도 예산정책처를 생각하지 않은 날이 없었습니다.

제헌60주년을 맞아 예산에 관한 국회의 주도권 확보와 국회 위상제고에 노력을 경주하는 이 중차대한 시기에 국회예산정책처 처장이라는 중책을 맡게 되어 어깨가 참으로 무겁습니다.

그러나 뛰어난 전문성과 업무능력을 바탕으로 그동안 놀라운 성과를 발휘해 주신 직원 여러분들이 저와 함께한다고 생각하니 마음 든든합니다.

저는 "건전한 재정 없이 건전한 정부는 존재하지 않으며, 건전한 정부 없이 건전한 국가는 있을 수 없다"는 예산관을 가지고 국가경쟁력 향상과 국가번영의 기틀을 잡는데 우리 조직의 역량을 결집하여 착실하게 성실히 수행해 나갈 것입니다.

이를 위해 저는 지금까지 일관되게 공직생활의 대부분을 국회의 적절한 재정통제가 국가재정의 건전성 확보를 위해 필수적이라는 신념으로 혼심(魂心)을 모두 바쳤습니다. 국회예산정책처의 모태인 법제예산실을 1994년에 설립하고 2000년에 국회 내 최초의 예산정책부서인 예산정책국을 출범시킬 당시의 꿈과 열정은 아직도 제 가슴에 뜨겁게 남아 있습니다.

이제 국회예산정책처장이라는 막대한 중임을 맡아 '국회 시각에서의 독자적 정보생산과 예산 분석, 행정부 독주의 견제와 감시'를 통해 국회 본연의 예산심사기능을 확보하겠다는 초심과 소명의식으로 저에게 맡겨진 직무를 열과 성을 다하여 열심히 수행할 것입니다.

우리 국회예산정책처는 2003년 10월에 설립되어 어느덧 5년차를 맞이하고 있습니다. 그동안 두 분의 훌륭하신 전임 처장님들과 여러분의 노력으로 의정지원 재정전문기관으로서 기반을 착실히 다졌다고 생각합니다.

그러나 그동안 우리가 일부의 성과를 이루었다고 현실에 안주하면 퇴보의 지름길이 될 수 있습니다. 지금까지의 성과에 자만해서는 안 됩니다. 진정한 의미에 있어서 재정 규율과 재정민주주의를 제대로 확립하기 위해서는 아직도 해결해야 할 과제들이 산적해 있기 때문입니다.

사랑하는 직원 여러분,

이제 저는 3대 처장으로서 우리 처를 한걸음 더 발전시켜 명실 공히 '대한민국 최고의 예산정책전문기관'으로 도약할 수 있도록 혼신의 노력을 다할 것입니다. 이를 위해 직원 여러분들께 몇 가지 당부 말씀을 드리고자 합니다.

첫째, 국회재정전문기관에 걸맞은 통합적 분석 노력이 필요합니다

각 실국 간에 현안 정보를 공유하고 내부토론과 검증을 통한 의사결정 효율화를 통해 시너지 효과가 발휘될 수 있는 역량 강화가 요구되며, 이를 위해 처 내의 멘토링 시스템, 직장 내 코치제도의 도입 그리고 피어 리뷰(peer review)의 확대 등 효율적 협업시스템을 구축하겠습니다. 전 구성원은 예산현안전반에 대한 통찰력과 분석력이 가장 필요한 만큼 주어진 직무에 대한 시계(視界)를 넓혀 각 실국의 업무역량 개발과 강화를 위해 더 한층 분발해 주시기 바랍니다. 저는 여러분이 예산현안에 대한 최대한의 순발력과 적응력을 키우고 분석내용의 합리성과 지속가능성을 지닐 수 있도록 가칭 「예산이력 분석시

스템」 내지는 「예산현안스크리닝시스템」을 제도화하는 등 역량축적 방안을 강구하겠습니다.

둘째, 우리는 행정부 정책의 옹호자가 아닌 최고의 예산분석을 할 수 있는 전문가가 필요합니다.

우리 각자는 국회예산정책처법에서 보장하고 있는 정치적 중립성, 전문성 및 독립성에 기반을 둔 균형감각을 갖고 업무에 정진하여야 할 것입니다. 특히, 우리가 만들어내는 보고서가 정쟁의 여지를 제공하지 않고 신뢰성을 확보하는 것이 우리 처가 성공하느냐, 못하느냐의 관건이 되는 만큼, 자료수집에서 분석에 이르기까지 합리적 논거를 제시하면서 최종 결론에 이르기까지 투명성을 확보하고 그 결과에 책임지는 풍토를 확립해 나가겠습니다. 따라서 우리 모두가 책임운영기관의 책임자라는 자세를 가지고 보고서의 질적 수준제고에 심혈을 기울이는 한편 보고서의 준비 - 작성 - 발표의 전 과정에서 책임있는 자세로 임해야 할 것이며, 반드시 그에 대한 정확한 사후 평가가 뒤따라야 된다는 점을 강조합니다.

셋째, 예산정책처의 가장 소중한 고객은 바로 국회의원과 위원회입니다.

따라서 가장 시의적절한 연구를 위하여 우리의 1차 고객이 어떤 분야에 관심이 있는지 끊임없는 접촉과 소통을 통하여 「수요자 중심의 맞춤형 분석」에 필요한 아이디어와 주제를 선정하는데 가일층 노력해 주시기 바랍니다. 또한 자문위 및 자문단, 학계, 연구단체, 언론 및 시민단체와 격의 없는 소통을 통해 각계의 다양한 고견을 수렴하여 이를 객관적으로 분석해 나가야 할 것입니다. 고정관념의 교실에서 과감히 벗어나서 늘 탐구하는 자세로 직무를 수행하여야 합니다. 이렇게 될 때 우리는 타의 추종을 불허하는 명품보고서를 생산할 수 있고, 궁극적으로 국회와 국민으로부터 신뢰받는 NABO로 뿌리내리는 계기가 마련될 것입니다.

넷째, 우리는 같은 배를 탄 동료들입니다.

끈끈한 인화단결 및 구성원의 공동체 의식함양과 직원들 간에 배려와 협력을 바탕으로 스스로 명예롭고 자긍심을 가질 수 있는 NABO로 만들어 나가겠습니다. 우리 처가 늘 활력이 넘치고 Membership, Partnership, Friendship을 공고히 하여 여러분 모두가 지금보다 성장하고 발전할 수 있도록, 여러분의 꿈이 이루어질 수 있도록 지원 하겠습니다. 저는 조직의 통합성은 직원의 지속적인 근무가 보장될 때 가능하다고 믿기 때문에 향후 능력이 있는 조직의 구성원들이 미래에 대해 불안해하지 않고 직무에만 전념하여 최대의 역량을 발휘할 수 있는 제도적 방안을 적극 강구하겠습니다. 또한 연구능력, 분석능력, 의사소통 능력 등을 바탕으로 적절한 성과평가와 보상이 이루어지도록 하겠습니다. 그렇지만 조직의 품격을 해치거나 부적합한 행태를 보이는 직원들에 대해서는 그에 상응하는 조치를 취하겠습니다. NABO가 국리민복의 초석을 단단히 다지는 그날까지 대한민국 예산·재정 분야에서 역사의 큰 줄기를 만들어간다는 자부심을 가지고 끊임없는 조직혁신과 개혁을 해나가겠습니다.

마지막으로, 올해는 제헌 60주년 및 국회개원 60주년이 되는 해입니다.

김형오 국회의장님께서 18대 국회 첫 정기회 개회사에서 밝히신대루 '정책국회, 국회다운 국회, 일하는 국회, 미래를 준비하는 국회'의 디딤돌이 될 수 있도록 우리가 가지고 있는 모든 역량을 총결집하여 국민이 체감하고 평가받는 생산적인 국회를 만들어 나갑시다. 최근 국정의 패러다임도 행정부 중심에서 국회의 견제와 균형을 통한 상호발전적 방향으로 나아가고 있습니다. 행정부의 발목을 잡는 NABO가 아니라 정부의 예산정책상 NG를 사전에 방지하는 것은 물론 오히려 주도적으로 해법과 대안을 제시하는 NABO를 만들어 갑시다. 이러한 의미에서 저는 금년을 『국회 재정통제권의 획기적 확보를 위한 원년』으로 삼아 국회와 국민으로부터 신뢰받을 수 있는 예산정책처로 반드시 발전시켜 나가겠습니다.

예산정책처에 주어진 사명을 완수하고 안팎의 기대에 부응할 수 있도록 새로운 각오로 분발해 주실 것을 다시 한번 직원 여러분께 당부 드립니다. 저 또한 처장으로서 대내외적인 도전을 막아낼 수 있는 방파제와 여러분을 끝까지 지켜주는 든든한 버팀목이 되겠습니다.

사랑하는 직원여러분께 다시 한번 강조합니다. 「지금까지의 NABO」를 넘어 「지금부터의 NABO」가 진정한 의미에 있어서 「나라살림 지킴이, 나라정책 길잡이」로서의 역할을 수행하는 견인차가 될 것임을 굳게 믿고 새로운 도약을 위한 힘찬 발걸음을 내딛읍시다. NABO의 비전과 미션, 그리고 철학이 반드시 성취될 수 있도록 함께 노력해 나갑시다.

직원 여러분 모두에게 행운이 함께하기를 기원하면서 이상으로 취임사에 갈음하고자 합니다. 감사합니다.

3. NABO 마케팅 원년으로 삼자

2009년도 신년사
(2009.1.2.)

사랑하는 예산정책처 직원 여러분!

2009년도 기축년을 맞이해서 오늘 시무식을 통해 여러분과 함께 우리가 올해 무엇을 할 것인지에 대해서 점검해 보는 그런 소중한 시간을 갖고자 합니다.

우선 여러분 모두 소망하는 일 다 이루시고, 가정마다 화평과 건강이 함께 하길 기원합니다.

어제 의장공관에서 의장님을 모시고 기관장들만 모여서 약식으로 신년도 하례식을 했습니다. 의장공관은 여러 차례 갔던 공간입니다. 특히 우리 예산정책처 하고는 상당히 관련이 많은 곳이 의장공관입니다. 지금 우리 처에 와서 재직기간이 몇 년 된 직원들은 잘 기억하실 거예요. 의장공관에서 박관용 의장님께서 주최한 만찬회에 5급 이상 전 직원이 참석했던 기억을 떠올릴 수 있을 것입니다. 「국회예산정책처법」 통과를 주도하셨던 박의장님께서는 우리 처에 대해 각별한 애정을 가지고 계셨습니다. 그래서 국회의 어느 기관과도 하지 않았던 5급 이상 전 직원이 참석하는 만찬 자리를 마련해주신 것입니다.

그런 장소이기 때문에 처장이 되어 다시 찾은 공관은 저에게 유달리 다른 의미로 다가왔습니다. 그런 감회로 구석구석을 살펴보는데 그림 한 점이 눈에 들어왔습니다. 히말라야의 웅장한 산맥이 담겨 있는 그림이었는데 봉우리를 세어보니 12개 정도 보였습니다. 그리고 셰르파(Sherpa) 여섯 명이 짐을 지고 올라가는 모습도 보였습니다. 저는 그 그림을 보면서 우리 처와 연계해서 이런 생각을 해 보았습니다. 히말라야를 올라가는 사람에겐 스톱워치가 필요하지 않을 것이다, 그곳에서는 속도와 신기록은 존재하지 않을 것이다, 오로지 있다면 묵묵히 정상을 향해 나아가고자 하는 노력, 목표 이 두 가지뿐이 아니겠는가. 저는 그 그림을 보면서 우리 처가 나아가야 할 방향을 파노라마처럼 펼쳐보았습니다.

그리고 의장공관에서 식사를 마친 후에 사무실에 와서 여러분과 나눌 얘기를 정리했고, 이제 그 내용을 말씀드리겠습니다.

우선 오늘 수상한 직원들 축하합니다. 여러분들이 우리 조직의 MVP입니다. Mind up과 Vision up, Passion up으로 무장된 소중한 엘리트들입니다. 여러분 가슴에 축하의 꽃다발을 가득히 안겨드리는 바입니다.

이제 새로운 업무를 시작하면서 여러분들과 함께 몇 가지 다짐을 하고자 합니다.

첫 번째, 예산정책분야의 주도권을 잡는 2009년도를 만들어 갑시다.

여러분, 피터 드러커가 이런 얘기를 했습니다. Build on Strength. 강점 위에 구축하라는 얘깁니다. 우리 예산처가 그동안 5년 동안 쌓아온 경험과 성과에 만족하지 말고 그것에 더해서 새로운 부가가치를 창출하는 노력을 아낌없이 해줘야겠다는 것입니다. 왜 부가가치가 필요하냐. 그 부가가치 속에 우리의 비전과 꿈이 담겨 있는 것이고 우리가 하고자 하는 핵심가치를 나눌 수 있는 그 모든 부분들이 포함되어 있다고 보기 때문입니다. 그래서 여러분들이 바로 늘 한발 앞서서 생각하고, 그리고 대안을 제시하는 one-up attitude가 필요합니다. 늘 한발 앞서갑시다. 그래서 정부에게 보다 따끔한 대안을 제시할 수 있는 그런 강점 위에서 우리 처의 경쟁력을 구축하는 한 해가 되기를 바랍니다.

저는 취임하면서 여러분에게 NABO의 업무분석지침으로 제시한 「QUEST」와 보고서 작성지침인 「CRAI」의 일상적인 적용을 통해 경험을 공유해주실 것을 당부드린 바 있습니다.

우선 QUEST를 좀 더 활성화시켜 나갔으면 하는 바람을 전합니다. 「QUEST」는 국회예산정책처 전 직원이 효과적이고 질 높은 분석을 통해 적시에 필요로 하는 예산정책 정보를 제공하겠다는 다짐과 탐구의 정신을 담은 업무수행원칙입니다. Q는 Quality-based입니다. 분석 · 평가의 질적 수준을 제고하여 고객 지향 명품보고서를 만들자는 것입니다. 두 번째 U는 Usability입니다. 의정활동 지원의 실효성 및 실용성이 확보된 보고서 발간을 통해 보고서의 수용성을 높임으로써 분석결과의 활용도를 제고하자는 것입니다. 세 번째 E는 Evaluative입니다. 이는 측정가능한 객관적 수치를 제공함으로써 궁극적으로 재정지출의 가치, Value for Money를 구현하자는 것입니다. 네 번째 S는 Specific입니다. 구체적인 주제선정과 성과측정기준을 근거로 한 분석 · 평가를 통해 구체성을 시현하자는 것입니다. 가급적 성과측정은 3E, 즉 Efficiency와 Effectiveness, Economy를 감안한 기법을 적용해 주기 바랍니다. 마지막으로 T는 Timely입니다. 이는 보고서 작성기한을 엄수하고, 시의 적절한 보고서를 제공하자는 뜻을 담고 있습니다. 이는 제가 예산분석실장 시절 제안했던 것으로 지금은 NABO가 「QUEST」 정신에 입각하여 연구 분석 활동에 정진하겠다는 공식 직무지침입니다. 업무를 처리할 때마다 「QUEST」 지침에 따라 해주실 것을 다시 한번 당부 드립니다.

이 중에서도 금년에 여러분에게 가장 강조하고 싶은 것은 Timely, 적시성입니다. 최근에 부서장들과 회의를 하면서 "Slow help is no help다. 늦게 도와주는 것은 도와주는 게 아니다."라는 점을 강조해왔습니다. 우리에게 필요한 것은 바로 적시성입니다. 때를 놓쳐 나중에 도움을 주는 식으로 해서는 우리가 가고자 하는 길로 갈 수가 없습니다. 바로 지금 이 순간 필요로 하는 정보를 그 시점에 제공할 수 있도록 늘 준비하는 그런 한해가 되었으면 합니다.

또한 보고서 작성 시 반드시 체크해야 할 「CRAI」지침이 올해는 확실히 착근될 수 있도록 해주시기 바랍니다. C는 Conclusion으로 결론의 명확성과 참신성, 논리성을 요구하는 것입니다. R은 Reference로 자료의 정확성과 다양성, 인용의 정확성을 기해달라는 것입니다. A는 Approach로 과학적 방법론의 합리적 이용과 현장에 기반을 둔 접근분석, 그리고 방법론을 적용함에 있어서 장·단점과 한계를 인식하고 이를 충분히 반영하고 있는가를 점검해야 한다는 것입니다. I는 Implication으로 정책적 제언 제시와 의제화에 기여할 수 있는지, 정책적 제언이 해당 분야뿐만 아니라 주어진 전체 국가재정의 여건도 충분히 고려한 결과인가를 점검해달라는 것입니다. 이렇게 할 때 우리 NABO의 보고서는 공장에서 찍어내는 제품이 아니라 장인이 만들어내는 명품으로 탄생될 것입니다.

아울러 각 부서별로 지금 새해 업무 계획을 짜고 있습니다만 올해는 Calendar 식으로 일을 해 나갈 것입니다. 연중 상시적으로 예산심사를 할 수 있는 그런 체계를 구축해 나갈 것입니다. 그래서 올 한해는 우리가 예산의 주도권을 가지고 나아갈 수 있는 그런 강한 의지를 여러분들이 가져주셨으면 합니다.

두 번째, 부서 간 협력을 통한 시너지효과를 극대화 해주기 바랍니다.

여러분들이 업무분장에 따라 예산분석실, 그리고 경제분석실, 사업평가국에서 각자 맡은 일을 하고 있지만 우리가 진정으로 가고자 하는 방향이 무엇인지에 대해서 고민하고 있는지 가끔 의문을 가질 때가 있습니다. 분명히 우리가 「나라살림 지킴이, 나라정책 길잡이」라는 반듯한 지향목표를 가지고 있음에도 불구하고 그런 목표를 달성하기 위해서 우리 세 부서가 또 세 부서의 구성원들이 한 방향으로 정렬이 돼 있는 것인가 혹시 따로따로 있는 것은 아닌가, 한 부서에서 힘을 내기보다는 여러 부서가 동시에 공동으로 추구하는 꿈과 가치가 있을 때 우리가 원하는 것을 이룰 수 있다고 생각합니다. 여러분 모두 한 방향으로 정렬을 해주시고 거기에 핵심역량을 모아줄 것을 당부드립니다.

Team이라는 게 도대체 무엇을 의미할까요? 다수가 모였다고 해서 팀이 되는 건 아니지요. 서로를 존중하고 신뢰하고 지켜줄 때 비로소 진정한 팀이 완성됩니다. 제각기 흩어지는 개인은 다 한 방울의 물에 지나지 않지만, 팀워크로 힘을 합쳐 협력하면 대양이 됩니다. 그걸 함축한 명구가 있습니다. Together Everyone Achieves More, 뭉치면 모든 이가 더 많은 것을 이룬다는 의미입니다. 모두가 함께 이전보다 더 많은 것을 이룰 수 있는 사람들이 바로 Team이라는 얘기죠. 여러분들이 팀워크를 잘 이뤄서 부서 간 협력을 통한 시너지효과를 극대화시켜주실 것을 당부드립니다.

세 번째, 주도면밀하게 업무를 추진해 주시기 바랍니다.

여러분, 혹시 결재가 있을 때나 보고할 게 있어 처장실에 왔을 때, 小中顯大란 글이 담겨 있는 액자를 한번 보셨는지요. "작은 것 가운데 큰 것을 이루자" 라는 뜻입니다. 작지만 소중한 부분이 있는데 우린 작은 것, 사소한 것에 대해서 의외로 많은 힘을 기울이지 않습니다. 여러분, 아무리 훌륭한 명마가 있다 하더라도 그 발밑에 박힌 편자가 잘못되면 말은 오랜 시간 달릴 수가 없습니다. 아주 작은 못 하나 때문에 편자의 역할을 못하게 되면 명마는 명마로서의 자질을 발휘할 수가 없습니다. 저는 여러분들이 바로 작은 것, 디테일한 것, 그런 사소한 것부터 소홀히 하지 않는 분석 관행이 자리 잡기를 바랍니다. 그래서 거대한 담론보다는 좀 더 치밀하게 사안을 분석하고 거기서 얻은 결론을 제시할 수 있는 업무역량을 축적해주시기 바랍니다.

네 번째, 고객지향 업무추진의 일상화를 통해서 NABO Market을 형성해 가는 한해가 되었으면 합니다.

저는 NABO Market을 만들고 싶어요. 우리 NABO Market! 그래서 우리 시장에 다가오는 고객에게 최대한의 만족을 주자, 고객 만족경영을 해보자는 거예요. 여러분, 우리가 생산을 했는데 판매가 안 되면 과거에는 뭐라고 했습니까? 재고라고 했습니다. 그런데 오늘날은 그걸 쓰레기라고 말합니다. 어떤 고객이든 그 제품에 대해서 불만족스럽게 생각하면 그 불만족 의견은 11명에게 전파된다고 합니다. 그럼 우리 고객이 누굽니까? 우리 고객의 눈높이가 어디에 있습니까? 그 고객의 눈높이에서 고객의 욕구가 무엇인지 찾아서 해소해 주고 만족시켜 주고 그래서 고객목표를 달성해 나가자, 그래서 그 고객들이 우리 예산처 이름만 나오면 우리가 나아갈 방향을 등대처럼 밝혀주는 그런 Lighthouse customer를 확보하자, 그렇게 되면 여러분들이 NABO Market에 참여하고 있는 구성원으로서 합당한 평가를 받을 것이다, 그래서 NABO Market을 한번 형성해 보자는 것입니다. NABO Market에서 저는 사장입니다. 중역들이 있고 팀장들, 팀원들이 있습니다. 전부 NABO 시장을 구성하고 있는 사람들입니다. 그래서 그런 노력을 제대로 해보자는 게 제 충정입니다.

끝으로 조직 및 인사시스템을 개선해서 성과제고를 기해 보도록 하겠습니다.

제가 취임할 때 여러분에게 이런 약속을 했습니다. "머리에 대한 보상, 가슴에 대한 보상, 지갑에 대한 보상을 하겠다." 하나하나 해낼 겁니다. 특히 오늘 매우 의미 있는 일이 있습니다. 바로 5년 전 우리 예산정책처가 출범할 때 처음 팀장으로 임명됐던 조영철 팀장이 5년간의 계약기간을 마치고 오늘 다시 새로운 계약을 해서 임명장을 받았습니다. 이것은 대단히 중요한 의미를 가지고 있습니다. 앞으로 여러분들이 일할 수 있는 이 예산처는 어떤 처여야 되느냐. 자다가 벌떡 일어나서 나가고 싶은 그런 일터로 만들어내야 됩니다. 여러분 가슴에 다이아몬드 같은 그런 기쁨이 솟아오르는 그런 일터로 만들어내야 합니다. 그것이 제 소망입니다. 여러분들의 창의성과 개성, 열정이 마음껏 발휘될 수 있는 그런 일터로 만들어야 합니다. 그래서 팀을 확대 · 개편해 나갈 것입니다. 그리고 연구직을 도입할 것입니다. 꽤 넓은 범위의 조직

개편이 있을 것입니다. 여러분들이 여러분들의 꿈을 마음껏 펼칠 수 있는 그런 조직으로 만들어 내겠습니다. 여러분들이 성장하는데 어떤 장애요소가 있다면 처장으로서 제거하고 여러분들의 잠재능력을 이끌어 내는데 최선을 다할 것입니다.

여러분들은 저에게 약속을 하나 해주셔야 합니다. Performance deficit! 성과적자를 내는 사람에게는 거기에 합당한 평가를 하겠다는 것입니다. 재정적자만 문제가 있는 것은 아니고 Performance deficit도 문제가 됩니다. 성과적자를 내지 않도록 유념해주기 바랍니다. 놀고먹는 곳이 우리 예산처가 아니라는 것을 여러분들이 명심해서 그런 성과 제고를 위한 일터로 만드는데 모든 노력을 다 기울여야 하겠습니다.

직원 여러분, 올해 3월 3일은 개청 5주년입니다. 드디어 우리가 이제 5주년의 역사를 갖는 아주 소중한 시간을 마주하게 됩니다. 개청 5주년 기념식 때 다시 여러분과 말씀을 나누기로 하고 다만 제가 지금 바람이 있다면 5주년을 맞이한 우리 예산처가 '국가발전의 저수지이자 발전소'로 도약하는 그런 기반을 우리가 쌓아나갔으면 좋겠다, 그게 제 소망입니다.

여러분, 앨빈 토플러가 '부의 미래'에서 공공기관의 비효율성을 속도에 빗대어 표현한 게 있습니다. 기업이 시속 100마일인데 정부는 25마일이다. 여러분, 우리는 지금 몇 마일로 가고 있을까요? 우리 예산처는 지금 몇 마일로 우리가 지향하는 곳으로 가고 있을까요? 반드시 우리가 공공기관의 비효율성을 제거하는, 정부가 과속운전하고 있으면 막아주고 과적운전도 막아주고 음주운전도 막아주는 정부의 NG를 사전에 예방하는 그런 역할을 하는데 우리의 모든 지혜를 모아야 됩니다. 개청 5주년 그 날 우린 또 다시 또 다른 다짐을 하기로 하겠습니다.

올 2월에 로마에서 의회예산기관장회의가 있습니다. 우리 의회의 예산관료들의 첫 번째 미팅으로, 저는 그 미팅을 통해서 우리 NABO가 세계적인 재정전문기관으로 우뚝 설 수 있는 계기로 삼고자 합니다. 처 개청 5주년에 로마에서 제 1차 회의가 열린다는 것은 대단한 의미를 가지고 있다, 이건 우리 예산처의 운명과 같은 것입니다. 보이지 않는 손이 우릴 이끌고 있다고 생각하니 역동적이고 희망찬 NABO의 미래를 꿈꾸게 됩니다. 그런 조직을 만들기 위해서 여러분과 함께 열심히 뛰겠습니다.

여러분, 올해가 기축년 소띠라는 것은 잘 아시죠. 소띠와 관련해서 우선 생각나는 것은 호시우행(虎視牛行)입니다. 호랑이의 눈빛으로 소처럼 행한다. 다음은 우보만리(牛步萬里)가 떠오릅니다. 이 둘을 합치면 호시우보(虎視牛步)가 됩니다. 호시우보, 호랑이의 형형한 눈빛으로 정부의 예산과 정책을 분석·평가하고 소처럼 우직하게 우리가 나아갈 방향을 묵묵히 가야겠다고 다짐해 봅니다. 여러분도 호시우보의 자세로 올 한해 잘 지내길 바랍니다. 그 대신 소 잃고 외양간 고치는 그런 우는 범하지 않기를 바랍니다.

다음은 변화의 주역이 되었으면 합니다. 지난해 연찬회 때 여러분에게 이렇게 말씀드린 적이 있습니다. Change에서 g를 c로 바꾸면 뭐가 되는가? Chance라고 했습니다. '변화는 우리에게 기회다'라는 얘기를 했었죠. 不變者 不得天下라는 말이 있습니다. "변하지 않고서는 어떤 것도 이룰 수 없다. 천하를 얻을 수 없다"는 말입니다. 우리가 하고자 하는 일을 변하지 않고서는 이룰 수 없다는 것이죠. 저부터 변하겠습니다. 여러분도 서로의 변화를 북돋아 주십시오. 변화를 이끌어 주세요. 그래서 우리가 향하는 고지에 갈 때까지 함께 손잡고 변화하고 성장해 나갑시다. 그래서 우리의 힘과 지혜로 역사의 수레바퀴를 앞으로 굴려 나갑시다. 국민들이 예산처 이름만 들으면 마음 놓고 편안하게 잘 수 있는 국회예산처로 만들기 위해 노력합시다.

여러분 저는 가끔 정현종 시인의 '모든 순간이 꽃봉오리인 것을'이라는 시를 암송하곤 합니다.

나는 가끔 후회한다
그 때 그 일이
노다지였을지도 모르는데

그 때 그 사람이
그 때 그 물건이
노다지였을지도 모르는데

더 열심히 파고 들고
더 열심히 말을 걸고
더 열심히 귀 기울이고
더 열심히 사랑할 걸

반벙어리처럼
귀머거리처럼
보내지는 않았는가
우두커니처럼
더 열심히 그 순간을
사랑할 것을

모든 순간이 다아
꽃봉오리인 것을
내 열심에 따라 피어날
꽃봉오리인 것을

여러분, 내 열심에 따라 피어날 꽃봉오리를 여러분 가슴 가슴마다 피어서 올 한해 소원성취하기를 진심으로 바랍니다. 다시 한번 기축년 새해 희망찬 보석 같은 소망 다 이루기를 기원하면서 시무식사를 마치겠습니다. 감사합니다.

4. 다가올 미래의 5년을 대비하자

개청 5주년 기념식사
(2009.3.6.)

우선 오늘 국회예산정책처 개청 5주년 기념식에 참석하시어 자리를 빛내 주신 존경하는 김형오 국회의장님께 진심으로 감사드립니다. 아울러, 바쁘신 가운데도 소중한 시간을 내시어 참석해 주신 홍준표 원내대표님, 원혜영 원내대표님, 문국현 원내대표님, 이종혁 의원님과 박계동 사무총장님 그리고 내외귀빈 여러분께 깊은 감사의 말씀을 드립니다.

오늘 개청 5주년을 맞이한 우리 국회예산정책처는 그동안 예산정책분야에 있어서, 시대를 선도하고 시대가 필요로 하는 현안 과제를 풀어가는 의정지원 재정전문기관으로 자리매김 하였습니다.

설립초기에 꿈처럼 여겨졌던 일들이 지금은 우리 앞에 엄연한 현실로 다가와 있는 것이며, 이런 NABO를 만들기 위해 그동안 우리는 참으로 위대한 몸부림을 하였습니다.

5년 전 국회예산처가 탄생한 것은 우리 국회가 예산정책을 결정할 수 있고 독자적인 정보를 생산하고 예산심의에 있어 행정부의 독주를 막고 국회가 본연의 예산심사기능을 수행한다는 데 큰 의미가 있었습니다.

이를 위해 국회차원의 거시경제 전망과 체계적인 예산안 및 결산분석, 심도 있는 사업 평가뿐만 아니라 의원님의 조사분석 요구에 대한 객관적이고 적시성 있는 회답을 제공하여, 재정민주주의 구현과 국회 발전에 큰 기여를 했다고 자부합니다.

오늘의 이런 성과는 NABO 가족 모두의 뜨거운 열정과 헌신, 희생의 덕분입니다. 또한 평소 우리 처에 각별한 애정을 가지고 끊임없는 지원을 아끼지 않으신 김형오 국회의장님을 비롯한 국회의원님과 학계, 언론계 등 국민 여러분의 격려와 관심으로 이루어진 것이라 생각합니다.

국회예산정책처 구성원들과 국회의장님을 비롯한 국회 가족 여러분들께 이 모든 영광을 돌리며, 깊은 감사의 말씀을 드립니다.

이제, 국회예산정책처는 지난 5년보다 더 빠르게 다가올 미래의 5년을 대비해야 할 것입니다. 지금까지의 성과에 만족하지 않고 NABO가 국가발전 어젠다의 저수지이자 발전소로서 국민 속에 인식되고 대한민국 최고의 정책 산실(Think Tank)로서의 위상을 갖출 수 있도록 부단한 노력과 정성이 필요합니다.

지난해 노벨경제학상을 수상한 폴 크루그만 교수는 '역사는 위기에 맞서 싸우기에 좋은 도구가 정부지출이라는 것을 보여주고 있다'고 역설하였습니다. 최근의 경제 위기 속에서 국가재정은 경제현안을 해결할 수 있는 영구적인 치료제는 되지 못하겠지만 어려움을 크게 완화시켜주는 이완제임에는 틀림없을 것입니다.

지금 어려운 우리 경제를 회복시키기 위해 재정의 역할은 그 어느 때보다 중요하고 절실합니다. 따라서 우리 NABO는 당면한 경제위기를 슬기롭게 극복하기 위해 필요한 대안을 모색하고, 국가재정이 주어진 역할을 효과적으로 수행할 수 있도록 모든 지혜를 모아야 합니다.

나아가 국회와 국가 발전에 크게 기여할 수 있는 재정 전문기관으로서의 핵심역량과 명성을 지속적으로 착실히 쌓아야 합니다.

불꽃이 활활 타올라 아름다워 보이는 순간은 사실 나무들이 빠른 속도로 재로 변하고 있는 순간이기도 합니다. 그러므로 불꽃이 가장 화려할 때 샴페인을 터트릴 것이 아니라 그 불꽃을 더욱 활활 타오르게 만들 장작을 구하러 다녀야 합니다. 우리가 머뭇거리는 순간에 화려한 불꽃은 금방 재로 변해버리고 말 것이기 때문입니다. 노아가 인류를 구할 수 있었던 것은 홍수를 예측했기 때문이 아니라 크고 튼튼한 방주를 준비했기 때문입니다.

사랑하는 국회예산정책처 직원 여러분!

저는 지난 2월말 로마에서 개최된 OECD 제1차 의회예산기관장회의에 참석하여 우리 NABO의 무한한 발전가능성을 확인할 수 있었습니다. 우리는 누구도 생각하지 못했던 것을 일구어내고 누구도 넘보지 못하는 꿈을 실현하였습니다. 이제는 참으로 위대했던 지난 5년을 뒤로하고, 또 다른 5년 후의 예산정책처를 위해 힘차게 나아갑시다.

다시 한번, 개청 5주년을 더욱 뜻깊게 해주신 김형오 국회의장님과 내외귀빈 여러분께 진심으로 감사의 말씀을 드립니다. 대단히 감사합니다.

5. NABO DNA를 구축하자

2010년도 신년사
(2010.1.6.)

사랑하는 국회예산처 직원 여러분!

오늘 국회 전체 시무식을 통해서 여러분들도 많은 생각을 했으리라 생각합니다. 기상관측 이래 최대의 폭설이 내려서 어제 시무식을 하지 못했습니다. 그로 인해서 하루를 더 번 셈이 됐습니다. 내린 눈만큼 여러분 모두에게 행운이 가득히 쌓이기를 바랍니다. 그리고 예산안이 연말에 의결될 때 그 마지막 순간까지 최대한 밀착지원을 아끼지 않은 NABO 직원 여러분께 치하의 말씀을 드립니다.

오늘 여러분들이 국회 전체 시무식을 통해서 느꼈겠습니다마는 의장님의 우리 처에 대한 평가는 참으로 과분합니다. 그리고 그러한 평가를 받은 것과 관련하여 공이 있다면 그것은 처장에게 돌아오는 것이 아니고 여러분 몫입니다. 여러분들은 참으로 위대한 한 해를 보냈습니다. 그런 평가를 받을 수 있도록 힘써 노력해 주신 부분에 대해서 다시 한번 깊은 감사를 드립니다.

내 인생의, 내 조직의 MRI

저는 의장 공관에서 1월 1일 건배를 할 차례가 왔을 때 의장님께 우리가 건강검진 시 MRI를 찍듯이 내 인생의 MRI, 내 조직의 MRI를 해 봐야 된다고 말씀드렸습니다. 먼저 Memory, 어떻게 우리가 한해를 지내왔는가에 대해서 한번 깊이 성찰해 볼 수 있는 기회다. R은 Relationship으로 우리 주변에 있는 사람들에게 인간적 도리를 해야 되는 데 소홀히 한 점은 없는가, 그런 점에 대해서 반성하고 회고해 볼 수 있는 시간이었다. I는 Imagination으로

이 조직이 앞으로 어떻게 나아가야 될 것인가에 대한 미래지향적 관점이 필요하다는 것입니다. 이러한 3가지 부분에 대해서 스스로 내 인생의 MRI뿐만 아니라 내 조직의 MRI도 필요하다, 그래서 MRI를 위한 건배 제의를 한 바 있습니다.

연말연시면 누구나 새로운 다짐을 하지 않습니까? 조직원으로서의 다짐도 있을 것이고 또 가족 간의 다짐도 있을 것이며 여러 친구 간에 다짐도 있을 것이고 많은 다짐들이 있을 텐데 지금 이 순간 여러분들의 MRI를 통해서 한 해를 진단해 보는 시간이 되기를 바랍니다.

포상에 대한 치하

지금 여기 앉아 있는 직원 중에서 3분이 1 정도는 수상을 한 것 같아요. 전 직원들에게 표창을 해주고 싶은 그런 마음입니다마는 어떻든 대표성 있는 수상이기 때문에 저 자신도 매우 고맙고 반갑습니다. 지난해 시무식을 할 때 제가 여러분들에게 이런 당부를 한 바 있습니다. performance deficit을 내지 말자. 국가도 재정적자를 내지 말아야 되지만 예산정책처 직원 여러분 또한 성과적자를 내서는 안 된다. 그 다짐과 약속을 여러분들이 지켜줬습니다. 그런 performance deficit을 내지 않기 위해서, 뛰어난 성과를 내기 위해서 여러분이 가지고 있는 개성, 열정이 충분히 발휘되고 또 그 결과에 따른 포상이니만큼 이것은 대단히 큰 의미가 있다고 생각합니다.

실제 지난해 실적을 살펴보았습니다. 보고서가 지난해 총 106건이 발간됐는데 2008년 대비 26%, 2007년에 대비해서는 무려 63%가 늘어났습니다. 그리고 NABO와 관련된 언론보도는 오늘 국회시무식 때 사무총장께서도 언급하셨습니다마는 전체적으로 1,354건이 보도됐습니다. 2008년 대비해서 200% 이상 증가했습니다. 바로 이런 놀라운 성과를 여러분이 이뤄냈습니다. 제한된 범위이기는 합니다만 한경비즈니스를 통해서 100대 Think-Tank 중 14번째 등극을 했습니다. 이를 두고 그 담당 기자는 '이변'이라는 표현을 썼습니다.

시장에서는 이변이라는 평가를 내릴 수 있을지 모르나 우리는 이미 준비된 예고라고 생각합니다. 이 정도에서 만족할 예산정책처는 아니지요.

NABO DNA를 구축하는 원년으로 삼자

그래서 저는 여러분들께 다시 한번 올해도 지난해 못지않은 성과를 내자, 바로 그런 다짐으로 올해 여러분에게 이것을 제안하고자 합니다. 2010년도는 NABO DNA를 만들어내는 원년으로 삼자. NABO DNA입니다. 여러분 머릿속에 저하고 똑같이 NABO DNA를 구축하는 그런 원년으로 올 한해를 만들어 가자는 것입니다.

지난 한해는 참으로 우리에게 소중한 한해였고, 또 직원 여러분의 조직에 대한 헌신적 노력이 그 누구도 이뤄내지 못한 업적을 달성했고, 기적의 역사를 만들어냈습니다. 이제 새 술을 새 부대에 담는 자세로 지난해 성과를 성장 동력으로 삼아 부족했던 부분을 채우고 잘했던 부분을 키우면서 조직의 도약을 대내외에 확실히 보여줘야 됩니다.

'NABO' 하면 우리가 떠올리는 것이 무엇입니까? 그리고 우리 고객이 'NABO' 하면 무엇을 떠올릴까요? 'NABO' 하면 국민이 신뢰하고 국회의원들에게 믿음을 주고 그로 인해서 명실상부하게 "나라살림 지킴이, 나라정책 길잡이"로서의 참모습을 구현하는 조직으로 만들어 나가야 된다, 즉 올 한해 그 어느 때보다도 지금 더 필요한(now, more than ever) NABO만의 새로운 성장 동력을 창출하고 성장엔진을 가동해서 NABO DNA를 구축하는 원년으로 삼고자 합니다.

처장이 여러분에게 이야기하는, 우리 NABO가 지향하는 DNA는 이렇습니다. 우리 모든 구성원들의 사고와 행동에 깊이 체화된 핵심가치가 되고 다른 모든 것에 우선하여 지키고자 하는 신념으로 자리 잡았으면 하는 간절한 바람을 여기에 담았습니다.

NABO DNA 구축의 제1전략 : Difference(차별화전략)

그러면 NABO DNA는 어떻게 구축해야 되느냐?

첫 번째 전략으로 D, Difference를 내걸어야 됩니다. 차별화 전략을 가져야 됩니다. NABO만의 색깔을 내자는 것입니다.

브랜드 차별화 전략

그러면 NABO만의 색깔을 내기 위한 차별화 전략을 우리가 몇 가지 만들 수 있느냐? 저는 맨 먼저 Brand 차별화 전략을 강조하고자 합니다.

NABO의 강한 정체성을 확립하기 위한 차별화 전략, 그중에서 가장 으뜸으로 내세우고 싶은 것이 NABO BRAND 가치를 드높이는데 주력하자는 것입니다. NABO라는 기관명을 보거나 들을 때 "나라살림 지킴이, 나라정책 길잡이"라는 이미지가 떠오르도록 하자는 것입니다.

여러분께서도 잘 아는 사례입니다마는 코카콜라와 펩시콜라가 한참 제품 가지고 싸운 적이 있었습니다. 혹시 어떤 기억이 떠오르나요? blind test를 했었지요. 펩시가 Pepsi Challenge라는 슬로건을 내걸고 코카콜라와 펩시콜라를 잔에 따라놓고 사람들에게 blind test를 했습니다. 그랬더니 사람들이 어느 콜라에 손을 들어줬습니까? 펩시콜라의 손을 들어줬습니다. 펩시콜라가 더 맛있다는 것이었습니다. 그래서 그것을 광고로 많이 내보냈더니 펩시 매출액이 확 올라갔습니다. 그 후 맛있다고 했던 고객들을 대상으로 코카콜라와 펩시콜라에 대한 인지도가 어떻게 다른지 MRI 촬영을 해봤습니다. 두 사람에게 똑같이 콜라를 마시게 하고 이것은 펩시다, 코카다 라는 얘기를 안 했을 때는 머릿속에서 움직이는 뇌력이 똑같았다고 합니다. 그런데 MRI를 촬영하기 전에 당신이 지금 마시는 것은 펩시콜라다, 코카콜라다 라고 브랜드를 얘기해주고 나서 조사했더니 펩시콜라를 마셨을 때보다도 코카콜라를 마셨을 때 인지도와 연관된 뇌가 활성화 되더라는 것입니다. 눈으로 가렸을 때는 분명히 펩시콜라가 맛이 뛰어나다고 평가했던 고객들도 코카콜라라는 브랜드를 인지했을 때는 펩시보다 코카콜라 쪽의 손을 들어줬다는 것입니다.

NABO가 얻을 수 있는 Brand는 무엇이겠는가? 지난번 적지 않은 돈을 들여서 우리 NABO에 대한 설문조사를 했습니다. 여러분, 평가결과를 모두 보셨나요? 어떤 결과가 나왔느냐 하면 의정활동지원에 대한 전반적 평가에서 '매우 만족'이 9.9%, 잘 새겨보세요, 9.9%입니다. '만족' 57.7%, '보통' 25.7%, '약간 불만족' 6.7%로 나타났습니다. 여기서 여러분들은 단지 9.9%와 57.7%를 합쳐서 대체적으로 68% 정도의 지지를 받고 있구나, 이렇게 생각하면 안 됩니다. 보통 고객설문지 척도가 나올 때 만족과 매우 만족은 1점 차이이나 매우만족고객과 만족고객이 재구매하는 비율을 나중에 확인해 보면 6배 차이가 난다고 합니다. 그러니까 지금은 '고객만족경영시대'가 아니고 '고객매우만족경영시대'를 해야 된다는 것입니다. 저는 우리가 9.9%에 만족할 수 없다는 것입니다. '만족'이라는 57.7%를 어떻게 하면 '매우만족'의 고객으로 만들 수 있을 것인가? 우리가 설문조사를 했던 그 취지는 바로 거기에 있는 것입니다. 그래서 NABO는 '고객매우만족경영'을 하는 곳이라는 Brand를 차별화해서 알렸으면 하는 것이 제가 여러분들에게 맨 먼저 드리고 싶은 충성입니다.

우리는 지금 각 부처, 학계, 시민단체 등 다양한 집단과 재정정책에 대한 논쟁을 쉼 없이 벌이고 있습니다. 진검승부를 해야 할 때가 많습니다. 그때 어떻게 우리가 NABO Brand를 강화해야 될 것이냐? 저는 진검승부를 하기 위한 NABO Brand 전략으로 목계의 경지를 통한 내공축적의 지략을 여러분들에게 제시하고 싶습니다.

여러분, 장자 달생편에 보면 기성자라는 사람이 나옵니다. 이 사람이 중국에서 투계에 대해서 가장 뛰어난 기술을 갖고 있는 사람입니다. 왕이 투계를 아주 좋아했습니다. 그래서 기성자는 중국에서 천하제일의 투계 한 마리를 사왔습니다. 왕은 빨리 그 투계하는 것을 보고 싶어서 '이제 싸움에 내보낼 때가 됐느냐?' 라고 재촉했으나, 기성자는 '아니 되옵니다'라고 아룁니다. 왜 안 되느냐? 아직도 투쟁심에 불타서 허세만 부리고 있습니다. 제 기운만 믿고 자기가 제일 잘난 척 한다는 얘기지요. 한 열흘이 지났습니다. 이제 싸움판에 내보내도 되느냐? 아니 되옵니다. 왜 안 되느냐? 다른 투계의 그림자와 목소리만 들어도 당장 덤벼들 듯 벌떡벌떡 일어납니다. 넘치는 힘을 쓰려고만 하니 아직도 준비가 안 됐다는 얘기지요. 또 열흘이 지났습니다. 이제 싸움판에 내보내도 되겠느냐? 그는 그때도 아니 되옵니다. 왜 아니 되느냐? 지금도 상대방을 노려보며 눈을 부릅뜨고 위세를 부리고 불같이 화를 냅니다. 그러면 싸워서 이길 수 없다는 것입니다. 그리고 며칠 후에 기성자는 왕에게 이제 이 닭을 내보내 투계를 할 수 있겠다고 말합니다. 어떤 투계의 목소리를 듣고 싸움을 걸어와도 이제는 미동도 하지 않습니다. 태도에 아무런 변화가 없습니다. 이제 완성의 경지에 도달했다, 이제는 싸우지 않고서도 이길 수 있는 경지, '목계의 경지'에 도달했다는 얘기를 합니다. 멀리서보면 마지 나무로 만든 닭처럼 꼿꼿이 자리를 지킵니다. 다른 닭들은 이 닭을 쳐다보지도 못하고 도망친다는 것입니다. 우리가 어떤 상황에서도 일희일비하지 않고 진검승부에서 이기기 위해서는 바로 목계의 경지를 통한 내공 축적이 필요합니다. 진검승부를 통한 NABO Brand 강화는 목계의 경지를 통해서 이룰 수 있다는 점을 깊이 인식하면서 우리 모두 재정정책 논쟁에서 목계의 경지를 보여주는 지혜를 배워나갑시다.

또 NABO BRAND의 세계화 전략이 필요하다는 것을 말씀드립니다. 지금 대외협력 확대를 통한 국제적 위상 강화는 여러분들이 피부로 느끼실 것입니다. 지난해 OECD 회원국 간의 의회예산기관장 회의가 처음 열렸고, 올

2월에 2차 회의가 예정되어 있습니다. 또 제가 IDB 초청 중남미 의회포럼에 참석해서 중남미 국가들에게 우리 NABO를 인식시키기 위한 계기를 마련한 것도 잘 아실 것입니다. 여러분 눈으로 우리가 이제는 세계화 속의 NABO가 되고 있다는 것을 체감할 수 있을 것입니다. 국제포럼도 많이 개최했고 또 많은 국가의 의원 대표단들이 NABO와 같은 기관 설립을 목적으로 방문하고 있는 것도 확인할 수 있을 것입니다.

명품보고서 작성을 통한 차별화 전략

두 번째 차별화 전략은 명품보고서 작성을 통한 차별화 전략입니다.

저는 늘 여러분에게 말씀드립니다. 정쟁을 야기하는 보고서가 되어서는 안 된다. 우리 예산처법에 명시되어 있는 중립성과 독립성, 전문성을 바탕으로 일관성 있게 균형감각을 잃지 않는 명품보고서를 작성하자. 현안에 대한 끊임없는 천착과 이론에 대한 지칠 줄 모르는 학습과 탐구를 통해 누구도 생각해 내지 못하는 정책적 어젠다를 선점하고 실효성 있는 정책대안과 implication을 제시해서 명실상부한 최고의 재정 전문기관이 되었으면 합니다.

그래서 저는 여러분에게 제시했던 QUEST 원칙을 올해 좀 더 활성화 시켰으면 합니다. 특히 Q의 Quality-based를 올해는 조금 더 업그레이드해서 Quality first로 하기 위해 완성도 높은 명품보고서에 대한 우리의 의지를 확실하게 드높였으면 합니다. 완성이 무엇입니까? 생텍쥐페리가 완성이 무엇인가에 대해서 얘기했어요. "무엇인가 덧붙일 수 있는 상태가 아니라 무엇인가 떼어낼 수 없는 경지"를 완성이라고 말했습니다. 여러분들이 만들어내는 보고서, 무엇을 더 떼어낼 수 없을까요? 더 보탤 게 아니고. 떼어낼 수 없는 그 경지, 최선의 위상, 완성도 높은 보고서를 위해서 생각을 정리해 주셨으면 합니다.

저는 보고서 작성이 보다 명쾌할 필요가 있다, 때로 틀에 박힌 진부하고 과장된 보고서가 있습니다. 자기 혼자 독회 할 수 있는 수준의 글은 상관없으나 고객이 있는 보고서는 가독성이 뛰어나야 됩니다. 자 여러분 보세요. 이게 새끼손가락이죠. "이 새끼손가락 참 예쁘네."라고 여러분들이 보고서를 썼어요. 그런데 어떡하다 띄어쓰기를 잘못했어요. 또는 잘못 읽었어요. 어떻게 읽느냐. "이새끼 손가락 참 예쁘네." 어떻게 전달이 됩니까? 새끼손가락이 예쁘다는 얘기를 했는데 이새끼 손가락이 참 예쁘다가 됩니다. 잘못하면 욕지거리로 들리는데다 손가락이 엄지손가락이 예쁘다는 건지 중지손가락인지, 약지손가락인지 이게 안 나타납니다. 그래서 여러분들에게 바로 그런 점까지도 강조하고자 합니다. 또 하나의 예가 Opportunity is nowhere입니다. 기회는 어디에도 없다는 뜻이지요. 그런데 nowhere를 now here로 띄어쓰기를 하면 기회가 어느 곳에도 없는 것이 아니라 기회는 지금 여기에 있다가 됩니다. LA 다저스 구장의 smoke free 구역에서 있었던 일입니다. 우리 한국인 골초가 smoke free라고 써 있는 곳을 보고 '여기는 담배를 마음대로 피워도 되는구나'라고 생각하고 담배를 피우고 있는데 경비원이 제지를 하더라는 거예요. smoke free가 금연이라는 것을 몰라서 생긴 해프닝입니다만 여러분들이 작성한 보고서를 당초 의도와 달리 다른 사람이 해석하게 되면 어떻게 되겠습니까? 완성도라는 것은 결국 가독성과 연결이 됩니다. 명쾌한 writing을 원합니다.

그리고 「QUEST」 원칙 중에서 timely, 적시성이 있지요. 제가 'slow help is no help다. 늦게 도와주는 것은 도와주는 것이 아니다'라고 늘 강조해 왔습니다. 우리 설문조사 결과를 보니까 Quality에 대한 다소 불만족스러운 의견도 있었고, 또 가장 많은 것이 적시성에 대한 것입니다. 그래서 timely에 speed를 연계시킬 필요가 있습니다. 피터 드러커와 더불어 현대적 경영기법의 창시자로 꼽히는 톰 피터스가 이런 얘기를 했어요. speed라는 것이 무엇인가에 대해서 재미난 정의를 내렸는데 "중요한 것에 시간을 투자

하고 중요하지 않은 것에 소비하는 시간을 제거하는 것"이 speed라고 합니다. timely에 speed, 여러분들이 이 점을 각별히 유념해 주기를 바랍니다.

인화단결을 통한 역량결집 차별화 전략

세 번째 차별화 전략은 인화단결을 통한 역량결집 차별화 전략입니다.

NABO BRAVO 구호의 일상화를 통해 인화단결하고 역량을 결집해 보자는 것입니다. 이제 우리의 BRAVO 구호 모두 다 아시지요? NABO BRAVO! 참 우연한 기회였습니다. 지난해 제헌절 61주년 음악회에서 금난새 지휘자가 연주 한 곡 끝날 때마다 BRAVO, BRAVO 하라고 주문하시더군요. 그래서 BRAVO, BRAVO 하는데 NABO와 음률이 너무 비슷한 거예요. NABO BRAVO! BRAVO NABO! 입에서 자꾸 되뇌게 되더군요. 연주를 들으면서 생각에 잠겨있는데 문득 이런 영감이 떠오르는 거예요. 아, BRAVO가 우리 NABO를 위해 신이 만든 구호구나. BRAVO의 B는 budget and policy. 그리고 우리가 하는 일이 뭐예요? 연구하고 분석하는 것 아닌가요. 그래서 R과 A는 research and analysis에요. 그리고 NABO가 분석만 하는 것이 아니라 사업평가도 하기 때문에 assessment를 덧붙입니다. 그렇게 하면 budget and policy를 research하고 analysis and assessment가 됩니다. 이를 통해서 나라의 vision을 제시하고 vitality, 즉 활력을 불어넣어 주는 기관 Office, 또는 여러분이면 Officer로 적용할 수 있습니다. 우리 예산정책처를 이만큼 정확하게 대변해 줄 수 있는 구호가 또 어디에 있겠습니까? 여러분, NABO BRAVO 한번 해볼까요! 제가 여러분에게 NABO! 하면 BRAVO! 하시지요. "NABO!" "BRAVO!"(일동)[1)]

---

1) 국회예산정책처는 2010년 3월 5일(금) 오전 10시 개청 6주년 기념식을 개최한 자리에서 NABO-BRAVO 선포식을 거행했다. 국회예산정책처는 예산정책(Budget Policy), 연구(Research), 분석 및 평가(Analysis & Assessment), 비전과 활력(Vision & Vitality), 기관(Office)의 영문 첫 글자를 딴 "BRAVO"를 NABO 브랜드로 발전시키겠다고 밝혔다. "NABO-BRAVO"는

이 구호를 일상적으로 쓰자는 것입니다. 저는 앞으로 어떤 자리에서든 맨 먼저 일단 NABO! BRAVO!를 먼저 하고 다음 순서로 이어갈 것입니다. 지난 1월 1일 의장님 모시고 떡국 먹는 자리에서 제가 MRI와 연계한 건배사를 하자 김호성 실장이 "국회예산정책처의 공식 건배사가 BRAVO!입니다." 라고 설명하면서 BRAVO를 가지고 건배 제의를 했습니다. 그랬더니 헤드 테이블에 함께 있던 분들이 "그게 무슨 뜻입니까? 어떻게 이런 멋진 생각들을 하고 있습니까?" 라는 반응을 보이시더군요. 이처럼 NABO구호는 멋진 것입니다. 우리가 멋진 거예요. 그래서 BRAVO에 담긴 그 의미를 고객들이 이해할 때마다 그래서 그들이 음악회에 가거나 어디에서든 BRAVO를 외치거나 들을 때마다 당연히 NABO를 연상할 수 있도록 그렇게 만들어 가고 싶습니다. 앞으로 부서마다 팀마다 또 팀원들 몇 명이 모인 작은 자리라도 NABO! BRAVO!를 화합의 구호로 활용해주기를 바랍니다.

새로운 부가가치 창출을 위한 조직 보강을 계속해 나가겠습니다.

지난해 직제개정으로 그동안 숙원이었던 3개 팀 9명을 증원했습니다. 그러나 아직도 많이 부족합니다. 특히 지난해 성인지예산제도와 BTL로 수고 많았습니다. 2011년에는 조세지출예산제도가 도입될 예정이고, 특히 국세기본법이 이번에 개정되어서 과세자료요구권을 우리 처가 가지게 됐습니다. '대표 없이 과세 없다'라는 조세법률주의를 구현하고자 하는 상황에서 이것은 대단히 큰 의미를 가지고 있습니다. 그래서 앞으로 조세분석심의관 자리를 신설하고, 언젠가는 이 조세분석심의관을 조세분석국으로 독립시킬 수 있는 준비를 하겠습니다. 그리고 공공기관평가팀을 신설하겠습니다. 공공기관을 전담할 수 있는 조직도 우리 처에 만들어야 합니다. 제가 가지고 있는 비전대로라면 그렇게 먼 시간은 아닙니다. 우리 처의 조직 보강능력은 우리가 얼마

국회예산정책처가 예산정책을 연구·분석·평가하여 국가의 비전을 제시하고 활력을 제공하는 기관임을 브랜드화하고자 하는 것으로, 이를 통해 NABO 전 직원의 인화단결과 핵심역량을 하나로 묶는 계기로 삼고자 하였다.

만큼 output을 내느냐에 달려있습니다.

또한 여러분들이 많이 느꼈겠습니다마는 지난해 우리는 국회 소속기관 중에서 최고의 manpower를 과시할 수 있었습니다. 작은 집단에서 무려 1급 한 사람, 3급 네 사람, 4급 다섯 사람, 5급 한 사람 등 일반직 총 11명이 승진했습니다. 우리 구성원이 일반직과 계약직 약 5 대 5라는 점을 감안해 볼 때 이것은 대단한 결과입니다. 그만큼 우리의 manpower를 크게 과시할 수 있었습니다.

그리고 이번에 여러분들께 공지할 수 있는 사항 중의 하나입니다마는 저는 엄격한 심사를 거쳐서 2년 이상 근무한 사무보조원 전원을 무기계약직으로 전환했습니다. 처음에는 선별하고자 했습니다. 그러나 일단 그동안 처에서 주요 구성원의 한 사람으로서 일했던 사무보조원의 신분 안정을 통한 업무효율 극대화를 해 봐야 되겠다는 생각으로 그리했습니다. 그 대신 이제부터 철저한 평가를 할 것입니다. 온정에 의해서거나 요식행위에 그치지 않는 평가를 통해서 우리 조직이 필요로 하는 정예요원만이 이곳에 남아서 일을 할 수 있다는 것을 보여드리겠습니다. 그렇게 해 나가겠습니다.

그리고 연구직제를 도입하겠습니다. 연구직제 도입 시 예상되는 제반사항을 면밀히 검토하겠습니다. 여러 가지 고려해야 할 사항이 있습니다. 보수 차별화 문제도 있고 신분 안정에 따른 또 다른 평가문제도 있습니다. 주도면밀하게 잘 검토해서 여러분들이 좀 더 신바람 나게 일할 수 있는 방안을 찾아보겠습니다. 여러분들이 이 조직에서 창의성을 높일 수 있는 동기부여와 기회부여 등 인센티브를 제공하는데 노력을 아끼지 않을 것입니다.

다만 여러분에게 분명하게 말씀드리고자 하는 것은 자기 자신이 자신을 구조조정하면 여러분에게 행운이 따라오는 변화를 가져오지만 남이 여러분을 구조조정하면 여러분은 조직에서 살아남을 수 없습니다. 그래서 저는 여러분들께 인재양성사관학교라는 골드만삭스를 예로 들어 우리 NABO의 위상을 점검하고자 합니다. 골드만삭스는 이런 Brand를 가지고 있습니다. "우리는 절대로 '나'라는 말을 하지 않는다." 그래서 그들은 보고서 작성 시 내가 한 것이 아니라 우리가 한 것이라고 표현합니다. 이처럼 팀워크를 중시하다보니 희생정신도 강조하게 되었고 이러한 조직문화가 골드만삭스 출신들의 성공 비결이고, 정·관계 진출의 윤활유가 되고 있습니다. '골드만에서 워싱턴을 잇는 회랑'이라는 기사가 뉴욕타임스에 게재됐는데 그만큼 골드만삭스의 '워싱턴 커넥션'은 정평이 나 있습니다. 언젠가 좀 더 시간이 흐른 다음에 우리 NABO 출신들의 NABO 커넥션, NABO의 여의도 커넥션은 많은 사람들에게 회자될 수 있는 수준까지 갈 수 있다고 저는 생각합니다. 그런 조직문화, 그런 협업문화는 우리에게 대단히 중요합니다.

NABO DNA 구축의 제2전략 : Networking(고객구축전략)

NABO DNA를 구축하는 두 번째 전략은 N입니다. D는 차별화 전략이었고 N은 Networking, 고객구축전략입니다.

저는 지난 며칠 동안 여러분들에게 NABO DNA를 구축할 수 있는 방법으로 무엇을 제시해줄 수 있을까에 대해서 고민을 해왔습니다. 밤 늦은 시간까지 오늘 여러분들과 나눌 이야기를 정리했습니다.

2009년 시무식 때 우리는 어떤 다짐을 했나요? 2009년을 NABO Marketing 원년의 해로 삼자고 말했었습니다. 그래서 NABO Marketing이란 말이 형성됐습니다. 그래서 어떻게 됐습니까? NABO Marketing을 통해서 우리 조직의 나아갈 방향을 가르쳐주는 등대고객 확보에 우리가 얼마나 많이 주력을 했습니까? 그리고 그 성과 또한 우리가 기대했던 수준 이상이었습니다. 인맥도 실력입니다. 지금은 know-how도 중요하지만 누구를 많이 알고 있느냐? know-who도 중요합니다. 우리 예산정책처를, 우리 조직을 홍보해 주고 응원해 줄 수 있는 사람이 누구인가? 그런 분들을 많이 만들자는 것입니다. 그들과의 네트워킹을 꾸준히 해야 됩니다. 일시적으로 해서는 안 됩니다.

고객의 법칙에 10-10-10이라는 전략이 있습니다. 한번 생각해 보세요. 고객 1명 데려오는데 보통 10달러 비용이 든다고 합니다. 그런데 고객을 잃어버리는 데는 10초밖에 안 걸립니다. 그리고 잃어버린 고객을 다시 데려오는 데는 10년이 걸린다는 겁니다. NABO와 관련해서 생각하면 NABO를 등진 사람을 다시 NABO 고객으로 잡기 위해서 무려 10년이라는 세월이 우리에게 필요하다는 것입니다.

그래서 저는 여러분에게 스웨덴의 마케팅 이론가 리처드 노먼 교수가 주창했던 MOT, Moment Of Truth, 진실의 순간, 마케팅에서 '불변의 진리'로 통하는 말, '어떤 일에 있어 가장 중요한 순간'이라고 말하는 이 MOT, Moment Of Truth, 진실의 순간을 같이 공유하고 싶습니다. 투우사가 황소를 데리고 재주를 부리다가 마지막에 칼을 들어서 황소 어디를 찌릅니까? 황소의 정수리를 찌르는 그때를 우리는 진실의 순간이라고 말합니다. 승부는 여기서 끝납니다. 그러면 조직에서 '진실의 순간'은 언제인가? 바로 우리 NABO가 NABO 직원들이 고객을 만날 때입니다. 그런데 순간의 시간은 몇 초냐? 15초 입니다. 15초 내의 짧은 순간에 조직의 이미지는 이미 결정됩니다. 여러분들이 받는 전화, 여러분들이 대면보고 하는 그 순간, 여러분이 만나는 고객이 누구든 간에 15초 내에 우리 조직의 이미지는 결정됩니다. 우리 앞에는 항상 '진실의 순간'이 노크하고 있습니다. 우리 앞에서 늘 톡톡 두드리고 있습니다. 우리는 그 진실의 순간에 어떻게 대응할 것이냐, 그 소리에 귀를 기울이고 경청하고 대비했으면 합니다.

우리가 만약 우리가 내는 보고서에 대한 고객의 성향을 등한시하고 고객의 인식을 경시하게 되면 NABO의 이미지는 이미 물 건너가게 됩니다. 고객의 요구를 충족시키기 위해 조직 전체적으로 최적이 되는 공급사슬, supply chain을 체계적으로 관리해 나갑시다. 이를 위해서 조직의 역량을 최대한 끌어내는 부서 간, 직원 간 협업의 프리미엄을 공유해야 되겠다, 신뢰를 바탕으로 서로의 자산과 아이디어와 정보를 공유해야 되겠다, 부서 내지 부서원 간에 또는 고객 간에 올 한해는 어떻게 이들과 함께 일을 해 볼 수 있을 것인가, 어떻게 그들과 무릎을 맞대면서 재정현안을 연구하고 토론하고 논쟁할 수 있을지에 대해서 고민했으면 합니다.

우리가 내는 보고서와 관련된 다양한 관계자의 의견을 모으는 것이 중요하나 가장 중요한 것은 무엇인가? 고객의 목소리를 그 보고서에 수렴해야 된다는 것입니다. 고객과 공감대가 형성되지 않은 보고서는 아무리 우리가 최고의 최상의 보고서라고 내세울지라도 철저하게 외면당할 수 있다는 점을 잊지 않아야 하겠습니다.

NABO DNA 구축의 제3전략 : Attitude(업무향상전략)

다음 NABO DNA를 구축하는 마지막 전략입니다. 제3전략, DNA의 A, Attitude 업무향상전략입니다.

어떻게 NABO가 일류가 될 것인가? 우리 스스로 성장하고 발전하기 위해서는 어떻게 해야 할까. 피터 드러커는 프로가 되기 위해 가장 중요한 것은 "자기관리에 대한 스스로의 책임"이라고 강조한 바 있습니다. 열심히 일한다는 데 만족할 게 아니라 축적된 지식을 활용해 '목표와 비전'을 달성할 수 있는 부가가치를 창출하는 전문가가 되라, 그리고 그 성과를 분석하여 더 나은 목표로 이동해야 진정한 프로라는 것입니다.

저는 처장으로서 지난해 우리가 이뤘던 성공요인들이 올해도 위력을 발휘할 수 있을지에 대해서 여러 가지 생각을 하고 있습니다. 지금 이 순간 경계해야 할 것은 과거에 안주하는 active inertia, 활동적 타성입니다. 일종의 매너리즘입니다. 하버드대학의 마이클 포터는 경영전략의 3대 실패요인으로 기존고객에 안주하는 것과 경쟁을 위한 경쟁, 그리고 소신부족 등을 지적했습니다. 지난해 이룬 성공을 뛰어넘기 위해서는 지금 우리가 이룬 성공에 도취되어 자기성찰과 연구를 게을리 하는 마치 종착역에 도착한 느낌을 갖는 '종착역 질환'을 경계해야 합니다. 자기타협과 적당주의를 불식하십시오.

저는 이런 생각을 합니다. 전문성이라는 것이 무엇인가? 그것은 여러분들이 학교의 배움을 통해서 습득한 지식이 아니라고 생각합니다. 우리가 조직 구성원으로서 필요한 일을 하면서 우리가 필요한 것을 적극적으로 만들어가는 그것이 전문성이라고 생각합니다. 그런데 우리 직원 여러분들은 다 해 낼 수 있다고 봅니다. 모든 사람들의 내부에는 거인이 잠자고 있습니다. 이 거인이 깨어날 때 기적은 일어납니다. 여러분 가슴안에 있는 거인들을 깨우십시오.

유럽북부에서 사는 야생오리가 있습니다. 추운 계절이 되면 따뜻한 곳으로 이동하는데, 그 곳에 있는 동네 주민들이 모이도 주고 보살펴 준다고 합니다. 그러면 거기에 안주해서 다시 돌아갈 생각을 하지 않는 오리가 있고 다시 돌아가는 오리도 있습니다. 그것을 키르케고르는 Cool Bird와 Hot Bird로 나눴습니다. 조직에도 그런 열정 없는 Cool Bird 보다는 현실에 안주하지 아니하고 새로운 길을 찾아가는 열정이 있는, 열정이 살아있는 Hot Bird가 필요한 것입니다.

여러분이 잘 아는 마이크로소프트의 빌 게이츠는 어떻게 성공했습니까? 화려한 이력을 가진 몇백 명의 엔지니어와 함께 훌륭한 소프트웨어를 개발한 것이 아닙니다. 그는 열 명 남짓한 Hot Bird와 같은 직원들의 열정이 있었기에 시애틀의 작은 다락방에서 창조적인 제품을 탄생시킬 수 있었던 것입니다. 애플의 스티브 잡스는 어떠했나요? 그도 뛰어난 감각의 디자이너와 열정적인 엔지니어 몇 명과 머리를 맞대서 바로 1년 만에 iPod 개발에 성공했습니다. 이처럼 어떤 조직이든 '뛰어난' 인재가 아니라 '열정이 살아있는' 사람과 함께 일할 때 성공을 이룰 수 있다는 것입니다.

저는 여러분들의 충정과 열정을 믿습니다. 우리 NABO가 일류가 되기 위한 전략을 한해 동안 굳건히 추진해 주기 바랍니다. 지금까지 올해를 NABO의 DNA를 만들어내는 원년으로 삼자, 그리고 그 핵심가치로 NABO DNA와 관련된 차별화 전략과 네트워킹 전략, Attitude와 관련된 전략을 말씀드렸는데 우리가 지난해 NABO Marketing 원년으로 삼아서 그만한 성과를 이루었듯이 올 한해 NABO DNA를 우리 가슴에 심고 NABO DNA를 많은 곳에 확산시키고 전파시켰으면 합니다. 그런 한해가 되기를 간절히 소망합니다.

기호지세(騎虎之勢)의 자세로

올해는 호랑이 띠입니다. 2009년은 소띠여서 호시우행(虎視牛行), 우보만리(牛步萬里)를 합쳐 호시우보(虎視牛步), 호랑이 눈빛으로 소처럼 뚜벅뚜벅 걸어가자고 했습니다. 그러면서 우리는 '소 잃고 외양간 고치는' 우를 범하지 말자고 다짐했습니다. 우리는 그 다짐을 나름대로 지켰습니다.

2010년은 지난해의 '호시우보'를 바탕으로 '기호지세(騎虎之勢)', 호랑이를 타고 달리는 기세로 힘차게 나아갔으면 좋겠습니다. 호랑이를 타고 달리게 되면 어떻게 되겠습니까? 중도에서 그만 둘 수가 없겠지요. 우리의 의지를 중단하지 아니하고 끝까지 가는 노력이 있어야 됩니다. 다만 '호랑이 담배피던 시절'에나 하는 식의 시대변화를 읽지 못한다는 부정적 평가는 받지 않았으면 좋겠습니다. 시대에 뒤떨어진다, 시대변화를 정확하게 읽지 못하고 있다는 평가는 우리 처를 대단히 곤란하게 할 수 있는 평가인 것입니다.

여러분, 우리는 할 수 있다는 믿음을 잃어서는 안 됩니다. 셰익스피어가 이런 얘기를 했습니다. "우리가 의심하고 염려하는 것은 성공의 반역자들이다. 의심은 우리가 시도해보는 것을 두렵게 만듦으로써 우리가 얻을 수 있는 많은 것들을 스스로 포기하게 만든다."라고 했습니다. 셰익스피어 희곡에 나오는 말입니다. 그렇습니다. 어떤 것이든 염려하고 걱정해서 될 일은 없습니다. 이룰 수 있다는 확신을 가지고 우리들의 꿈을 키워나갑시다.

You raise me up

여러분에게 마지막으로 드리고 싶은 말씀은 지난해는 제가 「모든 순간이 꽃봉우리인 것을」이라는 시를 소개한 바 있습니다만 오늘 시무식에서 드리는 마지막 말은 여러분께서도 잘 아시는 노래, 다 들어보셨을 것입니다. You raise me up이라는 노래. 2002년 시크릿 가든이 처음 발표한 곡을 아일랜드 출신 팝 밴드 westlife의 노래로 재해석해서, 위로와 용기를 주는 가사를 담고 있는 이 작품은 발표된 지 채 10년도 되지 않았는데 벌써 125번이나 리메이크 됐습니다. 그리고 IL DIVO 등의 버전으로 널리 알려져 있는 아주 감동적인 노래입니다. 저는 요즘 집에서 종종 You raise me up을 듣습니다. 연주로도 듣고 또 많은 가수들을 통해서…… 이 사람 것도 들어보고 저 사람 것도 들어봅니다. 그때마다 위로와 용기를 얻습니다. 여러분에게 그 You raise me up에 나오는 가사를 전하면서 올해 여러분과 나누고 싶은 신년회에 즈음한 이야기를 마치고자 합니다.

> 당신이 나를 일으켜 주시기에, 나는 산에 우뚝 서 있을 수 있고
> 당신이 나를 일으켜 주시기에, 나는 폭풍의 바다도 건널 수 있습니다.
> 당신이 나를 떠받쳐줄 때(지탱해 줄 때), 나는 강인해집니다.
> 당신이 나를 일으켜, 나보다 더 큰 내가 되게 합니다.

여러분이 저를 일으켰습니다. 그래서 제가 여러분이 기대하는 것보다 더 큰 사람이 됐습니다. 저 또한 여러분을 일으키겠습니다. 여러분이 생각하는 사람보다 더 큰 사람으로 성장할 수 있도록 제가 가진 모든 역량을 다 발휘해서 힘껏 돕겠습니다.

경인년 새해, 뜻하는 소망 모두 이루시고 건강과 건승을 기원합니다.

6. NABO의 무한한 가능성을 열어 나가자

개청 6주년 기념식사
(2010.3.5.)

오늘 국회예산정책처 개청 6주년 기념식에 참석하시어 자리를 빛내주신 존경하는 김형오 국회의장님과 바쁘신 가운데도 참석해 주신 박계동 사무총장님을 비롯한 내외 귀빈 여러분께 진심으로 깊은 감사의 말씀을 드립니다.

국회예산처는 지난 6년여 동안 예산정책분야에서 산적한 국가의 재정현안에 대한 대안을 끊임없이 탐색하고 실효성 있는 구체적 방안을 제시함으로써 의정지원 재정전문 기관으로서 확고한 위상을 갖추게 되었고, 김형오 의장님께서 평소 주창하고 계시는 「일하는 국회」, 「정책국회」, 「미래를 대비하는 국회」상 정립에 견인차 역할을 담당하게 되었습니다. 또한 지난 달 스위스 베른에서 개최된 제2차 OECD 의회예산기관장 회의에서 NABO 브랜드의 국제적 위상을 확인한 바 있습니다.

오늘의 이런 성과는 국회예산정책처 직원 모두의 열정과 책임, 헌신적 노력 덕분이라고 생각합니다. 그리고 김형오 의장님께서는 아낌없는 지원과 함께 신선한 아이디어를 끊임없이 제공해 주셨으며, 박계동 총장님은 우리가 추진하는 일이 제대로 이루어질 수 있도록 독려해주셨습니다.

우리는 신년사를 통해 올해를 NABO DNA를 구축하는 원년으로 삼자고 다짐했습니다. NABO DNA 구축의 핵심가치는 3가지로 Difference(차별화전략), Networking(고객구축전략), Attitude(업무향상전략)입니다. 심은 대로 거두는 것이 시간의 밭이라면, 지난 6년간의 소중한 결실을 토대로 새로운 NABO의 성장동력을 발굴해 나가야 합니다.

지난해 우리는 one-up attitude, 즉 한발 앞서 나가는 자세로 일하자고 다짐했습니다. 이제부터는 여기에 고객의 표정과 태도, 분위기를 통해 마음을 읽어내어 고객이 요구하기 전에 미리 서비스를 제공하겠다는 one step ahead service 정신으로 무한봉사 해야 할 차례입니다.

이는 궁극적으로 'NABO'하면 국회의원이 신뢰하고, 국민들에게 믿음을 주는, 그로 인해서 명실상부하게 "나라살림 지킴이, 나라정책 길잡이"로서의 참모습을 구현하는 조직으로 만들어 나가고자 하는 결의를 나타낸 것입니다. 지금 우리는 주위의 찬사에 들떠서 자축해서는 안 됩니다. 지나친 낙관과 자족을 경계하는 겸손이 그 어느 때보다 필요합니다. 시야가 좁아지는 Tunnel vision 현상이 생기지 않도록 대관소찰의 자세를 끝까지 견지해야 합니다. 그래야만 우리는 지금까지 잘 해왔던 것들 위에 더 많은 것을 쌓아 올릴 수 있고, 우리들의 주 고객인 국회의원과 국민들께 놀라운 결과를 안겨드릴 수 있습니다.

사랑하는 직원여러분!

일찍이 Mill은 믿음을 지닌 한 사람은 단지 관심만 가진 아흔아홉 명과 맞먹는다고 갈파한 바 있습니다. 저는 지금 이 순간 진시황제 사후 항우와 유방이 천하를 두고 다투었으나 결국 유방이 천하를 통일하여 '한'왕조를 개국한 역사적 사실을 떠올려 봅니다. 처음에는 항우가 압도적으로 우세했으나 유방이 끈기 있게 열세를 만회하여 역전승한 배경에 대해 후세사가들이 평가한 대목을 보면 유방은 소하, 장량, 한신이라는 세 사람의 걸물을 잘 기용한 것이 승인(勝因)이었으나 항우는 범증이라는 장군 한 사람조차 잘 기용하지 못한 것이 패인이라고 합니다. NABO의 시작은 참으로 미약했으나 NABO의 비전을 반드시 이룰 수 있다고 굳건히 믿고 있는 일당백의 소수정예 인력들이 적재적소에서 최대의 성과를 냄으로써 그 누구도 이루어내지 못한 새로운 기적의 역사를 만들어 냈습니다.

47세의 나이로 세상을 떠나면서 많은 교훈을 남기고 간 「마지막 강의」의 저자 랜디 포시 카네기 멜론대 교수는 남들보다 먼저 대학종신교수가 된 이유를 이렇게 설명한 바 있습니다. “아주 간단합니다. 언제라도 좋으니까 금요일 밤 10시에 내 연구실로 전화를 걸어보십시오. 그러면 비결을 알려주겠습니다.” 말기 췌장암으로 시한부 삶을 선고받은 그가 우리에게 남긴 마지막 강의의 요체는 직분에 대한 소명의식으로 묵묵히 학습하고 매진해 나가는 것이 최고의 개인과 최적의 조직을 보장하는 지름길이라는 것입니다.

사랑하는 직원 여러분!

지금 우리가 무엇을 할 수 있고, 우리 조직이 나아갈 방향은 무엇이며 그 일을 해나갈 우리는 누구인지 다시 한번 점검하면서 NABO의 무한한 가능성을 열어 나갑시다.

끝으로 다시 한번 개청 6주년을 격려해 주시고 기쁨을 함께 나누시고자 참석해주신 존경하는 김형오 의장님과 박계동 총장님, 그리고 내외 귀빈 여러분께 진심으로 감사의 말씀을 드립니다.

감사합니다.

7. NABO PREMIUM 시대를 열어 가자

2011년도 신년사
(2011.1.3.)

사랑하는 직원 여러분.
새해 복 많이 받으시기 바랍니다.
오늘 표창 받으신 직원 여러분의 영광된 수상을 축하합니다.

저는 지난해 시무식사 말미에 2002년 시크릿 가든이 처음 발표한 곡을 아일랜드 출신 팝 밴드 westlife의 노래로 재해석한 위로와 용기를 주는 내용을 담고 있는 You raise me up이라는 노래의 가사를 전해드린 바 있습니다.

> 당신이 나를 일으켜 주시기에, 나는 산에 우뚝 서 있을 수 있고
> 당신이 나를 일으켜 주시기에, 나는 폭풍의 바다도 건널 수 있습니다.
> 당신이 나를 떠받쳐줄 때(지탱해 줄 때), 나는 강인해집니다.
> 당신이 나를 일으켜, 나보다 더 큰 내가 되게 합니다.

한 해를 뒤돌아보니 여러분이 저를 일으켰습니다. 그래서 제가 여러분이 기대하는 것보다 더 큰 사람이 됐습니다. 저 또한 여러분이 생각하는 사람보다 더 큰 사람이 될 수 있도록 제가 가진 역량을 다 발휘해서 힘껏 돕겠다고 다짐한대로 나름대로 최선을 다했습니다. 여러분의 성원과 노고에 감사드립니다.

2009년은 NABO Marketing에 전념하여 우리 처가 나아갈 방향을 등대처럼 밝혀주는 Lighthouse customer를 확보하는데 주력함으로써 고객만족경영, 고객지향업무추진의 일상화를 정착시켰습니다. 2010년은 NABO DNA 구축의 원년으로 삼아 Difference : NABO만의 색깔과 정체성을 확립시켜 진

검승부에서 이길 수 있는 차별화 전략, Networking : 고객의 목소리를 듣고 고객에게 더욱 다가가기 위한 전방위적인 고객구축전략, Attitude : 개인과 조직의 성장 · 발전을 통한 업무향상전략을 통해 NABO가 국회의 합리적인 예산심의를 주도해왔습니다.

이제 이러한 기반을 토대로 2011년도는 NABO PREMIUM 시대를 여는 한 해가 되자는 다짐을 하고자 합니다. 이제 개청7주년을 앞두고 있는 시점에서 지금까지의 NABO를 뛰어넘는 지금부터의 새로운 NABO를 위해 NABO PREMIUM 시대를 열어갑시다. NABO PREMIUM은 다음 7가지를 달성할 때 얻어질 수 있다고 생각합니다.

첫 번째 NABO PREMIUM의 P는 pathfinder입니다.

패스파인더는 1996년 12월 미국 NASA에서 발사한 화성탐사선으로 미지의 화성연구에 신기원을 이루었습니다. 가장 큰 업적은 화성에 물이 존재했던 사실을 입증했다고 합니다. 우리 NABO가 내세우는 비전은 「나라살림 지킴이, 나라정책 길잡이」입니다. 우리 NABO가 7년 전 출범하면서 재정관련 연구에 새로운 지평선을 제시하였습니다. 세계 최고의 재정전문기관으로 발돋움하고자 화성탐사를 하듯 우리의 뜨거운 열정과 끝없는 도전정신으로 재정의 사각지대를 찾아내고 불모지로 남은 재정영역을 찾아내어 예산심사의 새로운 틀을 구축하였습니다. 예산심사의 길잡이, 재정운용의 선도자로서의 역할을 통해 NABO만의 영역을 확실히 구축해 나가야 합니다. 그래서 NABO가 만들어온 NABO의 재정창문을 통해 재정현안에 대한 해답을 찾아야 합니다. 이제 또다시 패스파인더의 모험처럼 NABO 만의 새로운 길을 통해 PREMIUM 시대를 열어갑시다.

NABO PREMIUM 시대를 열기 위한 두 번째 과제는 R, Relevance입니다.

박희태 의장님께서는 국가재정권 강화를 통한 국회다운 국회, 입법기능을 제대로 발휘하는 국회, 국민들의 다양한 의견을 수렴하고 사회적 갈등을 해결하는 국회, 국민에게 안도감을 주는 국회상 정립을 강조하시면서 NABO가 국회재정권 강화의 주역이 되어야 한다는 점을 강조하셨습니다. 특히 국회가 예산편성 초기 단계부터 관여하여 예산에 대해 국회가 실질적인 권능행사를 할 수 있도록 노력한다는 모습을 보여달라고 말씀하셨습니다. 올 한해는 NABO의 업무중심을 국회재정권 강화와 연계하여 impact가 있는 적절한 주제선정과 재정현안에 관련성이 있는 세밀한 부분까지 점검하는 노력이 그 어느 때보다 필요합니다.

셋째는 E, Expertise 전문성입니다.

예산정책처법은 NABO의 전문성을 강조하고 있습니다. 전문성은 보통사람이 흔히 할 수 있는 수준 이상의 수행능력을 말하는 것으로 장기적이고 체계적인 훈련을 통해 획득됩니다. 말콤 글래드웰은 어떤 분야에서 숙달되기 위해서 필요한 절대시간으로 1만 시간을 제시한 바 있습니다. 1만 시간은 하루 3시간씩, 10년을 보내야 확보되는 시간입니다. 재정현안에 대한 통찰력과 혜안을 키워서 보고서의 정확·정밀성, 즉 precision과 분석의 엄밀성, 투명성을 높이고 논리의 정확성을 기하는 것은 우리에게 매우 필요한 프레임이자 툴입니다. 여러분이 하는 일이 그 분야의 일가를 이루고, 대가로서 달인으로서 평가받을 수 있도록 전문성 배양에 노력해주시기 바랍니다.

하워드 가드너는 미래인재가 갖추어야 할 능력을 플렉스퍼티즈(flexpertise)라고 했습니다. 융통성과 전문성의 합성어입니다. 이는 습득한 지식을 여러 다른 상황에서 융통성 있게 창조적으로 응용할 수 있는 능력을 말합니다. 지금까지 쌓아온 우리만의 품격 있는 노하우와 경험을 유감없이 발휘하고 내부 실력을 배양하여 세계 최고의 재정전문기관으로 발돋움합시다.

넷째는 M, Mentoring입니다.

멘토링은 멘토 자신의 경험에서 얻은 다양성, 창조성, 아이디어, 열정, 독창성 등을 멘티에게 지속적으로 전수하여 현명하고 신뢰할 수 있는 잠재력을 갖춘 직원으로 육성하는 것입니다. 우리 처에서 5년 이상 근무한 직원이 18명입니다. 그들을 위시하여 여러분이 축적한 노하우는 NABO의 자산입니다. NABO는 상하 위계를 중시하는 곳이 아닙니다. 구성원이 하고 싶은 일을, 할 수 있는 일을 마음껏 할 수 있도록 하는 분위기 속에서 '상호간에 무엇을 해야 하는가'에 대한 고민과 성찰이 필요한 조직입니다. 경험이 많은 직원은 그동안 축적한 노하우를 바탕으로 후배들에게 고기 잡는 법을 가르쳐 문제해결방법을 스스로 체득하고 체계화할 수 있도록 도와주어야 합니다. peer review와 업무분석지침인 QUEST, 보고서 작성지침인 CRAI의 일상적인 적용을 통해 경험을 공유해야 합니다. 특히 NABO의 업무는 국민의 돈, 세금과 직결되는 관계로 분석이나 평가에서 오류가 발생하면 국민의 신뢰를 상실할 수 있으므로 숫자 하나하나에 정확성을 기하고 체계적 · 과학적 분석을 통해 신뢰성을 제고할 수 있도록 멘토링이 활성화 되었으면 합니다. 세계최고의 Think tank가 되기 위한 첫 번째 필요요건은 내부직원의 단합이라는 점을 한시도 잊지 마시기 바랍니다.

다섯째 I, Independence 독립성입니다.

예산정책처법은 NABO의 정치적 중립성과 독립성을 보장하고 있습니다. 이는 NABO가 비당파적 · 초당적으로 균형감각을 가지고 의정활동을 시원하라는 깊은 뜻을 가지고 있습니다. 따라서 NABO 보고서가 정쟁의 여지를 제공하지 않으면서도 국회로부터 신뢰받고 국민으로부터 사랑받는 국민적인 기관이 되기 위한 노력을 확실히 해나가야 합니다. 지난해 NABO는 조세분석심의관과 공공기관평가팀 신설 등을 통해 11명의 인력을 증원하였습니다. 직제개정은 단순한 조직 확대가 아닙니다. 보강된 조직으로 업무성과를 창출하여 또다시 NABO가 필요한 조직과 인력을 확충하는 계기로 삼아야 합니다. 기관차원에서 똑같은 목소리를 내는 것이 무엇보다 중요한바 부서 간 유기적 연합과 공조에 힘쓰는 한편 부서장의 원활한 업무협조 및 충분한 의견조율이 필요합니다. 향후 국회의 예산주도권확립을 위한 논의가 활발해질 것으로 예상되는 만큼 NABO가 무엇을 해야 할지 그 역할을 철저히 준비해서

'나라살림 지킴이'로서의 기관위상을 확실히 다져나가도록 합시다.

여섯째 U, Ubiquitous입니다.

NABO의 최우선고객은 국회의원과 위원회입니다. 그들의 관심사항이 무엇인지 끊임없이 접촉하여 아이디어를 얻고 분석주제를 선정하는 등, 수요자 중심의 맞춤형 분석이 필요합니다. 언제 어디서나 그 시점에서 가장 follow-up된 최신의 자료를 제공할 수 있어야 합니다. 2010년 NABO 의정활동지원만족도조사 결과 의원들은 조사분석과 법안비용추계 회신이 지체되는 것을 가장 큰 문제점으로 지적하고 있습니다. 이것은 의원실에서 NABO에게 보내는 sign입니다. 우리는 이 부분에 대해 solution을 제시해야 합니다. 의원실의 질문, 제안, 평가의 내용이 우리에게 제대로 전달되고 우리가 얼마나 신속하게 반응하는가에 대한 점검이 필요합니다. 의원실이 우리에게 던지는 물음표를 우리는 느낌표로 바꿔주어야 합니다. 아마존의 성공비결은 고객의 질문에 대한 회신은 2일 이내, 전화벨은 4번 이내 받는다는 것입니다. 세계최대의 할인점 월마트를 만들어 최고의 상인이라고 불리는 샘 월튼의 성공비결은 '고객이 3m 이내에 들어오면 언제나 웃는 얼굴로 상대의 눈을 들여다보며 인사하는 것'에 있다고 합니다. NABO의 도움이 필요한 모든 고객에게 at the moment in time, 시의성 있게 필요한 자료를 제공할 수 있도록 다각적인 방안을 강구해 나갑시다. Slow help is no help. 늦게 도와주는 것은 도와주는 것이 아닙니다. 수요자와의 끊임없는 소통으로 고객이 원하는 핵심가치를 찾아내야 조직전체에 힘이 붙고 미래경쟁력을 갖출 수 있다는 점은 아무리 강조해도 지나침이 없을 것입니다.

끝으로 일곱 번째, M은 Masterpiece입니다.

NABO가 지향하는 목표는 국회와 국가에 의미 있는 명품보고서를 생산하는 것입니다. 이를 위해 우리는 우선 대관소찰의 지혜를 가져야 합니다. 크게 보되 찬찬히 세밀하게 살필 줄 알아야 합니다. 분석주제와 범위의 선택과 집중이 필요합니다. 어떤 작은 문제라도 쉽게 답변할 수 있는 그물망분석을 해야 합니다. 한꺼번에 무모하게 너무 많은 것을 이루려 하지 말고 매일, 매주, 매달 1%씩 NABO의 비전달성을 위해 꾸준히 개선해 나가겠다는 자세가 필요합니다. 월 스트리트의 살아있는 전설이자 영적인 투자자로 불리는 존 템플턴은 '마지막 땀 한 방울의 교훈'이라고 부르는 원칙을 실천해왔습니다. 어느 정도 성공한 사람들이나 정말 뛰어난 성공을 거둔 사람들이나 일하는 양은 비슷하다고 합니다. 사실 이들이 기울인 노력의 차이는 아주 작은 것입니다. 하지만 마지막 땀 한 방울을 더 쏟았느냐에 따라 그 결과는 매우 컸습니다. 성공하고자 하는 사람은 다른 사람들보다 한 방울의 땀을 더 흘립니다. 결국 그들이 거둔 성공은 이렇게 쏟은 땀 한 방울에서 나온 것입니다. 보고서의 현장화, 보고서의 의제설정화, 보고서의 의원input화를 통해 국회의 의제개발능력 제고가 우리에게 주어진 가장 중요한 과제입니다. NABO가 생산하는 명품보고서를 통해 국가와 국회 그리고 국민이 필요한 지혜와 대안을 얻을 수 있도록 마지막 땀 한 방울의 교훈을 되새기면서 우리 모두 혼신의 힘을 쏟아봅시다.

사랑하는 직원 여러분!

올해는 토끼해, 신묘년입니다.

보통 토끼는 영리한 동물, 다산을 상징하는 동물로 알려져 있습니다. NABO의 비전을 이루는 데 있어 어떤 장애물이 있더라도 토끼처럼 껑충껑충 뛰어넘어 걸림돌을 디딤돌로 만들어냅시다. 그 대신 두 마리 토끼를 쫓는 자는 한 마리의 토끼도 못 잡는다, 가는 토끼 잡으려다가 잡은 토끼 놓친다는 말이 있듯이 너무 조급하여 한꺼번에 여러 가지를 하려다 도리어 이룬 일까지 잃어버리는 우는 범하지 맙시다.

사랑하는 직원 여러분!

지난해 시중에서 많은 화제를 남겼던 '남자의 자격 - 하모니'편을 기억하십니까? 처음 만난 사람끼리 서로 연습하고 격려하면서 멋진 하모니를 이루어내는 모습을 통해 얼마나 큰 감동을 받았습니까. 그 밑바닥에는 서로의 역할에 대한 믿음과 신뢰가 있었기에 가능했다고 생각합니다.

자기가 맡은 파트에 최선을 다하면 다른 사람도 제 역할을 다하리라 믿고 열심히 노력한 결과 누구도 예측하지 못했던 감동의 장면들이 연출 된 것입니다. 이제 NABO는 7주년을 맞았습니다. 우리 구성원 모두 자기가 맡은 자리에서 자기직분을 성실히 수행하여 NABO만의 격조 있는 조직문화와 대한민국 최고의 성과를 창출해 나가는 NABO인이 됩시다.

끝으로 피터 맥윌리엄스의 시 '그대가 있기에'를 들려드리면서 시무식사에 갈음하고자 합니다.

그대가 있기에 (피터 맥윌리엄스)

그대가 있기에
나는 감격했고
그대가 먼저 행동을 취했기에
나는 놀랐고
그대가 먼저 나에게로 다가왔기에
나는 아찔했고
그대가 내 곁에 있기에
나는 행복하고

함께 있으면
우리는 하나

따로 있으면
우리는 저마다
완전한 존재

이것이 우리의 꿈이게 하고
이것이 우리의 목표가 되게 하라

8. NABO의 근성과 기개를 키우자

이임사
(2011.1.21.)

사랑하는 NABO 가족여러분!

그동안 여러분과 함께 '나라살림 지킴이, 나라정책 길잡이'로서의 역할을 다하기 위해 최선을 다해왔던 제가 이임인사를 드릴까 합니다.

여러분과 함께 NABO를 대한민국 최고의 재정전문기관으로 도약시키기 위해 열정을 다했던 시간은 참으로 소중하였습니다. 2008년 9월 1일 제3대 처장으로 부임하여 2년 5개월간 여러분과 함께 명품보고서를 만들기 위해 치열하게 몰입했던 시간은 참으로 행복했습니다.

거슬러보면 사무관 때부터 '국고를 수호하는 것'을 공직생활의 미션으로 삼았던 저는 공직생활 대부분을 국회의 예산정책분야의 독자성을 확립하겠다는 의욕으로 미력하지만 혼신의 힘을 쏟았고 지금 이 순간 그간의 체험과 흔적이 어제의 일처럼 각인되어 옵니다. 1994년 국회 내에 처음으로 예산정책을 연구분석하는 부서인 법제예산실을 탄생시키고 2000년에 예산정책과 관련한 독립부서인 예산정책국을 발족시킨 일, 그리고 이것이 밑거름이 되어 결국은 꿈에도 그리던 국회예산정책처라는 독립기관을 기어이 출범시킨 일… 아무도 크게 관심 가져주지 않았던 일에 매달려 이마만큼이라도 이루어 온 일을 돌이켜보면 보람과 회한이 교차합니다.

보고서의 양에서나 질적인 면에서 NABO는 엄청난 발전을 했고, 조직 또한 처 위상에 걸맞게 몸집이 커졌습니다. 국회예산처의 이름 하나에 모든 국민이 안도하고 신뢰할 수 있는 기반을 나름대로 다졌다고 생각합니다. 이 모든 것이 여러분의 노고와 땀의 결실로 이루어진 것입니다. 그러나 여러분이 가지고 있는 역량을 제대로 마음껏 발휘할 수 있는 여건을 모두 마련해놓지 못한 점에 대해서는 매우 안타깝게 생각합니다.

신참어부는 폭풍을 제일 겁내지만 노련한 어부는 농무(濃霧)를 두려워합니다. 눈에 보이는 확실한 비전이 없이는 조직이 커나갈 수 없습니다. 따라서 아직 해결하지 못한 미진한 부분은 여러분의 지혜와 통찰력, 추진력으로 반드시 보완하고 다듬어 나가기를 간절히 바랍니다.

바이올린의 정점, 스트라디바리우스는 가격도 어마어마하지만 다른 바이올린들이 흉내 낼 수 없는 소리를 낸다는 점에서 '신비'에 둘러싸여 있습니다. 음악애호가들은 지금이 17~18세기보다 제작기술이 훨씬 발달했는데도 왜 그러한 명품을 만들 수 없는지에 의문을 품어왔습니다. 최근 식물학자와 기후학자 연구팀이 그 비밀을 밝혀냈다고 해서 주목을 끌었습니다. 연구팀에 따르면 1400년대부터 1800년대 중반 유럽은 '소빙하기'라고 불릴 정도로 추운 날씨가 거듭되었다고 합니다.

안토니오 스트라디바리는 1700년부터 1737년까지 바이올린을 제작했습니다. 그가 바이올린을 만들 때 사용한 재료들은 모두 '소빙하기'의 극도로 추운 날씨 때문에 내밀하게 자라난 나무들이었던 셈입니다. 결국 스트라디바리우스는 나무가 자라면서 겪은 '진통'을 아름다운 선율로 녹여낸 결정체였습니다. '진통'이 '명품의 전통'을 만들어냅니다. '진통' 없는 '전통'은 한 순간에 전락할 수 있습니다.

저는 국회예산처가 재정분야의 새로운 역사를 창조해 나가기 위해서는 국회예산처의 영문명인 NABO에 담긴 깊은 의미를 가슴깊이 인식하고 NABO의 근성과 기개를 키워야 된다고 생각합니다.

첫째, NABO의 N은 Non-partisan principle로 이는 반드시 지켜져야 합니다. 비당파성과 초당적인 조직운영, 즉 정치적 중립성과 독립성은 NABO 성공여건의 가장 중요한 요체입니다.

둘째, NABO의 A는 Accountable Analysis & Assessment로 책임 있는 신뢰할 수 있는 분석과 평가가 이루어져야 합니다. GAO의 풀 네임이 왜 General Accounting Office에서 Government Accountability Office로 바뀌었는지 시대적 조류를 이해해야 합니다. 정쟁을 유발하지 않고 자신이 내세운 논지에 대해서는 책임을 지는 그래서 고객으로부터 충분한 신뢰와 공감대를 얻는 것은 아무리 강조해도 지나치지 않습니다.

셋째, NABO의 B는 Balanced Weight of Budget으로 예산의 균형추 역할을 다해야 합니다. 균형감각은 NABO인에게 매우 중요한 덕목입니다. 중립성과 상호 보완되는 사항으로 NABO가 균형감각을 가질 때 중립성도 보장됩니다. 대관소찰의 지혜로 어떤 현안이든 조급하거나 무리하게 판단하지 않고 크게 보고 찬찬히 살펴 균형적인 대안을 도출하는데 유념하시기 바랍니다.

넷째, NABO의 O는 Oversight of National Finance로 국가재정의 감시자로서의 역할을 강화해야 합니다. 행정부의 예산독주를 막아야 합니다. 나라살림 지킴이는 구호로 끝나서는 안 됩니다. 7년간 축적한 노하우를 바탕으로 국가재정을 국민의 편에서 감시하고 통제하는데 한 치의 소홀함도 있어서는 안되겠습니다.

사랑하는 NABO 가족여러분!

저는 재직하는 동안 과다하게 욕심 부리지 않고 여러분과 한걸음씩 한 뼘씩 커나가는 NABO를 소망했습니다. 그리고 과분한 평가를 바라지 않았습니다. 다만 우리 NABO의 위상을 드높이고 국회의 예산심사주도권 확보와 강화에 노력하고 애썼던 처장으로 기억되기를 마음속 깊이 원했습니다. 그래서 사심 없이 최선을 다했습니다. 감사하게도 여러분의 한결같은 성원과 열정적인 업무수행 덕분에 저는 제가 한 일에 비해 과분한 평가를 받았습니다.

사랑하는 NABO 가족여러분!

저는 지금 이 순간 참으로 행복합니다. 그리고 여러분께 깊이 감사드립니다. 인생이라는 기나긴 여정 속에서 우리에게 주어진 길이 단 하나일리는 없다고 생각합니다. 인생이 한번뿐이지 기회가 한번뿐인 것은 아니기 때문입니다. 최고를 향한 여정에는 종착역이 없습니다. 지금까지 평생 예산분야의 일가를 이루기 위해 부단히 학습해왔지만 저의 배움과 적응의 과정은 현재진행형으로 아직 끝나지 않았습니다. 다시 한번 짐을 꾸려서 성장엔진에 연료를 가득 넣고 공직생활 중에 터득한 노하우를 국가와 사회에 돌려드릴 수 있는 길을 찾아 묵묵히 정진할 것입니다. 그 어떤 순간에도 제 인생과 함께 해오고 제 숨결이 살아 있는 NABO의 도약과 NABO 가족 여러분의 발전을 위해 기꺼이 밀알이 되고자 합니다.

일찍이 타고르는 이렇게 말했습니다. "당신의 사랑을 믿습니다. 이 말이 제 생애의 마지막 말이 되게 해주십시오."

사랑하는 NABO 가족여러분!

당신의 사랑을 믿습니다. 사랑합니다. 진정 사랑합니다.

9. NABO의 미래를 보고 싶다

『NABO 10년사』
(2014.4.30.)

비전을 현실로(From Vision To Reality)

이 세상에는 무엇을 만들려고 생각만 하는 사람들보다 실제 그 무엇을 만들어내는 사람들이 더 많다. 한 사람의 꿈은 꿈으로 남지만, 만인의 꿈은 현실이 된다. '국고를 수호하는 것'을 공직생활의 미션으로 삼고 국회 예산정책 분야의 독자성을 확립하는 데 일관된 의지로 추진한 꿈은 어느 날 현실로 다가왔다. 1994년 국회 내에 처음으로 예산정책을 연구 · 분석하는 부서인 법제예산실을 탄생시키고, 2000년도에 국회 사상 최초로 예산정책과 관련한 독립부서인 예산정책국을 발족시킨 일, 그리고 이것이 밑거름이 되어 결국은 꿈에도 그리던 국회예산정책처라는 독립기관을 기어이 출범시킨 일… 아무도 크게 관심을 가져주지 않았던 일에 매달려 성사시켜 온 지난날을 돌이켜보면 보람과 회한이 교차한다.

2008년 9월 1일 제3대 국회예산정책처장으로 취임한 시기는 제헌 60주년과 국회개원 60주년을 맞아 예산에 관한 국회의 주도권 확보와 국회 위상 제고에 힘을 쏟았던 매우 중차대한 시기였다. 국회예산정책처의 모태인 법제예산실 예산정책심의관, 예산정책국 초대 국장, 예산정책처 초대 예산분석실장 그리고 예결위 수석전문위원으로 평생 예산분야의 일가를 이루기 위해 혼신의 힘을 쏟아왔기에 처장이라는 중책을 맡으면서 크게 두 가지를 다짐 하였다. 우선, '국회 시각에서의 독자적 정보생산과 예산 분석, 행정부 독주의 견제와 감시'를 통해 국회 본연의 예산심사기능을 확보하여 진정한 의미에 있어서 재정규율과 재정민주주의를 확립하겠다는 것이고, 다음은 "건전한 재정

없이 건전한 정부는 존재하지 않으며, 건전한 정부 없이 건전한 국가는 있을 수 없다"는 예산철학을 바탕으로 국가경쟁력 향상과 국가번영의 기틀을 잡는 데 조직의 역량을 결집하여 명실 공히 '대한민국 최고의 예산정책전문기관'으로 도약시키겠다는 것이었다.

NABO의 근성과 기개

당시 시대적 여건과 정황으로 보아 국회예산정책처가 재정분야의 새로운 역사를 창조해 나가고 그 뿌리를 내리기 위해서는 'NABO의 근성과 기개'를 바로 세우고 확산시키는 것이 급선무였다. 미켈란젤로가 다비드상을 완성한 뒤 어떻게 그런 걸작을 만들 수 있었느냐는 질문에 "나는 대리석에서 완벽하고 완전한 다비드상을 보았고, 다비드상이 아닌 부분만을 없앴을 뿐"이라고 말했듯이 나 또한 미켈란젤로와 같은 심정으로 국회예산정책처의 영문명인 NABO에서 NABO의 지향목표와 가치를 찾았고, 그것을 통해 독창적인 기관경영모델을 계발하고자했다.

첫째, NABO의 N은 Non-partisan principle로 비당파성과 초당적인 조직운영을 지향한다. 즉 정치적 중립성과 기관의 독립성은 NABO 성공여건의 가장 중요한 요체이자 반드시 지켜져야 할 기제이다.

둘째, NABO의 A는 Accountable Analysis & Assessment로 책임 있는 신뢰할 수 있는 분석과 평가가 이루어져야 한다. GAO의 풀 네임이 왜 General Accounting Office에서 'Government Accountability Office'로 바뀌었는지 시대적 조류를 이해해야 한다. 정쟁을 유발하지 않고 자신이 내세운 논지에 대해서는 책임을 지는 그래서 고객으로부터 충분한 신뢰와 공감대를 얻는 것은 아무리 강조해도 지나치지 않다.

셋째, NABO의 B는 Balanced Weight of Budget으로 예산의 균형추 역할을 다해야 한다. 균형감각은 NABO인에게 매우 중요한 덕목이다. 중립성과 상호 보완되는 사항으로 NABO가 균형감각을 가질 때 중립성도 보장된다. 대관소찰의 지혜로 어떤 현안이든 조급하거나 무리하게 판단하지 않고 크게 보고 찬찬히 살펴 균형적인 대안을 도출하는 데 유념해야 한다.

넷째, NABO의 O는 Oversight of National Finance로 국가재정의 감시자 역할을 강화하여 행정부의 예산독주를 막아야 한다. '나라살림 지킴이'는 구호로 끝나서는 안 된다. 그동안 축적한 노하우를 바탕으로 국가재정을 국민의 편에서 감시하고 통제하는 데 한 치의 소홀함도 있어서는 안 된다.

NABO의 '일 근육(MUSCLE)'을 키우기 위한 6가지 방안

NABO는 10년 동안 어느 신설조직에서나 경험하는 '초기학습'에서 '성취'까지 한 사이클을 경험하였다. 지난 10년 동안 예산정책분야에서 산적한 국가의 재정현안에 대한 대안을 끊임없이 탐색하고 실효성 있는 구체적 방안을 제시함으로써 국회로부터 신뢰받고 국민으로부터 사랑받는 의정지원 재정전문기관으로 확고한 위상을 갖추게 되었다. 보고서의 양과 질 모든 면에서 엄청난 발전을 했고, 조직 또한 처 위상에 걸맞게 몸집이 커졌다. 이제 앞으로의 10년을 위해서 NABO만의 '일 근육'을 키워야 한다. 지금 우리가 무엇을 할 수 있고, 우리 조직이 나아갈 방향은 무엇이며, 그 일을 해나갈 우리는 누구인지 다시 한번 점검하면서 NABO의 무한한 가능성을 열어가기 위해 얄팍한 스킬이 아니라 어떤 상황에서도 대처할 수 있는 '일 근육(MUSCLE)'을 키워야 한다.

첫 번째 근육은 Manpower를 키우는 것이다.

2009년과 2010년, 두 해에 걸쳐 국회재정전문기관에 걸맞은 통합적 분석능력을 키우기 위해 조직 확대 및 신규 업무 발굴에 주력한 결과 핵심인력 20인을 보강하는 직제개편을 이끌어냈다. 2009년에는 법안비용추계팀을 1팀과 2팀으로 확대하였으며, 세입세제분석팀을 세제분석팀과 세수추계팀으로 분리 확대 하였고, 사회행정사업평가팀을 사회사업평가팀과 행정사업평가팀으로 분리 확대하였다. 2010년에는 경제분석실에 조세현안을 주도적으로 다루기 위한 '조세분석심의관'을 신설하였으며, 사업평가국에 공공기관을 평가하기 위한 '공공기관평가팀'을 신설하였다. 직제개정은 단순한 조직 확대가 아니다. 보강된 조직으로 업무성과를 창출하여 또다시 NABO가 필요한 조직과 인력을 확충하는 계기로 삼아야 한다. 특히 향후 재정준칙이 제도화되고 예결위 상임위화가 현실화될 경우 NABO의 기능 확대가 예상되는 만큼 이러한 추세에 발맞춰 조직진단과 조직재구성을 준비해야 한다. 아울러 보고서의 현장화, 보고서의 의제설정화, 보고서의 의원input화를 통해 국회의 의제개발능력을 제고하기 위해서 NABO만의 차별화된 비교우위를 찾고 독창적인 역할 정립과 전략을 모색해야 한다.

NABO는 재능과 성실성, 자부심과 충성도가 높은 핵심인재를 가장 중요하게 생각해야 한다. 처음부터 조직의 가치에 부합하는 인재를 채용하고 그 가치기준을 적용해 평가・보상해야 한다. 능력 있는 구성원들이 미래에 대해 불안해하지 않고 직무에 전념할 수 있도록 지속적인 추진동력을 확보해주는 것은 NABO의 지향 목표를 지탱하는 뿌리이다. 10년 동안 축적한 통찰력과 분석력, 순발력과 대응력을 바탕으로 싸우지 않고도 이길 수 있는 '목계(木鷄)의 경지'에 비견되는 핵심인재로 넘쳐나야 한다. 진정 NABO의 미래를 위해 꼭 필요한 그것은 바로 '더 나은 사람들'이다.

두 번째 근육은 Utmost한 업무추진력을 키우는 것이다.

설립 10주년을 맞이한 NABO는 예산정책분야에 있어서 시대를 선도하고 시대가 필요로 하는 현안 과제를 풀어가는 의정지원 재정전문기관으로 자리매김 하였다. 이제 NABO는 지난 10년보다 더 빠르게 다가올 미래의 10년을 대비해야 한다. 지금까지의 성과에 만족하지 않고 NABO가 국가발전 어젠다의 저수지이자 발전소로서 국민 속에 인식되고 대한민국 최고의 정책 산실(think-tank)로서의 위상을 갖출 수 있도록 부단한 노력과 정성이 필요하다.

이를 위해 탁월 그 너머의 목표를 끝까지 추구해야 하며, 늘 한발 앞서서 생각하고 대안을 제시하는 one-up attitude가 필요하다.

불광불급(不狂不及). 미치지 않으면 미치지 못한다. 얼치기는 성공하지 못한다. '그 까짓 것, 대충'은 없다. 스티브 잡스는 '이 정도면 되겠지'라고 생각할 때마다 '한 가지 더 해야 한다(one more thing)'며 자신을 단련하여 그 누구도 넘볼 수 없는 성과를 냈다. 월 스트리트의 살아있는 전설로 불리는 존 템플턴은 '마지막 땀 한 방울의 교훈'이라고 부르는 원칙을 실천해왔다. 어느 정도 성공한 사람들이나 정말 뛰어난 성공을 거둔 사람들이나 일하는 양은 비슷하고 이들이 기울인 노력의 차이는 아주 작다고 한다. 하지만 마지막 땀 한 방울을 더 쏟았느냐에 따라 그 결과는 매우 컸다. 성공하고자 하는 사람은 다른 사람들보다 한 방울의 땀을 더 흘린다. 결국 그들이 거둔 성공은 이렇게 쏟은 땀 한 방울에서 나온 것이다. NABO가 생산하는 명품 보고서를 통해 재정현안을 해결해 나갈 큰 그림과 실현가능한 처방전을 제시할 수 있도록 '마지막 땀 한 방울의 교훈'을 거울삼아 아무리 소소한 것이라도 주도면밀하고 용의주도하게 최선을 다해야 한다. 마지막 순간까지 놓친 것이 없는지 살펴보는 세심함이 일을 성공으로 이끄는 왕도이다. 생텍쥐페리는 '완성'에 대해서 "무엇인가 덧붙일 수 있는 상태가 아니라 무엇인가 떼어낼 수 없는 경지"라고 했다. 품질은 복사할 수 없다(You can not copy quality). 최고의 완성도 높은 보고서를 만들기 위해 문장 하나, 용어 하나까지도 철저한 검색과 논거가 필요하다.

지금은 '고객만족경영시대'가 아니고 '고객매우만족경영시대'임을 인식하고 '만족고객'을 '매우만족고객'으로 만들기 위한 지혜를 모아야 한다. 우리가 아무리 최상의 보고서라고 내세울지라도 고객과 공감대가 형성되지 않은 결과물은 철저하게 외면당할 수 있다는 점을 잊지 않아야 한다. 궁극적으로 NABO의 고객이 '만족한 고객'에서 '헌신적 고객'을 거쳐 '옹호적 고객'이 될 수 있도록 NABO의 능력을 최고한도로 발휘해야 한다.

세 번째 근육은 Stewardship, 예산청지기 역할을 강화해야 한다.

NABO는 공공기관의 비효율성을 제거하여 국가예산의 낭비를 방지하는 예산청지기(Budget Stewardship)가 돼야 한다. 정부의 과속운전, 과적운전, 음주운전을 막아주고 정부의 예산정책분야의 NG를 사전에 예방하는 역할을 주도해야 한다.

서양 속담에 "빵에 맞춰서 국을 준비하라(to make your soup according to your bread)"는 말이 있다. 이는 빵보다도 국이 많으면 국이 낭비되는 것을 사전에 예방하고자 하는 목적에서다. NABO의 업무는 국민의 돈, 세금과 직결되어 있다. 따라서 NABO의 재정창문을 통해서 세입·세출의 간극을 줄이기 위한 방안을 상시적으로 강구해야 한다. 재정의 사각지대와 국책사업의 계획 오류(planning fallacy)를 지적하여 예산누수가 어디에서 어떤 방식으로 이루어지는지 찾아내야 한다. 부당이득 추구(rent-seeking)와 무임승차(free-riding)의 문제를 치밀하게 점검해서 국민의 세금이 한 푼도 새지 않게 해야 한다. NABO가 국리민복의 초석을 단단히 다지는 그날까지 대한민국 예산·재정 분야에서 역사의 큰 줄기를 만들어간다는 자부심을 가지고 나라 살림을 철저하게 해부해야 한다.

네 번째 근육은 Core competence, 핵심경쟁력을 강화해야 한다.

NABO의 핵심경쟁력은 전문성에서 나온다. 그래서 예산정책처법은 NABO의 전문성을 강조하고 있다. 전문성은 보통사람이 흔히 할 수 있는 수준 이상의 수행능력을 말하는 것으로 장기적이고 체계적인 훈련을 통해 획득된다. 재정현안에 대한 통찰력과 혜안을 키워서 보고서의 정확·정밀성, 즉 precision과 분석의 엄밀성, 투명성을 높이고 논리의 정확성을 기하는 것은 핵심경쟁력의 프레임이자 틀이다. NABO 설립 10년이 구성원에게 주는 메시지는 '격물치지(格物致知)'의 이치대로 깊이 알고 배우며, 넓게 살피고 깨달아 해당 분야에서 최고의 경지에 이르고, 대가로서 고수로서 달인으로서 평가받을 수 있도록 전문성 배양에 가일층 노력해야 한다는 것이다. 특히 하워드 가드너는 미래인재가 갖추어야 할 능력을 '플렉스퍼티즈(flexpertise)'라고 했다. 융통성과 전문성의 합성어이다. 따라서 지금까지 쌓아온 노하우와 경험을 접목하여 학습한 전문지식을 여러 다른 상황에서 융통성 있게 창조적으로 응용할 수 있는 기법을 개발 하고 숙지하는 데 노력해야 한다. 피터 드러커는 프로가 되기 위해 가장 중요한 것은 "자기관리에 대한 스스로의 책임"이라고 강조한 바 있다. 열심히 일한다는 데 만족할 게 아니라 축적된 지식을 활용해 '목표와 비전'을 달성할 수 있는 부가가치를 창출하는 전문가가 되라는 것, 그리고 그 성과를 분석하여 더 나은 목표로 이동해야 진정한 프로라는 것이다.

NABO는 성공의 함정(success trap)에 빠져서는 안 된다. 성공의 함정은 토인비가 설파했던 인간의 오만, 휴브리스(hubris)나 '이카루스의 역설'과 일맥상통한다. 시오노 나나미는 성공에 도취되어 초기의 긴장감과 역동성을 상실할 경우 쇠퇴가 불가피하다는 점을 「로마인 이야기」를 통해 보여주었다. 과거에 안주하는 활동적 타성(active inertia)과 자만심을 경계해야 한다. 하버드대학의 마이클 포터는 경영전략의 3대 실패요인으로 기존고객에 안주하는 것과 경쟁을 위한 경쟁, 그리고 소신부족 등을 지적했다. 지금까지 이룬 성공을 뛰어넘기 위해서는 지금 우리가 이룬 성공에 도취되어 자기성찰과 연구를 게을리 하는 마치 종착역에 도착한 느낌을 갖는 '종착역 질환'을 경계해야 한다. 자기타협과 적당주의를 불식해야 한다. NABO의 열망수준은 최고 눈높이인 '맥시멈 열망 수준'이어야 한다. 달성 가능한 목표보다 약간 더 어려운 목표를 정하고 추진해야 한다. NABO 비전의 핵심은 바로 탁월한 성과(Superior Performance)를 달성하는 것이기 때문이다.

다섯 번째 근육은 Leverage, 지렛대를 강화해야 한다.

지렛대는 동기나 희망 이상의 힘을 발휘하여 원하는 것과 행동하는 것, 꿈과 현실사이의 필수적인 연결고리이다. 지렛대가 없으면 잠재능력을 최대한 발휘하지 못한다. 지렛대의 법칙은 인생의 산을 올라갈 때 로프를 던지면 그 로프를 단단히 붙잡아 정상을 향해가는 자신을 이끌어주는 사람이 거기에 있다는 사실을 아는 것과 마찬가지이다. 우리 NABO와 부서를 앞장서서 홍보해주고 전파해 줄 수 있는 조력자(enabler)를 많이 만들어야 한다. 고객의 법칙에 10-10-10이라는 전략이 있다. 고객 1명 데려오는 데 보통 10달러 비용이 드는데 고객을 잃어버리는 데는 10초밖에 안 걸리고, 잃어버린 고객을 다시 데려오는 데는 10년 걸린다는 것이다. NABO에 실망해서 뒤돌아서버린 고객을 다시 등대고객으로 만들기 위해서는 10년이라는 세월이 필요하다는 것이다. 빌 게이츠는 '점수를 내서 이기는 것이 아니라 실점을 줄여서 승리하는' 전략으로 성공했다. 만약 NABO가 내는 보고서에 대한 고객의 성향을 등한시하고 고객의 인식을 경시하게 되면 NABO의 이미지는 이미 물 건너가게 된다. 따라서 조직의 역량을 최대한 끌어내는 부서 간, 직원 간 체계적 협업(disciplined collaboration)의 프리미엄을 공유해야 된다. 신뢰를 바탕으로 서로의 자산과 아이디어, 정보를 공유하고 부서 내지 부서원 간에, 또는 고객 간에 어떻게 이들과 함께 일을 해 볼 수 있을 것인가, 어떻게 그들과 무릎을 맞대면서 재정현안을 연구하고 토론하고 논쟁할 수 있을지에 대해서 고민해야 한다. NABO 직원이 축적한 노하우는 NABO의 자산이다. NABO는 상하 위계를 중시하는 관료제적 조직문화라기보다는 사안에 유연하게 대응하는 자율성과 개방성이 주류를 이루고 있다. 따라서 구성원이 하고 싶은 일을, 할 수 있는 일을 마음껏 할 수 있도록 하는 분위기 속에서 '상호간에 무엇을 해야 하는가'에 대한 고민과 성찰이 필요한 조직이다. 경험이 많은 직원은 그동안 축적한 노하우를 바탕으로 후배들에게 고기 잡는 법을 가르쳐 문제해결방법을 스스로 체득하고 체계화할 수 있도록 도와주어야 한다.

여섯 번째 근육은 Ever-ready 서비스체제를 강화해야 한다.

NABO 설립의 궁극적 목적이 「나라살림 지킴이, 나라정책 길잡이」를 통해 행정부와 국회간의 '견제와 균형'을 도모하는 견인차 역할에 있다고 볼 때 국회의원과 위원회의 상시적 예산심사를 위한 '전략적 준비태세(strategic readiness)'가 중요하다. NABO의 최우선고객은 국회의원과 위원회이다. 그들의 마음을 꿰뚫어보고 공감하고 소통해야 한다. 그들이 가장 중요하게 생각하는 현안과 관심사항이 무엇인지 끊임없이 접촉하여 아이디어를 얻고 분석주제를 선정하는 등, 수요자중심의 맞춤형 분석이 필요하다. 언제 어디서나 그 시점에서 가장 follow-up된 최신의 자료를 제공할 수 있어야 한다.

NABO의 도움이 필요한 고객에게 at the moment in time, 시의성 있게 필요한 자료를 제공할 수 있도록 다각적인 방안을 강구해야 한다. 'Slow help is no help', 즉 '늦게 도와주는 것은 도와주는 것이 아님'을 절대 잊어서는 안 된다. 좋은 평판을 받는 데는 수십 년이 걸리지만 무너지는 데는 한순간이라는 점을 명심해서 고객 니즈에 신속하게 대응해야 한다. 민첩성(agility)은 조직에 활력을 불어넣고 실행력을 높여준다. 구성원도 조직도 평판을 경영해야 한다. 그리고 수요자와의 끊임없는 소통으로 고객이 원하는 핵심가치를 찾아내야 조직전체에 힘이 붙고 미래경쟁력을 갖출 수 있다.

또 다른 10년 후를 내다보며 준비하라

10년의 법칙(the 10-year law)이 있다. 한 분야에서 성공하기 위해서는 최소한 10년을 투자해야 한다는 것이다. 조직의 창의성은 10년의 숙성기간을 거치고 나서 10년간 발휘되고 그 다음 10년간 다른 분야로 확산된다고 한다. 말콤 글래드웰은 어떤 분야에서 숙달되기 위해서 필요한 절대시간으로 1만 시간을 제시한 바 있다. 1만 시간은 하루 3시간씩, 10년을 보내야 확보되는 시간이다. 수지 웰치는 10-10-10법칙을 제안했는데 10-10-10이란 세 가지 시간대, 10분 후(바로 지금), 10개월 후(예측 가능한 미래), 10년 후(아주 먼 미래)를 뜻한다. 어려운 선택을 해야 한다면, 중대한 결정을 내려야 한다면, 그 순간을 모면하기 위해 직감만으로 성급히 판단하지 말고 차근차근 10분 후, 10개월

후, 10년 후의 결과를 미리 생각해보자는 것이다.

지난 10년 동안 우리는 누구도 생각하지 못했던 것을 일구어내고 누구도 넘보지 못하는 꿈을 실현하였다. 이제는 참으로 위대했던 지난 10년을 뒤로 하고, 또 다른 10년 후를 조망하며 준비해야 한다. "승승장구 하느냐, 실패하느냐. 오래 지속되느냐, 몰락하느냐. 이 모든 것이 주변 환경보다는 스스로 어떻게 하느냐에 달려있다"고 지적한 짐 콜린스의 통찰은 NABO의 나아갈 길을 밝혀주는 탁견이다.

불꽃이 활활 타올라 아름다워 보이는 순간은 사실 나무들이 빠른 속도로 재로 변하고 있는 순간이기도 하다. 그러므로 불꽃이 가장 화려할 때 샴페인을 터트릴 것이 아니라 그 불꽃을 더욱 활활 타오르게 만들 장작을 구하러 다녀야 한다. 우리가 머뭇거리는 순간에 화려한 불꽃은 금방 재로 변해버리지만, 불씨가 강렬하면 젖은 풀도 태울 수 있기 때문이다. 노아가 인류를 구할 수 있었던 것은 홍수를 예측했기 때문이 아니라 크고 튼튼한 방주를 준비했기 때문임을 잊지 말자. 승자는 스스로 눈을 밟아 길을 만들지만, 패자는 눈이 녹기만을 하염없이 기다린다고 하지 않던가.

UCLA의 전설적인 농구코치 존 우든은 "매일 조금씩 발전을 이루면 결국엔 커다란 변화가 일어난다. 단기간에 커다란 발전을 이뤄내려고 하지 마라. 매일 하나씩 이룰 수 있는 작은 발전을 찾으라. 그것이 변화를 만들어내는 유일한 방법이다. 그리고 그렇게 이룬 변화는 지속성을 가진다."고 했다. 영국의 경영철학자 찰스 핸디는 "성당은 감동을 준다. 그 장엄하고 화려한 외양 때문이 아니다. 성당이라는 건물을 짓는데 50년이 넘게 걸리기도 한다는 사실 때문이다. 성당을 설계한 사람과 공사를 시작한 이들은 자신들이 성당의 완공을 볼 수 없으리라는 사실을 분명 알고 있을 것이다. 그들은 단지 수세기에 걸쳐, 자신의 이름이 잊힌 뒤에도 건재할 어떤 영광스러운 건물을 짓고 있다고만 생각했을 것이다. 그들은 숭고와 불멸성에 대한 그들만의 이상을 갖고 있었다. 현대인에게 성당은 더 이상 필요하지 않을지 모른다. 그러나 성당을 짓는 사람과 같은 사고방식은 필요하다. 자신의 생을 넘어서 내다볼 줄 아는 안목이 필요하다."고 말했다. 최명희 작가의 「혼불」에는 "언제나 꿈을 가진 사람은 훗날을 도모하기 위하여 땅속에 미리 씨앗들을, 버리듯이 묻어놓아야 한다."는 대목이 있다.

우리에게 필요한 교훈은 바로 이것이다. 우리는 또 다른 10년을 성당을 짓는 마음으로, 작은 성공의 토대 위에 벽돌을 쌓는 심정으로, 훗날을 위해 씨앗을 뿌리는 정신으로 후대에 물려줄 명예로운 NABO를 만들어가야 한다.

나는 소망한다. 그 어떤 순간에도 내 인생과 함께 해오고 내 숨결이 살아있는 NABO의 미래를 보고 싶고 또 그 일부로 남아 있고 싶다.

제 2 장 세계가 주목하는 NABO로 우뚝 서다

1. 의회예산기구의 위상과 재정운용
《OECD 회원국 제1차 의회예산 기관장 회의》를 다녀와서

『예산춘추』
2009년 봄호(통권 제14호)

들어가며

2009년 2월 26일과 27일 양일간 이태리 의회(로마)에서는 우리나라의 국회예산정책처를 비롯한 미국, 이태리, 캐나다 등 15개국의《OECD 회원국 제1차 의회예산 기관장 회의》(The 1st Meeting of OECD Parliamentary Budget Officials)가 개최되었다. 때마침 국회예산정책처 개청 5주년 즈음에 개최된 금번 회의는 최초의 의회예산 관련 기관장 회의로서, 국회예산정책처에서는 신해룡 처장을 단장으로 하여 빈성림 기획관리관, 서덕원 정보자료팀장, 오동환 비서관이 참석하였다.

참석자들은 국민의 소중한 세금으로 운용되는 나라살림을 효율적이고 건전하게 운용하는 데는 국민의 대표기관인 의회의 역할이 중요하며, 이런 역할을 충실히 수행하기 위해서는 의회를 지원하는 재정전문기관이 필수적이라는데 공통된 인식을 가지고 있었다.

이번 회의의 첫째 날은, 참가국들의 예산지원조직 소개 및 상호 정보교환 위주로 진행되었으며 둘째 날은, 재정운용 관련 의회의 감시기능 및 경제위기

극복방안에 대한 발표와 토론이 활발히 이어졌다.

특히, 세계적인 예산전문가인 알렌 쉬크 교수(Allen Schick, 메릴랜드 대 공공정책학), 미 의회예산처(CBO) 처장 대리직을 수행한 바 있는 배리 앤더슨 예산국장(Barry Anderson, OECD) 등의 전문가와 World Bank, 예산관련 시민단체인 IBP(International Budget Partnership) 등의 국제기구 관계자를 포함하여 총 57인이 회의에 참석하여 열띤 토론을 진행했다.

제1부 : 회의 참가국별 의회 예산지원조직 소개

주제발표자로 나선 배리 앤더슨 예산국장은 미국 CBO의 기원과 역할 등에 대한 소개를 하였다. 주요 내용으로는 첫째, CBO의 탄생 배경으로 1974년 닉슨대통령 시절 행정부의 독점적 예산지배력에 대한 견제와 예산편성과정에서의 의회의 약점을 보완하기 위해 의회예산지원 조직이 설립되었음을 소개 했다. 둘째, CBO의 특성에 대해서는 행정부의 정보독점 및 비밀을 견제하고 (Don't allow black boxes), 정치적 중립성을 견지하여야 하며, 정쟁의 여지를 제공하지 않으면서도 신뢰성을 제고하기 위해서는 CBO 보고서가 합리적 논거를 제시하면서 최종결론에 이르기까지 투명성을 가져야 한다고 설명하였다. 셋째, 바람직한 의회예산조직이 추구해야할 가치로 정치적 당파성을 배제하고, 정치적으로 민감한 주제도 피해야 하며, 비권력화 되어야 한다고 제언하기도 하였다.

이어서 주제발표를 한 알렌 쉬크 교수는 예산편성과정에서 입법부의 역할에 대해 발표하였다. 주요내용으로는 첫째, 예산편성과정에서 의회의 역할과 행정부와의 관계 변화에 대해 설명하였다. 초기 정보독점 우위를 기반으로 한 행정부 지배적 단계에서 최근엔 입법부가 예산심의과정에서 더욱 중요한 역할을 하면서 입법부 소속 예산지원기구와 위원회의 역할이 증대되고 있으며, 그 역할 증대로 인한 의회독립예산기구의 확대가 예상된다고 설명했다.

둘째, CBO 기준선전망 및 법안비용추계와 관련, 추계과정에서 외부로부터 부당한 압력을 받기도 하지만 오히려 독립성을 위해 중립적이고 객관적인 관점을 견지해야 한다고 강조했다.

요하킴 베너 교수(Joachim Wehner, 런던 정경대)는 의회예산지원조직의 당면과제에 대해 발표하였다. 첫째, 의회의 분석능력을 강화하기 위해서는 의회 내에 예산지원조직의 설립확대와 분석관들의 분석능력이 강화되어야 한다고 언급하면서, 객관적이고 독립적인 분석과 조직구성원의 초기 성과가 신뢰성 확보를 위해 중요하다는 의견을 제시하였다. 둘째, 새로운 종류의 책임성을 강조하였다. 규제에 초점을 맞추기보다 규제완화를 통한 행정부 및 기관의 자율성강화를 주장하면서 성과중심의 규율 확립을 위해서는 예산과 결산을 연계하는 의회의 감사기능이 중요하다고 설명했다. 셋째, 경제위기시 의회의 신속한 조치와 이러한 조치들의 합법성의 확보 및 사전·사후감독의 필요성을 주장하였다.

이와 함께 〈표 2-1〉과 같이 참가국들은 자국의 예산지원조직의 특성 등에

〈표 2-1〉 회의 참가국 의회예산지원조직 개황

국명	설립년도	조직(직무)	직원	소속
한국(국회예산정책처)	2003	예산분석, 경제분석, 사업평가, 기획관리	125	국회
미국(의회예산처)	1974	관리·정보, 거시경제, 세입세제, 예산분석, 미시경제, 건강·인적자원관리	235	의회
캐나다(의회예산처)	2008	경제·재정분석, 조세수입·지출	13	의회
멕시코(중앙공공재정연구원)	2006	세수, 예산/세출, 거시경제, 재정제도	50	의회
스위스(의회재정감독처)	2003	예산, 감사, 회계	15	의회
영국(조사국)	2002	세출, 법안분석	18	위원회
포르투갈(의회예산실)	2006	예산안분석, 결산, 예산집행감사	6	위원회
호주(재무·행정위원회사무국)	1970	예산, 결산	12	위원회
독일(예산위원회 사무국)	1949	재정, 행정	13	위원회
브라질(하원 예산자문단)	1988	예산분석, 조사분석, 예산관련법안	40	위원회
아일랜드(조사국)	2008	예산, 결산	3	의회도서관
이태리(예산실)	1989	법안비용추계, 재정분석	27	의회도서관
스웨덴(예산실)	1997	예산추계, 소득분배분석, 거시경제	7	의회도서관
네덜란드(중앙기획국)	1947	연구분석·대외홍보, 총무, 자료, 정보기술, 인사, 정보지원	160	행정부 (경제정책부)

대해 소개 겸 발표를 하였는데, 특히 회의 참가국 중 의회 소속의 독립된 지원기구를 갖추고 있는 국가는 미국 의회예산처(CBO, 235명), 한국 국회예산정책처(NABO, 125명), 캐나다 의회예산처(PBO, 13명), 멕시코 중앙공공재정연구원(CEFP, 50명), 스위스 의회재정감독처(SPFA, 16명) 등이었고, 대부분의 국가는 의회 내 위원회에 전문 지원 인력을 갖추고 있으며, 네덜란드의 지원 조직은 행정부 소속이다.

제2부 : 경제위기 극복, 예산개혁 등 주요 재정이슈에 대한 토론

이튿날 회의에서 독일, 캐나다, 헝가리 등의 금융위기 극복 방안, 스웨덴, 호주 등의 예산개혁이 의회에 미치는 영향 및 재정의 투명성과 시민단체의 역할에 대한 논의가 있었다.

주요 내용으로는 첫째, 세계 금융위기 극복과 관련하여, 독일의 경우 금융시장안정화를 위해 금융시장 안정 기구를 실시하는 관련 법제화에 복합적인 입법부의 감독의 필요성과 이에 대한 전문성 및 적시성을 갖춘 예산지원기구의 당면과제에 대하여 발표하였다.

캐나다의 경우는 글로벌 금융위기로 인한 사국경기침체로 재정적자 우려와 적시적인 재정지출확대를 통한 경기부양책의 필요성에 대해 발표하였고, 또한 경기부양관련 예산안을 의회가 승인하는 데는 예산안편성과 예산심의절차 개선을 위해 행정부의 예산집행내역을 분기별로 의회에 정기보고토록 하는 것이 중요하다고 설명하였다. 헝가리의 경우는 국가채무 부담을 줄이고 재정의 지속가능성을 확보하는 방안으로 국가재정을 무원칙적으로 방만하게 운영하는 이른바 재정알코올중독현상(fiscal alcoholism)에 대한 강력한 재정규율을 도입하여야 한다는 언급이 있었다.

둘째, 예산개혁이 의회에 미치는 영향과 관련하여, 스웨덴의 경우 기존의 부처요구 · 중앙편성(bottom-up) 제도를 총액배분 · 자율편성(top down)제도로의 개혁 및 성과주의 예산제도 도입 등과 관련된 언급이 있었으며, 이에 대한 효과로는 의회의 정부예산에 대한 수정여지가 줄어들게 되고, 정부의 책임성이 강조되면서 예산원칙이 확립될 것으로 예상하지만 그 효과성에 대해서는 더 많은 연구가 필요하다는 의견을 제시했다.

호주의 경우는 프로그램 예산, 발생주의 예산 및 회계방식 도입과 관련된 발표가 있었다. 1986년부터 시작된 프로그램예산은 성과평가 부분이 취약해 비판을 받았고, 이어서 1996년부터 도입된 발생주의 예산 및 회계방식은 정부가 달성하고자 하는 결과(outcome)와 이를 달성하기 위한 산출 및 관리항목(output and administered item), 또 이를 인지할 수 있는 성과보고(performance reporting) 방식으로 이루어졌으며, 이는 국가재정의 투명성과 정확성을 확보하는 중요한 제도로 정착되고 있다고 설명하였다.

셋째, 재정민주주의를 실현하기 위한 재정의 투명성 및 시민단체의 역할과 관련하여, IBP(International Budget Partnership)의 워렌 크라프쉭(Warren Krafchik) 박사는 국가별 재정투명성 지표가 포함된 IBP 자료를 발표하였다. 이 지표에서 한국은 85개국 중 12위로 비교적 재정 투명성이 높게 나타났다.

재정의 투명성을 개선하기 위해서는 행정부의 적극적인 의지와 제도개선, 언론과 시민단체의 꾸준한 노력, 의회의 적극적인 역할이 필요하다고 언급하였다. 특히, 의회의 역할을 강조하면서 예산편성과 심의과정 시 청문회, 공청회 등의 방법으로 시민단체가 적시에 쉬운 방법으로 유용한 자료에 대해 접근 가능하도록 하여 재정절차의 투명성과 책임성을 강화하여야 한다는 의견을 제시하였다. 그밖에도 세계 경제전망 등 전반적인 재정이슈에 대한 활발한 상호토론이 참가국별로 이어졌다.

성과와 과제

《OECD 회원국 제1차 의회예산 기관장 회의》는 2000년대 초기 OECD 회원국 예산위원장들이 모여 개최를 시도하였으나, 네트워크에 실패하고 최근 OECD회원국들의 의회 재정전문기관으로서 의회예산 관련 기구 설립이 증가함에 따라 관련기관장들의 네트워크 운영의 필요성이 증가하여 개최되게 된 최초의 의회 예산지원조직 기관장 회의였다.

회의 참가국들의 예산 지원기구의 조직과 기능, 성과에 대한 발표를 통하여 대한민국의 국회예산정책처가 소개되었으며, 5년이라는 짧은 역사 속에서 세계가 주목하는'의회예산처 롤 모델'(role model)로서의 위상을 갖추게 된 배경과 성장 동력에 참가국들은 큰 관심을 표명하였다.

이번 회의를 통하여 「대한민국 국회예산정책처」는 국회의 시각으로 독자적인 정보를 생산하고, 예산심의에 있어 행정부의 독주를 견제·감시함으로써 국회본연의 예산심사기능을 확립하고 예산정책분야를 선도하는, 시대가 필요로 하는 의정지원 재정전문기관으로 자리매김한 것으로 평가받고 있다. 이는 또한, 앞으로 우리 NABO의 무한한 발전가능성을 예시한다.

그러나 지금까지의 성과에 만족하기에는 이르다. 지난 5년보다 빠르게 다가올 미래의 5년을 대비하여야 한다.

세계경제위기속에서 국회예산정책처는 당면한 경제위기를 슬기롭게 극복하기 위해 필요한 대안을 모색하고, 나아가 재정민주주의 구현과 재정규율 확립에 크게 기여할 수 있는 세계적 재정전문기관으로 한 단계 더 도약하기 위해서는 배리 앤더슨 OECD 예산국장의 제언처럼 정치적 당파성을 배제하는 정치적 중립성, 자료의 객관성과 독립성을 바탕으로 한 신뢰성, 'Think Tank'로서의 전문성, 신속한 대응을 요구하는 적시성의 원칙에 따라 신뢰할 수 있는 분석 결과를 제시하여 대한민국 최고의 정책산실로서의 위상을 갖출 수 있도록 핵심역량과 명성을 지속적으로 착실히 쌓아야 한다.

끝으로 이번 회의가 제1차 회의로 끝나는 것이 아니고 매년 개최될 예정이므로 내년에 개최될 차기 회의에서 논의될 내용에 대한 철저한 준비가 필요하다. 또한 제1차 회의 시 미흡했던 부분에 대한 보완과 개선을 모색하고, 우리나라가 차기 회의 개최국이 될 가능성에 대비하여 개최에 따른 여러 가지 제반 사항도 점검하는 등 만반의 준비를 기해야 할 것이다.

2. 중남미 의회의 발전, 의회예산기구 설립에 초점

《IDB 초청 중남미 의회포럼》 참석 결과

『예산춘추』
2009년 가을호(통권 제16호)

중남미 의회포럼 - 스페인어를 사용하는 모든 국가들의 모임

2009년 8월 20일부터 23일까지 4일간 도미니카 공화국 푼타카나에서 개최된 제5차 중남미 의회포럼은 멕시코, 아르헨티나, 콜롬비아, 페루, 코스타리카 등 라틴아메리카 및 카리브 연안의 20여 개국에서 80여명의 의원들이 참여한, 실로 스페인어를 사용하는 모든 국가들의 모임이었다.

이번 중남미 포럼의 대표단은 대부분 각국의 국회의장, 예산결산위원장, 재정위원장 등을 중심으로 구성되었는데, 이는 재정 및 예산에 대한 의회의 역량을 강화하는 것이 이 지역의 발전에 중대한 영향을 가져온다는 인식하에 각국 의회의 지도자 중심으로 구성된 것이며, 역내 최대 규모의 자금지원 기관인 IDB(The Inter-American Development Bank, 미주개발은행)에서 이번 포럼을 주관할 만큼 의회차원의 중요한 교류의 장이었다.

독특한 것은 스페인어를 쓰지 않는 초청대상자는 한국과 스웨덴이 유일하였고, 또한 의원이 아닌 초청대상자는 국회예산정책처 신해룡 처장이 유일하였다(송병철 경제예산분석팀장 참석). 스페인어를 사용하지 않는 두 국가, 한국과 스웨덴의 초청은 그만큼 선진적인 의회의 재정시스템을 배우기 위한 IDB와 중남미 국가들의 관심과 노력이 반영된 결과이다.

예산투명성 제고는 정보를 알기 쉽게 분석 · 제공하는 능력을 겸비해야 가능

'전략적 발전방향 모색을 위한 의회의 바람직한 역할'이란 광범위한 주제를 논의하기 위한 이번 회의는 첫째 예산정보의 투명성 제고, 둘째 의회예산지원기구 도입방안, 셋째 세계금융위기에 대응한 의회의 역할 등 3가지 토의사항으로 집약되었다.

첫 번째 주제에서는 중남미 국가 의회 역시 우리와 같은 고민과 한계를 느끼고 있다는 것을 보여주었다. 멕시코의 구르위츠 의원은 의회의 예산권을 제대로 행사하기 위해서는 정부가 독점하고 있는 예산정보를 의회로 효율적으로 전달할 수 있도록 예산투명성을 높이는 법률적 · 제도적 정비가 필요하다고 의견을 피력했다. 또한, 코스타리카의 차베스 의원은 의회로의 정보전달뿐만 아니라 이러한 정보를 보다 알기 쉽고 이해할 수 있도록 분석하여 제공하는 의회를 위한 지원기구가 필요하다는 점을 강조했다. 즉 예산정보의 투명성을 제고하기 위해서는 정부로부터 의회로의 정보전달을 용이하게 하는 제도와 이를 분석하고 제공하는 능력이 동시에 갖추어져야 한다는 점에서 각국 의원들은 인식을 같이 했다.

의회예산지원기구는 정부와 의회 간 역할분담으로 이해되어야

두 번째 주제인 의회예산기구의 도입방안에 대해서는 신해룡 예산처장의 주제발표가 있었다. 의회의 예산통제강화를 위한 지원기구의 실립경과 및 배경, 국회예산정책처의 조직과 임무, 운영원칙, 향후 발전방향과 과제 등을 국회예산정책처의 설립과 운영과정에서의 경험을 토대로 발표하였다. 이어진 질문과 토론과정을 통해 얻어진 결론은 다음과 같다.

첫째, 각국 의원들은 국회예산처의 설립배경과 성공적 운영에 지대한 관심을 표명하고, 의회의 재정통제권을 실질적으로 강화할 수 있는 효과적인 수단이라는 데 공감했다.

둘째, 의회의 정보부족과 분석능력의 부족을 극복하기 위해서는 학력과 전문성을 갖춘 중립적인 인력이 의회를 위해 분석보고서를 발간하거나 의원요구에 대응하는 서비스를 제공할 수 있어야 하는데, 의회예산기구의 설립은 의회의 재정능력을 제고하는 좋은 수단이 된다는 데 공감했다.

셋째, 효율적인 의회가 되기 위해서는 기술적 분석과 정책의 지속적인 감시(follow-up)로 정부에 대해 구체적인 대안제시 능력이 필요한데, 의회예산지원기구는 정부와 의회 간 긴장을 조성하기보다는 상호간 역할분담과 분업으로 이해되어야 한다는 인식에 공감했다.

마지막으로 재정정보의 투명한 공개와 더불어 알기 쉽고, 이해하기 쉬운 상태로 재정정보를 전달하는 시스템이 필요한데, 의회예산지원기구는 이러한 재정정보의 투명한 공개와 국민과 의회의 정보접근성을 향상시키는 주요 수단이라는데 인식을 같이했다.

또한 스웨덴의 윈벡 의원은 우리가 향후 추진할 사전예산제도(Pre-Budget)에 깊은 관심을 표명하면서, 스웨덴의 사전예산제도를 소개했다. 스웨덴에서는 정부가 춘계재정법안(Spring Fiscal Policy Bill)을 4월 15일까지 의회에 제출하고 의회는 경제 및 예산정책의 지침(Guideline)을 결정하며, 정부가 9월 20일 제출하는 본예산(Full Budget)을 의회에서 심의하는 절차를 가지고 있다고 발표했다.

페루의 크루즈 의원은 우리의 국가재정운용계획과 법안비용추계제도 및 재정소요점검(Scorekeeping)에 깊은 관심을 표명하면서, 이러한 제도의 실질적 운영과 성과에 대해 질문하였다.

NABO는 의회예산지원기구의 역할모델로서 주목의 대상

이번 중남미 의회포럼의 성과는 공식적인 회의뿐 아니라 각종 리셉션 등 친교의 장에서도 나타났다. 한국 대표단은 성공적인 의회예산지원기구를 운영하고 있다는 점에서 역할모델로서 주목의 대상이 되었다.

특히, 미국 의회예산처(CBO)를 벤치마킹하기보다는 설립배경과 운용과정의 경험이 생생하게 남아있는 우리 예산처의 모델을 도입하기 위한 지대한 관심을 보여주었다. 페루, 콜롬비아, 코스타리카, 도미니카 의원 등으로부터 예산정책처 모델을 배우기 위한 한국방문에 대해 많은 요청을 받은 바 있다.

또한 이번 회의를 주관한 IDB 관계자는 한국의 경험을 배우기 위한 중남미 국가들의 공동프로젝트를 추진할 예정이라고 밝혔다. IDB 특별고문으로 활동하고 있는 실베나는 미국 CBO의 경우 창설당시의 경험을 설명해줄 사람이 없어 NABO의 사례가 의회예산기구의 설립을 추진하고 있는 중남미 국가들에 유용한 사례가 될 것이라고 부연하였다. 또한 최근 설립된 의회예산지원기구 가운데 IT기술을 적극적으로 활용한 사례는 한국의 예산정책처가 유일하다고 하면서 통계자료분석, 각종 DB구축, 정부와의 자료교환 등에 활용하고 있는 소프트웨어와 하드웨어 등은 무엇인지에 대해 깊은 관심을 표명했다. 또한 IDB는 중남미국가들과 협력하여 의회예산지원기구의 설립과 운영과정 뿐 아니라 세계 최고수준의 한국 IT기술이 의회예산지원기구에 어떻게 활용되는지 그 실태를 배우기 위한 대표단을 공동으로 구성할 것임을 밝혔다.

라틴국가들의 의회발전을 위한 열정이 느껴져

이번 회의를 통해 받은 가장 인상적인 느낌은 정치적 · 경제적 안정을 이루어가고 있는 중남미 국가들이 "진정한 의미의 선진화는 의회발전"이라는 데 인식을 같이 하고, 이에 대한 관심과 열정이 지대하다는 것이었다.

이들은 전통적인 행정부 우위의 국가로서 의회의 역할이 제한되어 왔다. 의회의 권한을 실질적으로 회복하기 위한 다양한 방안들 중에서 의회 스스로 독자적이고, 전문성 있고, 이해하기 쉬운 정보를 생산하는 의회예산기구의 설립을 가장 효과적인 수단이라고 인식하였다. 우리 국회예산정책처는 이러한 중남미 국가 의회의 요구에 부합되는 좋은 사례(role model)로 인식되었다. 국회예산처 방문을 추진 중인 중남미 국가들을 물론 우리를 이미 방문한 이란, 아프가니스탄, 인도네시아, 베트남 등 민주화를 향해 발걸음을 내딛고 있는 다양한 국가들로부터, 국회예산처는 벤치마킹의 대상이 되고 있다. 국회예산정책처가 이러한 국가들에게 보다 충실한 경험과 성장 동력 창출의 메시지를 전하기 위해서는, 이를 전담할 대외협력 부서의 설립이 시급하다고 본다.

또한 국회예산정책처를 배우고자 하는 이들 국가에서는 세계수준의 IT 기술이 예산분석업무 등에 어떻게 활용되고 있는지에 대해서도 지대한 관심을 가지고 있다. 현재 운용하고 있는 공공기관재무DB시스템, 예산이력시스템, COSTEM, VIVA 등 다양한 DB를 더욱 발전시켜 우리의 경험이 제대로 전수될 수 있도록 준비할 필요가 있다.

이번 참석을 계기로 국회예산정책처가 세계적인 재정전문기관으로 도약할 수 있는 가능성을 확인할 수 있었다. 또한 신흥 민주국가들에게 우리의 경험을 전수함으로써 글로벌 재정의 건전성과 발전을 촉매 하는 역할을 담당할 수 있다는 자신감을 갖는 계기가 되었다.

이를 위해 중립적이고, 객관적이고, 전문성 있는 분석기관으로서 우리 국회와 국민의 신뢰를 지속적으로 얻어나가는 것이 예산지원기구의 바람직한 모델로서의 위상정립을 위한 최우선 과제임을 잊지 말아야 할 것이다.

3. 경제위기 이후의 재정 운용방향과 의회의 역할
《제2차 OECD 의회예산기관장 회의》를 다녀와서

『예산춘추』
2010년 봄호(통권 제18호)

들어가며

'제2차 OECD 의회예산기관장 연례회의'가 2010년 2월 11일과 12일 양일간 아인슈타인이 상대성이론을 탄생시킨 스위스 베른에서 개최되었다. 'OECD 의회예산기관장 회의'는 OECD 국가들이 의회차원에서 예산 전반에 대하여 현안을 논의하고 정보를 공유하는 연례 회의이다. 세계적인 경제위기 이후 재정운용의 새로운 방향을 모색하는 이번 회의가 현대과학의 새로운 지평을 연 상대성이론의 고향인 베른에서 개최된 것은 상당히 뜻 깊은 일이었다.

세계 각국이 경제위기 이후 재정건전성 확보방안을 모색하고 있는 중요한 시기에 열린 이번 회의에는 미국, 캐나다, 영국, 프랑스, 독일 등 15개국의 대표단과 OECD, World Bank, GTZ 등의 국제기구에서 참석하여 회의의 위상을 다시 한번 확인할 수 있었다. 우리나라는 국회예산정책처(NABO) 신해룡 처장을 단장으로 하여 김건오 기획협력팀장, 안태훈 사업평가관, 오지은 비서로 구성된 4명의 대표단이 참석하였다.

본 회의는 주최국인 스위스 상원(Council of States) 부의장인 한스 알데르(Hans Altherr) 의원의 개회사로 시작하였으며, 스위스 하원(National Council) 재정위원회 위원장인 마가렛 키너 넬렌(Margaret Kiener Nellen)의원의 사회로 진행되었다. 이번 회의의 첫째 날에는 지난 1년간 각국에서 이루어진 예산 및 공공지출에 대하여 의회 차원의 정보교환이 이루어졌으며, 경제위기 이후의 재정준칙의 개선방향 및 의회 역할에 대한 전문가들의 발표 및 토론이 진행되었다. 둘째 날은 예산효과를 분석하는 동적추계 및 의회예산처 운영 등 주요 이슈에 대한 논의가 심도 있게 이루어졌다.

첫째 날

제1부 지난 1년간의 의회예산기관 동향

각국 대표단들이 예산 및 공공지출에 대한 자국의 주요 이슈들을 자유로이 발표하였다. 먼저 지난 1차 회의에 참석하지 않은 스페인, 덴마크, 노르웨이, 터키 및 프랑스 순서로 자국의 의회예산시스템 소개 및 주요 사항에 대한 발표가 이루어졌다. 첫 번째로 스페인에서 발표하였는데, 스페인 의회의 공공재정 및 경제조사팀의 Gutierrez 팀장은 자국의 경우 예산관련 질의응답 및 거시경제전망의 비교보고서를 작성하고 있지만, 독립적이고 전문적인 예산 전문조직의 확대가 필요하다고 밝혔다. 덴마크는 단원제(One-chamber)와 여소야대정부(Minority government) 구조를 가지고 있으나, 정부에 비해 의회 소속 전문가의 수가 상대적으로 적어 의원들은 주로 정부쪽에 경제 및 예산관련 질의를 요청하고 있다고 발표하였다. 노르웨이의 의회예산기관도 비슷한 상황에 처해 있다고 설명했다. 의원들은 정부(Ministry of Finance, Statistical Office)가 제공하는 경제 및 재정정보에 대한 의존도가 높아 주로 정부 측에서 제공된 정보를 활용하고, 의회에 소속된 독립적 전문 인력이 없어 각 정당에 소속된 전문가들을 통해 재정 이슈관련 조사 분석을 수행하고 있다고 발표하였다. 그러나 터키 의회는 2010년에 의회예산기구 내에 예산 및 경제분석팀(Budget and Economic Analysis Unit)을 신설하여 2011년부터 운영할 것을 목표로 삼고 있다고 밝혔다. 또한 현재 11명의 전문가들이 활동하고 있으며 향후 5년 내에 25명으로 증원할 예정이라고 설명하였다.

각국의 발표에 이어 NABO는 지난 1년 동안의 동향을 발표하였는데, 의회예산기구를 발전시키는데 어려움을 겪고 있는 각국들의 많은 관심을 받았다.

NABO는 국회의 시각으로 독자적인 재정정보를 생산하고, 국회 본연의 예산 및 결산심사 기능을 지원하기 위해 2009년 한 해 동안 새로운 접근을 시도해 왔다고 설명하였다. 이에 따라 2010년도 예산안심의과정에서 정부 예산사업의 필요성과 예산규모의 적정성에 대한 독자적 조정 의견을 최초로 제시하였다고 발표했다. 특히, NABO가 2010년도 정부의 예산안과 관련하여 제시한 194건, 11.8조원의 감액조정의견은 예산심의과정에서 다수 반영되었으며, 2010년 예산안에서 국회가 확정한 감액총액(2조 7,694억 원) 중 37%(8,308억 원)가 반영되었다고 설명하였다. 또한 국회예산정책처의 분석보고서에 대한 언론의 관심이 높아져 주요 신문 및 방송 등의 사설 및 주요 기사에 인용되었고, 2009년의 언론보도 건수는 총 1,363건이었으며 이는 2008년의 언론보도 652건보다 약 2배 이상 증가하였다고 발표하였다.

NABO의 최근 동향과 관련하여, 미국 의회예산처(CBO) 처장 대리직을 수행한 바 있는 배리 앤더슨(Barry Anderson) OECD 예산국장은 2003년에 설립된 NABO의 발전상은 놀라운 것이며, NABO를 롤 모델(role model)로 삼고 있는 나라들이 많다고 밝혔다.

제2부 경제위기하의 재정준칙

세계적인 예산전문가인 알렌 쉬크 교수(Allen Schick, 메릴랜드 대 공공정책학)는 "경제 위기 이후의 재정준칙(Postcrisis Fiscal Rules : stabilizing public finance while responding to economic aftershocks)"이라는 제목으로 주제 발표를 하였다. 쉬크 교수는 많은 국가들이 재정준칙들을 갖고 있으나, 경제위기가 발생하면 기존의 재정준칙들은 그 기능을 상실하게 된다고 주장하면서, 경제 위기 이후에 채택되어야 할 새로운 재정준칙들을 제시하였다.

주요 발표내용을 살펴보면 다음과 같다. 먼저 새로운 재정준칙들은 경제 상황에 따른 변동에 부합하여야 하며, 예산과 연계된 재정운용계획에 포함되어야 한다고 주장하였다. 또한 차세대의 재정준칙들은 중기 혹은 장기 체계를 갖추며, 지방정부 및 공공기관을 포함한 공공부문 전체를 포괄해야 한다고 밝혔다. 마지막으로 쉬크 교수는 독자적인 재정준칙보다 재정준칙들을 통합한 유연한 '재정운용의 틀(fiscal framework)이 보다 효율적이라고 제시하였다. 발표에 이어 쉬크 교수가 제시한 새로운 재정준칙들이 재정건전성을 회복하는데 중요한 역할을 할 것인가에 대한 내용부터, 현재의 경험으로부터 무엇을 얻을 것인가 하는 내용까지 참여국들 간에 폭넓은 논의가 이루어졌다.

쉬크 교수의 발표내용은 우리나라에 중요한 정책적 시사점을 제시해 주고 있다. 우리나라도 1997년 IMF 경제위기 이전까지 정책당국은 각 연도 세입의 범위 내에서 세출을 집행하는 '일반회계 수지균형(balanced budget)원칙' 준수를 당연한 재정준칙으로 간주하고 대체적으로 적자예산 편성 없이 보수적으로 국가재정을 운영해 왔다. 그러나 IMF이후 경제위기 극복 및 지속성장을 위한 정책 도구로 재정정책을 적극 활용하게 되면서, 지출은 확대되고 적자재정 편성이 일상화되었다. 더욱이 적자를 당연시하는 경향마저 나타나고 수지균형 준칙은 그 기능을 상실하게 되었다. 정부는 이러한 재정운용상의 문제점을 해결하기 위하여 2004년에 '국가재정운용계획'이라는 선진적인 '재정운용의 틀'을 마련하고, 하향식 총액배분 자율편성 예산제도를 도입하였다. 이로써 단년도 수지균형원칙의 엄격한 준수보다 탄력적이고 중기적인 수지균형준수로 선진적인 재정 운용방식을 마련하였다.

그러나 '국가재정운용계획'을 구성하는 새로운 재정준칙의 정립 없이 기존 일반회계 수지균형 준칙만 폐기되어, 재정당국을 규율할 내재적 지출 억제장치가 존재하지 않는 규율 공백 현상이 발생하게 되었다. 또한 국가부채에 대한 충분한 논의가 부족한 상황에서 공기업 부채의 증가는 공공부문의 부채 증가를 유발하고 있다. 국가재정운용계획에서는 국가부채가 GDP의 40%를 초과하지 않도록 하겠다고 하지만, 공공부문 부채에 대한 준칙을 마련하지 않고 있다. 따라서 쉬크 교수의 "단편적인 재정준칙보다 '재정운용의 틀(fiscal framework)'이 효율적이지만, 국가재정운용계획에 의회가 제정한 재정준칙을 포함시킬 필요가 있다."는 지적에 귀 기울일 필요가 있을 것이다.

제3부 예산과정에서 의회역할의 한계

OECD 컨설턴트인 요아킴 베너 교수(Joachim Wehner, 런던 정경대)는 "예산과정에서 의회역할의 한계"에 대해 발표하였다. 베너 교수는 정부의 예산편성권, 예산심사의 시간적 제약 및 의회가 예산을 승인하지 않을 경우의 특별대책들은 의회의 역할을 제한하는 요소라고 지적하였다. 또한 강력한 입법부는 지출을 확대하는 경향을 보이기 쉽다면서, 이는 어느 정도 민주주의의 비용으로 이해될 수 있다고 주장하였다. 그러나 입법부가 신중히 예산총액을 정하고 강력한 예산 제약 하에서 부채에 관심을 갖게 하는 제도를 도입한다면, 입법부가 재정 권한과 재정에 대한 책임성을 동시에 가지는 것이 불가능한 것은 아니라고 밝혔다.

우리나라에서 예산에 대한 국회의 역할이 강화되고 있음을 고려할 때, 베너 교수의 발표내용에서 많은 시사점을 얻을 수 있었다. 특히 의회가 강력한 재정권한을 가지면서 재정적으로 책임성이 있으려면 의원들로 하여금 재정운용지표들을 지켜나가게 하고, 강력한 예산제약 하에 재원배분 논의에 초점을 맞추도록 강제하는 제도적 장치가 필요하다는 베너 교수의 주장에 주의를 기울일 필요가 있다.

둘째 날

제1부 동적추계 논의

배리 앤더슨 OECD 예산국장은 "동적 추계(dynamic scoring)의 매력, 도전 및 균형"에 대해 발표하였다. 여기서 동적 추계란 재정정책의 효과를 추정할 때, 경제에 미치는 모든 효과를 추계하는 것이다.

배리 앤더슨 예산국장의 주요 발표내용을 정리하면 다음과 같다. 첫째, 동적

추계의 목적은 정치적 논쟁이 발생하였을 때, 보다 유용한 정보를 제공하는 것이다. 주어진 시간과 비용의 제약 하에서 정책결정자 및 그 외에 관심을 가진 사람들과 대중에게 정책선택에 관한 명백하고 신뢰할만한 정보를 제공하자는 것이다. 둘째, 동적추계를 정확히 할 수는 없지만, 추정하는 것만으로도 그 의미는 큰 것이라고 지적하였다. 동적 추계는 정확한 결과는 아니지만, 현재의 경제학적 지식수준에서 "최선의 추측"으로서 중요한 의미를 가질 수 있다는 것이다. 셋째, 동적추계의 질을 향상시키기 위해 우선적으로 해야 할 것은 분석 자료를 공개하여 검증받도록 하는 것이다. 누구나 추계에 대하여 평가할 수 있도록 추계치와 더불어 관련된 정의, 추계의 전제, 추계방법, 그리고 사용한 모형을 밝혀야 한다는 것이다. 설령 추계결과가 틀리더라도 결과적으로는 이러한 공개가 신뢰를 쌓을 수 있다는 주장이다.

앤더슨 예산국장의 발표내용을 정리하면 정책에 대한 객관적인 분석의 필요성을 강조하면서, 정부의 정책에 대한 합리적이고 객관적인 분석과 추계에 근거하여 논의하는 제도를 정착시킬 필요가 있다는 것이다. 동적 추계 논의에서 시사하는 바와 같이 국회의 예산심의도 비용추계 등을 통해 마련된 객관적 자료에 근거하여 행정부에 문제를 제기하고, 합리적인 개선방안을 모색하는 방향으로 이루어질 수 있기를 기대해 본다.

제2부 의회예산처의 주요 이슈

설립 1주년이 된 캐나다 의회예산처(PBO), 30년이 넘는 역사를 자랑하는 미국 의회예산처(CBO)와 함께 우리나라 NABO가 각자의 경험과 주요 이슈를 발표하였고, 세 기관에 대한 질의 · 답변 시간이 있었다. PBO의 케빈 페이지(Kevin Page) 처장은 PBO가 의회시스템 내에서 토론과 조사의 질적 수준 향상을 위한 중요 재정정보를 제공하고 있다고 발표하였다. PBO는 경제 및 재정분석과 예산집행 내용을 포함한 분기보고서를 작성하며, 주요 정책 및 프로그램과 의원발의 법안에 대한 비용추계, 주기적으로 조정된 예산수지 관련

특별 연구를 진행하고 있다고 발표하였다.

밥 선샤인(Bob Sunshine) CBO 부처장이 제출한 'CBO 성공의 중요 요인들'이라는 제목의 원고를 대신 발표한 배리 앤더슨 예산국장은 CBO에서 가장 중점을 두는 사항 중의 하나로 초당파성을 들며, 외부에도 초당파성을 근거로 하는 조직으로 보여야 한다고 강조하였다. 또한 CBO 처장과 부처장은 야당과 여당대표들과 빈번히 회의를 가지며 대화를 지속하고 있으며, 최근에 CBO는 상원 재무위원회 위원장 및 보좌진들과의 회의를 통해 그들의 의견과 관점을 듣고 양당의 중립적 위치에서 일하고 있다고 밝혔다.

한편, CBO의 성공요인 중 강조되어야 할 내용은 'No surprises'인데, 이는 A의원이 법안 발의 시 첨부한 비용추계서와 반대되는 내용으로 B의원의 법안비용추계서가 접수될 경우, 이 사실을 A의원에게 알려주는 것이 적절하듯이, 분석정보의 정확성 및 그 생산시기도 매우 중요하다는 것이다.

또한, CBO는 실수가 발생하는 경우 겸허하게 인정하고 바로 문제가 되는 사항에 대해 조치하려는 노력을 하고 있다고 설명하였다. 즉 'Acknowledge mistakes and uncertainty'로서 작은 실수가 조직에 큰 영향을 끼칠 수 있으므로 이를 인정하고 끝까지 사후 조치를 취해야 하며, CBO의 정보가 절대적으로 옳다는 성급한 오류를 범하지 않도록 불확실성을 가정하여야 한다는 것이다.

NABO의 경우 작년 한 해 동안, 최근 급격히 악화되고 있는 재정건전성 개선에 중점을 두었다는 점을 밝혔다. 2010년 예산안 심사과정에서 NABO가 적극적으로 감액조정의견을 제시하였고, 이 같은 NABO의 조정의견이 반영된 국회의 조정 결과, 관리대상수지의 경우 정부안 대비 1.9조원 수지가 개선되었고 GDP대비 국가채무는 정부안 대비 0.8%p 감소하였음을 설명하였다.

성과와 과제

재정의 지속성도 중요하지만 정부의 책임성을 함께 고려하는 효율적인 재정체계 마련은 국내만의 문제가 아니며 OECD 국가들이 함께 고민하고 해결해야 할 문제이며, 금년도 OECD 회원국의 의회예산기관장 회의의 주요 의제가 되었다. 이러한 재정체계 구축에 있어서 의회의 역할이 강화되는 이유는 궁극적으로 재정운용은 정치적인 결과이며, 정부가 수립한 재정운용계획을 최종적으로 승인하는 곳이 바로 국회이기 때문일 것이다. 따라서 세계적으로도 예산과 정책들에 대해 보다 능동적이고 독자적인 입법부의 역할이 강화되고 있는 추세이다. 이에 따라 세계 각국 의회는 예산조정 권한의 확대를 추구하고 있으며, 행정부에 대한 의존으로부터 자유로운 예산 전문조직을 갖추어 가고 있다.

이러한 의회예산조직들이 모인 '제2차 OECD 의회예산기관장 회의'에서 각국 대표단의 적극적인 참여와 전문가들의 수준 높은 발표들은 이번 회의를 매우 가치 있게 만들었다. 또한 주최국인 스위스 의회의 세련된 회의 진행 및 세심한 배려는 이번 회의의 품격을 높였다.

또한 이번 회의를 통해 OECD 국가들이 의회역할 확대를 위해 의회예산 전문조직을 강화하고 있음을 확인할 수 있었다. 많은 참석자들이 "2003년에 설립된 이후 NABO의 발전상은 놀라운 것"이라는 반응을 보였으며, 특히 터키 의회는 "벤치마킹을 위해 한국의 국회예산정책처법을 번역하고 있다"고 소개하였다. 이러한 맥락에서 회의 주최 측으로부터 의회예산기구의 경험 및 이슈를 발표하는 세션에 미국 CBO, 캐나다 PBO와 함께 NABO가 초대받은 것으로 이해된다.

윌리엄 글래드스턴(William E. Gladstone, 1809~1898)의 '만약 의회가 예산조정에 대한 권한을 상실한다면 국민의 자유도 침해받을 수 있다'라는 명언을 상기하며, NABO는 현재에 만족하지 않고 세계적인 의회예산전문기구로서의 위상을 공고히 하기 위해 더욱 매진해 나가야 하겠다.

제4부

언론이 말하는 '30년 예산통'과 '미스터 예산'

제 1 장 30년 예산통(豫算通), 그는 누구인가

한국일보
(2008년 11월 24일)

파워기관 부상한 '국회 브레인' 예산정책처
정부 정책 허점 '족집게', 전문 관료들도 벌벌

김형오 국회의장은 9월 새로 부임한 신해룡 국회 예산정책처장에게 "정부가 의원에게 로비하는 것이 아니라 예산정책처에 로비하도록 만들라"고 주문했다. 예산 편성 및 집행 평가 분야에서 의원들의 의정활동을 지원하는 조직인 예산정책처의 중요성을 조금 과장해 강조한 것이다. 하지만 3개월여가 지난 지금 이는 현실이 됐다. 예산정책처는 요새 정부 부처도 눈치 보게 만드는 막강한 파워기관으로 급부상했다.

과거 국회가 정부에서 넘어온 예산과 법률안에 도장만 찍어 줘 통법부(通法府)라는 오명을 뒤집어쓴 시절이 있었다.

반면 미국은 한국과 마찬가지로 대통령 중심제이지만 예산 편성은 의회의 영향력이 더 크다. 대통령 산하 예산관리처(OMB)가 예산제안서를 의회에 제출하지만 이는 참고사항일 뿐 예산을 편성하고 확정하는 권한은 의회가 갖고 있고, 여기서 의회예산처(CBO)의 역할이 크다. 한국 국회의 예산정책처는 2003년 미국 CBO를 본 떠 만든 기관이다.

예산 심의 시즌인 요즘 국회 의정관 안에 자리 잡은 예산정책처 사무실에서는 정부 정책이나 예산 자료를 싸들고 와 담당자를 설득하는 정부 부처 공무원들의 모습을 심심치 않게 볼 수 있다. 예산정책처가 최근 하루가 멀다 하고 쏟아내는 각종 보고서와 현안 분석 자료들 때문이다. 그것도 정부 예산 편성이나 사업 집행의 문제점을 족집게처럼 찾아내 대안까지 제시하니 정부로선 죽을 맛이다.

가령 현 정부가 강력한 드라이브를 거는 감세 정책도 예외는 아니다. "역사적으로 단기적 세수 초과로 인한 감세는 재정수지 악화를 초래해 왔다" "종합부동산세 완화 등의 감세로 지방재정이 크게 줄어들지만 재원 보전 대책이 없다" 등 날선 비판이 잇따라 보고서로 나왔다.

예산정책처는 내년도 경제성장률을 정부전망치 5% 내외보다 낮은 3.7%로 예측하기도 했다. 이는 후일 정부가 경제성장률 전망을 1%포인트 가량 낮춰 수정예산안을 제출하는데 영향을 미쳤다. 이 같은 보고서와 자료들을 각 상임위에서 의원들이 그대로 인용, 정부 비판의 잣대로 사용하면서 예산정책처가 힘 있는 기관으로 탈바꿈하고 있는 것이다.

출범 5년째인 예산정책처가 원래 이랬던 것은 아니다. 초대 최광 처장은 행정수도 이전에 대해 비판적 목소리를 냈다가 여권의 압력으로 결국 밀려나야 했다. 이후 예산정책처는 한동안 술에 물 탄 듯한 힘 빠진 보고서를 내 거의 주목받지 못했다.

하지만 의회주의자로 알려진 김형오 의장 체제가 들어서면서 변했다. 새 국회 시노무가 외압을 막고 조직 확장도 적극 검토하는 등 힘을 실어주자 대정부 비판에 있어서 점차 자신감을 찾기 시작한 것이다.

예산정책처는 현재 공식적으로 약칭을 '예정처' 대신 '예산처'로 사용하고 있다. 정부조직 개편에서 기획예산처가 기획재정부로 바뀌면서 '예산'이 들어간 부처가 없어진 것이 표면적 이유이지만 경제 부처와 기 싸움의 성격이 짙다. 예산 편성 주도권을 둘러싼 국회와 행정부의 치열한 싸움은 이제 시작됐다.

신해룡 처장은 누구
30년 예산통 · · · 독립기구화 주도

국회예산정책처 3대 처장(차관급)인 신해룡 처장은 입법부 공무원 가운데 드물게 예산 분야에서만 30여 년 근무한 예산통(豫算通)이다.

그의 처장실 서가에는 자신이 집필한 예산 관련 서적 10여권이 꽂혀있다. 이중 '예산결산심사 - 이론과 실제'(1997년)와 '예산정책론'(2005년)은 이 분야의 교과서로 꼽힌다. 이런 전문성을 인정받아 그는 9월 입법고시 출신으론 처음으로 예산정책처장에 공모로 선발됐다. 최근 예산정책처의 부상은 국회가 본연의 예산심사권한을 강화해 행정부의 독주를 견제 감시해야 한다는 그의 오랜 신념이 있었기에 가능했다.

94년 법제예산실 신설, 2000년 예산정책국 확대로 전문성 강화, 2003년 예산정책처 신설로 독립기구화 등 각 단계에서 주도적 역할을 했다. 초대 예산정책국장, 초대 예산정책처 예산분석실장 등의 이력이 이를 말해준다.

신 처장은 "법제예산실을 만들 때 원래는 법제예산원으로 가려고 했으나 당시 경제기획원이 청와대(YS정부)에 로비하는 바람에 무산됐다"면서 "이제 독립적인 예산정책처가 만들어졌고 처장이 됐으니 그때 꿈이 이뤄진 것"이라고 말했다.

신 처장의 부임은 예산정책처에 날개를 달아주었다. 보고서가 쏟아지고 내용도 정부의 잘못된 예산들을 날카롭게 파고들고 있다. 인터뷰 직전에 기획재정부 배국환 2차관이 그를 만나고 갔다.

신 처장은 "예전 같으면 청와대와 같은 윗분들 눈치만 봤을 것"이라며 "그렇다고 행정부의 발목만 잡겠다는 게 아니라 부족한 부분을 지적, 보완해주는 파트너가 되겠다는 것"이라고 말했다. (김영화 기자)

제2장 '미스터 예산' 신해룡 전 국회예산정책처장 망국병 '재정 포퓰리즘'을 말하다

J 스페셜 - 월요인터뷰(서경호 기자)
중앙일보(2011년 9월 19일)

정치권 취했다. 재정 알코올 중독 안 돼

미국의 정치가 · 과학자인 벤저민 프랭클린(Benjamin Franklin)은 "일생을 살면서 피할 수 없는 두 가지는 죽음과 세금"이라는 명언을 남겼다. '피할 수 없어서' 국민이 내는 세금은 정부 재정수입으로 들어가 예산의 일부분이 된다. 흔히 세금에는 일반 국민도 관심이 많지만 그 관심이 예산까지 이어지지는 않는다. 예산은 여전히 관료와 정치권 · 전문가라는 '그들만의 영역'으로 남아있다. 정부의 내년 예산안 발표를 앞두고 '행정부 밖' 예산 전문가인 신해룡(59 · 호서대 교수) 전 국회예산정책처장을 만났다. 마침 그는 '21세기 나라살림 개혁의 청사진'이라는 부제가 붙은 『예산개혁론』을 막 출간하고 한숨 돌리고 있었다.

"현안마다 재정으로 해결하려는 '재정 알코올 중독(fiscal alcoholism)'에서 벗어나야 합니다." 신 전 처장은 신랄했다. 정치 · 경제 · 사회 · 문화 각 분야에서 현안이 있을 때마다 재정을 통해 해결하려는 세태를 '알코올 중독'에 비유했다. 정부는 추석을 앞두고 대학 등록금 인하 방안과 비정규직 대책, 사회보장 사각지대 해소안 등 굵직한 대책을 발표했다. 재정 당국은 특히 대학 등록금 인하를 주장하는 정치권 요구를 끝내 받아들였다. '등록금'이 아니라

'장학금'이라는 이름이 붙긴 했지만 결국 그게 그 얘기였다.

- 재정에만 의존하는 세태를 알코올 중독에 비유했다

"현재 글로벌 경제가 재정적자라는 '숙취'로 고통스러워하는 상황이다. 단 한 푼의 예산도 낭비하지 않겠다는 각성을 하고 재정 문단속을 제대로 하겠다는 '예산 청지기(budget stewardship)'로서의 결의를 굳건히 다져야 한다."

신 전 처장은 영국 대처 총리 시절 정부개혁팀장으로 일했던 다이애나 골즈워디 여사의 말을 인용, "국민이 자기 돈(세금)을 허투루 쓰는 것을 용납하지 않아야 나라가 잘된다"고 말했다. 골즈워디는 "인간은 자기 부모의 목숨을 빼앗아간 사람은 용서할 수 있어도 자기 재산을 빼앗아간 사람은 평생 용서하지 못한다"는 마키아벨리의 말을 약간 비틀어 표현한 것이다. 이런 점에서 신 전 처장은 본지가 연중 기획으로 내보내고 있는 '내 세금낭비 스톱' 시리즈에 큰 관심을 표했다.

- 책을 막 내놨는데

"우리나라가 다시 도약하느냐 아니면 이대로 주저앉느냐는 향후 재정개혁의 성공 여부에 달려 있다. 경제학의 아버지인 애덤 스미스도 일찍이 '민간부문의 낭비로는 나라가 크게 피해를 보지 않는다. 위대한 국가라도 공공부문 낭비에 의해 가난해지거나 망할 수 있다'는 만고불변의 진리를 설파했다."

- 예산개혁을 어떻게 해야 하나

"우선 재정의 지속 가능성을 확보해야 한다. 정부도 2007년 시행된 국가재정법에 따라 중기적(中期的) 관점으로 재정을 운용하고 있다. 매년 1년 단위로 근시안적으로 예산을 짜지 말고 5년 단위의 중기적 시야를 갖고 예산을 짜자는 취지에서다. 하지만 보완할 곳이 많다."

신해룡의 예산 개혁 5대 방향

① 재정 지속 가능성 확보
- 급속한 저출산 · 고령화로 인한 미래 재정여건 변화를 구체적으로 예측해야
- 사전예산제도(pre-budget) 도입하고 국가채무 관리 강화를

② 준칙에 따른 재정 운용
정부의 재량적인 경기 판단 오류, 정책 집행시차로 인한 오류 등을 막아야

③ 실질적인 성과 관리
각 부처의 자율성 최대한 보장하되 성과 중심의 재정 운용을

④ 복지와 재정건전성의 조화
사회 통합을 위한 재정의 역할 필요하나 의무 지출 많아지면 재정에 위협 요인

⑤ 재정의 투명성 높여야
정부는 한정된 재정 정보만을 공개하지 말고 국회와의 재정 정보 공유 더 넓혀야

- 구체적으로 뭐가 문제인가

"현재의 국가재정운용계획은 정부의 정책의지를 홍보하는 차원에 머물러 있다. 예를 들어 중기재정계획상 첫해 예산을 과다하게 계획한다고 해도 최종연도의 재정수지를 균형으로 전망하면 부담이 적어진다. 확대 예산편성으로 인해 단기적 재정건전성이 다소 악화된다 해도 계획기간 전체로 보면 재정건전성에 큰 문제가 없다는 걸 보여주는 역할을 하는 셈이다."

- 중기재정계획의 강제성이 없어서 문제라고 책에서 언급했다

"어느 정도 구속력이 있어야 한다. 국가재정운용계획의 경제성장률 · 총지출 · 총수입 등의 주요 전망치가 자주 수정되는 것도 문제다. 전망은 틀리게 마련이라지만 정부 재정의 중기적인 가늠자 역할을 하는 이런 수치가 자주 바뀌는 건 재정운용의 실효성과 예측가능성을 높이자는 취지와 어긋난다."

- 중기재정운용계획상의 경제전망이 너무 낙관적이라고 지적했던데

"경제전망은 중기재정계획 기간 전체에 걸친 세입 전망과 재정수지 전망에 큰 영향을 미친다는 점에서 신중해야 한다. 2004년 중기계획상 2006년의 성장률은 8%대로 전망했지만 실적치는 5%였다. 2006년 중기계획상 2008년 성장률은 7.4%였지만 실제는 5%에 그쳤다. 재정건전성을 위해서는 신중하고 보수적인 경제전망이 필수적이다."

- 제도적 장치가 필요한 것 같다

"맞다. 캐나다의 경우 낙관적인 경제전망을 피하기 위해 20여 개의 민간 경제전망기관의 전망 평균치를 공식적인 수치로 발표하고 있다."

그는 국가채무에 대한 관리를 더 엄중하게 해야 한다고 했다. 정부는 경제협력개발기구(OECD) 국가에 비해 한국의 국내총생산(GDP) 대비 국가채무의 비율이 낮다고 설명한다. 올해 예산 기준으로 35.1%에 그친다. 그러나 신 전 처장은 "이를 액면 그대로 받아들이면 안 된다"고 했다. 한국은 OECD 선진국들과 처한 상황이 다르다는 얘기였다. 예를 들어 일본의 경우 재정적자와 국가부채가 10년째 누적되고 있는데 별로 문제가 없다. 그는 "일본은 80년대 중반 이후 최근까지 GDP의 2~3%에 해당하는 경상수지 흑자를 끊임없이 내 충분한 외환보유액을 갖고 있어 외환 수급에 아무런 문제가 없다"고 했다. "한국도 외환보유액을 많이 쌓았지만 충분한 규모인지는 모르겠다. 2008년 말 원화가치가 달러당 1500원대로 급락했지만 외환보유액 고갈을 우려해 거의 외환을 방출하지 못했던 상황을 기억해 보라." 그는 "원화의 국제화가 안 된 현실에서 외환 수급에 장애가 발생하는 일을 방지하는 것은 그 어떤 정책 우선순위보다 앞서는 일"이라고 했다.

사전예산제도(pre-budget)의 도입도 제시했다. 이는 정부가 중장기적인 시각에서 향후 재정운용의 기본방향과 목표치 등을 제시하고 본예산이 확정되기 전에 의회의 사전심의를 받도록 하는 제도다. "우리는 사업단위로 예산을 보는 관행이 강합니다. 무슨 무슨 사업에 얼마를 쓰느냐 마느냐로 여야가 대립하잖아요. 하지만 미국을 보세요. 예산의 우선순위를 정하기 위한 여야의 토론이 치열합니다. 사전예산제도는 전반적인 재정전략에 대한 논의와 개별사업에 대한 구체적인 예산배정 논의를 분리하자는 취지입니다."

재정 운용을 준칙에 따라 자동적으로 하자는 얘기도 했다. 정부의 재량이 너무 커지면 경기판단을 잘 못하거나 정책집행 시차로 인해 오류가 생길 수 있다는 거다. 경기가 호황으로 가기 시작했는데 여전히 경기 불황이 계속되는 것으로 정부가 오판하고 경기 활성화 정책을 내놓으면 경기는 과열 국면으로 치닫는다. 이런 잘못을 피하려면 중기적 관점에서 지출규모를 설정하고 미리 정해진 일정한 비율로 지출을 늘려나가는 방식으로 재정운용을 해야 한다는 주장이었다.

- 30년 실무, 10여 권 저서 … 입법고시 출신 첫 차관급

신해룡(59) 전 국회예산정책처장은 입법부 공무원 가운데 드물게 예산 분야에서만 30여 년을 근무한 '예신통'이다. 국회에서 초대 예산정책국장과 초대 예산분석실장, 국회예산결산특별위원회 수석전문위원을 지냈다. 국회가 행정부의 독주를 견제 감시하기 위해 예산 심사권한을 강화해 온 고비마다 그가 있었다. 1994년 법제예산실 신설, 2000년 예산정책국 확대, 2003년 예산정책처 신설 등을 주도했다. 그동안 예산 관련 책을 10여 권이나 내면서 관가나 학계에서도 이 분야 전문가로 통한다. 특히 1997년에 쓴 『예산결산심사-이론과 실제』와 2005년의 『예산정책론』은 이 분야 교과서로 꼽힌다. 2008년 9월 공모를 거쳐 입법고시 출신(4회)으로는 처음으로 3대 국회예산정책처장(차관급)에 올랐다. 올 1월 퇴임 후 현재 호서대 교수로 일하고 있다.

제5부

NABO의 역사에 한 획을 그은 언제나 나보다 큰 두 사람

제1장 NABO를 '나라살림 지킴이, 나라정책 길잡이'로 이끌어 준 사람

김형오 의장께서 주재한 정례 기관장 회의는 2008년 9월 8일 첫 회의를 시작으로 의장 임기를 일주일 남긴 2010년 5월 24일까지 총 60회가 실시되었다. 처음부터 참여했던 일원으로서 그 시간은 한사람의 일생을 관통하는 열정과 상상력이 얼마나 놀라운 기적을 일으키는가를 확인할 수 있었던 소중한 시간이었다. 의장께서 주재하셨던 기관장 회의는 각성제를 복용하는 시간이었고 의장께서 주창하시는 정책국회, 상생국회, 소통국회 상 성립에 필요한 것이 무엇인지를 깨닫게 해 준 시간이었다. 늘 지배하지 않고 섬기려는 겸허함으로 어떤 보고 내용이든 얼마나 많은 시간이 소요되든 경청으로 일관하시고 허장성세가 난무하는 환경에서 목계의 경지에 도달한 조연함을 보여주셨다.

모두 66번에 걸쳐 100여건의 주제에 대한 대면보고를 해드렸는데 그때마다 의장께서는 NABO 직원들을 살아있는 국회의 중요한 자산임을 일깨워주셨다. 명색이 전문가랍시고 작성한 보고서의 함의를 뛰어넘는 대안을 제시해 주셨고 탁월한 통찰력으로 명쾌한 논리를 제공해주셨다. 조직원의 가슴을 뛰게 하는 뜨거운 열정도 보여주셨다. 멀었던 눈이 뜨이는 듯한 느낌을 받은 적이 한 두 번이 아니었다. 기관장 회의와 대면보고를 위한 만남이 축적되면서 국회예산정책처가 가지고 있는 생각의 폭과 깊이가 확장되었고 전기로 배터리를 충전하는 것처럼 항상 새로운 에너지를 보충할 수 있었다. 이를 통해 NABO는 국가발전의 저수지이자 발전소 역할을 성실히 수행할 수 있었다.

뒤돌아보면 의장께서 NABO의 방파제 역할을 자임함으로써 독립성과 중립성, 전문성을 통한 국회의 대국민 신뢰도를 제고할 수 있었고, 국가재정법, 국세기본법 등의 개정을 이루어냄으로써 재정민주주의와 조세법률주의 구현에 필요한 조직 보강과 업무영역이 확대되었다. 특히 의장께서 평소 지대한 관심을 가지고 계셨던 서민주거복지 실현과 글로벌 금융위기 대책 및 저출산·고령화 사회 대책, 지방재정난 대책을 위해 머리를 맞대고 함께 토론하고 점검함으로써 특별재정현안에 대한 국회의 선제적 역할 수행이 가능하였다.

이러한 성과는 궁극적으로 국회예산정책처가 지향하는 '나라살림 지킴이, 나라정책 길잡이'로서의 면모를 확립하는데 큰 보탬이 되었고, 재정전문기관으로 도약할 수 있었다. 그로해서 거대 담론보다는 각론과 실용적 측면 이를테면 구체적으로 미시적으로 잘게 썰어 국민의 곁에 다가가고 신뢰받을 수 있는 정책개발에 가일 층 혼신의 힘을 쏟을 수 있었다. 통 큰 리더십으로 국회예산정책처를 이끌어주신 김형오 의장은 NABO의 역사에 한 획을 그은 인물로 역사에 기록될 것이다.

필자는 2010년 5월 24일 마지막 정례 기관장 회의를 마친 뒤 김형오 의장께 그동안의 소회를 다음과 같이 밝힌 바 있다.

앞으로 국회예산정책처는 의장님께서 경륜을 통해 제시해주신 고견을 받들어 보답해 나가겠습니다. 의장님의 남보다 먼저 보고(先見), 남보다 먼저 결정하고(先決), 남보다 먼저 행동하는(先行) 정치 예지력은 국가의 귀한 재화이자 희망입니다. 그리고 「행정의 뒤안길에서 소외받고 뒤쳐진 사람을 돌보는 게 국회」라는 정치철학을 바탕으로 늘 국민의 편에서 따뜻한 시선으로 바라보고 힘겨운 이들의 어깨를 부여잡는 의장님의 민생 어젠다는 현재진행형입니다. 그동안 신중하기 위해 침묵하셨던 그 담대한 기개와 도량을 바탕으로 내면의 평화와 균형을 통해 더 큰 발걸음을 옮기시기 바랍니다.

의장님께서는 취임 첫 해 국정감사기간 중 우리 땅 생생 탐방 후 '국민들에게 작은 희망과 행복의 메시지'를 주셨으면 하는 소망을 담아 『길 위에서 띄운 희망편지』를 펴낸바 있습니다. 편지 한 장마다 한 줄마다 우리 땅에 대한 애정이 넘쳐났고 페이지를 넘길 때마다 「귀와 눈의 높이, 마음의 깊이를 국민들 편에 맞추는」 겸허함과 「국민들이 안심하고 잘 살 수 있도록 일하는 국회, 위하고 섬기는 국회」를 만들겠다는 충정이 들꽃에 묻어나고 강물위에 넘실거렸습니다. 국민을 존중하는 존민(尊民), 국민을 따르는 순민(順民), 국민을 두려워하는 외민(畏民) 정신이 가득 차 있었습니다. 나라가 위기에 처할 때 그 역경을 이겨낸 선조들의 강인함, 시대정신을 꿰뚫어 세상을 먼저 내다본 통찰력과 지혜도 담겨 있었습니다. 이제 편지에 담긴 말대로 「주변 사물의 관찰과 관조를 통해 자기 자신의 삶과 내면을 성찰」하며 동 시대를 살고 있는 국민들의 삶을 어루만지고 위로해주시기 바랍니다.

의장님께 맡겨진 임무가 무겁고 가야할 길이 아무리 멀어도(任重道遠) 무거운 짐을 함께 나누어지고 먼 길을 함께 가고자 하는 동지가 있음을 기억하시기 바랍니다. 격동의 강을 건너시느라 그동안 수고 많으셨습니다. 의장님과 함께 했던 시간, 참 행복했습니다. 감사합니다.

"이 세상에는 길도 많기도 합니다. 산에는 돌길이 있습니다. 바다에는 뱃길이 있습니다. 공중에는 달과 별의 길이 있습니다. 강가에서 낚시질하는 사람은 모래 위에 발자취를 내입니다. 들에서 나물 캐는 여자는 방초(芳草)를 밟습니다. 악한 사람은 죄의 길을 좇아갑니다. 의(義)있는 사람은 옳은 일을 위하여는 칼날을 밟습니다. 서산에 지는 해는 붉은 놀을 밟습니다. 봄 아침의 맑은 이슬은 꽃 머리에서 미끄럼 탑니다. (한용운, '나의 길' 중에서)"

제2장 독견과 독지의 고수

『부국안민의 길 - 최광의 삶과 생각』
2012.12. 21세기북스. pp.240~244.

결이 높다는 것은 이미 알아챘다. 성품도 처음이나 지금이나 한결같지만 논리정연함도 그 결이 올바르다. 그래서 나는 '최광'하면 고결하다는 단어를 먼저 떠올린다. 주마등처럼 스쳐가는 추억이 있다. 그래서 세월과 타협하지 않은 한 사나이와의 각별한 우정을 여러분과 함께 나누고 싶다. 다만 짧은 문장력으로 그 분의 진면목을 제대로 보여주지 못하고 행여 누를 끼칠까 염려된다.

첫 번째 추억은 최 처장님과의 만남과 관련이 있다. 그와의 만남은 전적으로 나의 지적 호기심에서 시작된 것이다. 사무관 시절, 나는 국가재정에 대한 남다른 학습의지가 있었다. 당시 나는 국회경제과학위원회에서 경제기획원 소관을 맡고 있었는데 국가경제와 재정을 이끌어가는 엘리트들과의 정책토론은 늘 나에게 새로운 정책분야에 대한 학습이 필요하다는 것을 절실히 깨닫게 했다.

처장님과의 학문적 교류와 관련하여 나는 1994년에 출간한 졸저『공공선택의 재정경제학』에서 이렇게 서술한 바 있다. "1982년 4월 당시 한국개발연구원(KDI) 연구위원으로 재직 중이던 최광 교수로부터 D. C. 뮬러(Mueller)의 《공공선택(*Public Choice*)》을 소개받고 밤을 새워 읽으면서 가슴속 깊은 곳으로부터 솟구쳐 오르던 벅찬 희열과 신선한 충격을 잊을 수 없다."

처장님은 내가 일하고 있는 분야에서 '공공선택'을 바탕으로 한 직무접근이 나라 살림 현안을 풀어나가는데 필요한 지혜임을 알려준 것이다. 그런데 지금 돌이켜보니 그때 처장님의 나이 만 35세 때의 일이다. 그 후 재정현안과 관련한 참고자료를 구할 때마다 거의 대부분 그가 처음으로 헤집고 비틀고 쥐어짜서 순도 100도짜리 결과물을 만들어냈다는 것을 확인할 수 있었다.

두 번째 추억은 처장님과 동료로서 일했던 시절에 대한 것이다. 우리는 2003년 10월 20일에 출범한 국회예산정책처(NABO)에서 처장과 예산분석실장으로 함께 일했다. 그는 짧은 기간 동안 NABO가 명실상부하게 국가기관으로 착근 하는데 놀라운 리더십을 발휘했다. 레벨과 단계(stage)에 따라 사무실 마련부터 인력채용까지 빈틈없이 준비했다. 아울러 철저한 업무개발, 직무에 대한 뜨거운 열정, 직원들과 소통하는 열린 사고 그리고 '반듯함'에 대한 강조 등 기관 설립 초창기에 느슨해지고 구심점 없이 세월만 낡을 수 있는 조직에 펄떡거리는 역동성을 심어주었던 것이다.

처장님께서 당시 부서장 회의나 확대간부회의에서 던져주었던 지시 몇 가지를 소개해본다.

- NABO가 관료조직 형태의 정책 산실이지만 규정에 얽매이는 업무행태는 지양하자.
- 문제의 맹점을 파악하기 위해 기본에 충실하고 원리원칙대로 사심 없이 일하자.
- NABO는 보고서로 평가받는 만큼 불량품, 보통품은 안 된다. 반드시 명품으로 승부해야 한다.

- 명품을 만들기 위해서는 '능력'이 문제가 아니고 '정성'이 문제다.
- NABO 보고서를 명품 보고서로 인정받을 수 있는 평판과 분위기는 처음에 결정된다.

당시는 참으로 도전적이면서도 획기적인 전대미문의 역사가 창조되는 나날이었다. 국회예산정책처 정신(NABO spirit)은 그렇게 충전되어 갔다. 국회예산정책처 영문명을 NABO로 정한 일, 지금은 모든 보고서와 브로슈어, 명함에 박혀 있는 심벌마크와 워드마크를 공모로 탄생시키고, 지금 발간되고 있는 보고서의 형식과 편집 틀까지 정교하게 다듬었던 일 등을 돌이켜보면 모든 것이 기적같이 느껴질 때가 있다.

특별히 기억하고 싶은 것은 2004년 3월 CBO와 GAO를 방문했을 때의 일이다. 미국 최고의 싱크탱크인 CBO의 더글라스 홀츠-이킨(Douglas Holtz-Eakin) 처장과 세계 최고의 회계감사기관인 GAO의 데이비드 워커(David Walker) 원장과 면담할 때 처장님이 보여준 기개와 당당함은 감히 흉내 내기 어려운 카리스마였다. OECD 국가의 의회예산 지원조직 중에서 NABO가 으뜸으로 각광받고 있는 것은 그때 뿌린 씨앗 때문일 것이다.

그런데 NABO에 예기치 않은 일이 벌어졌다. 처장님께서 겪었던 일련의 상황에 대해서는 이 문집을 보는 독자들이 대체로 이해할 것으로 생각되어 더 이상 언급하지 않겠다. 하지만 위기에 직면해서도 다가올 일을 두려워하지 않고 단호하게 결단내리는 모습을 지켜보면서 담대한 위인임을 알 수 있었다. 맹자는 출세했을 때 방탕해져 타락하지 않고, 궁지에 처했을 때 뜻을 바꿔 행동을 달리하지 않으며, 부당한 힘에 굴복하지 않는 게 정정당당한 대장부라고 말했다. 그는 국민에게 부끄럽지 않게 공직을 수행한 지조 있는 어른이었다.

세 번째 추억은 교학상장(敎學相長)하는 처지에서 떠오르는 생각이다. 옛 선비들은 신언서판(身言書判)을 통해 사람됨을 알고자 했다. 판단이 정확하고 글을 잘 쓰고 말을 잘하고 건강한 사람이 시대를 빛낼 수 있는 재목이라는 것이다. 내가 지금까지 망년지우(忘年之友)로서 30년 동안 함께 지내온 처장님은 여기에 가장 적합한 품성을 갖춘 데다 독견(獨見)과 독지(獨知)의 고수이다.

독견이란 남이 보지 못하는 것을 보는 것이고, 독지란 남이 알지 못한 것을 아는 것이다. 내가 3대 처장으로 일할 때 처장님이 「재정정책 논의의 관점과 본질에 대한 종합적 고찰」이라는 연구용역을 수행했다. 그의 한결같은 천착은 아마도 지금 당장이 아니라 '뒤에 오는 사람들'에게 지적 유산으로 남겨주고 싶은 혜안에서 비롯됐을 것이다. 오랜 시간이 걸리더라도 제대로 수행하는 것과 그렇지 않은 것의 차이는 크다고 한다. 덕을 쌓는 것에 끝이 없듯, 미완에 그치더라도 가치 있는 노력의 의미는 빛날 것이다.

끝으로 처장님과의 비사(祕史) 한 토막이다. 2010년 4월 19일 NABO 부서장들과 함께 처장님을 모시고 오찬을 했다. 그날 그가 갑자기 '구원'을 받았다고 다소 '충격적인' 말을 던졌다.

"주 예수를 믿으라. 그리하면 너와 네 집이 구원을 받으리라."(사도행전 16:31)

상식적으로 '구원'이란 모든 악과 고난에서 해방되는 것을 의미하지 않는가. 나는 그날 마음속으로 쿼바디스 풍으로 항변했다. "주여, 그분 혼자만 해방시키시렵니까?"

고난으로부터 벗어난다는 것은 어떤 의미일까. 수난에 해당하는 영어 passion이라는 단어에는 네 가지 뜻이 담겨 있다고 한다. ① 성적인 욕구

② 일에 대한 열정 ③ 요한 세바스찬 바흐의 오라토리오 〈마태수난곡〉 ④ 예수 그리스도의 수난이 그것이다. 이 단어는 고통(suffering)이라는 뜻의 라틴어에서 유래되었기에 compassion은 사람을 긍휼히 여기는 마음, 연민과 동정을 의미한다. 이것이 인간의 사랑을 깊게 만들고, 마음에 선율이 흐르게 하며, 세상에서 가장 위대한 대의를 품고 나아가게 한다고 한다.

"최 처장님! 정년이라고 하나 지금이 절정입니다. 앞으로 가야 할 날이 지금까지 살아온 날보다 점점 짧아지겠지만 당신이 평생 자유롭게 거닐었던 학문의 숲에서 compassion을 품은 passion으로 약동하는 두 번째 청춘을 즐기기 바랍니다. 그리고 지성에서 영성으로 가는 길목에서 저를 위해 천국으로 가는 티켓 한 장 더 준비해주시지요."

■ 저자 신 해 룡

제4회 입법고등고시 합격
건국대학교 대학원(경제학 박사)
국회예산정책국장(초대)
미국 워싱턴대학교(UW) 방문학자
국회예산정책처 예산분석실장(초대)
국회예산결산특별위원회 수석전문위원
국회예산정책처장(제3대)
호서대학교 벤처대학원 정교수
중부대학교(고양캠퍼스) 초빙교수
대학구조개혁위원회 위원
전문대학평가인증위원회 위원
건전재정포럼 운영위원(현)
중앙대학교 행정대학원 교수(현)

주요 저서

『지방재정학』(1990)
『효율과 공정의 경제학』(1991)
『공공선택의 재정경제학』(1994)
『지방재정학』(개정판) (1995)
『예산결산심사 - 이론과 실제』(1997)
『민주주의의 경제학』(2000)
『지방예산결산심사론』(2001)
『예산정책론 - 예산결산과 재정정책』(2005)
『지방예산결산심사론』(개정판) (2007)
『예산개혁론 - 21세기 나라살림 개혁의 청사진』(2011)
『예산정책론 - 예산결산과 재정정책』(개정판) (2012)

상 훈

황조근정훈장(2005)
제1회 우남 과학진흥상(2010)

예산을 철학하다

2021년 10월 31일 초판 인쇄
2021년 11월 21일 초판 발행

지은이 | 신 해 룡
발행인 | 오 영 환
발행처 | 세명서관 · 사회와 연대
등 록 | 1989. 2. 20. 제2-409호

주 소 | 서울특별시 중구 다산로 87-1(지층)
전 화 | (02) 2238-9055, 2235-9601
FAX | (02) 2234-9291
E-mail | semyoungbook@hanmail.net

값 35,000원 ISBN 978-89-89097-58-7 92320

• 잘못 만들어진 책은 교환해 드립니다.